CHILDCARE TEACHER PERSONALITY

보육교사 인성론

최윤희 · 고은희 · 김성경 · 김혜영 · 남궁선혜 · 류하나 · 시옥진 · 오새니 공저

양성원

머리말

어린이집은 영유아에게는 제2의 집이며, 보육교사는 제2의 어머니라고 할 수 있다. 따라서 내 집과 내 어머니 같은 편안하고 안락한 분위기를 만들기 위해서는 보육교사의 역할이 매우 크다. 대체로 보육교사의 역할은 보호와 양육, 보육과정의 운영 및 보육 프로그램 개발, 영유아의 평가 그리고 안내, 상담 및 정서적 지원, 촉진, 훈육 등과 같은 역할이 요구된다. 다시 말해 보육교사의 역할은 보호자로서의 역할과 더불어 전문적 지식과 기술을 가진 교수자이고 상담자이며 연구자로서의 여러 가지 역할을 담당하는 전문가라고 할 수 있다.

보육교직원의 전문성 강화는 지속적으로 요구되어 왔으며, 특히 최근 아동학대나 낮은 보육서비스 품질 등이 부각됨에 따라 보육교직원의 처우개선과 더불어 질적 수준 향상의 필요성이 강력히 제기되고 있다. 이런 의미에서 보건복지부와 육아정책연구소는 2016년 "보육교사 양성과정 및 보육실습 매뉴얼"을 개발하여 보급하게 되었는데, 본 책은 그 매뉴얼에 제시된 구체적인 내용으로 구성하였다.

3부 총 13장으로 구성된 내용을 구체적으로 살펴보면,

1부 보육교사직의 특성은 총 3개의 장으로 구성하였다. 1장 보육교사의 역할과 권리에서는 직업과 교직, 보육의 개념과 보육교사의 역할, 보육교사의 권리와 의무에 대해 기술하였으며, 2장 보육교사의 인성과 자질에서는 보육교사의 인성 및 보육교사의 자질에 대해 설명하여 보육교사 자신의 인성과 자질을 향상시킬 수 있는 방안에 대해 모색해 보도록 하였고, 3장 보육철학 및 윤리에서는 보육사상, OECD 국가의 보육사업, 보육교사 윤리강령, 아동의 권리 존중에 대해 자세하게 기술하였다.

2부 보육교사의 직무수행에서는 총 7장으로 구성하였다. 4장 임면과 복무에서는 보육교사의 임면, 보육교사의 자격관리, 보육교직원의 근무환경 및 보육교사의 직무와 업무분장에 대해 소개하였고, 5장 보육실 운영관리에서는 흥미영역의 구성과 운영, 교재・교구 제작, 활용 및 관리, 시설・설비 및 비품관리에 대해 기술하였으며, 6장 하루일과 운영에서는 영아반 교사의 하루일과 운영과 유아반 교사의 하루일과 운영에 대한 이해를 돕도록 하였고, 7장 영유아의 이해 및 지도에서는 영유아의 정보 수집과 독특한 특성을 가진 영유아의 지도방안에 대해 소개하였으며, 8장 딜레마와 갈등관리에서는 보육현장에서의 문제행동, 영유아의 문제해결을 위한 의사소통을 사례 중심으로 소개하였고, 9장 보육교직원과의 협력에서는 보육교직원과의 관계형성, 보육교직원과의 의사소통 및 보육교직원의 갈등유형과 관리방법에 대해 기술하였고, 10장 학부모 및 지역사회와의 협력에서는 학부모와의 관계형성, 학부모와의 의사소통, 지역사회 자원의 활동에 대해 자세하게 설명하였다.

3부 보육교사의 역량개발은 총 3장으로 구성하였다. 11장 자기개발에서는 보육교사의 보수교육, 원내교육의 필요성과 유형, 멘토링에 대해 소개하였고, 12장 전문성 개발에서는 보육교사의 선택 동기, 교사의 발달단계, 보육교사의 전문성에 대해 기술하였으며, 13장 스트레스 관리에서는 스트레스의 측정과 개념, 보육교사 직무스트레스의 개념과 유형, 스트레스 대처방안에 대해 소개하였다.

머리말

보육교직원의 자격 및 자격기준에 대한 규정은 1991년 「영유아보육법」에 처음으로 명시된 것을 시작으로 지속적인 개선 노력이 이루어져 왔다. 구체적으로 2005년 보육교사에 국가자격증 제도를 도입하고, 학점이수를 통해 자격을 취득하도록 규정을 변경함으로써 다양한 경로를 통한 보육교사 진입의 문을 열어놓는 계기를 마련하였다. 이를 통해 보육교사의 수급문제를 해결하기는 하였으나 보육교사 공급 과잉과 전문성 및 질 저하라는 또 다른 문제를 야기하였다는 평가도 받게 되었다.

따라서 본 책을 통해 예비보육교사와 현장의 보육교사들의 전문성이 조금이라도 향상되기를 간절히 기도해 본다. 끝으로 본 책의 출판을 맡아 주신 양성원 강철원 사장님을 비롯해 모든 직원 여러분에게 감사의 마음을 전한다.

2018년 8월

저자 일동

차례

차례

3부 보육교사의 역량개발

PART

01

보육교사직의 특성

Childcare theory

CHAPTER

01

보육교사의 역할과 권리

□ 배울 내용 □

1. 직업과 교직
2. 보육의 개념과 보육교사의 역할
3. 보육교사의 권리와 의무

□ 학습목표 □

1. 직업의 의미와 교직의 개념을 이해하고 특성을 설명한다.
2. 보육의 개념을 파악하고 보육교사의 역할을 설명한다.
3. 보육교사의 권리와 의무에 대해 이해하고 숙지한다.

1. 직업과 교직

1) 직업의 의미와 필요성

(1) 직업의 의미

직업(職業)의 사전적 의미는 생계를 유지하기 위하여 자신의 적성과 능력에 따라 일정한 기간 동안 계속하여 일에 종사하는 것이다. 따라서 직업이란 넓은 의미로 모든 일, 즉 보수나 시간에 관계없이 한 인간이 지닌 능력을 발휘하기 위하여 평생 동안 하는 '일' 그 자체를 뜻하고, 좁은 의미로는 생계를 위하여 반드시 보수가 지급되는 일상적으로 하는 '일'을 뜻한다. 다시 말해 직업이란 경제적 소득을 얻고 생계유지를 위한 수단이며, 사회적 책무와 가치를 이루기 위해 참여하는 지속적인 활동을 말한다. 현대를 살아가기 위해서는 직업을 필수적으로 가져야 한다. 직업은 정신적 또는 육체적으로 다양한 형태의 노동을 의미하며, 선택적이기보다 강제적인 노역인 동시에 적극적인 자기활동이라는 양면성을 가진다. 또한 직업을 가진다는 것은 먹고 살기 위한 생존과 일 자체의 즐거움인 자아실현과 사회참여의 의미를 지닌다.

직업을 가진다는 것은 성인이 되어 부모로부터 독립한다는 의미를 가지기도 하는데, 즉 성인이 되어 독립을 한다는 것은 어떠한 형태로든지 노동하고 그에 따른 경제적 보상을 받아 생계를 유지한다는 것을 의미하는 것이기 때문이다. 일 자체가 즐거워서 일하는 것이 가장 바람직하지만, 취업경쟁이 치열할수록 먹고 살기 위한 생존의 일이 될 가능성이 높다. 따라서 직업에 있어서 기본적인 생존과 사회참여 측면, 이런 양면성이 조화롭게 유지될 때 행복한 직업활동을 한다고 할 수 있다.

(2) 직업의 필요성

인간의 대부분은 태어나서 학교교육을 받고, 사회로 진출하여 직업을 가지며, 결혼생활을 하다가 퇴직을 한다. 인간의 삶 속에서 생활의 상당부분을 직업이 차지하게 된다. 인생의 상당부분을 차지하는 직업의 필요성을 생계유지, 사회적 역할 및 자아실현을 중심으로 살펴보면 <표 1-1>과 같다.

〈표 1-1〉 직업의 필요성

구분	내용
생계유지	대부분의 사람들은 생계를 유지하기 위하여 직업을 가진다. 그 이유는 직업은 경제적인 보상을 통해서 사람들로 하여금 자신이 원하는 것을 얻을 수 있도록 해주기 때문이다. 따라서 사람들이 직업을 가지는 가장 일반적인 이유는 직업이 생계에 필요한 소득의 가장 중요한 원천이 되기 때문이다.
사회적 역할	인간은 집단을 형성해 집단의 구성원으로 살아가기 때문에 개인이 가지는 직업은 사회에 기여하는 사회적 역할 분담의 의미를 지닌다. 즉, 사회 구성원들이 각자 나름대로 역할 분담을 해서 맡은 일을 잘 수행해 나가야 한다. 이러한 역할 분담이 바로 직업이다.
자아실현	사람마다 능력과 흥미 그리고 개성이 다르기 때문에 각자 자신의 특성에 맞은 직업을 선택하게 된다. 이 경우 직업은 단순한 생계의 수단이나 사회적 차원을 넘어서 개인의 개성 발휘 또는 자아실현의 의미를 가지게 된다. 즉, 직업은 사람들에게 자신의 능력을 발휘하여 자아를 실현할 수 있는 기회를 제공하고, 직업을 통해서 자신의 비전을 실현하게 해 주는 것이다.

인간은 돈을 벌기 위해서만 직업을 갖는 것이 아니라 욕구를 충족시키기 위해서 일을 하기도 한다. 즉, 직업은 자신에게 주어진 과업을 수행함으로써 사랑을 받고 인정을 받으며 자기의 가치를 높이 평가받을 수 있는 기회가 된다. 이러한 자기만족은 직장의 동료와 이웃과의 인간관계에서 생기는 만족이나 기쁨, 직업상의 지위나 신분 또는 직업의 사회적 지위를 통하여 얻게 된다. 개인에게 가장 큰 의미와 보람을 가지게 하는 것은 일을 통해서 자신이 가지고 있는 능력을 최대한 발휘하는 것이다. 따라서 개인의 욕구 충족이 직업을 가지는 가장 궁극적인 목표라고 할 수 있다. 직업은 단순히 돈을 벌거나 출세를 위한 수단으로 여기는 것이 아니고, 일을 통해서 삶의 의미를 찾고 즐거움과 보람을 찾는 것이다. 현실적으로 가장 좋은 직업이 무엇이냐고 묻는다면 하고 싶은 일을 통해 많은 수입이 창출된다면 가장 좋은 직업이라고 할 수 있을지 모른다. 그러나 앞에서도 말했듯이 직업은 단순한 생계수단이 아니라 직업을 통해서 사회적 만족감을 느끼고 자아를 성장시키고 더불어 사회기여를 통해 보람을 가지는 것이 중요하다.

2) 교직의 개념과 특성

(1) 교직의 개념

교직도 다양한 직업 중의 하나이며, 교직이란 “인간을 대상으로 하여 바람직한 정신생활을 비롯한 이상적 인간 성장발달을 도모하고 사회개척 및 진보를 기초로 국가와 민족의 번영, 더 나아가 인류사회의 진보와 발달을 도모하기 위해 뚜렷한 소명의식, 전문적 소양과 투철한 사명감을 가지고 교육에 관한 장기적인 공적 사업을 추진하는 고도의 전문성, 봉사성, 윤리성이 요구되는 성스러운 직업이다. 특히, 가르치는 사람과 배우는 사람이 동일한 일을 한다는 본질적인 가치를 실현하기 위해 전문적 지식과 교육방법을 꾸준히 연마하여 자기 역량 배양을 의무로 하는 전문 특수직이다”로 정의되고 있다. 이와 같은 정의에는 <표 1-2>와 같은 하위개념을 포함하고 있다.

〈표 1-2〉 교직의 하위개념

- 인간, 특히 미성숙자를 대상으로 한다.
- 정신생활과 이상적 인간의 성장발달을 촉진시킨다.
- 사회, 국가, 인류사회의 발전을 순차적으로 실현시킨다.
- 교사의 뚜렷한 소명의식, 전문성, 사명감이 있어야 한다.
- 성과는 장기적이다.
- 공공기관을 통해 이루어지는 공적 사업이다.
- 고도의 전문성, 봉사성, 윤리성이 요구된다.
- 성스러운 일을 한다는 자부심을 갖는다.
- 배우는 사람과 가르치는 사람이 함께 공부하는 직업이다.
- 꾸준히 자기역량을 배양해야 한다.
- 일반전문직과 또 다른 특수전문직이다.

출처: 고정곤 외(2016). 보육교사론. 양성원. pp.16-17.

(2) 교직의 특성

직업으로서 교직은 일반적인 직업과 마찬가지로 직업으로서 가지고 있는 성격을 내포하고 있다. 그러나 교직은 일반적인 직업과는 달리 교직 나름의 특성을 지니고 있는데, 그 특성을 구체적으로 살펴보면 <표 1-3>과 같다(이순형 외, 2013).

〈표 1-3〉 교직의 특성

- 교직은 인간을 대상으로 하는 직업이다. 인간을 대상으로 하는 직업은 법률가, 의사, 예술가 등 여러 종류의 직업이 있지만 교육에서 대상으로 하는 것은 인간의 어느 한 측면만을 대상으로 한다기보다는 인간의 지적, 정신적, 신체적, 사회적, 정서적인 측면, 즉 전인적인 인간으로서의 접근을 시도하고 있다.
- 교직은 주로 인간의 정신적인 생활을 대상으로 하는 직업이다. 교사는 인간의 신체적 발달과 건강에도 관심을 가지지만 정신적인 생활에 더 많은 관심을 가진다.
- 교직은 주로 미성숙자를 대상으로 하는 직업이다. 교직의 대상자들은 가소성이 크고 무한한 성장 가능성을 가진 존재이다. 따라서 교사는 이러한 대상자의 가소성과 무한한 성장 가능성을 계발하여 훌륭한 인간상을 길러주어야 한다.
- 교직은 봉사직이다. 교직은 여타의 전문직에 비하여 봉사적 사명을 더욱 필요로 하는 직업이다. 따라서 교사는 결코 영리나 물질적 보수를 얻는 데 주력하지 않고 사회적 봉사정신을 가지고 일하는 직업이다.
- 교직은 국가와 민족의 장래를 보장하는 공적 사업이다. 교직은 국가와 민족의 운명과 밀접한 관계를 가진 전문직이다. 한 국가의 장래는 미래사회에 대비한 인재교육을 어떻게 실천했는가에 달려 있다. 교육은 현 사회의 유지, 발전, 계승의 역할과 함께 미래사회를 보다 풍요롭게 건설, 개척, 발전시키는 과업을 지니고 있다.
- 교직은 사회진보에 있어 중대한 역할을 한다. 교직은 현 사회의 유지에 국한된 보수적 성격이 아니라 내일을 위하여 사회개척과 사회진보를 위하여 노력하는 선도적 입장을 가진다.
- 교직은 고도의 전문성을 필요로 한다. 교육에 접근하는 방법은 다양하다. 따라서 가장 적합한 방법을 강구, 적용하여 교육의 효율성을 제고시키는 일이 중요하다. 이를 위해 교사는 끊임없는 자기연마와 자기연수가 필요하다.
- 교직은 장기적인 안목에서 추진되는 공적 사업이다. 따라서 교육의 성과는 장기적이다. 목수가 집을 짓거나 의사가 환자를 치료하는 것처럼 단기적이며 가시적인 성과를 확인할 수 없고 비가시적이며 장기적으로 성과를 기대하는 사업이다.
- 교직은 가르치는 사람과 배우는 사람이 동일한 일을 한다는 본질적인 특수성을 지니고 있다. 교사가 학생을 가르치기 위해서는 교사 역시 전문적인 지식을 익히기 위해 배우는 일에 최선의 노력을 기울여야 한다.

(3) 유아교직의 특성

유아교육에서부터 대학교육에 이르기까지 전체를 대표하는 보편적인 교직의 개념을 명확하게 규정하는 것은 불가능하다. 왜냐하면 연령발달, 즉 학교 및 급별에 따라 교직의 개념에 다소 다른 특성을 가지고 있기 때문이다. 특히, 유아교육은 초등교육, 중등교육 및 대학교육과는 차별성이 많아 교직의 특성도 다르다고 할 수 있다. 유아교직의 특성을 살펴보면 <표 1-4>와 같다.

〈표 1-4〉 유아교직의 특성

• 유아교직은 인간의 가장 최초의 교육기관으로 인간의 모든 발달에 대한 기초를 형성하는 중요한 역할을 담당한다. 즉, 영유아들이 출생 이후 처음으로 접하는 형식교육으로, 유아교육에서의 성패 여부는 다음에 이어지는 초등교육에서의 성공 여부를 결정해 주는 준비교육의 성격이 강하다. • 유아교직은 교육과 보육을 병행하는 교육활동으로 여타의 교육기관에서 이루어지는 비교적 단순한 교육방법이나 기술이 아닌 또 다른 교육방법이나 기술을 필요로 한다. 예를 들어, 통합교육, 주제중심교육, 생활교육 등은 교육만을 강조하는 다른 교육기관의 역할과는 다소 다르다. • 유아교육은 사랑을 매개로 하는 교육활동을 전개한다. 사도헌장과 사도강령에는 사랑의 문제가 강조되고 있다. 교사와 영유아, 교사와 교사, 교사와 학부모 간에 사랑을 매개로 하지 않고서는 참된 교육이 이루어질 수 없다. 특히, 유아교육은 부모의 심정으로 영유아를 배려하는 마음이 있어야 한다. 학습자가 어릴수록 교사에 대한 의존도가 높기 때문에 영유아에 대한 유아교사의 사랑이 더욱더 요구된다. • 유아교직은 교육의 본질적인 측면에서 양육, 훈육, 보육, 개성의 조기계발, 초등학교 준비교육, 전인교육, 기초교육 등의 가소성이 높은 교육의 성격을 지닌다. • 유아교직은 유아교육대상의 범위가 넓어 유아교육기관의 교육목적이나 목표가 다양함에 따라 교육 · 보육 프로그램이 다양하다. 따라서 유아교육기관의 유형이나 연령에 따른 최상의 지도방법을 모색하는 데 어려움이 많다. • 유아교직은 교육 · 보육을 통해 영유아의 인지적 · 정서적 · 사회적 · 신체적 발달을 지원해야 되므로 유아교사가 수행하여야 할 역할은 매우 광범위하다. 따라서 교사의 부담이 다른 교육기관에 비해 크다. • 유아교직은 어린이집은 보건복지부, 유치원은 교육부로 이원화되어 유아교육정책, 장학 및 행정 지도, 교육 · 보육 프로그램 및 자료개발체제 등이 서로 다르다. 따라서 교사와 영유아에 미치는 교육의 질적 수준에 이와 같은 이질적 성격이 영향을 미친다. • 유아교사는 인지, 정서, 사회, 언어, 탐구 등 영유아발달의 전 영역에 걸쳐 직 · 간접적으로 영향을 주고 또한 교사의 전문성, 성격, 인성, 언행 등이 여타 교육기관에 근무하는 교사들에 비하여 영향을 줄 뿐만 아니라 어릴수록 교사의 영향을 더 많이 받는다. 따라서 교사의 전문성이나 역량개발이 더욱 요구된다.

출처: 고정곤 외(2016). 보육교사론. 양성원. pp.17-18.

2. 보육의 개념 및 보육교사의 역할

1) 보육의 개념

보육(保育)이란 “보살펴 기름”의 뜻으로 과거에는 저소득층 대상 자녀를 중심으로 취업모의 자녀를 맡아 단순히 보호해 주는 개념으로 사용되었지만 최근에는 출생에서부터 모든 계층의 영유아를 보육의 대상으로 확대하여 사용되고 있다. 즉, 1960년대 초부터 사용되었던 “아동을 위탁한다”는 의미의 “탁아”라는 용어는 1991년 「영유아보육법」이 제정되면서 보호의 기능에 교육적 기능을 결합한 “보육” 이라는 용어로 바꾸어 사용하게 되었다. 구체적으로 「영유아보육법」 제1조 목적에서는 "영유아의 심신을 보호하고 건전하게 교육하여 건강한 사회 구성원으로 육성함과 아울러 보호자의 경제적 · 사회적 활동이 원활하게 이루어지도록 함으로써 영유아 및 가정의 복지 증진에 이바지함을 목적으로 한다"로 정의하여, 보호(care)와 교육(education)의 기능을 동시에 중요하게 다루어 제시하고 있다. 그리고 동법 제2조 제2항에서는 보육이란 "영유아를 건강하고 안전하게 보호 · 양육하고 영유아의 발달특성에 맞는 교육을 제공하는 어린이집 및 가정양육 지원에 관한 사회복지서비스"로 정의하고 있다. 다시 말해 보육이란 보호와 교육이 동시에 수반되는 일련의 과정이라 할 수 있으며, 종래의 개념인 단순히 시설에 영유아를 맡긴다는 개념을 넘어 보호와 교육이 서로 상호작용하면서 아동의 전인적인 발달을 위한 포괄적 프로그램으로써 보호와 교육이 통합적으로 이루어지는 것이라고 할 수 있다.

다시 말해 보육의 목적을 보호(care)와 교육(education)이라는 두 측면으로 구분하고 있는데, 보호적 측면에서는 영유아의 영양, 건강, 안전 등을 고려하여 영유아에게 충분하고 균형 있는 영양을 공급해 주어 신체적 · 정신적으로 건강을 유지할 수 있도록 하고, 스스로 자신의 안전을 보호할 수 있는 능력을 갖도록 함으로써 이들이 건강하고 안전하게 성장할 수 있도록 돕는 것을 의미하고, 교육적 측면에서는 신체적, 사회적, 정서적, 지적 및 언어발달에 기여할 수 있는 경험을 제공하여 유능하고 존중받는 사람으로서 자아존중감을 발달시킬 수 있도록 영유아들이 지니고 있는 잠재력의 개발을 도와주는 것이라고 할 수 있다.

2) 보육교사의 개념과 역할

(1) 보육교사의 개념

예전에는 어린이집 보육교사에 교사라는 호칭을 사용하지 않고 보육기관의 종사자라는 호칭이 사용되다가 최근 들어 보육교사(day care teacher)라는 호칭이 사용되고 있다. 즉, 보육교사란 “보건복지부의 관리감독을 받는 다양한 형태의 어린이집에 근무하면서 영유아를 담당하며 지도하는 교사” 또는 “영유아의 보호와 교육에 필요한 자질을 갖추기 위해 소정의 교육과 훈련을 받고 보육교사 자격을 취득한 후 보육기관에서 영유아를 직접 돌보는 교사”를 의미한다.

보육교사는 1급, 2급 및 3급으로 구분되며 전문대학 또는 이와 동등 이상의 학교에서 보건복지부령이 정하는 보육 관련 교과목 및 학점을 이수하고 졸업하면 보육교사 2급을 취득한다. 또한 보육교사 1급은 보육교사 2급 자격을 취득한 후 3년 이상의 보육 업무경력과 보건복지부장관이 정하는 승급교육을 받으면 자격을 취득할 수 있다. 그리고 보육교사 3급은 고등학교 또는 이와 동등 이상의 학교를 졸업한 사람으로서 보건복지부령이 정하는 교육훈련시설에서 정해진 교육과정을 수료한 사람에게 발급한다.

(2) 보육교사의 역할

여성의 사회적 진출이 급속도로 증가하면서 필요조건인 보육시설의 양적 증가와 함께 보육교사의 전문성에 대한 요구 또한 늘고 있다<표 1-5>. 전문성에 대한 개념은 시대와 사회의 변화에 따라 달리 정의되고 있으며, 즉 어떤 직업이나 개인을 전문직이나 전문가로 인정하는 데에는 사회적 인식과 개인적 인식의 정도에 따라 차이가 있으므로 전문직이나 전문가의 개념은 합의 수준에 의해 결정되는 상대적인 성격을 가지는 것으로 이해해야 한다고 주장하고 있다(임재택, 1996). 그리고 이은화(1995)는 전문성이란 자신의 일에 대한 신념, 오랜 기간 자신의 직업에 헌신하는 태도, 전문가로서 지니고 있는 지식에 의해 결정할 자유가 있다고 믿는 태도나 행동을 뜻한다고 하였다. Spordeck(1975)도 장기간에 걸친 필요한 내용을 훈련, 교육받아야 하고, 폭넓은 자율성과 그에 따른 책임을 가져야 하며, 자율적인 조직체계와 전문적인 지식을 갖추는 것이 전문성이라고 주장한다. 요약하면 전문성이란 전문직으로서의 역량을 수행하는 데 필요한 지식체계나 조직체계를 갖추는 것이고, 전문직은 전문성이 요구되는 직업인 것이다.

〈표 1-5〉 보육시설의 양적 증대

단위: 개소

연도	2005	2006	2007	2008	2009	2010	2011	2012	2013	2014	2015	2016	2017
총계	28,367	29,233	30,856	33,499	35,550	38,021	39,842	42,527	43,770	43,742	42,517	41,084	40,238
국·공립	1,473	1,643	1,748	1,826	1,917	2,034	2,116	2,203	2,332	2,489	2,629	2,859	3,157
사회복지법인	1,495	1,475	1,460	1,458	1,470	1,468	1,462	1,444	1,439	1,420	1,414	1,402	1,392
법인·단체 등	979	1,066	1,002	969	935	888	870	869	868	852	834	804	771
민간	12,769	12,864	13,081	13,306	13,433	13,789	14,134	14,440	14,751	14,822	14,626	14,316	14,045
가정	11,346	11,828	13,184	15,525	17,359	19,367	20,722	22,935	23,632	23,318	22,074	20,598	19,656
협동	42	59	61	65	66	74	89	113	129	149	155	157	164
직장	263	298	320	350	370	401	449	523	619	692	785	948	1,053

출처: 보건복지부(2018). 어린이집 및 이용자 통계(2017. 12. 31 기준).

전문직을 구분하는 이러한 기준을 놓고 볼 때, 시대적 요구가 낳은 영유아 보육의 필요성과 영유아발달과 특성을 이해하고 그것에 맞춘 보육을 하는 보육교사들의 역할은 분명 전문성이 요구된다. 하지만 아직도 교사 스스로의 전문직에 대한 자각과 전문적 자질 함양을 위한 교사교육이 부족하기 때문에 전문성에 대한 논의는 좀 더 이루어져야 한다는 시각도 있다(이은미, 2002).

전문직으로서의 보육교사의 역할은 보육의 관점이나 요구의 변화에 따라 변화되는 특성을 보인다. 대체로 보육교사의 역할은 보호와 양육, 보육과정의 운영 및 보육 프로그램 개발, 영유아의 평가 그리고 안내, 상담 및 정서적 지원, 촉진, 훈육 등과 같은 역할들이 요구되고 있다. 다시 말해 보육교사의 역할은 보호자로서의 역할과 더불어 전문적 지식과 기술을 가진 교수자이고 상담자이며 연구자로서의 여러 가지 역할을 담당하는 전문가라는 것이다.

보육교사의 역할은 시대적 변화와 요구, 보육기관의 유형, 적용되는 프로그램의 특성, 영유아의 특성 및 학부모의 요구에 따라 다양하다. 일반적으로 보육교사는 영유아의 교육과 보육업무를 담당하며 보육계획안 작성부터 보육활동 및 환경구성, 부모 참여, 영양, 건강, 안정 등 폭넓은 업무를 담당하게 된다. 보육교사의 역할을 구체적으로 살펴보면 <표 1-6>과 같다(고정곤 외, 2016).

〈표 1-6〉 보육교사의 역할

구분	내용		
보육과정 설계자로서의 역할	• 보육과정 운영계획 수립 • 연간, 월간, 주간, 일간 보육계획 수립 • 기타 보육활동계획 수립		
보육과정 운영자로서의 역할	• 일과계획 및 운영	• 보육 관련 행사 운영	
교수·학습지도자로서의 역할	• 보육과정 지도자 • 상호작용자 • 상호학습조력자	• 학습조력자 • 활동제공자	
생활지도자로서의 역할	• 부모의 역할 • 훈육 • 도덕적 귀감자 • 스트레스 관리자	• 본보기 • 대리양육자 • 지지자 • 문제해결자	• 상담 및 조언자 • 대화자 • 촉진자 • 설득자
보육환경 조성자로서의 역할	• 흥미영역 관리	• 공간구성 관리	
교수·학습자료 제작·관리·활용자로서의 역할	• 교수·학습자료 제작	• 교수·학습자료 관리	• 교수·학습자료 활용
상호교류자로서의 역할	• 학부모와의 교류 • 보육행정가와의 교류	• 지역사회와의 교류 • 동료교사와의 교류	
보육활동 평가자로서의 역할	• 관찰자	• 평가자	

① 보육과정 설계자로서의 역할

보육교사의 가장 큰 역할은 보육과정 운영계획을 수립하는 일이다. 보육과정은 당해 보육기관에서 1년간 운영할 총체적인 보육계획으로 보육과정 운영계획을 보면 당해 보육기관의 총체적인 운영모습을 쉽게 이해할 수 있다. 일반적으로 보육과정 운영계획에는 보육기관 현황, 보육 프로그램 운영, 지도계획, 보육행사계획, 시설관리계획, 보육환경구성계획, 생활지도계획, 부모교육계획, 보육과정 평가계획 등이 포함된다.

② 보육과정 운영자로서의 역할

보육과정 설계자로서의 역할은 합리적인 절차를 통해 보육과정을 편성하는 것을 의미하며, 보육과정 운영자로서의 역할은 편성된 보육과정을 합리적으로 운영하여 기관 및 학급의 보육목표를 실현하고 영유아들의 잠재능력을 계발시켜 주는 활동을 의미한다. 보육과정 운영에는 교수・학습지도, 생활지도, 행사지도, 일과운영, 지역사회 자원 활용 등 다양한 활동이 포함된다.

③ 교수・학습지도자로서의 역할

영유아보육기관에서 수립한 보육과정계획은 궁극적으로는 일일 보육활동계획에 반영되어 교사의 교수・학습지도를 통하여 구체화되고 실현된다. 따라서 보육교사가 훌륭한 교수・학습방법을 적용하여 일일 보육계획을 계획하고 지도한다면 효율적으로 교수・학습목표를 구현할 수 있다. 여기에서는 보육과정 지도자, 학습조력자, 상호작용자, 활동제공자 및 상호학습협력자로서의 역할을 수행하게 된다.

④ 생활지도자로서의 역할

영유아 보육활동은 "영유아의 생활에서 출발하여 영유아의 생활로 되돌아온다"라고 말한다. 이 말은 영유아 보육활동 내용은 영유아의 생활경험 속에서 학습활동을 계획, 전개하고 학습된 경험이나 결과는 영유아의 현재 생활 속에서 적용되어 영유아의 생활을 바람직하게 이끌어 간다는 의미이다. 따라서 영유아의 생활 자체가 교육의 현장이고 소재이기도 하다. 다시 말해 영유아의 생활 자체가 아주 광범위하므로 생활지도자로서의 역할 또한 광범위하지만 일반적으로 부모의 역할, 본보기, 상담 및 조언자, 훈육, 대리양육자, 대화자, 도덕적 귀감자, 지지자, 촉진자, 스트레스 관리자, 문제해결자 및 설득자로서의 역할을 수행하게 된다.

⑤ 보육환경 조성자로서의 역할

보육환경은 단순히 물리적 기능만이 아니라 영유아의 성장발달에 끊임없이 정신적 · 정서적인 영향을 주므로 가정과 같이 친근함과 안락함이 있게 꾸며야 한다. 보육환경으로서의 흥미영역과 실내공간 구성이 대표적이다. 우리나라 표준보육교육과정에서는 교육과 보육의 효율성을 높이기 위해 흥미영역 설치를 의무화하여 놀이 중심으로 학습을 이끌어 가도록 유도하고 있다. 따라서 교사는 어린이집 실정에 맞는 흥미영역을 실내 · 외에 반드시 설치 · 운영해야 한다. 그리고 어린이집 보육실에는 흥미영역 외에 벽면과 천장공간을 어떻게 구성하느냐에 따라서 영유아의 학습효율성과 보육실 내의 아늑하고 부드러운 정서적 분위기가 달라진다. 그러므로 교사는 실내공간을 정서적으로 구성함은 물론 다양한 구성물들을 영유아발달에 도움이 되도록 마련해 주어야 한다.

⑥ 교재 · 교구 제작 및 관리 · 활용자로서의 역할

오감을 활용한 직접적인 체험을 통한 보육이 중요하므로 교재 · 교구를 충분히 확보하고 적절하게 활용하는 것이 매우 중요하다. 먼저 교재 · 교구를 확보하기 위해서는 교재 · 교구별로 기준량에 따른 현재 보유량을 파악하고, 부족 시에는 교재 · 교구 현황에 따른 확보계획을 세워 점차적으로 확보를 해야 한다. 그리고 정비된 교재 · 교구는 교재 · 교구 자료실을 설치하여 보관 · 관리하고 교재 · 교구 자료 관리대장을 비치 활용한다. 교재 · 교구 활용은 필요한 교재 · 교구는 반드시 교수 · 학습지도에 활용하며 교재 · 교구 · 자료의 활동 및 반환대장을 비치 활용한다.

⑦ 상호교류자로서의 역할

보육활동의 효율성을 높이기 위해 보육활동에 직접적으로 영향을 주는 학부모, 지역사회, 보육행정가 및 동료교사들 간에 적절한 상호교류가 이루어져야 한다. 구체적으로 부모를 통하여 영유아의 효율적인 지도를 위한 각종 정보를 수집하여 영유아 보육지도계획 수립 및 지도에 활용하고 교사는 부모교육을 체계적으로 계획 · 실시하여야 한다. 그리고 지역사회에 있는 보육기관은 지역사회의 특성과 요구를 반영하여 보육과정운영계획을 편성・운영하고 보육행정가의 교류를 통하여 보육정책은 물론 다양한 보육정보 및 자료를 수집해야 한다. 마지막으로 보육교사는 항상 동료교사들과 어떻게 좋은 인간관계를 형성하느냐에 대해 관심을 갖고 영유아지도를 위한 각종 정보를 교류해야 한다.

⑧ 보육활동 평가자로서의 역할

보육기관에서는 보육과정운영계획에 따른 보육활동을 전개한 후, 그 성과를 평가하고 영유아 개인별로 성장발달에 대한 성과를 평가하여 평가결과를 가지고 다시 보육과정운영계획을 수립하거나 영유아 개인별 지도계획 수립에 반영해야 한다.

(3) 발달단계에 따른 교사의 역할

영유아의 발달단계에 따른 보육교사의 역할을 이해하기 위해서는 먼저 영유아의 발달특성을 정확하게 이해하는 것이 필요하다. 왜냐하면 영유아기의 발달에 대한 정확한 지식을 가져야만 발달단계에 따른 올바른 개입을 할 수 있으며, 궁극적으로 영유아들이 정상적으로 성장을 할 수 있기 때문이다. 즉, 영유아에 대한 정확한 지식이 없는 상태에서의 개입은 아이에게 맞지 않는 옷을 입혀주는 것과 같은 이치이다.

영유아에 대한 구분은 다양하게 이루어지고 있다. 구체적으로 보건학적인 관점으로 보면 영아를 1세까지로 정의하고 있으며, 「영유아보육법」에서는 0~36개월 미만을 영아로, 발달심리학적 관점에서는 0세에서 만 2세까지를 영아로, 2~6세를 유아로 보고 있다. 즉, 영유아의 발달단계를 어떻게 구분하느냐는 학자의 관점에 따라 차이를 보인다. 그럼에도 불구하고 대부분 영유아의 발달단계를 구분할 때 사용되는 수단은 연령이다. 연령에 따른 구분도 개인의 발달과정이 동일하지 않기 때문에 단순하지 않지만 생물학적 연령을 기준으로 영아기(infancy)와 유아기(early childhood)를 구분하면 <표 1-7>과 같다(김이영 외, 2017).

〈표 1-7〉 영아기와 유아기의 특징

구분	특징
영아기	출생 이후 24개월까지를 말한다. 그중에서도 특히 출생 후 2~4주 사이를 신생아기라고 한다. 이 시기에 영아는 하나의 독립된 개체로 성장할 준비를 하는 기간이다. 영아기는 인간발달의 여러 영역에서 빠르게 성장하는 시기이다. 신체발달은 매우 급격하고 범위가 넓게 이루어진다. 즉, 영아가 성장함에 따라 신체 형태가 빠르게 변화한다. 또한 몸통이나 팔다리를 움직이는 대근육활동과 주로 손가락을 민첩하게 움직이는 소근육활동과 같은 운동발달이 빠르게 진행된다. 특히, 영아기 동안 두뇌는 뇌성장 급등기라고 할 만큼 급격하게 발달하므로 이 시기의 뇌발달이 이후의 뇌 성장과 기능을 결정한다. 이 시기에 인지적 발달은 매우 빠르게 진행된다. 영아기에는 자신을 둘러싼 외부환경과 상호작용하는 방법이 주로 감각기관을 통하여 이루어진다. 따라서 대체로 감각기관을 통하여 들어온 정보를 지각하고 환경에 반응하는 도식을 형성함으로써 인지발달이 이루어진다. 영아는 이미 태내에서부터 청각 기능이 발달되어 있어서 언어적·비언어적인 것에 노출되어 있는데, 출생 후에도 주양육자와 상호작용을 통하여 인지능력이 발달한다. 영아기는 주양육자와 사회적 관계를 통하여 사회·정서의 발달이 서서히 이루어진다. 특히, 영아기 동안 발생하는 가장 중요한 형태의 사회·정서적 발달은 애착이다. 이러한 애착은 영아와 주양육자가 서로에게 밀접한 사회·정서적 유대감을 형성하면서 생겨난다. 따라서 영아의 사회·정서적 발달을 위해서는 영아에 대한 주양육자의 지속적인 관심과 절대적인 사랑이 필요하다.
유아기	대개 만 2~6세까지의 기간을 말한다. 이 시기의 유아는 자기주장과 지배에 대한 욕구가 매우 강하다. 이는 개인으로서의 자신을 의식하기 시작하는 데서 비롯된 것으로 반항과 고집, 자기 주장이 나타나기 시작한다는 것을 의미한다. 이 시기의 유아가 경험하는 긴장은 유아의 행동을 제한하고 규제하려는 환경의 요구에서 비롯된다. 따라서 유아는 자신의 행동에서 타인의 요구를 고려해야 한다는 것을 배우게 된다. 이러한 과정을 통해 초기에는 타인과의 상호관계를 고려하지 않는 자기 중심적 존재로부터 타인과의 상호관계를 고려하는 존재로 성장해 간다. 이 시기에 유아는 자신의 고유성을 인식하기 시작하여 유아기 후반에 가면 '내 마음대로' 하는 것보다는 '내 스스로' 하는 것에 더 관심을 갖게 된다.

영유아들은 특성상 배변, 낮잠, 휴식, 식사, 세면 등과 같은 기본생활습관이 생활시간의 대부분을 차지한다. 그렇다고 해서 생존에 필요한 기본생활습관만이 영유아 보육의 전부라고 말할 수는 없다. 영유아기에는 학습의 기초가 되는 중요한 능력을 습득해야 할 뿐만 아니라, 대인관계에서의 신뢰감이 형성되어야 하고, 다른 사람들과 어울려 생활하는 능력도 키워야 한다. 이러한 능력은 영유아를 잘 먹이고 잘 재우고 잘 씻겨 안전하게 보호하는 것만으로는 길러질 수 없다. 사랑받고 싶고, 배우고 싶고, 알고 싶은 욕구를 충족시켜주어야 하고 주변 환경을 탐색할 수 있도록 도와주어야 하며 발달 시기에 맞는 놀이와 놀잇감이 제공되어야 하는데, 이와 같은 행위가 바로 영유아기의 교육적 행위이며 이는 전문적인 교육과 훈련을 받은 교사에 의한 영유아

보육이라 할 수 있다(정소미, 2009).

영유아기는 성격형성에 가장 중요한 시기이기 때문에 이 시기의 보육은 개인의 일생을 통하여 매우 중요하게 작용한다. 인간의 지능은 출생해서 3~4세까지 약 50~60%가 발달하며, 7~8세까지는 70~80%가 발달하기 때문에 출생에서부터 취학 전 연령에 이르기까지의 영유아기가 인간의 지적・사회적・정서적・신체적・언어발달의 극대화를 이루는 결정적 시기로 볼 수 있다. 영유아의 보육은 연령 및 발달특성에 따라 개별적 접근이 반복적으로 이루어져야 하며 영유아의 욕구, 흥미, 능력에 따라 적절히 제공되어야 한다. 이러한 영유아의 특성을 고려할 때 올바른 영유아의 교육과 보육을 위해서 다음과 같은 사항을 고려하여야 한다(장영희, 2004).

첫째, 영유아의 생활리듬을 고려한 하루 생활이 고려되어야 한다. 영유아의 하루 생활은 잘 먹고, 편히 쉬고, 즐거운 놀이를 하며 영유아의 심신이 피로하지 않을 정도가 되어야 한다.

둘째, 각 영유아의 개인적인 발달 차이를 충분히 고려하여 개별적으로 접근되어야 한다. 영유아들은 연령에 의한 발달의 차이가 매우 크므로 집단생활이라도 획일적인 활동보다는 영아의 개인차를 고려하여 활동을 계획해야 한다.

셋째, 영유아의 보육목표를 달성하는 데 있어 모든 목표와 목적이 뚜렷한 개별적 교육활동으로 이루어질 수 있으므로 가능한 비형식적인 교육에 많은 비중을 두어야 한다.

① 영아보육교사의 역할

보육교사의 질의 중요성은 생애 초기 애착경험의 영향에 대한 연구를 통해 더욱 잘 밝혀지고 있다. 영아가 자기를 돌봐주는 성인과 애착을 가지는 것은 그 후의 정신적인 건강과 연결되어 있음을 분명하게 보여 주는데, 영아기에 안정적인 애착을 형성한 것으로 평가된 영아들은 유아가 되어서 어려운 학습과제를 해결해야 할 때 포기하거나 화를 내기보다는 의욕적으로 도전하는 경향이 강했으며, 어머니의 조언에 순응적인 것으로 나타났다. 즉, 안정된 애착이 형성된 영아들은 그렇지 않은 영아들보다 또래와 더 사이좋게, 더 자율적으로, 더 많은 반응을 보이고, 더 재미있어 하는 반면, 불안정하고 회피적인 애착을 형성한 영아들은 다른 영아들과의 상호작용에서 문제를 보이며 피해자 입장에 놓이는 경우가 많은 것으로 나타났다.

신체적으로 발달이 미숙한 영아는 성인의 보호와 도움을 끊임없이 필요로 하기 때문에 영아의 어린이집 생활의 대부분은 보살핌으로 이루어진다. 따라서 만 0~2세까지의 영아를 담당하는 영아반 교사는 유아반 교사에 비해 보살핌의 역할이 주로 강조되는데, 그 이유는 직접 보살핌을 담당하는 양육자가 영아에게 미칠 수 있는 영향이 매우 크기 때문이다. 특히, 영아기에 양육자와의 관계에서 형성되는 애착은 영아기 이후의 발달까지도 결정적인 영향을 미칠 수 있다(Bronson, 2000; Kopp, 1989).

보육교사는 영아의 발달에 따라 접근해야 할 역할이 다른데, 영아의 발달단계에 따른 교사의 주요 역할을 요약하여 드식화해보면 <그림 1-1>과 같다.

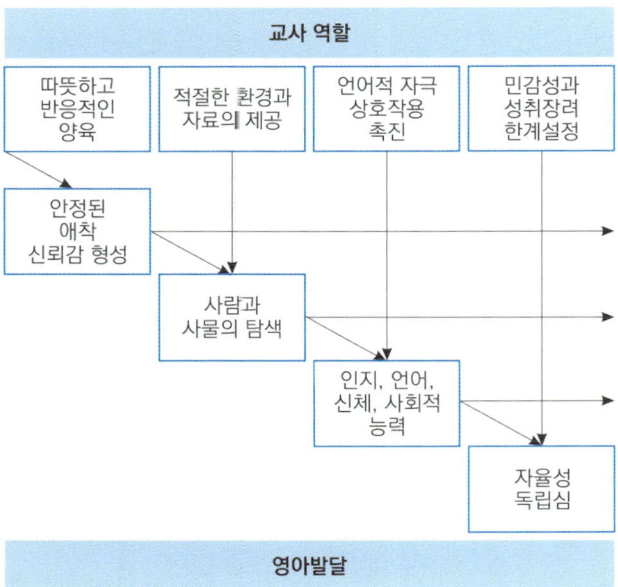

〈그림 1-1〉 영다기 발달과 교사의 역할 관계

영아의 연령이 어릴수록 교사에 대한 접촉추구와 비접촉 상호작용을 많이 하고 성인에 대한 영아의 의존이 강하므로 영아를 보육하는 교사는 영아를 돌보는 일에 즐거움을 느끼고 영아에 대한 사랑이 부드러운 말투와 손길로 느껴질 수 있도록 하는 높은 자질이 요구된다(이향, 1996). Honing(김남성 역, 1995)은 영아기 탁아 프로그램의 효과를 보고한 연구결과를 정리하면서 교사와 영아의 상호작용에 있어서 교사의 자질과 역할에 대해 <표 1-8>과 같이 주장하고 있다.

〈표 1-8〉 교사와 영아의 상호작용을 위한 교사의 자질과 역할

- 교사는 영아 개개인의 요구에 대해 민감히 반응해야 한다. 영아들은 개개인마다 서로 다른 기질과 특성을 가지고 있으며 이에 대한 발달적 요구와 능력에도 차이가 있다. 따라서 교사는 영아들의 이러한 발달적 특성과 요구를 이해하고 반응적으로 대처하기 위해서는 영아기 발달에 대한 전문적인 지식뿐 아니라 많은 융통성과 인내가 필요하다.
- 영아기의 주요 발달과업은 영아가 주양육자와 신뢰감을 형성하는 것으로 교사는 영아와 애정적, 긍정적 상호작용을 함으로써 영아의 신뢰감 형성을 도와야 한다.
- 영아기 발달에서 나타나는 주요한 특징 중 하나로 급속한 어휘발달을 들 수 있는데, 교사는 풍부한 언어적 상호작용을 함으로써 영아의 언어발달을 촉진시켜야 한다.
- 영아들의 발달수준을 고려하여 교육활동을 계획하고 실시해야 하며, 물리적 환경을 구성하여야 한다. 이때 영아 개개인의 발달적 특성과 변화에 따라 교육경험 및 물리적 환경을 융통성 있게 제공해야 하므로 교사는 영아발달에 대한 전문적 지식과 이를 적용시킬 수 있는 능력, 영아의 발달을 측정하기 위한 관찰능력을 가져야 한다.

이와 같이 영아보육교사는 영아의 신체적 · 정서적 욕구에 민감하게 반응하며 일상적인 생활을 통하여 적절한 자극을 제공하고 놀잇감을 통해 또래와 상호작용이 이루어질 수 있도록 도움을 줌으로써 교사로서의 역할을 다 해야 한다. 또한 영아의 사회 · 정서적 발달을 돕기 위해 교사는 영아의 개별적 발달수준과 흥미를 잘 파악하고, 긍정적인 상호작용을 제공하여야 한다. 영아보육교사는 온정적 태도로 영아를 대하고, 영아의 요구를 빨리 파악하며 적절히 반응하여야 하고, 또래와의 갈등을 바람직한 방법으로 해결할 수 있도록 지도하여 영아의 사회 · 정서적 발달을 도와야 한다.

영아의 요구에 민감하게 반응하고, 요구를 적절히 수용해 주면 영아는 자신이 이해받았다고 느끼고 자아존중감과 자신감을 형성하게 되는데, 이러한 요구를 이해하고 판단하기 위해서는 교사가 영아를 정기적으로 관찰하고 여러 가지 상황에서 이들을 분석하려는 태도가 요구된다. 또한 영아가 당면하는 또래와의 갈등 상황에서 교사는 일관성을 가지고 영아의 친사회적 행동은 격려하고 상대에게 상처를 주는 행동은 통제하게 되는데, 또래 간의 갈등이 일어난 상황에서는 중재자의 역할을 하여 손이나 몸으로가 아니라 말로써 문제를 해결하는 대안이 있다는 것을 경험할 수 있도록 도와주어야 한다.

② 유아보육교사의 역할

최근 보육과정의 질, 즉 교사와의 상호작용의 질이 유아발달에 얼마나 중요한 요소인지를 보여 주는 의미 있는 결과가 발표되었다. Mashburn(2008)은 교사의 교수적 지원은 유아의 학습, 언어기술발달과 정적 상관관계를 갖는다고 하였는데, 교사와의 상호작용의 질이 높을수록 유아의 학습기술과 언어기술에서 높은 점수를 보인다는 것이다. 또한 교사의 정서적 지원은 유아의 사회적 능력의 발달과 정적인 상관관계를 가지며, 문제행동과는 부적 상관관계를 가진다고 하였는데, 이것은 교사와의 정서적 상호작용의 질이 높을수록 유아의 사회적 능력은 높게 나타나고, 문제행동은 줄어든다는 것이다. 즉, 유아의 발달을 증진시키기 위해서는 상호작용이 매우 중요한 매커니즘이 되는 것으로 질적으로 우수한 상호작용, 특히 교사의 풍부한 교수적 · 정서적 지원은 보육교사에게 반드시 요구되는 핵심 역할이라고 주장한다. 유아보육교사의 역할을 구체적으로 살펴보면 <표 1-9>와 같다.

〈표 1-9〉 유아보육교사의 역할

구분	내용
보육과정 영역별 핵심내용 지도	• 호기심, 탐구력, 창의적 사고력 배양: 사회관계, 자연탐구영역 • 인지발달 촉진: 전영역 • 의사소통능력 향상: 언어발달영역 • 소근육, 대근육발달: 신체운동 · 건강영역 • 기본생활습관, 집단의식, 또래관계 지도: 사회관계영역 • 잠재능력 계발: 예능표현영역

구분	내용
학습환경 조성 및 관리	• 흥미영역 구성 • 보육실공간 구성
다양한 교수 · 학습방법 적용	• 3~5세 누리과정 교수 · 학습과정 지침 준수 • 다양한 교수 · 학습과정 적용 • 교수 · 학습방법의 개별화 • 집단교수 · 학습체제의 구축 • 예술가로서의 역할

<표 1-9>에서 보는 것과 같이 유아보육교사의 역할로는 첫째, 보육과정영역별 핵심내용의 지도이다. 3세부터는 영아에 비해 적극적인 교육활동이 이루어지는 시기로서, 특히 표준보육과정의 3~5세 누리과정 5개 영역에서 기대되는 핵심적인 능력을 배양하는 데 노력해야 한다.

둘째, 학습환경 조성 및 관리의 역할이다. 유아반은 월별 또는 주별 활동주제와 관련하여 조사, 발견, 탐색, 탐구활동을 조장하여 효율적이며 유아 주도적인 학습을 주도할 수 있도록 구성하고 실내의 벽면과 천장도 정서적인 가치 외에도 학습을 도울 수 있도록 구성하는 것이 중요하다.

셋째, 다양한 교수 · 학습방법의 적용의 역할이다. 영아반의 교사역할이 주로 보육 위주로 이루어진다면 유아반의 교사역할은 교육 위주로 이루어진다. 따라서 교육 위주의 교사활동 중 가장 중요한 역할인 교수 · 학습활동을 충실히 수행해야 한다.

3. 보육교사의 권리와 의무

권리(權利, Right)는 교사가 직무를 수행하는 데 있어 전문직으로서 원만히 행하거나 요구할 수 있도록 법이 인정하는 힘을 말하며, 의무(義務, Duty)는 교사로서 요구되는 당위나 규범뿐만 아니라 법적인 의무를 포괄하는 의미로 사용되는 개념이다. 보육교사의 권리와 의무를 구체적으로 살펴보면 다음과 같다.

1) 보육교사의 법적 지위

보육교사의 법적 지위에 관련된 법률은 「영유아보육법」, 「대한민국헌법」, 「사회보장기본법」, 「사회복지사업법」, 「사회복지사 등의 처우 및 지위 향상을 위한 법률」, 「근로기준법」 등에 근거한다(김광병, 김기화, 2015; 황보영란, 2014). 그리고 보육교사는 법적으로 교원으로 규정되어 있지 않아 근로자의 근로조건기준, 기본생활보장과 향상 등이 보육교직원의 근로조건과 신분보장에 대한 법적 근거라고 할 수 있다(서영숙 외, 2014). 「영유아보육법」 제2조를 보면 "영유아"란 6세 미만의 취학 전 아동을 말하고, "어린이집"이란 보호자의 위탁을 받아 영유아를 보육하는 기관을 의미한다. 어린이집의 원장과 보육교사 그리고 그 밖의 직원을 보육교직원이라 명시하면서 기존에 사용하던 보육시설 명칭은 어린이집으로, 보육시설의 장은 어린이집 원장으로, 종사자는 직원으로 명칭이 변경되었다.

1992년 「사회복지사업법」의 개정, 1995년 「사회보장기본법」의 제정으로 「영유아보육법」은 「사회복지법」 내지 「사회보장법」 법령에 속하게 되었고, 2005년 「영유아보육법」의 제1조, 제2조 제1항의 개정을 통하여 보육이 「사회복지사업법」 상의 사회복지서비스, 「사회보장기본법」상의 사회복지서비스임이 명확하게 명시되었다(황보영란, 2014). 그리고 「영유아보육법」 제2조 제2호를 보면 보육을 사회복지서비스라고 규정하고 있는데, 「영유아보육법」이 「교육법」에 속하는 것이 아니라 「사회복지사업법」의 사회복지사업에 속하는 것으로 되어 있다(황보영란, 2014). 즉, 보육은 사회적 위협으로부터 국민을 보호할 뿐만 아니라 국민 모두의 삶의 질을 향상시키는 데 필요한 사회보장의 하나인 사회서비스이다. 그중에서도 국가와 지방자치단체, 민간 부문의 도움을 필요로 하는 국민에게 정상적인 사회생활이 가능하도록 지원하기 위해 제공되는 사회복지서비스의 하나이다(송영미, 2016).

보육교사는 「근로기준법」에 따른 신분보장을 가지고 급변하는 보육현장 속에서 "교사"라는 호칭 때문에 법적, 행정적, 윤리·도덕적으로 많은 제약을 받거나 불합리한 상황에 놓이게 될 때가 많다. 근로자로서 보육교사가 지니는 법적 의미에서 「헌법」에 규정되어 있는 근로의 권리, 최저임금제, 근로의 의무, 근로조건의 기준, 여자의 근로, 근로 3권 등 노동질서의 내용을 제대로 구현시키기 위한 노력과 연구가 지속적으로 모색되어야 한다(송영미, 2016). 또한 교사로서 권리와 행동에 제약받고 있는 보육교사의 신분보장과 지위와 관련된 법체계를 보완하고 개선하여 법적 지위뿐만 아니라 사회적 제고가 필요하며, 「교육법」에 근거한 교원의 법제적 명칭의 보호가 필요하다(서영숙 외, 2014).

2) 전문성 측면의 보육교사 권리와 의무

전문성이란 장기간의 전문교육을 받아 수준 높은 자격심사를 받고, 고도의 창의성을 발휘하는 것을 의미한다. 영유아를 교육하는 것은 전문적인 지식과 기술을 필요로 한다(OECD, 2013). 따라서 전문성 측면에서의 보육교사의 권리는 가르치는 데 있어 교사의 자율성 측면을 강조하고 있으며, 의무는 교사가 직무를 수행하는 데 있어 지켜야 할 직업윤리 또는 의무규정 등으로 되어 있다. 보육교사는 법적으로 교원으로 되어 있지 않아 신분보장이나 전문성을 인정하는 데 있어 유치원교사와 차이를 보이며(서영숙 외, 2014), 유치원교사에 비해 보육교사의 법적 지위는 낮으면서, 더 많은 의무나 책무가 부가되어 높은 수준을 요구하면서 법적으로 취약한 법적 지위에 놓여 있는 실정이다(김광병, 김기화, 2015).

보육교사의 직무는 영유아의 성장과 발달을 돕는 것이지만 실제 교육·보육현장에서는 교육의 본질과 특성에 따라 보육교사에게 기대되는 행동유형이 달라지기 때문에 교사의 직무형태가 보다 다양해지고 복잡한 역할도 함께 수행하게 된다. 즉, 전통적 역할인 보호자, 양육자의 역할을 넘어서 전문적인 지식과 기술, 태도와 행동을 갖춘 전문성을 요구한다(권은희, 성영혜, 2012). 보육교사가 스스로를 전문직으로 인식하고 성장하기 위해서는 전문적인 지식, 기술, 태도를 발달시키기 위한 실천적인 노력이 중요할 뿐만 아니라(이석순, 박은미, 2014), 교육과정에 대한 교직원 훈련이 요구된다(OECD, 2013). 전문성 발휘는 업무와 역할수행에 있어서 자율성에 기초하므로 책임성이 요구되는데, 이에 대한 지속적인 노력이 뒤따라야 한다(심정선, 2012). 그리고 역할을 잘 수행하기 위해 갖추어야 할 개인적 자질과 교직에 대한 태도, 전문적 자질을 함양하기 위한 노력을 해야 한다(권은희, 성영혜, 2012).

전문성 측면에서 영유아교사(유치원교사와 보육교사)의 권리와 의무의 내용을 살펴보면 <표 1-10>과 같다(김보영, 2011; 황보영란, 2012).

〈표 1-10〉 전문성 측면에서 영유아교사의 권리와 의무

권리	의무
• 자율권 - 교육 · 보육과정편성 및 운영권 - 교재의 선택 · 결정권 - 교육 · 보육내용 및 방법 결정권 • 지도권 • 평가권	• 교육 · 보육상 의무 • 연수의 의무 • 윤리강령 제정과 자율적 규제의 의무

출처: 송영미(2016). 영유아교사의 권리와 의무에 관한 유치원교사와 보육교사의 인식 연구. 숙명여자대학교 교육대학원 석사학위논문.

(1) 전문성 측면의 보육교사 권리

보육교사는 영유아의 전인적 발달에 결정적인 영향을 주는 존재이므로 전문성이 필요하며 반성적, 비판적 앎의 과정을 통해 교사 스스로의 역량을 발전시키는 것이 필요하다(신은수 외, 2013). 교직의 특성 중 전문성 측면은 교육상의 권리로 교사의 자율성 보장(교육 · 보육과정편성 및 운영권, 교재의 선택 · 결정권, 교육 · 보육내용 및 방법결정권), 영유아 지도권, 영유아 평가권 등이 있는데, 그 내용은 <표 1-11>과 같다(김보영, 2011).

〈표 1-11〉 전문성 측면에서 보육교사의 권리

구분	내용
자율권	교사가 교육연구 활동을 수행함에 있어 타인의 지시나 간섭 없이 스스로 결정하여 추진하면서 정책적·종교적으로 중립적인 위치에서 학문의 자율성을 보장받으면서 창의성을 인정받을 수 있는 권리를 말한다. 교사의 자율성 보장권은 「헌법」 제31조 제4항에 교육의 자주성 및 정치적 중립성 보장에 대한 원칙과 함께 명시되어 있다. 즉, 교원이 자주성과 전문성에 입각해서 교재를 선택하고, 교수내용과 방법을 결정할 권리를 의미한다. 교육과정은 전문성 있는 교사들이 업무를 잘 수행하도록 지원하고, 교사와 부모 사이의 의사소통을 돕는다(OECD, 2013). 교원의 지위에 관한 권고(ILO/UNESCO, 1966)에서도 교원은 자격을 가지고 있으므로 학습지도자료와 방법을 판단하는 데 있어 교육과정 테두리 안에서 교재의 선정과 개선, 교육방법의 적용 등에 중요한 역할을 해야 한다고 명시하고 있다.
지도권	교사의 자율적 판단에 따라 영유아를 생활지도할 권리를 말한다.
평가권	교육적 활동에 대한 교원 자신의 점검으로 교육목표에 영유아들의 도달수준과 전개상태를 객관적이고 중립적인 기준으로 관찰하는 것이다. 영유아를 평가하는 데 유용하다고 생각되는 평가기술을 자유롭게 이용할 수 있지만, 영유아에게 불공평한 결과를 미치지 않도록 보장되어야 한다.

(2) 전문성 측면의 보육교사 의무

전문성 측면에서 보육교사의 의무에는 교육·보육상 의무, 연수의 의무, 윤리강령 제정과 자율적 규제의 의무 등이 있다<표 1-12>.

〈표 1-12〉 전문성 측면에서 보육교사의 의무

구분	내용
교육·보육상 의무	교사가 교육 및 연구활동을 하는 데 있어 행해야 할 책임이다. 영유아를 교육·보육하는 전문가로서의 자질을 향상시키기 위한 연구활동은 교사의 역할 중 가장 중요한 의무이다(위미숙, 2005). 즉, 교육자로서 갖추어야 할 품성과 자질을 향상시키기 위하여 노력하여야 하며, 이는 시대에 뒤지지 않도록 교사는 교육 전문직으로서 전문성 신장을 위하여 교육 및 연구활동에 항상 힘써야 한다는 것을 의미한다. 그리고 어린이집 보육교직원은 「아동학대범죄의 처벌 등에 관한 특례법」 제10조의 규정에 의한 신고의 무자로서 직무상 아동학대를 알게 된 경우 및 의심되는 경우 즉시 아동보호전문기관 또는 수사기관에 신고하여야 하고, 「성폭력 방지 및 피해자보호 등에 관한 법률」 제9조에 의거, 어린이집의 보육교직원은 보호하는 사람이 성폭력 범죄의 피해자인 사실을 안 때에는 즉시 수사기관에 신고하여야 한다. 또한 「아동·청소년의 성보호에 관한 법률」 제34조에 따라 어린이집의 보육교직원은 직무상 아동 대상 성범죄가 발생한 사실을 알게 된 때 즉시 그 사실을 수사기관에 신고하여야 한다.
연수의 의무	「영유아보육법」 제8조 제1항에 "보육교직원 연수 등의 업무를 위하여 보육개발원을 설치하거나 그 업무를 관련 연구기관에 위탁할 수 있다"고 규정되어 있다. 그리고 「영유아보육법」 제23조의 2에서는 보육교사의 보수교육에 관해 규정되어 있다.

구분	내용
윤리강령 제정과 자율적 규제의 의무	미국 NAEYC에서 제정, 채택한 영유아교사를 위한 윤리강령은 1989년 처음으로 채택되어 2005년에 개정하였다. 영유아교사의 전문적 책임 행동에 대한 지침들을 제시하고 있으며, 교육·보육하는 과정에서 직면하는 윤리적 딜레마들을 해결하기 위한 보편적인 기준을 제공한다. 교사는 다른 어떤 직업인보다 가르치는 사람으로서 더 높은 윤리의식이 필요하다. 최근 영유아교사의 책임과 전문성에 대한 논의가 활발해지면서 2010년 한국보육시설연합회에서 '보육시설장·교사윤리강령'을 주관하여 발표하였다<3장 참조>. 보육교사의 윤리에 대한 범주를 보면 영유아에 대한 윤리, 가정에 대한 윤리, 동료와의 윤리, 지역사회에 대한 윤리, 보육교사직의 윤리로 구성되어 있다. 유아교육에서 윤리강령이란 교사들이 대인관계에서 지켜야 할 규범이나 원리, 규칙 등을 말한다. 또한 교사들의 양심, 사회적 여건, 관습의 방법으로 영유아와 가족, 그리고 사회에 대한 영유아교사의 책임을 뜻하는 것이다.

3) 공공성 측면의 보육교사 권리와 의무

공공성이란 공공복리의 이념을 실현하기 위한 것으로 국민의 공익에 직접 책임을 져야 할 충성 의무를 가지면서, 한 개인이 아닌 일반사회 구성원 전체의 공익을 추구하는 것을 의미한다. 즉, 국가가 모든 국민들에게 정신적이고 물질적인 삶을 보장하여 인간다운 생활을 영위하게 하는 것을 말한다(권건일 외, 2007). 근대사회 이전의 교육은 일반적으로 사교육이었다. 하지만 근대국가 성립 이후 시민의 균등한 이익을 보장하고, 교육의 기회균등을 실천하기 위하여 국가가 학교를 설립 유지하고, 교원을 고용하는 등의 교육제도를 실현하고 책임지게 되었다. 그러면서 교육은 공교육으로 성립되었고, 교직은 공공성의 특징을 지니게 되었다(안정모, 1994). 구체적으로 <표 1-13>에서 2010년 이후 보육교직원의 수는 해마다 증가하고 있으며, 특히 <표 1-14>에서 보는 것과 같이 2010년 이후 국·공립 어린이집을 이용하는 영유아는 지속적으로 증가하고 있는 것으로 나타났다.

〈표 1-13〉 어린이집 보육교직원 현황

단위: 명

직종별	2010	2011	2012	2013	2014	2015	2016	2017
계	229,084	248,635	284,237	301,719	311,817	321,067	321,766	330,217
원장	37,601	39,546	42,164	43,550	43,532	42,338	40,901	40,085

직종별	2010	2011	2012	2013	2014	2015	2016	2017
보육교사	166,937	180,247	204,946	212,332	218,589	229,116	229,548	235,704
특수교사	1,248	1,341	1,717	1,776	1,856	1,981	2,115	2,106
치료사	532	550	520	529	546	549	567	600
영양사	649	706	771	848	926	914	934	944
간호사	833	891	1,118	1,211	1,254	1,226	1,296	1,249
사무원	850	934	1,138	1,171	1,140	1,154	1,142	1,135
조리원	14,467	17,457	22,866	26,710	28,568	28,112	28,999	30,180
기타	5,967	6,963	8,997	13,592	15,406	15,677	16,264	18,214

출처: 보건복지부(2018). 어린이집 및 이용자 통계(2017. 12. 31 기준).

〈표 1-14〉 연도별 어린이집 보육아동 현황

단위: 명

어린이집 유형	2010	2011	2012	2013	2014	2015	2016	2017
총계	1,279,910	1,348,729	1,487,361	1,486,980	1,496,671	1,452,813	1,451,215	1,450,243
국·공립	137,604	143,035	149,677	154,465	159,241	165,743	175,929	186,916
사회복지법인	114,054	112,688	113,049	108,834	104,552	99,715	99,113	96,794
법인·단체 등	51,126	50,676	51,914	51,684	49,175	46,858	45,374	43,404
민간	671,891	706,647	768,256	770,179	775,414	747,598	745,663	738,559
가정	281,436	308,410	371,671	364,113	365,250	344,007	328,594	321,608
협동	1,898	2,286	2,913	3,226	3,774	4,127	4,240	4,508
직장	21,901	24,987	29,881	34,479	39,265	44,765	52,302	58,454

출처: 보건복지부(2018). 어린이집 및 이용자 통계(2017. 12. 31 기준).

보육교사는 「영유아보육법」 제4조에서 "국가와 지방자치단체는 보호자와 더불어 영유아를 건전하게 보육할 책임을 지며, 이에 필요한 재원을 안정적으로 확보하도록 노력하여야 한다"고 명시하고 있으며, "보육교직원의 양성 및 근로여건 개선을 위하여 노력하여야 한다"고 규정하고 있다. 그리고 「영유아보육법」 제21조에 "보육교사는 보건복지부장관이 검정·수여하는 자격증을 받은 자"로 규정되어 있다. 또한 제22

조에 "보건복지부장관은 제21조 제1항 및 제2항에 따라 어린이집의 원장 또는 보육교사의 자격을 검정하고 자격증을 교부하여야 한다"고 규정되어 있다.

영유아에 대한 보육서비스는 영유아의 발달에 심각한 영향을 미치기 때문에 OECD 대부분의 국가에서 영유아 서비스의 상당부분은 공공재원으로 서비스에 대한 정부의 집중적인 규제가 시행되고 있다. 즉, 영유아 보육의 공공부분에서는 국·공립어린이집, 민간부분에서는 민간어린이집이 각각 담당하고 있다. 이러한 보육의 공공성으로 인해 교사들도 공직자로서의 지위를 갖게 되는데, 사회복지와 교육은 사회권에 해당되는 권리로서 모두 공공성에 기초로 하기 때문이다(김광병, 박소영, 2009).

교사는 공익에 봉사하는 공무담당자로서의 위치와 책임을 갖게 된다. 즉, 신분상 성실하게 수행해야 할 지위에 놓이게 된다. 이러한 책임과 의무를 수행하기 위해서 신분상, 재산상의 보장이 기본적으로 선행되어야 한다(양다경, 2011). 교사의 최소 임금은 현장에 근무하는 교사들에게 동기부여가 될 수 있고, 훌륭하고 적극적이면서 전문성을 갖춘 교사의 모집을 가능하게 할 뿐만 아니라, 역할을 능숙하게 수행하며, 직업에 대한 만족도를 높여 이직률을 낮출 수 있다(OECD, 2013). 공공성 측면에서 영유아교사(유치원교사와 보육교사)의 권리와 의무를 살펴보면 <표 1-15>와 같다(김보영, 2011; 임승렬, 2007).

〈표 1-15〉 공공성 측면의 보육교사 권리와 의무

권리	의무
• 신분상의 권리 - 신분보장권 - 소송제기권 • 재산상의 권리 - 생활보장권 - 복지 및 후생 요구권	• 신분상의 의무 - 비밀 엄수의 의무 - 품위 유지 청렴의무 - 정치활동 금지의무 - 집단행위 금지의무 - 영리행위 금지의 의무

출처: 송영미(2016). 영유아교사의 권리와 의무에 관한 유치원교사와 보육교사의 인식 연구. 숙명여자대학교 교육대학원 석사학위논문.

(1) 공공성 측면의 보육교사 권리

교육의 기회균등을 실현하기 위해 교육은 공교육으로 성립되었다. 따라서 교직은 공공성의 특징을 지니게 되었고 교원으로 하여금 공무담당자로서의 신분을 갖도록 제도화되었다. 공무담당자라는 용어를 단적으로 정립하기는 어려우나 여기서의 공무라는 개념은 그 일 자체가 국가나 지방자치단체에서 공무를 담당 처리하고 국고 또는 지방단체의 재정에서 급여를 지급하는 것이 상례로 되어 있는 자로 규정지을 수 있어 교사도 이에 준하는 자로 규정지을 수 있다(안정모, 1994). 공공성 측면에서 보육교사의 권리에는 크게 신분상의 권리와 재산상의 권리로 나눌 수 있는데, 신분상의 권리에는 신분보장권, 소송제기권 등이 있고, 재산상의 권리에는 생활보장권, 복지 및 후생 요구권 등이 있다<표 1-16>.

〈표 1-16〉 공공성 측면의 보육교사 권리

구분	내용
신분보장권	교사의 신분상 권리란 법령이 정하는 사유나 절차에 의하지 않고는 그 신분과 직위로부터 배제되거나 직위에 속한 직무의 집행을 방해당하지 않는 권리를 말한다(김보영, 2011). 유치원교사의 신분상 권리는 여러 법에 걸쳐 신분이 보장되고 있지만 보육교사의 신분상 권리는 「영유아보육법」과 「사회복지사 등의 처우 및 지위 향상을 위한 법률」에서 미흡하게 규정되어 있다. 신분상 권리에 있어 유치원교사와 보육교사에게 동일하게 규정된 부분은 비리사실 신고나 자격정지 등에 대한 부분이다. 관계 행정기관이나 수사기관 등에 신고, 고발하는 행위로 인해 신분상 불이익이나 근무조건상 차별을 받지 않는다고 권리수준이 동일하게 나와 있다. 자격증 박탈과 정지 및 취소에 대한 부분에서도 행정처분을 받기 전 청문의 기회를 가진다. 보육교사는 「영유아보육법」 제15조의 4)에서 폐쇄회로 텔레비전 설치로 교사의 권리가 침해되지 않도록 보장되어 있다.
소송제기권	보육교사의 소송제기권에 대한 규정은 다소 미흡한 실정이다. 즉, 보육교사에 대해서는 「영유아보육법」 제16조에는 보육교사의 결격사유에 대해 규정하고 있다.
생활보장권	교사가 안정된 생활을 기반으로 가르치는 일에 몰두할 수 있도록 환경을 마련해 주어야 하고, 교사는 이러한 생활보장을 요구할 수 있는 권리가 있다(위미숙, 2005). 그리고 보수의 법적인 의미는 봉급과 각종 수당을 포함한 금액을 의미하는데, 교사의 봉급은 보수의 기본적인 재산권이자 경제적 지위의 기초가 된다(김명숙, 1998). 교사의 생활보장권은 일차적으로 보수나 기타 물질적인 것에 의존하는데, 교사의 보수는 경력사항과 자격을 반영한 보수체계에 따른다. 보육교사의 경우 「영유아보육법」 제50조에 경력의 인정에 대해 명시하고 있으며, 보육교직원 인건비에 대한 지급기준은 해마다 발행되는 보육사업안내에 제시되어 있다. 보육사업안내(2018)에서 수당의 경우 기본급 외 정기 또는 수시로 지급되는 각종 제수당을 말하며 직무수당, 상여금, 시간외수당, 가족수당, 명절수당 등으로 어린이집 상황에 따라 추가하거나 삭제할 수 있으며, 모든 보육교직원이 골고루 혜택을 받도록 편성의 필요성을 강조하고 있다.

구분	내용
복지 및 후생 요구권	보육교사의 경우 생활안정과 복지증진을 도모하기 위하여 한국사회복지공제회 회원자격을 가진다(김광병, 김기화, 2015). 보육교사는 「영유아보육법」 제31조의 2에 "어린이집의 안전사고를 예방하고, 어린이집 안전사고로 인하여 생명ㆍ신체 또는 재산상의 피해를 입은 영유아 및 보육교직원 등에 대한 보상을 하기 위하여 보건복지부장관의 허가를 받아 어린이집 안전공제사업을 할 수 있다"고 규정되어 있다. 하지만 임의규정으로 되어 있어 보장수준은 낮다. 보육교사는 교사처우개선비가 대표적 수당으로 각 지방자치단체에서 보육교사의 여비, 간식비, 가족수당, 복지후생비, 초과근무수당 등으로 각각 다르게 지급되고 있다.

(2) 공공성 측면의 보육교사 의무

공공성 측면에서 보육교사의 의무에는 비밀엄수 의무, 품위유지 의무, 정치활동운동 금지의무, 집단행위 금지의무, 영리행위 금지의무 등이 있다<표 1-17>.

〈표 1-17〉 공공성 측면에서의 보육교사 의무

구분	내용
비밀엄수 의무	보육교사는 「사회복지사업법」 제47조에 비밀 누설의 금지가 규정되어 있다. 보육사업안내(2018)에는 어린이집 내 IPTV를 포함한 CCTV 등 설치ㆍ운영은 어린이집 내 안전사고 예방, 아동학대 등 아동의 인권보호의 목적으로 설치하되, 아동과 보육교직원의 '사생활의 비밀과 자유' 등 인권침해를 최소화하는 범위 내에서 설치 가능하다고 규정되어 있다. 그리고 보육교직원 결격사유 조회에 관하여 획득한 정보에 대해서 발설하여서는 안 된다고 규정되어 있다. 그리고 화상정보를 처리하거나 처리하였던 자는 직무상 알게 된 화상정보를 누설 또는 권한 없이 처리하거나 타인의 이용에 제공하는 등 부당한 목적을 위하여 사용하여서는 안 된다는 비밀유지 의무가 명시되어 있다.
품위유지 의무	교육자로서 품성과 자질을 유지하는 일은 국가의 위신과 연결되는데, 여기서 품위 손상의 범위는 공적 임무와 사생활까지 포함하며, 직무를 수행하는 데 있어 윤리의식을 확립하고, 교원 간 상호협동하면서 공정하고 친절하게 집행해야 함은 물론 청렴해야 함을 의미한다(위미숙, 2005). 자치단체별로 다르지만 「대구광역시 서구 공립 보육시설 종사자 채용 및 복무에 관한 규정」 제3조에서 "종사자는 직무 중 품위를 유지할 수 있는 언행 및 단정한 복장을 착용하여야 한다"고 규정하고 있다.
정치활동운동 금지의무	교육의 중립성을 위한 것으로 학생을 지도하고 교육하는 위치에 있는 교사는 특정 정당을 지지하거나 반대하기 위한 행위를 하면 안 된다. 그리고 정치에 대하여 엄격히 중립적이어야 하는데, 학생을 잘못 지도할 우려를 배제하기 위함이다.
집단행위 금지의무	학생의 전인발달과 교육받을 권리가 최우선 조건으로 고려되어야 하며, 이를 위해 어떠한 경우라도 파업, 즉 수업거부 등의 일체의 쟁의행위를 금지하고 있다.
영리행위 금지의 의무	「헌법」 제37조에 "국민의 모든 자유와 권리는 국가안전보장ㆍ질서유지 또는 공공복리를 위하여 필요한 경우에 한하여 법률로서 제한할 수 있으며, 제한하는 경우에도 자유와 권리의 본질적인 내용을 침해할 수 없다"라는 규정에 근거를 두고 있다. 보육사업안내(2018)에 보육교직원(원장, 보육교사 등)은 전임이어야 하므로, 다른 업무를 겸임할 수 없는 것으로 규정하고 있으며, 다만 어린이집 원장이 간호사나 영양사 자격이 있는 경우나 정원 20인 이하 어린이집인 경우 보육교사를 겸임할 수 있다고 규정하고 있다.

4) 근로성 측면의 보육교사 권리와 의무

근로성이란 근로자의 직업적 특성을 뜻하는 것으로, 교사는 교육활동이라는 근로를 생활 수단으로 삼고 있어 이러한 관점에서 근로자라 할 수 있다. 「헌법」 제32조 제1항에 "모든 국민은 근로의 권리를 가진다"고 규정되어 있다. 근로의 권리란 국가에 대해 근로할 기회를 요구할 권리로 취업 중인 근로자에게는 취업의 안정을 보장받을 권리를 말한다. 여기에는 임금수령권이나 작업중지권, 취업청구권 등이 있다(임종률, 2013). 그리고 「헌법」 제32조 제2항에는 "모든 국민은 근로의 의무를 가진다. 국가는 근로의 의무내용과 조건을 민주주의 원칙에 따라 법률로 정한다"고 규정하고 있다. 근로의 의무는 국가가 근로할 의사를 가지지 않는 자를 위해 인간다운 생활을 확보하기 위한 시책을 마련하거나 강구할 의무가 없다는 것으로 입법상의 지침을 표명한 것이다. 이는 근로할 의사를 가지고 근로활동을 할 것을 요건으로 실업급여를 지급하도록 「고용보험법」에 제안하고 있다.

「근로기준법」 제2조 제1항 제4호에 보면 근로계약은 근로의 제공과 임금의 지급을 목적으로 하는 계약이므로 근로계약의 체결에 따라 근로자는 명시적 합의가 없더라도 근로제공의무를 가진다. 그리고 사용자는 이에 대하여 임금지급의무를 가진다. 근로자는 근로제공의무와 충실의무가 있다(문혁준 외, 2014). 근로성 측면의 영유아교사(유치원교사와 보육교사)의 권리와 의무는 <표 1-18>과 같다.

〈표 1-18〉 근로성 측면의 영유아교사 권리와 의무

권리	의무
• 근로자의 권리 • 교직단체활동권 • 근무조건개선요구권	• 근로조건 준수 의무 • 직무 전념 의무

출처: 송영미(2016). 영유아교사의 권리와 의무에 관한 유치원교사와 보육교사의 인식 연구. 숙명여자대학교 교육대학원 석사학위논문.

(1) 근로성 측면의 보육교사 권리

교직의 특성 중 근로성은 일반인처럼 근로를 생활 수단으로 하고 있는 근로자라는 측면이다. 「노동조합법」 제4조에는 "근로자란 직업의 종류를 불문하고 임금, 급여, 기타 준하는 수입에 의하여 생활하는 자"라고 규정하고 있다. 교육활동을 근로 수단으로 삼고 있는 영유아교사는 교육기관과 보육기관에 종속되어 있는 근로자라 할 수 있다. 교사는 인간다운 생활을 할 권리뿐만 아니라 시민적 권리를 가진다(양다경, 2011). 근로성 측면에서의 보육교사의 권리는 <표 1-19>와 같다.

〈표 1-19〉 근로성 측면의 보육교사 권리

구분	내용
근로자의 권리	근로자의 권리는 사회적 기본권의 중요한 한 축으로 「헌법」 제32조 제1항에는 근로의 권리와 최저임금제, 제2항은 근로의 의무, 제3항은 근로조건의 기준, 제4항과 제5항은 여자의 근로와 연소자의 근로, 「헌법」 제33조에는 단결권, 단체교섭권, 단체행동권에 관한 근로 3권에 대해 규정하고 있다. 근로 3권은 노동조합과 관련된 것으로서 넓게는 근로에 관한 권리일 수는 있어도 보통 말하는 근로의 권리와는 구분되는 것이다. 근로자는 근로조건의 향상을 위하여 노동조합을 설립, 조직, 결성할 수 있다. 그리고 근로조건의 향상을 위하여 노동조합을 통하여 단체교섭을 할 수 있고, 단체교섭이 결렬되었을 경우 단체행동을 할 수 있다.
교직단체 활동권	교직단체 활동권은 교사의 권리를 대변하고 보호 및 증진할 수 있다. 교사로서의 업무를 효과적으로 수행하기 위해 단체를 조직하고 자질 향상, 복지 향상, 회원들 간의 상호 유대 강화 등의 공동목표를 추구하면서 전문성을 신장시키고, 사회・경제적 지위를 향상시킬 수 있다. 보육교사가 활동할 수 있는 단체에는 전국보육교사총연합회와 사단법인 한국어린이집총연합회가 있다. 하지만 보육교사는 교권의 보장이 없어 교원단체가 없으며, 국・공립 유치원을 제외한 유아교육기관 또한 교직단체의 보호조차 받지 못하고 있는 실정이다.
근무조건 개선 요구권	교사가 본연의 임무인 교육활동에 전념할 수 있도록 근무하는 데 있어 보장받아야 할 권리 중의 하나로 효과적인 교육적 성취를 이루는 데 영향을 준다(위미숙, 2005). 보육사업안내(2018)에서는 보육정원이 21명 이상인 어린이집은 교사가 교육활동을 계획・준비하고 자료 제작 등을 할 수 있도록 구획된 교사실을 설치하여야 하며, 교사실에는 교육활동 준비와 행정사무, 휴식 등에 필요한 설비를 갖추어야 한다고 규정하고 있다. 근로자로서의 보육교사의 권리에는 임금수령권, 작업중지권, 취업청구권 등이 있다(문혁준 외, 2014).

〈표 1-20〉 근로기준법 시행 앞두고 어린이집 보조교사 6,000명 추가 채용

어린이집 근무시간 중 교사의 휴게시간 보장을 위해 전국 어린이집에 보조교사가 추가 지원된다. 보건복지부는 22일 현재 국비로 지원 중인 2만 9,000명의 보조교사 외에 추가경정예산을 통해 확보한 보조교사 6,000명에 대한 예산 100억 원을 전국 17개 시·도를 통해 지원했다. 이는 7월부터 개정된 「근로기준법」이 시행됨에 따라 보육교사 휴게시간 중 발생할 수 있는 보육공백을 막고 어린이집 이용 아동들에게 안정적인 보육 서비스를 제공하기 위한 조치다. 그동안 휴게시간 특례업종이었던 어린이집은 「근로기준법」 개정으로 '특례업종'에서 제외되었다. 보건복지부는 현장 혼란을 최소화하도록 4월 초부터 한국어린이집총연합회와 함께 전국 83개 어린이집을 대상으로 근무 중 휴게시간 보장을 시범 적용했다. 그 결과 보육교사 휴게시간 확보를 위해 가장 필요한 대책으로 보조교사 지원 대상 확대를 요구하는 사항들이 많았다. 복지부는 보육교사 휴게시간 중 영유아 생활지도를 제공하는 보조교사 6,000명을 전국에 추가로 배치하기로 했다. 이미 근무 중인 보조교사 3만 2,300명을 포함하면 총 3만 8,300여 명의 보조교사가 올해 하반기 어린이집에서 근무하게 된다. 보조교사 지원 대상은 민간·가정 어린이집에서 국·공립, 사회복지법인 어린이집까지 모든 유형의 어린이집으로 확대한다. 취약보육에 대한 지원을 강화하기 위해 장애아 전문·통합어린이집에 우선 지원할 예정이다. 보육교직원 복무규정에 휴게시간 부여를 명시하고 보육교사 휴게시간에 한해 보조교사가 보육 업무를 전담할 수 있도록 했다. 휴게시간 사용은 원장과 보육교사 간 협의사항이나 종일 보육이 이루어지는 어린이집의 특성을 고려해 특별활동, 낮잠시간, 아이들 하원 후를 주 휴게시간으로 한다. 다만 아이들의 안전이 최우선인 만큼 보육교사 휴게시간에는 원장, 담임교사, 보조교사 등이 해당 시간대에 순환 근무해 아이들을 관찰하고 보호할 수 있도록 지침에 명시했다. 그 밖에 보조교사 인건비 지원 연령을 기존 60세에서 65세로 높인다. 보조교사 인건비 지원 연령 상한은 담임교사로 60세에 퇴직한 후 4시간 시간제 근로가 가능한 인력에 대한 활용 필요성이 꾸준히 제기되어 왔다. 박능후 보건복지부장관은 "적절한 휴식을 통해 보육교사의 근로여건이 좋아지고 더 나은 보육 서비스를 아이들에게 제공하는 기회가 될 것이다"고 했다.

출처: 시사투데이(2018. 6. 22), http://www.sisatoday.co.kr/board/magazine.php?board=ma_3&code=read&uid=50938

(2) 근로성 측면의 보육교사 의무

교원은 근로할 권리와 의무를 동시에 가지는데, 개인으로서의 지위 측면에서는 인간으로서의 도리, 국민의 도리, 근로할 도덕적 의무가 있고, 집단을 통한 지위 측면에서는 근로조건을 준수할 의무와 직무전념 의무가 있다. 근로조건을 준수할 의무와 직무전념 의무는 <표 1-21>과 같다.

〈표 1-21〉 근로성 측면에서의 보육교사의 의무

구분	내용
근로조건 준수의무	근로자는 근로계약에 따라 자신의 근로를 제공하여야 할 의무를 지닌다. 단순히 기계적으로 제공할 의무에 그치지 않고 성실하게 근로할 의무를 포함한다. 근로자로서 충실의무에는 근로자가 직무 수행과 관련된 정보에 대해 경영상의 비밀을 유지하거나 누설하지 않을 의무가 있고, 근로자가 사용자의 이익에 반하여 경쟁사업체에 취직하거나 경영하지 않을 경업피지의무, 사고 대처의무, 명령이행의무, 직무전념 의무 등이 있다(문혁준 외, 2014).
직무전념 의무	보육교사는 「사회복지사업법」에 복지와 인권증진의 책임과 인권존중과 최대 봉사의 원칙 등이 있다(황보영란, 2014). 「영유아보육법」 제15조의 4에 폐쇄회로 텔레비전의 설치·관리하는 자는 영유아 및 보육교직원 정보 주체의 권리가 침해되지 아니하도록 「개인정보 보호법」 및 관련 법령에 따라 준수하여야 한다고 규정되어 있다.

CHAPTER

02

보육교사의 인성과 자질

▫ 배울 내용 ▫

1. 보육교사의 인성
2. 보육교사의 자질

▫ 학습목표 ▫

1. 보육교사의 인성의 개념과 필요성을 이해하고 자신의 인성 정도를 파악해본다.
2. 보육교사의 자격과정을 이해하고 갖추어야 할 자질을 탐색해본다.

1. 보육교사의 인성

1) 인성의 개념

인성(人性)의 사전적 의미는 '사람의 성품(性品)', 즉 '사람의 성질(性質)과 품격(品格)'을 의미하며, 구체적으로 풀어서 설명하면 성질은 마음의 바탕이고, 품격은 사람된 모습으로 정의되고 있으며(새국어사전, 1990), 한국교육학회(1998)에서는 인성을 사람 마음의 바탕이 어떠하며 사람된 모습이 어떠한지를 말하는 개념으로 정의하고 있다. 따라서 한 사람의 인성이 어떠하다는 것은 곧 그의 마음과 사람됨이 어떠하다는 것을 의미하는 것이며, 개인적인 특성에 초점을 두고 있는 개념이다(남궁달화, 1999). 인성에 대해 영어로는 'personality(성격)', 'character(인격)', 'propensity(성질)', 'disposition(경향)', 'temperament(기질)', 'morality(도덕)' 등 다양한 단어로 사용되고 있으며, 주로 '성격', '성향' 또는 '인격'으로 번역되어 사용되고 있다.

이와 같이 인성에 대한 사전적인 의미나 다양한 용어의 사용에서 알 수 있듯이 인성의 그 의미는 포괄적이고 추상적인 의미를 지니고 있으며, 해석하는 관점에 의해 다양하게 이해될 수 있기 때문에 명확하게 정의를 내리기는 쉽지 않다. 하지만 여러 학자들의 인성에 대한 정의를 종합하면 인성은 세 가지 관점, 즉 개인적 관점, 사회적 관점 및 교육적 관점에서 정의하고 있다<그림 2-1>.

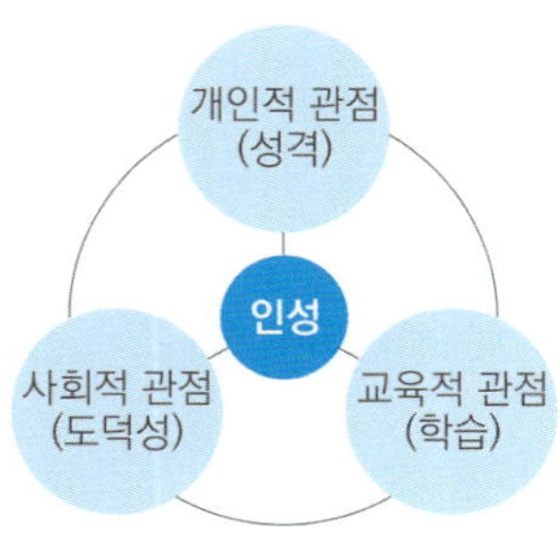

〈그림 2-1〉 인성에 대한 관점

첫째, 인성을 개인의 관점에서 성격으로 보는 것이다. 이 관점에서 인성은 개인이 지니고 있는 심리적 특성으로 한 개인이 환경에 적응하고 조화되고 통제하는 기능의 측면을 중심으로 보는 것이다. 인성의 개인적인 측면은 주로 심리학에서 개인의 심리적 성숙 및 발달과 관련하여 연구되어 왔으며, 주로 성격으로 한정지어 연구가 이루어져 왔다. 그러므로 인성은 성격과 같은 선천적인 요인도 있지만 환경과 개인의 노력 여하에 따라 변화 가능하며 사회 적응에 필요한 규칙과 대인관계기술을 형성하는 것이 바람직한 성격이자 인성이라고 본다. 이러한 측면에서 인성교육은 행동을 효율적으로 발달시키기 위해 자아의 내면 세계에 대한 이해와 자신의 행동에 대한 객관적인 이해를 조력하는 것으로 정의할 수 있다(손진희, 2008).

둘째, 인성을 사회적 관점에서 도덕성으로 보는 것이다. 이 관점에서 인성은 인간됨의 가치척도를 의미하는데, 여기서 인성은 사회 구성원으로 속한 인간이 추구해야 할 품성이나 덕목, 마음씨 등 윤리적인 가치를 강조한다. 즉, 동물이 지니는 본능과 다른 '인간 본연의 성질', '인간다운 가치'가 내포된 사회적 · 도덕적 의미의 품성(品性)을 의미한다(남궁달화, 1999). 즉, 인성은 한 개인이 속한 사회적 가치와 덕목으로 원만한 인간관계능력 또는 유능한 사회적 능력을 기르기 위해 함양되어야 하는 것으로 보는 것이다(이경민, 2010). 이러한 관점에서 인성은 자신이 속한 사회의 일원으로 살아가기 위한 사람다운 마음과 행동을 의미하는 사회적인 개인특성으로 정의하고 있다(전재선, 2011). 다양한 인간 환경에서 주변의 다른 사람들과의 관계를 통해 발달하는 특성으로서의 인성을 강조한 연구자들은 개인의 감성능력과 적응력 그리고 사회 규칙에 대한 이해와 순응력, 도덕성 등으로 인성을 정의하고 있다(우종욱, 2001).

셋째, 인성을 교육적 관점에서 학습이 가능한 것으로 보는 것이다. 이 관점에서 인성은 교육이나 학습에 의해 습득하거나 변화 가능한 인간의 성품을 말한다. 교육기관에서의 인성과 인성교육은 넓은 의미에서 인간교육이나 시민정신교육이라는 말로 교육 전체를 포괄하기도 하고, 도덕교육이나 가치관 교육을 의미하기도 하며, 좁은 의미에서 예절교육이나 기본생활습관교육으로 사용되고 있다.

이상의 세 가지 관점을 종합해보면 인성이란 개인이 사회에 적응하는 과정에서 개인적으로는 자아를 실현하고, 사회적으로는 더불어 살기 위한 도덕적・친사회적인 가치를 추구하는 사회적인 특성이며, 교육이나 학습에 의해 습득하거나 변화가 가능한 인간의 성품으로 정의할 수 있다.

2) 인성의 구성요소

인성을 갖추기 위해서는 인성의 덕목을 파악하고 이들 덕목을 갖추어나가려는 노력이 필요하다. 하지만 인성의 구성요소에 대해서는 연구자에 따라 다양한 견해를 나타내고 있어 명확하게 정의를 내리기는 어렵다. 예들 들어, 인성교육의 주요 덕목에는 기본적인 생활습관(규칙적인 생활, 정리정돈, 청결위생, 물자절약)에서부터 자아확립(정체성, 정직, 근면, 성실, 자주) 그리고 공동체의식(질서, 협동, 준법, 타인존중, 책임, 봉사, 정의, 효, 충) 등을 제시하고 있으며(김태규 외, 2006), 조연순 등(1998)은 인성교육의 구성요소로 협동정신이나 책임감과 같은 민주시민의식, 효나 타인에 대한 배려와 같은 타인존중의식 그리고 자아수용과 자아통제와 같은 자기존중의식으로 표현하고 있다. Pearson과 Nicholson(2000)은 세 가지 영역, 즉 자아와 관련된 인격특성으로서 책임, 자제, 용기, 자아존중을 타자와 관련된 인격특성으로 정직, 존중, 친절, 감정이입을 그리고 사회와 관련된 인격특성으로 공정성, 정의, 시민의 덕을 제안한다(강선보 외, 2008). 그리고 최근 제정되어 시행되고 있는 「인성교육진흥법」에서는 '핵심가치・덕목'이란 인성교육의 목표가 되는 것으로 예(禮), 효(孝), 정직, 책임, 존중, 배려, 소통, 협동 등의 마음가짐이나 사람됨과 관련되는 핵심적인 가치 또는 덕목을 의미하고, '핵심역량'이란 핵심 가치・덕목을 적극적이고 능동적으로 실천 또는 실행하는 데 필요한 지식과 공감・소통하는 의사소통능력이나 갈등해결능력 등의 통합된 능력으로 보고 있다.

한편, 인성이 교육에 의해 발달하는 개인의 인격적·행동적 특성으로서 교육적 경험에 따라 인성의 발달수준에 차이가 발생하는 것으로 보는 관점에서, 인성은 지식(인지적 특성), 태도(정의적 특성), 행동(심리적 특성)의 순서로 발달된다고 주장한다. 또한 앞서 살펴본 것과 같이 연구자마다 서로 다른 기준으로 인성의 구성요소를 탐색할 수 있으나 교육부(2012)가 제시한 인성교육의 3가지 차원인 '도덕성', '사회성', '감성'을 기준으로 인성의 구성요소를 분류할 수 있다. 이때 인성을 구성하는 요소로서 도덕성, 사회성, 감성(정서성)은 각 구인에 속하는 다양한 세부요인과 밀접한 관련을 가지면서 역동적으로 개인에게 영향을 미치게 된다고 주장한다. 즉, 인성의 도덕성영역은 사회성, 감성(정서성)영역의 다양한 요인과 관련되며 이와 마찬가지로 인성의 사회성영역도 감성(정서성)영역과 긴밀한 관계를 유지하면서 개인의 인성 발달적 특성을 구현한다. 인성의 구성요소를 도덕성, 사회성 및 감성으로 구분하여 살펴보면 다음과 같다(지은림 외, 2013).

(1) 도덕성

도덕성은 우리 사회 대부분의 구성원들이 함께 살아가는 데 있어서 필요하다고 생각되는 행동, 바람직한 삶의 가치와 방식을 의미하며(한국교육개발원, 2001), 이는 인간 상호 간의 복리와 행복을 위하여 무엇을 해야 하고, 하지 말아야 할 것인가에 대한 개인의 신념이나 판단이라고 할 수 있다. 도덕성은 인간의 발달에 따라 차이가 있으며, 일반적으로 도덕성의 하위요소로는 <그림 2-2>와 <표 2-1>과 같이 크게 세 가지, 즉 정직, 책임, 준법으로 구분하여 설명하고 있다.

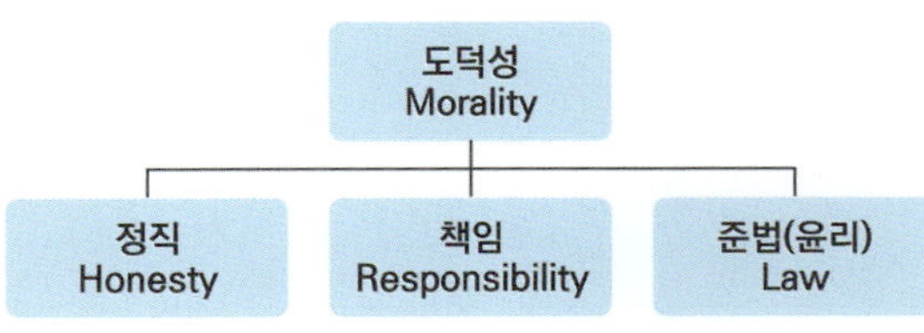

〈그림 2-2〉 도덕성의 하위요소

〈표 2-1〉 도덕성의 구성요소 및 개념

범주	구인	개념
도덕성	정직	거짓이나 꾸밈이 없이 바르고 곧은 마음과 그에 따라 행동하는 것
	책임	자기에서 주어진 일에 최선을 다해 끝까지 수행하려는 태도
	준법 (윤리)	규칙 · 질서, 법을 알고 그것을 지키고자 하는 행동으로 사람이 지켜야 할 예의와 윤리에 관한 모든 절차나 질서를 알고 그에 따라 행동하는 것

출처: 지은림 외(2013). 인성지수 개발 연구. 교육부. p.23.

(2) 사회성

사회성(sociality)은 사회적 관계의 의식으로서 사회생활에 적응하는 성질을 말한다(정범모, 1971). 일반적으로 여러 형태의 사회화 과정에서 형성되는 인간성을 사회성이라고 하며(이경희, 2012), 사회생활을 하는 인간의 근본 성질, 인격 혹은 성격 분류에 나타나는 특성의 하나로 사회에 적응하는 개인의 소질이나 능력, 대인관계의 원만성이라고 할 수 있다. 또한 타인과의 관계를 주도하고 긍정적 관계를 유지하며 적절한 방법으로 지시에 따르거나 요구하는 행동으로 사회적 환경에 효과적으로 대처하고 적응하는 능력으로 이해되기도 한다.

사회성발달은 타인과의 사회적 작용에서 대인관계의 목적을 달성하는 능력으로 이러한 능력에는 다른 사람의 역할을 수용할 수 있는 능력, 개인 내적인 다양한 상호작용 기술을 소유하는 것 등이 포함된다. 일반적으로 사회성의 하위요소로는 <그림 2-3>과 <표 2-2>와 같이 크게 세 가지, 즉 공감(배려), 소통(개방성) 및 협력(봉사)으로 구분하여 설명하고 있다.

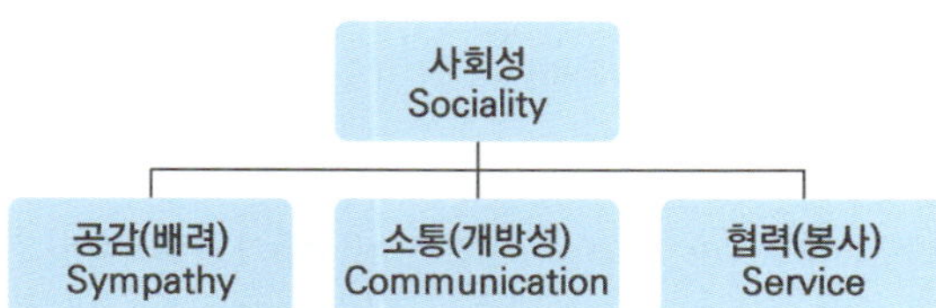

〈그림 2-3〉 사회성의 하위요소

〈표 2-2〉 사회성의 구성요소 및 개념

범주	구인	개념
사회성	공감 (배려)	다양한 상황에서 타인의 생각, 감정, 관점을 이해하고 지각하는 능력 또는 자신도 그렇다고 느끼며 보살펴주려는 행동
	소통 (개방성)	타인과 긍정적인 관계를 형성하고 유지하기 위해 가지고 있는 뜻, 생각, 감정을 서로 이해하고 주고받을 수 있는 능력으로 새로운 환경이나 상황에 효과적으로 대처하고 타인과의 차이(다름)를 인정하고 받아들이는 태도
	협력 (봉사)	공통의 목표 달성을 위해 서로 상호작용하며 조화롭게 활동을 수행하는 태도 혹은 자기 스스로 우러난 마음에서 타인을 도와주는 것

출처: 지은림 외(2013). 인성지수 개발 연구. 교육부. p.40.

(3) 감성(정서성)

현대사회는 개인의 행복과 웰빙 등 인간의 긍정적 측면을 탐구하는 '긍정심리학'이 강조되고 있으며(권석만, 2008), 인간의 생존적인 문제뿐만 아니라 정신적인 풍요, 행복, 삶에 대한 만족 등 삶의 질적인 측면을 강조하고 있다(도승이, 2012). 나아가 현대사회에서 아동, 청소년, 성인 구분할 것 없이 충동통제, 감정조절 등 정서적 영역의 문제로 인한 수많은 사건들이 사회적 문제로 발생되고 있는 현상을 볼 때, 인간의 정서에 대한 이해의 필요성이 더욱 증진되고 있는 현실이다.

자기 자신에 대한 이해와 존중을 통해 긍정적인 자기개념을 갖는 것은 인간의 생활에 있어 역동적이고 순환적 힘을 가지며, 다양한 상황에서 개인의 생각과 행동을 결정한다는 점에서 인성교육에서 매우 중요한 의미를 지닌다. 이들은 또한 정서적으로 안정될수록 감정과 욕망을 억제하고, 자신의 목적을 달성하기 위하여 관심 분야에 몰입할 수 있다. 또한 이러한 사람을 기르는 것은 좋은 인성교육이 갖추어야 할 중요한 측면이라고 보았기 때문에 자신을 잘 관리하고 계발하도록 이끄는 일이 중요하다. 일반적으로 감성(정서성)의 하위요소로는 <그림 2-4>와 <표 2-3>과 같이 크게 두 가지, 즉 긍정적 자기이해와 자기조절로 구분하여 설명하고 있다.

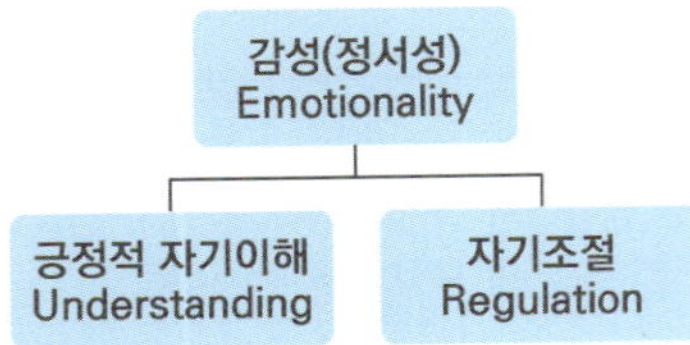

〈그림 2-4〉 감성(정서성)의 하위요소

〈표 2-3〉 감성(정서성)의 구성요소 및 개념

범주	구인	개념
감성 (정서성)	긍정적 자기이해	자신의 사고, 감정, 행동을 객관적으로 인식하고, 자신을 긍정적으로 바라보며, 자신을 가치 있는 사람이라고 생각하는 주관적 평가(정도)를 반영한 자아에 대한 긍정적인 가치 판단
	자기조절	자기 스스로의 원칙에 따라 어떤 일을 행하거나 자기 스스로 자신을 통제함으로써 일시적인 충동에 의하거나 즉각적인 만족을 절제하고 인내하는 성질 혹은 특성

출처: 지은림 외(2013). 인성지수 개발 연구. 교육부. p.51.

3) 보육교사 인성의 개념

영유아에게 교사는 특별한 존재이다. 발달특성상 이 시기의 영유아들은 생활습관, 행동방식, 상황에 대한 이해 등을 모방을 통해 습득하게 되며 교사는 그 모방의 가장 중요한 대상이 되기 때문이다. 서현 등(2013)은 교사는 모델링의 대상으로서 영유아의 학습과 인성에 지대한 영향을 미쳐 유아교육의 질과 성패를 결정한다고 주장한다. 특히, 영유아기는 교사의 행동, 성격, 태도, 말투, 외모 등에 대한 모방행동이 강하게 나타나는 시기이므로 영유아에게 많은 영향을 미치는 보육교사의 역할과 책무성은 매우 크다고 할 수 있다. 따라서 그동안 많은 학자들이 보육교사가 갖추어야 할 인성에 대해 논의해 왔다.

일반적으로 인성은 교사라는 직분 이전에 인간으로서 갖추어야 하는 특성으로 모든 인간에게 공통적으로 나타나는 속성일 뿐 아니라 개인의 독특한 속성으로 사람의 성품, 즉 각 개인이 가지는 사고와 태도 및 행동특성을 의미한다. 전재선(2011)은 인성이란 개인이 개인적이며 사회적인 행동, 지식, 태도와 가치관을 포함한 포괄적인 개념으로 개인이 속한 사회 또는 집단의 일원으로 살아가기 위해 요구되는 개인의 사회적 특성이라고 주장하고 있으며, 우종옥(2010)은 인성이란 인간은 자신이 속한 사회에서 한 일원으로 살아가기 위해 주변 사람들과의 관계를 맺으면서 발전시키는 특성이 있으며 인간다운 행동과 마음 그리고 개인의 감성능력과 순응성 및 사회 규칙에 대한 이해와 적응력, 도덕성이라고 주장하였으며, 차성헌(2012)은 인성이란 인간이 갖추어야 할 본성으로, 사회적으로 유익한 것이어야 하며, 교육과 훈련을 통해 변화 가능한 것으로 보고 있다. 이주원(2014)은 인성은 사회적 관점에서 사람됨의 가치척도를 의미하며 사회구성원에 속한 인간이 추구할 덕목과 품성, 마음씨 등으로 윤리적 가치를 강조하고 있다.

이상에서 보는 것과 같이 인성은 교사라는 직분 이전에 인간으로서 갖추어야 할 특성으로 강조되고 있으며, 영유아들을 교육하는 보육교사의 인성에 대한 학자들의 견해는 <표 2-4>와 같다.

〈표 2-4〉 인성에 대한 학자들의 의견

구분	인성
박용헌 (1971)	교사는 인간으로서 독특한 인성을 가지고 있으며, 이 인성은 명백히 성공적인 교사 여부와 관련된다고 주장하였고, 교사의 인성요인으로 유머, 비판에 대한 반응, 상식, 안정감과 자신감, 창의성, 건강, 외모, 도덕적 인품, 사회성, 지도성을 강조하였음
전재선 (2011)	훌륭한 인성을 갖춘 교사는 수업을 처음부터 끝까지 근본적인 인간화 과정으로 설명하고, 그러한 교사는 유머 감각을 가지고 있으며, 공감적 이해능력이 높고, 융통성이 있으며, 보다 민주적이고 자발적이며, 영유아와 동료들과 자연적으로 그리고 쉽게 관계를 맺는다고 주장함. 특히, 보육교사의 인성에 초점을 둔 진실성, 영유아에 대한 존중, 공감적 이해, 애정, 개방성을 교사가 갖추어야 할 인성으로 보았음
Seefdeldt (1980)	근본적으로 영유아를 좋아하고 영유아에 대한 감정이입과 현재 수준을 수용할 수 있는 능력을 갖추어야 하며, 융통성 있고 선입견을 갖지 않는 것, 지적 호기심, 영유아와 부모에 대한 이해와 사랑, 교사로서의 자기성장능력을 인성적 특성으로 제시하였음
이은화 (1995)	영유아에 대한 사랑, 인간에 대한 사랑, 성실성과 봉사성, 사려성과 원만한 인간관계, 자발성, 도덕성, 신체적 건강, 정서적 안정, 타인에 대한 긍정적 사고, 긍정적 자아관, 건전한 인생관을 인성요인으로 제시하였음

많은 학자들은 보육교사의 인성덕목에 대해 여러 가지로 제안하고 있으나 인성 자체가 갖는 개념이 다차원적이어서 성격, 성향, 기질, 태도, 강점, 인격, 윤리, 도덕 등 학자의 관점에 따라 다양한 용어로 해석하고 있다. 따라서 명확한 기준이나 평가도구를 찾기 어렵고(손진희, 2008; 이경민, 2010), 시대 변화에 따라 인성의 개념도 변화되어야 하며 독립된 개념보다는 창의성이나 직무수행능력과 어우러진 통합적인 개념으로의 이해가 필요하다고 주장한다(강선보 외, 2008; 최준환 외, 2009; Csikszentmihalyi, 1996). 즉, 인성의 개념을 명료하게 정립하기 어렵기 때문에 보육교사 인성 관련 연구는 대부분 교사의 인성을 어느 하나의 요인에 초점을 맞추어 부분적인 해석을 하고 있는 실정이다. 선행된 보육교사 인성 관련 연구의 변인을 살펴보면 크게 인간애, 자아개념, 사회관계, 직무수행, 창의성으로 구분할 수 있으며 각각의 연구에 대한 구체적인 내용은 다음과 같다<그림 2-5>.

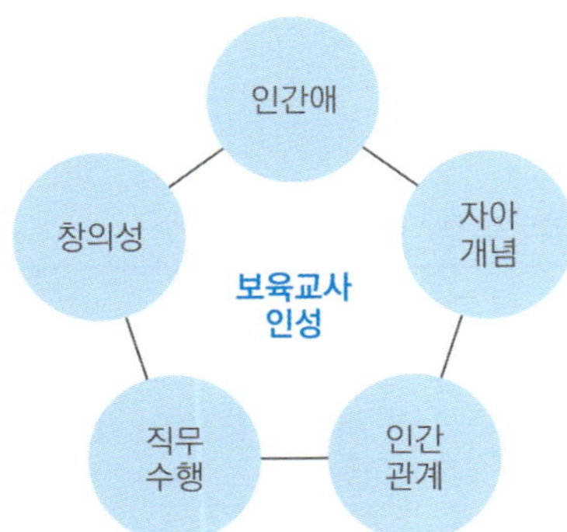

〈그림 2-5〉 보육교사 인성변인

(1) 보육교사와 인간애

인간애(人間愛)란 인간에 대한 사랑이나 인정이 많고 깊음을 의미하는데, 일반적으로 인간을 대상으로 하는 모든 직업인들이 갖추어야 할 기본적인 성향이다. 인간애의 가장 대표적인 요인은 사랑이라고 할 수 있다. 특히, 보육교사에게 사랑이란 영유아들을 보살피고 친밀한 관계를 형성하도록 돕는 능력이며, 보육교사들에게 보편적이며 일관적으로 나타나는 고전적인 인성특성으로 알려져 있다(이경민, 2010; 최윤정, 2009; Goldstein, 1997). 유아교육의 철학적 기반이 되고 있는 코메니우스, 루소, 페스탈로치, 슈타이너 등 근대 교육사상가들은 유아교육에서 교사의 자질 중 개인적인 인성특성으로 영유아를 존중하고 이해하며 애정적인 관계를 형성해야 함을 강조해 왔다(윤기영, 손영빈, 2010). 현대사회에서도 유아와 교사 간의 라포(rapport)형성과 애착, 신뢰를 기반으로 한 애정 표현에 관한 많은 연구가 지속적으로 이어지고 있다(Goldstein, 1997; Lay Dopyera & Dopyera, 1987).

보육교사의 사랑과 관련한 행동은 학부모 인식 조사에서도 뚜렷하게 나타나는데, 부모와 보육교사를 대상으로 보육교사 인성에 대한 인식을 조사한 연구에 따르면 부모들과 보육교사들은 보육교사가 갖추어야 할 인성특성으로 '유아에 대한 사랑'을 다른 요인에 비해 높게 요구하고 있는 것으로 나타났다(김지현, 2007; 변경애, 2008). 또한 최윤정(2009)은 보육교사의 강점에 대한 연구에서 인간애, 사랑, 친절과 같은 강점이 강한 교사들은 직무에서도 높은 만족감을 느끼고 있음을 보고하였다. 따라서 사랑은 보육교사의 개인적인 특성이면서 유아의 정서적 안정과 학부모의 신뢰를 형성할 수 있고 직무수행에도 영향을 미치는 보육교사의 중요한 인성특성이라 할 수 있다.

(2) 보육교사와 자아개념

보육교사의 자아개념은 교사가 지닌 생각이나 태도, 신념을 보여 주는 것으로 교사 자신의 교수행동뿐 아니라 교사가 가르치는 영유아에게도 직접적인 영향을 미칠 수 있는 중요한 요인이다(김민정, 2007). 특히, 인성과 관련된 자아개념은 인간의 성품에 있어 가장 중요한 본질이며, 한 인간의 사회관계 및 행동을 결정하는 중요한 요인으로 설명되고 있다(전성연, 1986). 즉, 교사의 긍정적인 자아개념은 원만한 사회관계형성, 성공적인 교직수행, 적극적인 태도와 올바른 교사관 정립에 영향을 미친다고 할 수 있다(노길영, 1999).

일반적으로 자아개념은 영유아기부터 형성되며 지속적으로 한 개인의 행동이나 성향에 일관성 있게 나타나지만, 지속적으로 속한 집단이나 상황 안에서 그 개인에게 기대되는 방향으로 경험을 해석하고 무엇을 행해야 할지 결정하는 요인이 된다(김기정, 1996; Marsh & Shavelson, 1985). 따라서 교사 개인적인 측면에서 자아개념은 교사의 자아인식, 자아존중감, 자아통제와 관련하여 교사가 경험한 것에 영향을 받기도 하고 교사가 어떤 행동을 할 것인가에 영향을 주기도 하는 상호적인 관계에 있는 것이다(송인섭, 2001). 그리고 교육적인 측면에서 자아개념은 교사로서의 교수효능감과 유아와의 관계형성에 영향을 미치게 되는 인성특성이다(김민정, 2007; 장영숙, 2004).

(3) 보육교사와 인간관계

보육교사에게 더불어 살아가는 능력은 보육교사가 갖추어야 할 특성 중의 하나하다. 특히, 동료교사와의 관계, 원장과의 관계 및 학부모와의 관계가 중요하다. 보육교사의 인간관계와 관련한 인성특성을 구체적으로 접근한 연구를 살펴보면, 개방화, 다문화, 정보화의 현대사회에서 더불어 살아가는 교육을 지도해야 하는 교사들에게 공감적 능력이 부족함을 지적하면서 교사에게 지성을 통한 이해와 공감적 이해가 동반될 때 바람직한 조직문화와 인간관계를 형성하며 더불어 사는 교육을 도출할 수 있다고 주장한다. 이와 관련한 서미옥(2007)의 연구 또한 보육교사에게 공감적 이해능력은 타인의 입장에서 생각하고, 이해하고, 느낄 수 있는 매우 필요한 인성특성이라고 강조하면서 교육을 통해 함양될 수 있는 능력이므로 교사교육 및 교사양성교육과정에서 강조되어야 할 내용이라고 주장하고 있다.

그 외에도 보육교사에게 요구되는 원만한 인간관계능력으로 겸손과 유머감각을 들 수 있다(이경민, 2010). 이 두 가지 인성특성은 개인이 사회적인 관계를 맺을 때에만 나타나는 특성으로, 겸손은 자신에 대해 절제된 평가를 하는 내면적 상태와 그와 일치된 사회적 행동으로 자신을 드러내어 타인과의 유대감을 지니는 대인능력이다(Leary & Baumeister, 2000). 특히, 개인보다 집단을 중요시하는 동양문화권에서는 인간관계에서 겸손의 가치를 높게 평가한다. 유머감각도 개인적으로 자신을 즐겁고 유쾌하게 만들 뿐 아니라 주변 사람들을 즐겁게 만들고 친화적인 인간관계를 촉진하는 능력으로써(권석만, 2008), 유머감각이 높은 보육교사는 조직 내 인간관계가 원만하고 유아로 하여금 수업상황에 대한 긴장을 완화하며 더 오랜 집중을 유도할 수 있고 교사 - 유아, 교사 - 동료, 교사 - 원장, 교사 - 학부모의 관계에서 친밀감을 쉽게 형성하고 지속시킬 수 있다(홍미정, 2009; 허영주, 2009).

(4) 보육교사와 직무수행

보육교사의 직무수행에서 가장 중요한 것은 얼마나 보육교사로서의 직무를 중요하게 생각하고 그 역할에 충실하게 임하는가의 가치와 태도의 문제이며, 직무수행과 관련된 인성특성은 교사의 인간됨과 직무에 대한 적응성 및 발전성 등 교사를 평가하는 준거로서 그 중요성을 갖는다(엄덕수, 2010).

우리나라는 유아교육이 급속하게 양적으로 증가해 온 반면에 보육교사에 대한 사회적인 인식이 낮게 평가되고 있고, 법제화된 평가척도나 보육교사를 위한 윤리 강령 제정이 구체화되지 못하고 있는 실정이다(박은혜, 2005). 따라서 보육교사로서 전문성을 갖추고 전문직으로 요구되는 윤리적인 행동특성에 대한 규정이 요구된다. 이러한 규정은 보육교사의 직무수행을 평가하는 준거가 될 수 있으며 관련 연구를 활성화할 수 있는 자료가 될 것이다.

직무만족과 직무수행 인성특성과 관련하여 최윤정(2009)은 보육교사의 신중함, 정의감, 리더십, 열정, 진정성, 끈기, 판단력과 같은 직무 관련 인성특성이 높은 교사들은 그들의 직무에 매우 만족하고 있었다고 보고하고 있으며, 보육교사의 긍정적 인성이 교수 역할수행능력과 유의미한 상관이 있다고 보고하고 있다. 또한 보육교사의 인성특성 중 성실성과 우호성이 높을수록 직무에 만족하는 것으로 나타났다.

(5) 보육교사와 창의성

과거의 인성개념이 현대사회 변화와 시대적 요구에 의해 재정의되는 가운데 첨부된 것이 창의성이다(박영태, 2002; 최준환 외, 2009). 과거의 창의성은 지능과 관련하여 극소수의 뛰어난 학생들을 선발하고 교육하는 영재교육으로 운영되었으나(교육과학기술부, 2010), 창의성은 인성특성과 밀접한 관련성을 갖는다는 연구를(이혜영, 2010) 통해 인지적인 창의성이 갖는 한계에서 벗어나 정의적인 창의성, 즉 창의적인 인성에 관심이 주목되기 시작하였고, 2010년에는 교육과학기술부가 인성과 창의성이 하나의 요인으로 접목된 창의・인성의 개념을 제시하면서 인성과 창의성의 관계가 더욱 강조되고 있다.

유아기의 창의성교육은 매우 적절하고 민감한 시기이기 때문에 보육교사의 창의성이 다른 교육기관의 교사들보다 많이 요구되며 그 중요성이 강조되고 있다. 실제적으로 개방성, 독창성, 호기심, 융통성, 다양성, 배려, 자기절제 등과 같은 창의적 인성을 갖춘 교사는 유아의 창의성을 증진시키는 것뿐 아니라 유아와의 상호작용에서도 유아들의 의견을 존중하고 개방적이며 독창적이고 새로운 방식의 접근을 선호하고 세심한 주의를 기울이는 것으로 나타났다(백숙희, 2008). 또한 창의적 인성을 갖춘 교사는 개인적으로 자기 삶의 만족에서, 교사로서의 효율적인 직무수행이나 직무만족도, 교수효능감과 유의미한 정적 상관을 보이는 중요한 요인이 될 수 있음을 밝힌 연구들(박영태 외, 2008; 최윤정, 2009)을 통해 창의적 인성이 보육교사의 능력으로 새롭게 평가되고 있다.

보육교사에게 창의적 인성은 21세기 사회변화에 따라 새롭게 요구되는 능력이면서, 21세기를 살아갈 유아들의 창의성에 영향을 미치는 주요변인으로 그 중요성이 부각되고 있으며 개인의 삶을 만족스럽게 하고 직무의 효율성을 높여 줄 수 있는 인성특성으로 간주되고 있다(최윤정, 2009).

4) 보육교사 인성의 중요성

최근 유아교육기관에서 교사의 비윤리적이고 폭력적인 아동학대나 사회문제들 사이에서 병리적인 현상의 발생 가능성이 높아지면서 교사의 인성에 대한 관심이 높아지고 있다. 왜냐하면 현대사회는 지식에 기초한 정보사회로 변화하면서 과거에 비해 물질적인 풍요로움을 누리게 되었지만 물질 만능주의, 도덕적 가치관의 부재로 인해 개인주의가 늘어나는 역기능적인 현상이 증가하였기 때문이다.

교육의 궁극적인 목적은 단순히 새로운 지식의 전달과 새로운 경험의 습득과 함께 바람직한 인성형성을 통해 소극적으로는 미래사회에 적응적인 사람, 적극적으로는 미래사회의 변화를 주도할 수 있는 사람을 형성하는 데 있다. 그러므로 영유아에게 바람직한 인성을 형성시켜주기 위해서는 교사로서의 바람직한 인성의 갖춤이 선행되어야 할 것이다(김용조, 2001). 이와 같이 보육교사의 인성은 교육의 질을 결정하는 중요한 요인 중의 하나이다.

보육교사 인성의 중요성을 교사로서의 자아실현, 건강한 영유아의 발달, 대리양육기관의 증가, 유아교육기관과 학부모의 요구 및 국가적 차원에서의 요구를 중심으로 살펴보면 다음과 같다.

(1) 교사로서의 자아실현

최근 예비유아교사의 인성과 자아탄력성, 행복감 및 교사효능감과의 관련성에 대한 연구(서현 외, 2013)에서 유아교사의 인성이 행복감과 교수효능감에 긍정적인 영향을 미치는 것으로 나타났다. 또한 현직교사를 대상으로 실시한 연구에서 높은 인성을 가진 유아교사가 교수 - 유아 상호작용을 더 활발히 하는 것으로 나타났으며(김선희, 2017), 동료교사 및 원장과의 관계에도 긍정적인 영향을 미치는 것으로 나타났다(최선미, 부성숙, 2017). 이 결과들은 유아교사의 인성이 교사로서의 역할에 자신감을 가지게 하는 요인이 될 수 있기 때문에 보육교사의 인성교육 강화 및 긍정적인 자아개념 향상에 초점을 둔 인성교육의 중요성을 시사하고 있다(엄은나, 2016).

보육교사의 인성이란 개개인이 사회에 적응해 가는 과정으로 개인적 자아를 실현하며 사회적으로는 더불어 살아가기 위한 가치를 추구해가는 특성이며 사회 변화에 따라 역동적으로 발전하고 발달하는 적응능력으로 정의하고 있다(강은주, 2017). 즉, 개개인이 보육교사로서 자아를 실현해가기 위해 끊임없이 발전하고 발달해 가야 하는 교사의 역량이라고 정의하고 있다. 이와 같이 보육교사로서 자아실현을 위해 인성의 발달이 매우 중요한 가치를 지니고 있는 것이다.

(2) 건강한 영유아의 발달

보육교사의 인성이 영유아의 여러 측면의 발달에 긍정적인 영향을 미치게 된다. 첫째, 영유아의 올바른 인성에 영향을 미치게 된다. 영유아기는 신체적·인지적 발달이 급격히 이루어지고 인성의 기초가 형성되는 중요한 시기이며, 특히 영유아기에 형성된 인성은 전 생애에 걸쳐 영향을 받는다(이효정, 2004). 발달적 특성상 영유아기는 교사의 행동, 말투, 성격, 태도, 생활습관 등을 모방하는 성향이 강한 시기이다(서현 외, 2013). Berk(2006)는 유아기에 가장 큰 영향을 미치는 학습도구는 모방이라고 하였다. 따라서 보육교사의 인성은 유아교육의 질과 성패를 좌우하는 중요한 요소이며, 교사는 모델링의 대상으로서 영유아의 학습뿐만 아니라 인성에 지대한 영향을 미친다(김영옥 외, 2009; 전재선, 최종욱, 2010).

따라서 영유아기는 인성발달에 매우 중요한 시기이다. 최근에는 영유아기의 인성발달의 중요성을 뇌발달과 관련시켜 주장하고 있다. 다시 말해 유아기인 3~6세에 인성과 가장 관련 있는 전두엽이 발달하기 때문에 이 시기에 인성교육을 실시하는 것이 가장 효과적이라고 보고하고 있다. 뇌발달이 3세까지는 영역별로 골고루 발달하지만 3세 이후부터는 부위별로 발달이 집중된다. 즉, 발달양상에 차이를 보이는데, 3~6세 사이에는 사고와 인간성을 담당하는 전두엽이 발달하게 되고, 7~12세는 뇌회로가 입체와 공간을 지각하는 두정엽과 소리를 담당하는 측두엽이 발달하고, 12세 이후에는 시각을 담당하는 후두엽이 발달하게 된다. 특히, 3~6세의 전두엽 발달은 유아의 인성발달과 매우 밀접한 관련성을 지니고 있다.

둘째, 보육교사의 인성은 영유아의 사회·정서 및 문제행동에 영향을 미친다. 즉,

영유아의 사회・정서 및 문제행동에 교사의 인성이 부모의 인성보다 더 많은 영향을 미치는 것으로 보고되고 있다(이순복, 2009). 따라서 보육교사의 인성은 영유아와 부모의 인성교육에 앞서 준비되고 실시되는 것이 효과적이다. 영유아의 인성은 친밀한 타인과의 관계에서 시작되며 바른 인성을 갖춘 교사와의 상호작용은 영유아의 인성을 증진시키므로 교사의 인성이 우선시되어야 한다(Nodding, 2006).

훌륭한 인성을 갖춘 교사는 수업을 처음부터 끝까지 근원적인 인간화 과정으로 생각하는 관점에서 사람됨의 가치를 우선에 두고, 영유아의 발달과정에서 교사가 가진 훌륭한 인성특성이 영유아의 모델이 된다면 올바른 인간형성의 교육목표를 달성할 수 있다(Hamachek, 1992).

(3) 대리양육기관의 증가

과거에는 인성교육을 대부분 가정에서 담당하였으나 현대는 핵가족화, 맞벌이 부부의 증가, 가정의 기능 약화 등 사회구조가 변화되면서 영유아의 인성교육을 대리양육기관에서 담당하는 비중이 증가하게 되었다. 즉, 현대사회의 변화로 인해 영유아들의 입소 시기가 빨라지고 있으며 보육연령은 낮아지고 보육시간은 늘어나고 있다<표 2-5>. 이러한 추세 속에 가정에서의 기능과 역할은 축소되고 영유아교육기관에서 대리양육자로서 인성교육과 사회성교육까지 담당하게 되는 보육교사의 역할은 확대되었다(김은실, 2015). Noddings(2006)는 영유아의 인성은 가정과 영유아교육기관에서 의미있는 성인들과의 관계에서 형성되기 때문에 바른 인성을 갖춘 교사와의 상호작용은 유아의 인성을 증진시킨다고 하였다. 영유아기는 교사와 함께 보내는 시간이 많으므로 교사의 바람직한 인성은 매우 중요하며 보육교사의 전문성보다 인성이 강조되고 있다.

〈표 2-5〉 자녀연령별 보육시설이용 및 가정양육 아동수

단위: 명

연도	어린이집 보육 아동수	유치원 원아 수
2009	1,175,049	537,361

연도	어린이집 보육 아동수	유치원 원아 수
2010	1,279,910	538,587
2011	1,348,729	564,834
2012	1,487,361	613,749
2013	1,486,980	658,188
2014	1,496,671	652,546
2015	1,452,813	682,553
2016	1,451,215	704,138

출처: 보건복지부 「보육통계」, 교육부 「교육통계」

주석: 1) 어린이집 반편성은 0세반 아동은 전년도 1. 1. 이후 출생아를 함께 편성하며, 1세반부터는 동년도 출생아 (동년도 1. 1. ~ 12. 31. 출생아)를 함께 편성

2) 가정양육지원제도는 2009년 7월부터 도입되었으며, 2013년부터는 0~5세 가구로 지원 대상 확대, 장애아동 및 농어촌 아동 지원 포함

(4) 유아교육기관과 학부모의 요구

최근 여성의 취업률 증가로 인해 유아교육기관에서의 대리양육이 증가하게 되었고, 그로 인해 유아교육기관이 양적으로 확대되었으며, 최근에는 유아교육에 대한 질적인 요구가 증가되고 있는 실정이다. 유아교육기관의 양적인 증가는 교사의 채용이 증가하게 되었으며, 교사의 채용에 있어 가장 중요시하는 부분이 인성으로 보고되고 있다<표 2-6>.

〈표 2-6〉 신입사원 채용 시 가장 중요시하는 부분

구분	인성 및 성실성	기초직업 능력	전공실무 능력	팀워크	추진력 (적극성)	아이디어	전체
N	90	30	50	63	41	3	277
%	32.5	10.8	18.0	22.7	14.8	1.1	100.0

출처: 수성대학교(2012). 유아교육과 교육과정개발 결과보고서. p.19.

<표 2-6>에서 보는 것과 같이 유아교육기관의 인사권을 가지고 있는 원장과 원감 277명을 대상으로 신입사원 채용 시 가장 중요시하는 부분에 대해 조사한 결과, 신입

사원 채용 시 가장 중요하게 생각하는 부분은 인성 및 성실성이 90명(32.5%)으로 가장 높았으며, 팀워크 63명(22.7%), 전공실무능력 50명(18%), 추진력 41명(14.8%), 기초직업능력 30명(10.8%), 아이디어 3명(1.1%) 순으로 나타났다. 그리고 한국보육교사교육원대학협의회(2014)에서 어린이집을 이용하고 있는 학부모 511명을 대상으로 보육교사에게 요구되는 자질에 대해 설문을 실시한 결과<표 2-7>, 1순위는 인성과 태도(86.84%)였으며, 2순위는 보육교사 경력(6.07%)으로 나타났다. 전체적으로 보면, 인성과 태도가 574명으로 전체 53.40%를 차지하고 있는 것으로 나타났다.

〈표 2-7〉 보육교사의 자질에 대한 학부모의 요구

구분	1순위	2순위	전체	%
보육교사 경력	30	190	220	20.47
학력	2	36	38	3.53
육아경험	28	172	200	18.60
인성과 태도	429	45	574	53.40
기타	5	38	43	4.00
Total	494	481	1,075	

출처: 한국보육교사교육원대학협의회(2014). 유보통합, 보육교사 자격 취득제도 및 보육교사 직무능력 향상에 대한 어린이집 교사와 학부모 인식의 조사연구. p.179.

보육교사의 질적 수준의 향상을 위한 과제별 중요도 조사<표 2-8>에서는 보육교사의 임금의 상향 조정으로 현실화가 4.52점(100점 환산점수 90.4)으로 가장 높았으며, 보육교사의 인성 강화 4.51점(100점 환산점수 90.2), 보육교사의 근무시간의 현실화 4.46점(100점 환산점수 89.2)으로 인성 강화의 점수가 비교적 높게 나온 것을 알 수 있다.

〈표 2-8〉 보육교사의 질적 수준의 향상을 위한 과제별 중요도의 평균 점수

항목	N	M	SD
보육교사의 보육 및 기본생활지도능력 강화	501	4.29	.66
보육교사의 교육 및 교수활동능력 강화	501	4.15	.72

항목	N	M	SD
보육교사의 유아 및 학부모 상담 및 정서적 지원능력 강화	502	4.22	.68
보육교사의 연구능력 강화	502	4.00	.76
관련적 역할(실내 · 외 환경 및 교재교구 관리 등)능력 강화	501	4.08	.77
보육교사의 인성 강화	503	4.51	.67
보육교사의 직무능력 교육 강화	502	4.26	.72
보육교사의 근무시간의 현실화	500	4.46	.67
보육교사의 임금의 상향 조정으로 현실화	501	4.52	.63

출처: 한국보육교사교육원대학협의회(2014). 유보통합, 보육교사 자격 취득제도 및 보육교사 직무능력 향상에 대한 어린이집 교사와 학부모 인식의 조사연구. p.179.

(5) 국가적 차원에서의 요구

최근에는 영유아를 담당하는 교사의 인성을 높이기 위해 국가적 차원에서 꾸준한 노력을 하고 있다. 유아교육 선진화 방안을 발표하여 유아교사 자격기준 및 양성을 엄격히 할 것을 강조하였고 교원평가제 도입, 유아교사 윤리강령이 필요함을 강조하고 있다(교육과학기술부, 2009). 대학의 유아교사 양성과정에서는 2013년 이후 필수과목으로 인성 관련 교과목을 이수하도록 하고 있으며 재학기간 중 2회의 교직 인 · 적성검사를 받고 통과한 사람에게 교원자격을 주고 있다(김은설 외, 2015). 또한 2015년부터 보육교직원 보수교육과정과 보육교사 1, 2급 승급교육과정에 인성교육에 대한 교육이 의무화되어 확대 시행되고 있다(보건복지부, 2015). 전재선(2011)은 보육교사의 핵심적인 역량으로서 인성은 교사가 갖추어야 할 개인적 자질이며 보육교사의 전문성을 높일 수 있는 주요 변인으로 보고, 유아교사의 인성에 대한 합의된 개념과 평가가 필요하다고 주장하고 있다.

5) 자신의 인성 정도 알아보기

<표 2-9>는 보육교사의 인성 정도를 파악할 수 있는 체크리스트이다. 본인의 평소 행동을 잘 생각해 보고, 행동과 일치하는 곳에 체크를 하면 된다.

〈표 2-9〉 자신의 인성 정도 알아보기

구분	내 용	1 전혀 그렇지 않다	2 약간 그렇지 않다	3 보통이다	4 약간 그렇다	5 매우 그렇다
인간애	1. 길에서 어려운 사람을 보면 주저없이 도움을 준다	①	②	③	④	⑤
	2. 조금 손해 보더라도 남의 일을 돕는 편이다	①	②	③	④	⑤
	3. 다른 사람이 상처를 주거나 피해를 입힌 경우 사과하면 잘 수용한다	①	②	③	④	⑤
	4. 다른 사람의 잘못에 너그러운 편이다	①	②	③	④	⑤
긍정적 자아개념	5. 좋은 교사로 인정받고 싶다	①	②	③	④	⑤
	6. 일단 주어진 일에 대해서는 적극적으로 임한다	①	②	③	④	⑤
	7. 창의적인 아이디어로 새로운 일을 계획한다	①	②	③	④	⑤
	8. 감정 조절을 잘한다	①	②	③	④	⑤
사회관계	9. 주변 사람들에게 호의를 베푸는 것이 즐겁다	①	②	③	④	⑤
	10. 다른 사람의 말을 주의 깊게 경청한다	①	②	③	④	⑤
	11. 부정적 표현보다 긍정적 표현을 더 자주 사용한다	①	②	③	④	⑤
	12. 다른 사람들이 편안하게 이야기할 수 있도록 분위기를 맞춘다	①	②	③	④	⑤
직무수행	13. 일과가 시작되기 전에 오늘의 활동을 점검한다	①	②	③	④	⑤
	14. 지각이나 결근을 절대 하지 않는다	①	②	③	④	⑤
	15. 어떤 역할에도 최선을 다한다	①	②	③	④	⑤
	16. 뚜렷한 교육관과 신념을 가지고 있다	①	②	③	④	⑤
창의 · 인성	17. 유머 감각이 있다는 말을 듣는다	①	②	③	④	⑤
	18. 어떤 구성원들과도 조화롭게 지낸다	①	②	③	④	⑤
	19. 생각이 달라도 기꺼이 수용한다	①	②	③	④	⑤
	20. 어린이집 교사는 여자에게 더 적합하다	①	②	③	④	⑤

출처: 전재선(2010)이 개발한 교사 인성 자기평가도구를 최미곤(2016)이 수정, 보완한 측정도구임.

체크리스트의 문항별로 자신이 체크한 결과를 <표 2-10>을 이용하여 해당하는 개수를 적어보자.

〈표 2-10〉 평가방법

문항	수준	개수	구성요소	소계(점수)
1~4번	전혀 그렇지 않다	(　　)개	인간애	
	약간 그렇지 않다	(　　)개		
	보통이다	(　　)개		
	약간 그렇다	(　　)개		
	매우 그렇다	(　　)개		
5~8번	전혀 그렇지 않다	(　　)개	긍정적 자아개념	
	약간 그렇지 않다	(　　)개		
	보통이다	(　　)개		
	약간 그렇다	(　　)개		
	매우 그렇다	(　　)개		
9~12번	전혀 그렇지 않다	(　　)개	사회관계	
	약간 그렇지 않다	(　　)개		
	보통이다	(　　)개		
	약간 그렇다	(　　)개		
	매우 그렇다	(　　)개		
13~16번	전혀 그렇지 않다	(　　)개	직무수행	
	약간 그렇지 않다	(　　)개		
	보통이다	(　　)개		
	약간 그렇다	(　　)개		
	매우 그렇다	(　　)개		
17~20번	전혀 그렇지 않다	(　　)개	창의 · 인성	
	약간 그렇지 않다	(　　)개		
	보통이다	(　　)개		
	약간 그렇다	(　　)개		
	매우 그렇다	(　　)개		

자신의 인성 점수가 가장 높은 항목은 무엇이고, 앞으로 교사로서의 인성을 함양하기 위해 어떤 노력을 해야 할지에 대해 적어보자.

2. 보육교사의 자질

교사의 자질에 대한 연구는 초기에는 교사의 개인적인 성향에 초점을 두었다. 그리고 그 다음에는 교사의 행동에 그리고 최근에는 교사의 행동을 결정짓는 사고과정으로 그 연구의 초점이 옮겨지고 있다. 교사의 자질이나 특성에 대하여 Kramer(1994)는 <표 2-11>과 같이 제시하고 있다.

〈표 2-11〉 교사의 자질이나 특성

- 자질 있는 교사는 자신을 학습자로 생각한다.
- 자질 있는 교사는 발전하는 경향이 있다.
- 자질 있는 교사는 예리한 관찰자이다.
- 자질 있는 교사는 가르치고 있는 지역에 대해 알아야 한다.
- 자질 있는 교사는 유아의 성장과 발달에 대한 폭넓은 지식을 가지고 있다.
- 자질 있는 교사는 가르치기 위해 고려해야 될 점을 알고 있다.
- 자질 있는 교사는 유아들이 어떻게 배운다는 것을 이해하고 있다.
- 자질 있는 교사는 많은 에너지를 필요로 한다.
- 자질 있는 교사는 유아들에게 동기를 유발시킬 수 있는 질문을 한다.
- 자질 있는 교사는 위험을 감수할 수 있어야 한다.
- 자질 있는 교사는 조직과 질서가 중요하다는 것을 알고 있다.
- 자질 있는 교사는 집단의 관리에 능숙하다.
- 자질 있는 교사는 어질러짐과 탐구하기를 행할 의지를 가지고 있어야 한다.
- 자질 있는 교사는 융통성이 있다.
- 자질 있는 교사는 경이로움으로 가득 차 있다.
- 자질 있는 교사가 되기 위해서는 가르치는 것을 사랑해야 한다.

교사의 자질에 대한 여러 학자들의 관점을 보면 교사의 개인적·성격적 특성이나 교육기술뿐 아니라 가치관 등 포괄적 요인이 교사의 자질에 포함되어 있음을 알 수 있다. 이를 토대로 교사의 자질에 대한 관점을 크게 개인적 자질과 전문적 자질로 나누어 보면 <표 2-12>와 같다(이은화 외, 1995)

〈표 2-12〉 보육교사의 자질

구분	항목	내용
개인적 자질	인성영역	• 유아에 대한 사랑 • 인간에 대한 사랑 • 성실성 • 봉사성 • 사려성 • 자발성 • 도덕성 • 원만한 인간관계
	건강영역	• 신체적 건강 • 정신적 건강
전문적 자질	지식영역	• 일반 교육지식 • 교육과정에 대한 지식 • 교수방법 및 평가에 대한 지식 • 유아에 대한 지식
	교수 기술영역	• 교육과정 구성 기술 • 프로그램 실천 및 평가기술 • 의사소통기술 • 부모 및 전문가 참여기술 • 창의성 • 융통성 • 교재교구의 제작 및 활용기술
	교육관 영역	• 교육에 대한 소명감 • 직업윤리 • 전문성 함양

개인적 자질에는 인성영역과 건강영역이 있는데, 인성영역에는 유아에 대한 사랑, 인간에 대한 사랑, 성실성, 봉사성, 사려성, 자발성, 도덕성, 원만한 인간관계가 있으며 건강에는 신체적 건강 및 정신적 건강(긍정적 자아관, 타인에 대한 긍정적 사고, 건전한 인생관, 정서적 안정)이 포함된다.

전문적인 자질에는 지식영역, 교수 기술영역, 교육관 영역이 있는데, 지식영역에는 일반 교육지식, 교육과정에 대한 지식, 교수방법 및 평가에 대한 지식, 유아에 대한 지식이 있으며, 교수 기술영역에는 교육과정 구성 기술, 프로그램 실천 및 평가기술,

의사소통기술, 부모 및 전문가 참여 기술, 창의성, 융통성, 교재・교구의 제작 및 활용 기술이 포함되어 있고, 교육관 영역에는 교육에 대한 소명감, 직업윤리, 전문성 함양의 노력이 포함된다.

CHAPTER

03

보육철학 및 윤리

□ 배울 내용 □

1. 보육사상
2. OECD 국가의 보육사업
3. 보육교사 윤리강령
4. 아동권리 존중

□ 학습목표 □

1. 시대에 따라 변화하는 보육의 의미를 이해한다.
2. OECD 국가의 보육정책 경향을 살펴보고 우리나라의 보육정책 방향을 제시한다.
3. 보육교사 윤리강령의 내용과 필요성을 숙지하여 전문직업인으로서 보육교직을 수행한다.
4. 영유아의 권리를 이해하여 공정하고 책임 있는 보육교사의 자격을 모색해본다.

영유아에 대한 관점 변화는 보육의 패러다임에 변화를 가져왔으며, 저출산, 고령화 사회 진입, 여성의 사회경제활동 참여 확대, 가족제도의 다양화, 가족기능의 약화, 영유아 양육 및 교육의 전문화로 인하여 보육은 사회·정치적인 이슈로 대두되었다.

1. 보육사상

1) 보육의 의미 변화

보육의 의미는 시대와 상황에 따라 변화되어 왔다. 과거 보육의 의미는 탁아의 성격이 강하여 저소득층 아동의 건강과 안전의 요구를 만족시키는 보호적 차원에 국한되어 있었다. 즉, 보육의 초기 개념은 부모의 취업이나 건강, 특별한 사유로 인해 아동이 가정에서 정상적인 양육을 받지 못할 경우, 하루 중 일정 시간 동안 부모를 대신하여 기관에서 집단으로 보호해 주는 것을 의미한다. 그러나 오늘날 보육(edu-care)은 보호의 차원만이 아닌 보호(care)와 교육(education)의 의미를 통합한 개념으로, 모든 아동의 건강, 영양, 안전, 교육 등 전인발달을 지원하는 포괄적인 개념으로 정의된다.

사회경제구조의 변화로 나타난 가족구조의 변화, 기혼여성의 사회참여 증가로 보육의 요구가 증가됨에 따라 변화된 보육의 의미를 정리하면 다음과 같다.

첫째, 보육의 대상이 저소득층 가정의 영유아에서 모든 계층의 영유아를 대상으로 변화하였다. 1991년에 제정된 「영유아보육법」 제1조에 의하면, 보육은 "보호자가 근로 또는 질병 기타 사정으로 인하여 보호하기 어려운 영아 및 유아를 심신의 보호와 건전한 교육을 통하여 건강한 사회 구성원으로 육성함과 아울러 보호자의 경제적·사회적 활동을 원활하게 하여 가정 복지 증진에 기여함을 목적으로 한다"라고 명시하고 있다. 그러나 2011년에 개정된 「영유아보육법」 제1조에서 명시한 보육은 "영유아의 심신을 보호하고 건전하게 교육하여 건강한 사회 구성원으로 육성함과 아울러 보호자의 경제적·사회적 활동이 원활하게 이루어지도록 함으로써 영유아 및 가정의 복지 증진에 이바지함을 목적으로 한다"라고 규정하고 있다. 이는 초기 보육의 대상은 사회경제적 지위가 낮은 가정의 아동을 대상으로 하는 선별적 개념이었으나 현대 보육의 대상은 모든 영유아를 대상으로 하는 보편적 개념으로 변화되었음을 보여 준다.

둘째, 보육의 개념이 단순한 보호에서 보호와 교육의 통합적 개념으로 변화하였다. 1961년 「아동복리법」이 제정된 이래 1991년 「영유아보육법」 제정 전까지 '탁아'라는 명칭이 사용되었다. 탁아는 가정 내에서 정상적인 돌봄을 받지 못하는 자녀를 일시 또는 일정기간 위탁, 보호하는 것을 의미한다. 그러나 1991년 「영유아보육법」이 제정 공포되면서 '탁아'는 '보육'이라는 명칭으로 변경되었고, 보호와 교육의 통합적 개념으로 발전하였다. 이에 '탁아소'에서 '어린이집'으로 보육시설 명칭이 변경되었으며, 영유아의 보호 차원을 넘어서 영유아의 전인적 발달을 위한 교육이 강조되고 있다.

셋째, 빈곤층, 저소득층 가정을 위한 구빈사업에서 영유아 및 가정의 복지 증진을 위한 복지사업으로 변화하였다. 기독교 민간단체인 태화사회관(1921)으로 시작된 보육사업은 정상적인 돌봄을 받지 못하는 아동을 입소시켜 보육하는 것을 목적으로 하는 구빈사업이었다. 그러나 2004년 이후 보육에 대한 사회적 책임이 강화됨에 따라 보육사업은 질적 수준 향상, 공공성 강화, 수요자 중심 보육 정책으로 인하여 모든 계층의 영유아 및 가족생활의 질 향상을 위한 포괄적 복지사업으로 변화되었다.

따라서 현대사회에서 보육이란 아동이 보호와 교육받을 권리와 어머니의 일할 권리를 보장해 주기 위한 제도로서, 아동의 사회계층과 부모의 취업 여부를 떠나 모든 영유아가 풍부한 인간관계 속에서 심리적으로 건강하게 자라나도록 보호하고 교육하는 것은 물론 그들의 가족의 기능 보강 및 지원을 포함한 가족복지 증진에 기여하는 포괄적인 개념으로 정의할 수 있다(박선해, 김미정, 2013; 이은상 외, 2013).

〈표 3-1〉 영유아보육법

제1조(목적)
이 법은 영유아의 심신을 보호하고 건전하게 교육하여 건강한 사회 구성원으로 육성함과 아울러 보호자의 경제적·사회적 활동이 원활하게 이루어지도록 함으로써 영유아 및 가정의 복지 증진에 이바지함을 목적으로 한다.

제2조(정의)
1. "영유아"란 6세 미만의 취학 전 아동을 말한다.
2. "보육"이란 영유아를 건강하고 안전하게 보호·양육하고 영유아의 발달특성에 맞는 교육을 제공하는 어린이집 및 가정양육 지원에 관한 사회복지서비스를 말한다.
3. "어린이집"이란 보호자의 위탁을 받아 영유아를 보육하는 기관을 말한다.
4. "보호자"란 친권자·후견인, 그 밖의 자로서 영유아를 사실상 보호하고 있는 자를 말한다.
5. "보육교직원"이란 어린이집 영유아의 보육, 건강관리 및 보호자와의 상담, 그 밖에 어린이집의 관리·운영 등의 업무를 담당하는 자로서 어린이집의 원장 및 보육교사와 그 밖의 직원을 말한다.

제3조(보육 이념)
① 보육은 영유아의 이익을 최우선적으로 고려하여 제공되어야 한다.
② 보육은 영유아가 안전하고 쾌적한 환경에서 건강하게 성장할 수 있도록 하여야 한다.
③ 영유아는 자신이나 보호자의 성, 연령, 종교, 사회적 신분, 재산, 장애, 인종 및 출생지역 등에 따른 어떠한 종류의 차별도 받지 아니하고 보육되어야 한다.

제4조(책임)
① 모든 국민은 영유아를 건전하게 보육할 책임을 진다.
② 국가와 지방자치단체는 보호자와 더불어 영유아를 건전하게 보육할 책임을 지며, 이에 필요한 재원을 안정적으로 확보하도록 노력하여야 한다.
③ 특별자치도지사·시장·군수·구청장(자치구의 구청장을 말한다. 이하 같다)은 영유아의 보육을 위한 적절한 어린이집을 확보하여야 한다.
④ 국가와 지방자치단체는 보육교직원의 양성 및 근로여건 개선을 위하여 노력하여야 한다.

출처: 국가법령정보센터 영유아보육법[시행 2017. 9. 15] [법률 제14597호, 2017. 3. 14, 일부개정].

〈표 3-2〉 보육의 개념 변화

구분	전통사회	현대사회
책임	가족	국가
대상	• 저소득 계층의 영유아 • 양육이 불가능한 가정의 자녀	• 모든 계층의 영유아 • 영유아기 자녀를 둔 가족, 지역사회
내용	• 보호 • 대상 영유아가 직면한 안전과 건강문제	• 보호와 교육 • 영유아의 교육, 건강, 안전, 영양 가족을 위한 서비스, 지역사회 교류 등
성격	• 빈민구제를 위한 아동복지서비스 • 여성노동력 확보를 위한 여성복지서비스	• 아동복지, 여성복지, 가족 및 지역사회복지 • 포괄적 서비스

출처: 조혜경 외(2012). 보육학개론을 참고하여 작성하였음.

〈표 3-3〉 우리나라 보육정책의 역사적 변화

<table>
<tr><th colspan="2">구빈적 · 직장 여성 지원을 위한 탁아사업(일제시대~1990년)</th></tr>
<tr><td>구빈</td><td>• 1921년 태화기독교사회관에서 저소득층 자녀 위주의 탁아사업으로 시작</td></tr>
<tr><td>아동복리</td><td>• 1962~1981년 「아동복리법」에 의해 보건복지부에 의해 탁아사업 운영</td></tr>
<tr><td>이원화</td><td>• 1982년 「유아교육진흥법」 제정
- 유치원과 탁아시설의 주관부서 이원화
- 유치원은 교육기능, 탁아시설은 보호성격</td></tr>
<tr><td colspan="2">⬇</td></tr>
<tr><th colspan="2">「영유아보육법」 제정(1991~2004년)</th></tr>
<tr><td>보육</td><td>• 1991년 1월 「영유아보육법」 제정으로 '탁아'에서 '보육'으로 용어 전환
- 주관부서 보건복지부로 이관
- 보육의 체계화가 이루어졌으며 교육적 기능 강조
- 탁아소에서 어린이집으로 명칭 변경</td></tr>
<tr><td colspan="2">⬇</td></tr>
<tr><th colspan="2">보육에 대한 사회적 책임 강화로 인한 보육정책(2004~2018년)</th></tr>
<tr><td>1차 육아지원정책</td><td>• 2004년 1월 「영유아보육법」 전면 개정 / 주관부서 여성가족부로 이관
• 보육이 주요 국정과제로 인정
• 2004년 6월 '보육 및 유아교육 지원의 공공성 확대'를 위한 대책 발표
- 1년 육아휴직제, 평가인증제 도입, 보육국가자격제도 시행</td></tr>
<tr><td>2차 육아지원정책</td><td>• 2005년 5월 '출산율 제고 및 여성경제활동 참가'를 위한 대책 발표
- 표준보육료와 교육비 산정, 영아기본보조금 제도 도입</td></tr>
<tr><td>제1차 중장기 보육 기본계획 새싹플랜</td><td>• 2006년 7월 제1차 중장기보육 기본계획 새싹플랜(2006~2010) 발표
- 공보육 강화를 위해 국 · 공립어린이집 증설, 영아 기본보조금 도입, 차등보육료 확대, 만 5세 무상보육 확대, 아동수당 도입 검토</td></tr>
<tr><td>아이사랑 플랜</td><td>• 2008년 3월 주관부서 보건복지부로 이관
• 양적 성장을 이룬 보육정책의 질적 수준 향상 및 수요자 중심 정책으로 전환
• '제1차 중장기보육 기본계획' 수정 보완하여 아이사랑플랜(2009~2012) 발표</td></tr>
<tr><td rowspan="2">제2차 중장기 보육 기본계획</td><td>• 제2차 중장기 보육 기본계획(2013~2017)
- 보육에 대한 국가책임 강화를 위해 어린이집 이용자에 대한 보육료 지원 확대, 미이용 가구 양육수당 도입, 보육전자 바우처 도입
- 어린이집 평가인증 활성화, 5세 누리과정 도입</td></tr>
<tr><td>• 2013년 3월 만 0~5세 전 계층 영유아에게 보육료, 양육수당 지원
- 어린이집 이용 영유아에 대한 보육료 지원(연령별 정부지원단가의 전액), 어린이집, 유치원 미이용 영유아에 대한 양육수당 지원
- 3~5세 누리과정 확대 실시</td></tr>
</table>

제3차 중장기 보육 기본계획	• '제3차 중장기 보육 기본계획(2018~2022)' 발표 - 보육 · 양육에 대한 사회적 책임 강화를 위해 아파트 관리동 국 · 공립 설치 원칙 등 확충방식 다양화로 국 · 공립어린이집 40% 확대, 직장어린이집 설치 의무 이행 강화로 의무 이행률 90% 이상 향상 - 보육교사 신규 양성을 유치원교사와 동일하게 학과제 방식으로 개선

출처: 육아종합지원센터(2018)의 보육연혁을 참고하여 작성하였음.

2) 시대 변화에 따른 영유아에 대한 관점

영유아에 대한 관점은 영유아 보육관점 및 보육이론의 기초가 된다. 왜냐하면 영유아에 대한 어떤 관점을 가지고 있으며 영유아기를 어떻게 이해하고 있는가에 따라 영유아 보육의 목적, 방향, 운영 등을 보는 시각이 달라지기 때문이다. 따라서 영유아에 대한 개념 변화는 영유아를 위한 보육운영 및 보육정책의 실천보다 반드시 선행되어야 한다.

사회를 지배하고 있는 세계관은 영유아에 대한 관점을 결정짓는 중요한 요소로 작용한다. 조선시대 이후, 유교의 성리학적 세계관이 깊이 뿌리 내린 전통적인 영유아에 대한 관점은 유교사상에 영향을 받아 형성되었는데, 그 특징은 다음과 같다(양옥승 외, 2001; 조기제, 2011).

첫째, 영유아는 존중과 보호의 대상이다. 존중의 증거는 태교와 나이 계산법에서 알 수 있다. 출생 이전에 이루어지는 태교는 건강한 태아를 위한 어머니, 아버지의 심신관리교육이다. 또한 임신기간인 10개월을 나이에 포함한 계산법은 태아 당시부터 이미 한 생명, 인격으로 존중하였다는 것을 의미한다.

둘째, 영유아는 미성숙한 존재이다. 영유아는 선한 본성을 가지고 태어나지만 후천적으로 순수함을 잃을 수 있으므로 선천적 선함을 회복시키기 위하여 삼강오륜 효제충신의 덕목을 실천하도록 요구되었다.

셋째, 영유아는 성인과 동질적 존재이다. 도덕과 인격 면에서 성인과 동질적인 존재로 보고 영유아에게 군자다운 면모를 배우도록 하였으며, 성인에게 적용되는 절제와 규율을 익히도록 하였다.

이상에서 살펴본 바와 같이 전통적 영유아에 대한 관점은 유교적 세계관의 영향을 받아 영유아를 착하고 선한 본성을 지녔지만 후천적으로 선한 본성을 잃을 수 있는 미성숙한 존재로 인식하였다. 즉, 유교적 사상에 기초하여 형성된 영유아에 대한 관점은 성인 중심적인 시각으로 영유아를 바라본 결과로 영유아 본연의 가치와 특성이 긍정적으로 인식되지 않았을 뿐 아니라 중요한 관심 대상이 아니었음을 보여 준다.

유교적 세계관에 기초한 전통적 영유아에 대한 관점은 18세기 후반, 실학과 동학에 의해 신분평등사상이 주창되면서 변화하게 되었다(김용휘, 2017; 양옥승 외, 2001). 신분평등사상의 영향을 받아 형성된 근대사회의 영유아에 대한 관점은 다음과 같다.

첫째, 영유아는 독립된 인격체로, 독특한 개성과 재능을 가지고 있다. 전통사회에서는 영유아를 성인과 동질적인 존재로 보고 성인에게 적용되는 규율, 규범을 적용하였으나 영유아가 성인의 축소판이 아닌 영유아로서 성인과는 다르게 취급되어야 한다는 것이다.

둘째, 영유아는 미성숙한 존재로 사랑과 보호, 적절한 교육을 통해 전인적으로 발달한다. 영유아기의 미성숙은 부족하고 결핍된 상태가 아니다. 영유아의 미성숙은 무한한 성장의 가능성과 내재적 힘을 의미하는 것으로, 영유아의 가치가 긍정적으로 인정받았다는 것을 뜻한다.

영유아에 대한 관점 변화는 서양에서도 비슷한 시기에 나타났다. 성인의 가치기준에 맞추려 했던 기존의 성인 중심의 관점에서 영유아를 나름대로 자신의 사고체계를 가지고 있는 존재로 인정하는 아동 중심의 관점으로 변화하였다. 영유아를 존중하고 이들의 발달 가능성을 인정하는 것에서 시작하여 변화된 현대사회의 영유아에 대한 관점은 영유아의 존재 가치를 인정하고 그 무엇보다 이들의 가능성과 풍부한 잠재능력을 고려하는 것을 의미한다(황소영, 2017).

2. OECD 국가의 보육사업

1) OECD 국가의 보육정책

보육은 심각한 저출산, 노령 인구 증가, 여성의 사회경제활동 참여 확대, 가족제도의 변화, 가족기능의 약화, 영유아 양육 및 교육의 전문화 추세로 인하여 사회적인 이슈에서 국가정책적인 이슈가 되었다(이은상 외, 2013). 이러한 요인들에 의해 보육의 패러다임이 변화되었다. 이에 OECD 국가의 보육정책의 동향을 살펴봄으로써 우리나라의 보육정책 방향을 살펴보면 다음과 같다.

(1) 가족 지원 비용 및 유형

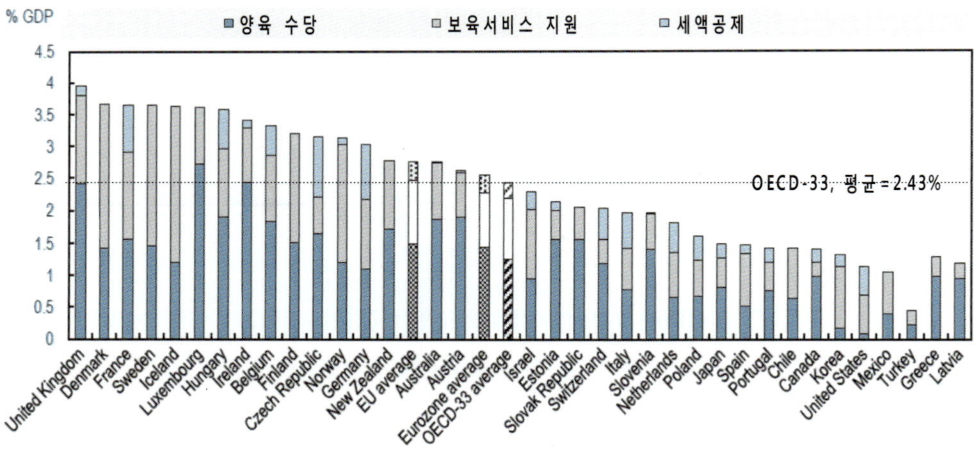

〈그림 3-1〉 OECD 회원국의 국내총생산 대비 가족 지원(2013)

출처: OECD Social Expenditure Database(Chart PF1.1.A.).

OECD 국가의 국내총생산 대비 자녀를 둔 가족 지원 비용은 평균 2.43%로 나타났다(<그림 3-1>). 덴마크, 프랑스, 헝가리, 아이슬란드, 룩셈부르크, 스웨덴, 영국은 국내총생산 대비 가족 지원 비용이 3.5% 이상이지만 우리나라, 캐나다, 칠레, 일본, 멕시코는 1.5% 미만으로 OECD 평균에 미치지 못한 것으로 나타났다(<그림 3-1>). 또한 자녀를 둔 가족 지원의 유형은 대부분의 OECD 국가가 양육수당 지원의 비중이 높은 반면, 우리나라를 비롯한 덴마크, 핀란드, 이스라엘, 멕시코, 네덜란드, 스웨덴, 미국은 보육서비스 지원의 비중이 높은 것으로 나타났다.

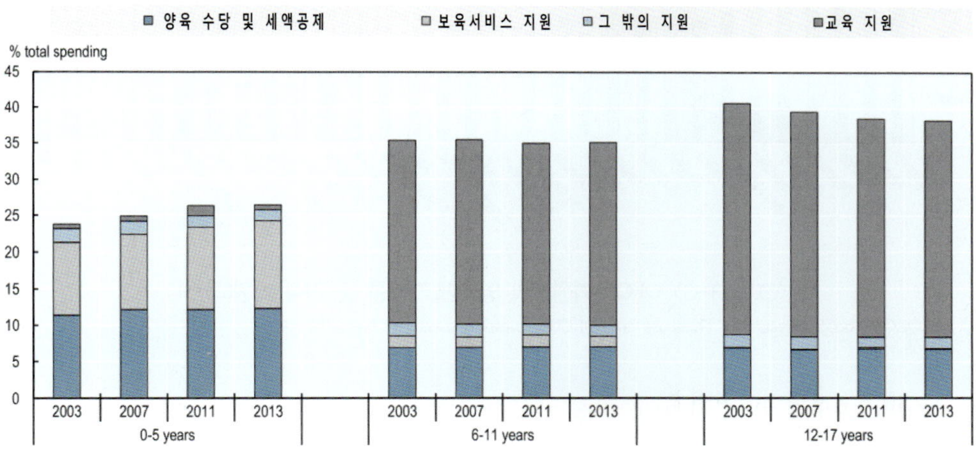

〈그림 3-2〉 OECD **회원국의 자녀 연령별 가족 지원**(2013)

출처: OECD Social Expenditure Database and OECD Education database(Chart PF1.6.A.).

OECD 국가의 가족 지원 비용과 유형에는 자녀 연령에 따라 차이를 나타났다<그림 3-2>. OECD 국가의 자녀 연령별 가족 지원 비용은 영유아기 26%, 아동기 35%, 청소년기 38%로 연령이 증가함에 따라 지원 비용이 증가한 것으로 나타났다.

자녀 연령별 가족 지원 비중은 지난 10년 동안 큰 변화가 나타나지는 않았지만, 영유아기 자녀를 둔 가족에 대한 지원 비중은 약간 증가했으며, 아동・청소년기 자녀를 둔 가족에 대한 지원 비중은 약간 감소하였음을 알 수 있다.

자녀 연령별 가족 지원 유형을 보면 영유아기 자녀를 둔 가족 지원 비용은 양육수당 및 세액공제, 보육서비스 지원에 초점을 맞추고 있는 반면, 아동·청소년기 자녀를 둔 가족 지원 비용은 교육에 대한 지원 비중이 높은 것으로 나타났다.

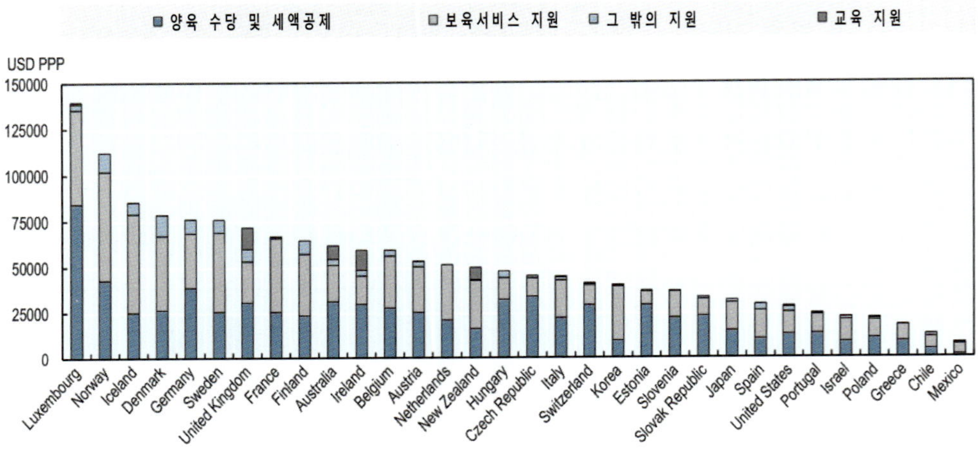

〈그림 3-3〉 **OECD 회원국의 영유아 자녀를 둔 가족 지원**(2013)

출처: OECD Social Expenditure Database and OECD Education database(Chart PF1.6.C.)

OECD 국가의 자녀 연령별 가족 지원 중 영유아기 자녀를 둔 가족에 대한 지원을 상세히 살펴보면<그림 3-3>, 양육수당 및 세금공제, 보육서비스는 영유아 자녀를 둔 가족을 위한 주요 지원으로 나타났다.

OECD의 영유아 보육에 대한 공공지출 결과에 따르면, 만 2세 미만의 영아를 둔 가족은 양육수당, 만 3~5세 유아를 둔 가족은 보육서비스에 가족 지원의 초점을 맞추고 있다. 양육 수당의 상당 부분은 출산 및 육아 휴직급여 형태로 제공되고 있는 것으로 나타났다. 출산 및 육아 휴직급여의 형태는 유급 휴가제도로 미국을 제외한 모든 OECD의 국가에 마련되어 있다.

(2) 보육을 위한 부모의 근무형태

〈표 3-4〉 OECD 회원국의 자녀 연령별 부모의 고용형태(2014)

	Youngest child aged 0-2					Youngest child aged 3-5					Youngest child aged 6-14				
	둘 다 종일제 근무	부부 중 한 사람은 종일제 한 사람은 시간제 근무	부부 중 한 사람은 종일제 한 사람은 근무 하지 않음	둘 다 근무 하지 않음	기타	둘 다 종일제 근무	부부 중 한 사람은 종일제 한 사람은 시간제 근무	부부 중 한 사람은 종일제 한 사람은 근무 하지 않음	둘 다 근무 하지 않음	기타	둘 다 종일제 근무	부부 중 한 사람은 종일제 한 사람은 시간제 근무	부부 중 한 사람은 종일제 한 사람은 근무 하지 않음	둘 다 근무 하지 않음	기타
Australia	..	..	..	..	..	..	..	..	..	..	..	..	..	..	..
Austria	30.22	31.51	28.88	4.83	4.56	21.01	47.79	21.23	3.72	6.24	35.10	41.94	15.45	3.80	3.71
Belgium	47.42	17.86	22.45	7.30	4.97	46.27	21.39	21.09	6.26	4.99	46.85	24.41	17.49	5.60	5.65
Canada	..	..	..	..	..	..	..	..	..	..	..	..	..	..	..
Chile	25.44	12.67	51.93	4.06	5.90	33.84	10.16	48.87	2.39	4.74	34.99	9.99	45.80	3.25	5.96
Czech Republic	18.55	5.72	70.36	4.71	0.66	62.90	7.94	26.16	2.56	0.45	78.64	5.33	14.21	1.61	0.21
Denmark	63.87	8.56	21.21	4.52	1.83	71.69	8.63	15.40	1.81	2.47	69.67	12.88	13.33	2.60	1.52
Estonia	14.80	5.62	69.86	5.11	4.61	68.65	7.37	20.25	2.08	1.66	64.72	9.35	22.89	2.15	0.89
Finland	36.31	7.87	44.14	5.04	6.64	61.97	6.79	19.55	4.53	7.17	69.14	7.15	13.04	2.24	8.42
France	41.48	12.71	31.98	7.82	6.01	55.51	15.20	20.03	4.91	4.35	54.48	16.93	19.20	4.32	5.07
Germany	25.10	24.24	40.08	6.41	4.17	24.44	42.72	24.11	4.42	4.30	25.46	47.59	19.86	2.93	4.16
Greece	35.96	6.68	44.83	7.30	5.22	33.86	7.69	44.77	9.06	4.62	36.06	8.04	40.27	10.65	4.98
Hungary	9.39	1.95	70.11	10.23	8.32	52.04	7.34	25.95	6.17	8.50	61.40	4.60	19.55	4.20	10.25
Iceland	..	..	..	..	..	..	..	..	..	..	..	..	..	..	..
Ireland	37.77	19.84	25.51	8.68	8.19	30.68	21.12	30.41	8.75	9.04	27.83	24.48	29.44	8.34	9.92
Israel	36.95	17.41	26.19	7.44	12.00	45.91	18.78	23.21	4.76	7.33	43.29	19.11	22.65	7.52	7.43
Italy	32.22	15.86	38.37	8.04	5.51	29.70	17.70	38.23	8.41	5.97	28.23	18.81	37.14	9.13	6.70
Japan	..	..	..	..	..	..	..	..	..	..	..	..	..	..	..
Korea	..	..	..	..	..	..	..	..	..	..	..	..	..	..	..
Latvia	43.56	5.12	45.31	4.12	1.89	56.53	7.45	30.80	4.06	1.15	62.17	7.25	23.12	4.74	2.73
Luxembourg	43.10	18.69	29.00	1.76	7.44	47.42	23.92	23.86	1.83	2.97	36.98	23.99	26.61	3.83	8.58

	Youngest child aged 0-2					Youngest child aged 3-5					Youngest child aged 6-14				
	둘 다 종일제 근무	부부 중 한 사람은 종일제 한 사람은 시간제 근무	부부 중 한 사람은 종일제 한 사람은 근무 하지 않음	둘 다 근무 하지 않음	기타	둘 다 종일제 근무	부부 중 한 사람은 종일제 한 사람은 시간제 근무	부부 중 한 사람은 종일제 한 사람은 근무 하지 않음	둘 다 근무 하지 않음	기타	둘 다 종일제 근무	부부 중 한 사람은 종일제 한 사람은 시간제 근무	부부 중 한 사람은 종일제 한 사람은 근무 하지 않음	둘 다 근무 하지 않음	기타
Mexico	15.94	10.81	56.68	3.66	12.91	20.02	14.57	50.09	3.95	11.36	23.65	15.08	45.55	3.80	11.93
Netherlands	26.35	43.33	21.74	3.51	5.07	17.31	52.82	20.77	3.67	5.42	18.57	54.52	18.15	3.45	5.32
New Zealand	22.38	22.80	44.43	6.71	3.52	30.04	29.02	32.45	5.20	3.42	39.56	29.35	23.12	4.36	3.49
Norway	..	..	..	..	..	..	..	..	..	..	..	..	..	..	..
Poland	49.57	5.86	38.89	4.61	1.07	52.82	7.40	34.16	4.16	1.45	59.90	6.38	28.08	4.17	1.47
Portugal	58.36	5.47	25.01	3.75	7.41	61.39	5.06	22.65	3.56	7.33	58.66	4.95	22.75	4.68	8.96
Slovak Republic	7.63	1.46	72.69	8.62	9.61	50.65	3.92	35.11	7.10	3.23	68.92	3.56	19.48	4.40	3.65
Slovenia	59.74	10.59	25.72	3.33	0.62	65.79	9.56	20.61	2.77	1.28	74.13	5.38	16.74	2.69	1.06
Spain	37.13	12.94	31.01	10.33	8.60	32.20	12.36	33.92	11.00	10.52	33.89	12.08	34.99	9.81	9.23
Sweden	61.21	9.19	20.22	5.47	3.92	72.36	8.70	12.42	2.82	3.70	72.27	10.83	10.13	2.80	3.97
Switzerland	..	..	..	..	..	..	..	..	..	..	..	..	..	..	..
Turkey	13.82	5.60	68.03	9.29	3.26	19.13	7.12	62.88	7.50	3.38	22.35	7.64	53.79	11.72	4.50
United Kingdom	29.35	28.17	27.90	5.47	9.12	25.62	33.90	26.60	5.88	8.01	36.43	32.91	18.39	4.41	7.85
United States	38.30	12.00	41.34	4.52	3.85	43.26	12.33	37.89	3.75	2.77	49.08	13.02	30.74	4.14	3.02
OECD-28 average	34.35	13.59	40.49	5.95	5.60	44.04	16.74	29.41	4.90	4.92	47.59	17.06	25.07	4.90	5.38
Costa Rica	20.66	11.88	61.12	1.32	5.02	26.91	17.80	47.51	2.59	5.20	29.91	16.44	46.39	1.90	5.36
Bulgaria	39.90	0.36	35.84	11.80	12.09	51.68	2.24	25.75	14.36	5.97	59.47	0.94	21.25	9.25	9.09
Croatia	56.78	1.90	33.43	7.86	0.03	63.04	2.00	27.46	6.42	1.07	54.90	3.60	31.03	8.68	1.80
Cyprus	51.33	9.20	26.40	6.67	6.40	57.77	7.24	23.92	7.29	3.78	49.62	10.96	28.30	7.71	3.40
Lithuania	57.09	5.38	23.38	7.31	6.84	56.96	9.01	26.39	5.33	2.32	61.91	10.38	20.38	3.31	4.01
Malta	42.03	16.22	36.26	3.39	2.09	39.82	20.07	35.81	2.95	1.35	38.04	17.39	38.64	3.85	2.07
Romania	49.57	3.97	33.25	9.61	3.60	53.90	4.12	30.15	8.73	3.10	57.95	4.57	26.60	7.55	3.33

출처: OECD Social Expenditure Database(Table LMF2.2.A.)

OECD 국가의 영유아 자녀를 둔 부모의 근로형태를 살펴본 결과<표 3-4>, 생애에서 가장 많은 성장이 이루어지는 만 0~2세 자녀를 둔 부모는 부모 중 한 사람은 종일제 근무, 한 사람은 근무를 하지 않은 상태(육아 휴직, 고용되지 않은 상태)로 나타났다. 그러나 자녀의 연령이 증가함에 따라 시간제, 종일제 근무를 하는 부부의 비율이 증가하였다. 대표적으로 프랑스는 종일제 근무를 하는 만 0~2세 자녀를 둔 부부의 비율은 41%, 종일제 근무를 하는 만 6세 이상의 자녀를 둔 부부의 비율은 54%였으며, 핀란드는 만 0~2세 자녀를 둔 종일제 근무를 하는 부부의 비율은 36%, 종일제 근무를 하는 만 6세 이상의 자녀를 둔 부부의 비율은 70%까지 증가한 것으로 나타났다.

2) 우리나라 보육정책에 대한 OECD의 진단 및 당면과제

2004년 6월 '보육 및 유아교육 지원의 공공성 확대'를 위한 육아지원정책을 추진한 이후, 우리나라의 보육정책은 획기적으로 발전하게 되었다. 예를 들어, 2013년 무상보육 대상이 만 0~5세 모든 영유아로 확대됨에 따라 2016년 기준 만 3세 이상 유아의 어린이집, 유치원 이용률은 93.2%로 세계 최고 수준에 이르렀다(보건복지부, 2016). 그러나 보육정책의 양적 성장과 달리 저출산, 여성의 경제활동 참여 확대, 보육의 질 개선, 수요자 중심의 맞춤형 보육 등의 보육정책 관련 문제가 산적해 있다. 따라서 우리나라 보육정책에 대한 OECD의 진단 결과 및 우리보다 앞서 보육정책을 발전시켜온 OECD 국가들의 보육정책을 살펴봄으로써 보육정책의 방향을 모색할 필요가 있다. 우리나라의 보육 및 유아교육정책에 대한 OECD의 진단결과(OECD, 2004)와 보육정책 관련 연구보고서(이윤진, 2016; 이창순, 2016; OECD, 2013)를 바탕으로 보육정책의 과제를 정리해 보면 다음과 같다.

첫째, 영유아 보육 및 유아교육 관련 책임 부처 간의 협력과 대화가 요구된다. OECD 국가 중에는 중앙 차원에서의 통합은 미약할지라도 지방정부 차원에서의 협력과 통합수준은 높다. 따라서 우리나라의 영유아 보육 및 유아교육 관련 책임 부처인 보건복지부, 여성가족부, 교육부는 분리된 체제와 서로 다른 문화를 가지고 있을지라도 보육정책의 발전을 위하여 통합과 협력을 위한 노력을 기울여야 한다.

둘째, 영유아 자녀를 둔 가족에 대한 적절한 재정 지원 및 지원 기준을 마련해야 한다. 많은 국가들의 경제 분석을 통하여 영유아 보육 및 교육을 위한 공공 지원의 경제적 타당성이 입증되었음에도 우리나라 영유아 자녀를 둔 가족에 대한 공공 지원은 국내총생산(GDP) 대비 1.32%로 OECD 평균인 2.43%의 절반 수준이다(OECD, 2013).

셋째, 보육정책 수립 및 실행을 의한 충분한 정보 수집 및 검토, 분석의 과정이 수행되어야 한다. 즉, 보육 및 유아교육의 기회 확대에 초점을 맞추었을 뿐 영유아의 발달이나 교육적 측면, 여성의 사회 경제적 활동 측면, 가족의 기능 보강 및 가족생활의 질 향상에 대한 충분한 검토나 분석이 이루어지지 않았다. OECD 국가의 영유아기 자녀를 둔 가족에 대한 지원 형태는 만 2세 미만의 영아를 둔 가족은 양육 수당, 만 3~5세 유아를 둔 가족은 보육서비스에 가족 지원의 초점을 맞추고 있다. 이에 반하여 우리나라는 보육서비스 지원에 초점을 맞추어 나머지 부모의 취업 여부와 무관하게 어린 자녀가 어린이집에 보내지는 것이 일반화되어 가정양육의 가치가 훼손되고 영유아의 가정양육의 기회가 줄어들게 되었다(이창순, 2016).

넷째, 영유아 자녀를 둔 가족을 위한 직장문화 개선 및 양육시간보장제도가 정착되어야 한다. 우리나라의 보육 지원제도는 양육 수당, 보육서비스, 양육시간 보장으로 구분된다. 이 중 양육시간 보장은 육아휴직제도, 배우자 출산휴가, 육아기 근로시간 단축제도 등을 의미한다(이윤진, 2016). 직장문화에 따라 실효성의 편차가 크므로 출산 및 육아휴직 등의 법적 보장으로 부모의 출산 및 육아, 보육의 부담을 덜어주어야 한다.

3. 보육교사 윤리강령

1) 보육교사 교직윤리

(1) 교직윤리의 개념

전통사회에서 교사는 존중과 신뢰의 대상으로 다른 직업보다 높은 윤리의식과 사명감을 가지고 직무를 수행했다. 그러나 현대사회를 살아가는 교사는 교육실적에 따른 성과급, 비정규직 교사 양산, 부모의 과다한 간섭, 수요자 중심의 행정, 안전사고에 대한 법적 책임 등으로 인하여 사명감과 자긍심을 잃고 의무감에 지쳐가고 있다. 교사가 교직에 대한 자부심과 사명감을 잃는다면 그 피해는 고스란히 학생들에게 돌아갈 수밖에 없다. 이에 최근 교육현장의 교사들은 교육자로서 가져야 할 윤리의식과 전문가로서의 사명감 고취를 위한 첫걸음으로 교직윤리 강화를 제시하였다.

교직윤리는 교사가 교직을 수행하면서 지켜야 할 행동규범으로, 교육활동을 극대화시키기 위하여 교사가 지켜야 할 자율적 행위와 규범이다. 즉, 교직윤리란 교직사회의 구성원인 교사가 직무수행과 관련하여 스스로 지켜야 할 것으로 기대되는 사회적 규범(염지숙 외, 2008)으로 특징은 다음과 같다.

첫째, 사회적 상식을 사회화하는 측면에서 일반적인 사회 윤리가 기본적으로 요구된다. 둘째, 미래의 인재 양성이라는 교육목적 달성을 위해서 전문적 윤리가 요구된다. 셋째, 급격하게 변화하는 시대적 특징으로 인하여 더 강한 전문적 윤리가 요구된다. 넷째, 학생의 성장을 지원하고 교육하는 것이 교사의 본분이고, 학생의 성장을 보면서 느끼는 즐거움이 그에 대한 사례라는 것을 비추어 볼 때 소명의식을 기반으로 한 봉사정신이 요구된다. 결국 교직윤리는 일반적인 사회 윤리를 기초로 하여 강한 전문적 윤리와 더불어 성직자적 소명의식까지 포함한다(유영애, 김일민, 2013).

(2) 교직윤리의 필요성

보육현장에서 보육교사는 하루 일과 중에도 수많은 의사결정을 해야 한다. 왜냐하면 영유아는 스스로 가치판단을 통해 자신을 방어할 수 있는 능력이 부족하며, 보육과정 운영에 있어 교사의 자율성이 폭넓게 보장되어 있기 때문이다(조형숙, 2007). 윤리강령은 보육교사의 역할에 대한 철학적 기초를 제공함으로써 보육교사가 다양한 윤리적 상황에서 슬기롭게 판단하고 대처하여 영유아의 인권을 존중하고, 질 높은 보육·교육을 제공할 수 있게 한다. 보육교사에게 교직윤리가 필요한 이유를 정리하면 다음과 같다(이명순 외, 2016; 조부경 외, 2016).

첫째, 보육교사의 윤리의식은 보육의 질을 결정하는 중요한 요소이다. 보육교사의 윤리의식은 모든 업무 수행에 영향을 미친다. 윤리의식은 영유아 생활지도, 보육환경 구성, 대인관계 형성 및 유지, 보육과정계획 및 운영, 평가 등의 업무수행의 방향 및 규준 제시의 역할을 하기 때문이다.

둘째, 보육교사는 영유아를 보호하고 교육한다. 영유아는 스스로 자신을 보호하고 권리를 찾을 수 있는 능력을 갖지 못한 존재로, 학급 안에서 절대적인 힘과 지위를 가진 보육교사로부터 통제를 받을 수 있다. 따라서 힘이 약하고 쉽게 상처받는 영유아를 스스로 존중하고, 그들이 보육현장의 주체가 될 수 있도록 교직윤리가 강화되어야 한다.

셋째, 보육교사는 영유아뿐 아니라 영유아의 가족, 지역사회 등 다양한 집단의 요구를 반영한다. 대부분의 보육교사는 우선적으로 영유아에게 충실하고, 영유아에 대한 책임을 중요하게 생각하지만 영유아의 가족과 지역사회의 요구도 무시할 수 없다. 보육교사의 윤리의식은 다양한 집단의 요구가 상충될 때 우선순위 결정을 명료하게 해준다.

넷째, 보육교사는 보육현장에서 수많은 윤리적 딜레마를 경험한다. 딜레마는 직면하는 문제에 대해 양자택일을 해야 하지만 두 가지를 모두 선택할 수 없는 상황으로, 한 영유아를 보호하고자 하면 다른 영유아의 권리를 침해할 수 있고, 한 가족의 입장을 고려하면 다른 가족의 권리를 보호하지 못하는 경우를 의미한다. 보육교사의 윤리의식은 보육현장에서 경험하게 되는 다양한 딜레마를 해결할 수 있는 판단 기준이 된다.

이상에서 살펴본 바와 같이 보육교사의 윤리의식은 보육의 질을 결정하는 중요한 요소이며, 보육교사가 보육활동을 수행하는 과정에서 경험하는 많은 의사결정의 판단 기준이나 지침의 역할을 한다. 따라서 보육교사는 교직윤리의 내용을 정확하게 이해하고 숙지하여 보육현장에서 직면하는 상황에서 최적의 윤리적 행동방안을 선택하여 행동할 수 있도록 노력해야 한다.

2) 보육교사의 윤리강령

(1) 윤리강령

윤리강령 제정의 필요성이 제기되면서 2010년 우리나라에서는 어린이집 원장 및 보육교사 윤리강령과 유치원 교사 헌장·강령이 제정되어 교직윤리 발전을 위한 초석이 마련되었다. 영유아를 보호하고 교육하는 어린이집 원장 및 보육교사를 위한 윤리강령과 유치원 교사 헌장과 강령의 구성 및 내용은 <표 3-5>와 같다.

〈표 3-5〉 윤리강령

	어린이집 원장 및 보육교사 윤리강령	유치원 교사 헌장 및 강령
구성	서문 본문 보육인의 윤리선언	유치원교사 헌장 유치원교사 강령
내용	1. 영유아에 대한 윤리 2. 가정에 대한 윤리 3. 동료에 대한 윤리 4. 사회에 대한 윤리	1. 유치원교사와 유아 2. 유치원교사와 가정 3. 유치원교사와 사회 4. 유치원교사의 책무

(2) 어린이집 원장 및 보육교사 윤리강령

어린이집 원장 및 보육교사 윤리강령은 2010년 한국보육시설연합회(현 한국어린이집연합회)와 육아정책연구소의 공동연구를 통해 개발되어 2011년 전국보육인대회에서 공표되었다. 어린이집 원장 및 보육교사 윤리강령은 서문과 본문으로 구성되어 있으며, 서문에는 전문직업인으로서의 자긍심 고취, 윤리강령의 핵심 가치 및 범위 등이 제시되어 있고, 본문에는 '영유아에 대한 윤리', '가정에 대한 윤리', '동료에 대한 윤리', '사회에 대한 윤리' 4가지 영역에 대한 윤리적 기준, 덕목, 실천방안이 제시되어 있다. 어린이집 원장 및 보육교사 윤리강령의 서문과 본문, 보육인의 윤리선언의 구체적인 내용은 <표 3-6>, <표 3-7>과 같다.

〈표 3-6〉 어린이집 원장 및 보육교사 윤리강령

보육은 영유아를 건강하게 양육하고, 안전하게 보호하며, 발달특성에 적합한 교육을 제공하는 복지서비스이며, 보육인은 사랑과 존중과 전문지식을 바탕으로 영유아의 전인적 성장에 영향을 미치는 전문직업인이다. 그러므로 보육인은 윤리적 의식과 태도를 가지고 사회적 본분에 임해야 한다.
이에 어린이집 원장과 보육교사는 스스로 책무성을 발현하여 윤리강령을 제정함을 밝힌다. 본 강령을 직무수행의 규준으로 삼아, 보육현장에서 발생하는 윤리적 갈등을 해결하고, 생존권, 보호권, 발달권, 참여권 등 영유아의 권리를 보장함으로써, 직무상의 윤리적 책임을 다하여 전문직업인으로서의 위상을 공고히 하고자 한다.
더불어 영유아와 그 가정, 동료와 사회의 존엄성을 존중하는 보육의 실천으로 다각적인 신뢰를 구축하고, 영유아의 잠재력을 최대한 발휘시킴으로써 영유아가 긍정적인 자아개념을 형성하고 유능한 사회인으로 성장할 수 있도록 도와, 궁극적으로는 영유아와 그 가정, 동료와 사회의 통합적·이상적 복지 실현에 기여하고자 한다.

제 I 장. 영유아에 대한 윤리

1. 영유아에게 고른 영양과 충분한 휴식을 제공하여, 몸과 마음이 건강한 사람으로 자라도록 돕는다.
2. 성별, 지역, 종교, 인종, 장애 등 어떤 이유에서도 영유아를 차별하지 않고, 공평한 기회를 제공한다.
3. 영유아는 다치기 쉬운 존재임을 인식하여 항상 안전하게 보호한다.
4. 영유아에 대한 정서적·언어적·신체적 학대를 행하지 않는다.
5. 어린이집 내외에서의 영유아 학대나 방임을 민감하게 관찰하며, 필요한 경우 관련 기관 ("아동보호전문기관" 등)에 보고하고 조치를 취한다.
6. 영유아의 인격을 존중하고, 개인의 잠재력과 개성을 인정한다.
7. 개별적 상호작용 속에서 영유아의 요구를 수용하기 위해 노력한다.
8. 영유아의 사회·정서·인지·신체발달을 통합적으로 지원하는 보육 프로그램을 실시한다.
9. 특별한 도움을 필요로 하는 경우, 전문가와 협력하여 영유아의 입장에서 최선의 대안을 찾는다.
10. 보육활동을 계획, 실행, 평가하는 모든 과정에 영유아의 흥미와 의사를 반영한다.
11. 영유아의 개인적 기록과 정보에 대해 비밀을 보장한다.

제II장. 가정에 대한 윤리

1. 상호 신뢰를 바탕으로 영유아의 가정과 동반자적인 관계를 유지한다.
2. 각 가정의 양육가치와 의사결정을 존중한다.
3. 경제적 수준, 가족형태, 지역, 문화, 관습, 종교, 언어 등 어떤 것에 의해서도 영유아의 가정을 차별대우하지 않는다.
4. 보육활동 및 발달 상황에 관한 정보를 정확하게 제공하여 영유아에 대한 가정의 이해를 돕는다. 다문화, 심신장애 등으로 의사소통에 도움이 필요한 경우 문제를 해결할 최선의 방법을 도모한다.
5. 어린이집 운영 전반에 관한 정보를 공개하여 영유아 가정의 알 권리에 응한다.

6. 보육 프로그램과 주요 의사결정에 영유아의 가정이 참여하도록 안내한다.
7. 필요한 사회적 지원, 전문서비스 등 관련 정보를 제공하여 영유아 가정의 복리 증진을 돕는다.
8. 영유아 가정의 사생활을 보호하고 익명성을 보장한다.

제Ⅲ장. 동료에 대한 윤리

[어린이집 원장]

1. 최상의 보육서비스 제공에 필요한 인적·물적 환경의 조성 및 유지를 위해 노력한다.
2. 보육교사를 신뢰하고 존중하며 전문성과 자율성을 인정한다.
3. 성별, 학연, 지연, 인종, 종교 등에 따라 보육교사를 차별하지 않는다.
4. 업무 관련 의사결정이 필요한 경우, 보육교사의 의견 개진 기회를 보장한다.
5. 보육교사에게 지속적 재교육 등 전문적 역량 제고의 기회를 부여한다.
6. 보육교사에게 적정 수준의 보상(보험, 급여 등)을 안정적으로 제공하며, 복지 증진에 힘쓴다.
7. 보육교사 개인의 기록과 정보에 대한 비밀을 보장한다.

[보육교사]

1. 존중과 신뢰를 바탕으로 협력하며, 서로의 전문성과 자율성을 인정한다.
2. 상호 간 역량계발과 복지 증진에 부합하는 근무환경이 되도록 힘쓴다.
3. 어린이집 원장 및 동료와 영유아 보육에 대한 신념을 공유한다.
4. 보육교사로서의 전문성 향상을 위해 스스로 노력한다.
5. 어린이집 내에서 영유아 및 보육교사의 인권과 복지를 위협하는 비윤리적 사태가 발생한 경우, 법률규정이나 윤리기준("한국보육시설연합회 윤리강령위원회" 참조)에 따라 조치를 취한다.

제Ⅳ장. 사회에 대한 윤리

1. 공보육에 대한 책임을 인식하고, 항상 질 좋은 보육서비스를 제공한다.
2. 영유아의 안전을 위협하는 환경이나 정책이 발견될 시, 관계기관과 협의하여 개선한다.
3. 공적 책임이 있는 어린이집으로서 재정의 투명성을 유지하고, 부정한 방법으로 사적 이익을 취하지 않는다.
4. 영유아의 권익보호를 위해 관련 정책 결정 및 법률 제정에 적극 참여하며, 사회적으로 이를 널리 알리는 데 앞장선다.
5. 지역사회 실정에 맞는 어린이집의 책임과 역할을 인지하고, 실천하고자 노력한다.

〈표 3-7〉 보육인의 윤리선언

보육인의 윤리선언
나는 영유아의 건강한 성장과 발달을 지원하는 보육교사(어린이집 원장)로서, 직무상의 윤리적 책임을 다하여 다음 사항들을 지킬 것을 다짐합니다. 1. 나는 내가 영유아에게 지대한 영향을 미치는 존재임을 잊지 않으며, 항상 스스로의 말과 행동에 신중을 기한다. 2. 나는 영유아의 인격과 권리를 존중하며, 어떠한 경우에도 영유아에게 해가 되는 일을 하지 않는다. 3. 나는 영유아 가정의 다양성을 이해하고 존중하며, 상호 신뢰하는 동반자적 관계를 유지한다. 4. 나는 동료를 존중하고 지지하며, 서로 협력하여 최상의 보육서비스를 제공하기 위해 노력한다. 5. 나는 보육의 사회적 책임과 역할을 인식하고, 영유아의 권익과 복지를 위한 활동에 앞장선다. 6. 나는 「어린이집 원장·교사 윤리강령」을 직무수행의 도덕적 규준으로 삼아 진심을 다하여 충실히 이행한다.

(3) 유치원교사 헌장 및 강령

유치원교사 헌장 및 강령은 2010년 유치원 교원양성·임용제도 개선연구단, 한국 4년제 영유아교사 양성대학교 교수협의회, 한국전문대유아교육과 교수협의회, 한국국·공립유치원교원연합회, 한국유치원총연합회, 전국사립유치원연합회에 의해 제정되었다. 유치원교사 헌장 및 강령은 유치원교사 헌장과 유치원교사 강령 두 부분으로 구성되어 있으며, 유치원교사 강령에는 '유치원교사와 유아', '유치원교사와 가정', '유치원교사와 사회', '유치원교사의 책무' 4가지 영역에 대한 핵심개념과 실천원리가 제시되어 있다. 유치원교사 헌장과 유치원교사 강령의 구체적인 내용은 <표 3-8>, <표 3-9>와 같다.

〈표 3-8〉 유치원교사 헌장

유아교육은 유아의 삶에 초석이 되며, 우리 사회와 국가의 미래를 결정한다. 우리는 국민의 생애초기 교육을 책임지며 사회로부터 존경받는 교사로서 자신을 연마하고 소명의식을 가지고 유아교육자로서 가야 할 길을 밝힌다.

1. 우리는 유아를 사랑하고, 개성을 존중하며, 전인발달을 지원하고, 평화로운 교실 문화를 조성한다.
2. 우리는 미래지향적이며 질 높은 교육을 계획하고 실천하여 교육자로서의 책임을 다한다.
3. 우리는 가정에 대한 이해와 연대를 강화하여 교육복지사회 구축에 공헌한다.
4. 우리는 사회의 변화와 요구에 적극 부응하여 유아교육의 혁신과 발전을 위해 노력한다.
5. 우리는 교육자로서의 품위를 유지하고, 부단한 자기개발을 통해 유아교육 전문가로서의 위상을 갖춘다.

〈표 3-9〉 유치원교사 강령

01. 유치원교사와 유아

- 핵심개념: 사랑, 평등, 개성 존중, 전인교육, 안전과 보호

1. 우리는 유아를 사랑하며, 유아의 인격을 존중한다.
2. 우리는 유아의 개인적·가정적 배경에 관계없이 모든 유아를 평등하게 대한다.
3. 우리는 유아의 개성을 존중하며, 개인의 흥미와 잠재력에 적합한 교육을 제공한다.
4. 우리는 유아의 전인적 발달을 지원하는 교육과 환경을 제공한다.
5. 우리는 유아의 안녕을 위협하는 가정적·사회문화적·경제적 상황을 적극적으로 파악하고, 유아를 보호하기 위해 노력한다.

02. 유치원교사와 가정

- 핵심개념: 가족에 대한 이해, 권리 보호, 협력, 지원

1. 우리는 유아를 교육하고 지원하기 위해 가정과 연계하고 협력관계를 구축한다.

2. 우리는 교육적 목적으로 수집한 가족 정보에 대해 기밀을 유지하고, 가족의 사생활을 보장한다.
3. 우리는 유치원에서 일어난 안전사고나 위험 상황에 대해 가족에게 충분히 설명한다.
4. 우리는 가족에게 유치원을 개방하며, 필요한 정보를 제공한다.
5. 우리는 유치원 운영에 관련된 중요한 의사결정과정에 부모를 참여시킨다.
6. 우리는 가족에게 필요한 지역사회 자원에 대한 정보를 구축하고, 이를 가족에게 적극 제공한다.

03. 유치원교사와 사회

• 핵심개념: 사회에 대한 이해, 교원의 지위 향상, 유아교육 위상 강화, 교직문화, 지역사회와의 협력

1. 우리는 사회의 흐름을 파악하고, 이를 교육에 반영하고자 노력한다.
2. 우리는 유아에 관련된 법률과 정책을 이해하고, 이를 개선하기 위한 활동에 적극 참여한다.
3. 우리는 교직 관련 단체와 전문가 협회를 통해 교권 확립을 위한 활동에 참여한다.
4. 우리는 유치원교육을 사회에 널리 알려 유아교육의 위상을 높인다.
5. 우리는 교직원 간의 상호 존중과 협력을 통해 건전한 교직문화를 형성한다.
6. 우리는 유치원과 연계하여 지역사회의 생활과 문화 향상에 기여한다.

04. 유치원교사의 책무

• 핵심개념: 직업의식과 긍지, 인성(열정, 개방성, 창의성, 자율성), 교사로서의 품위, 연구와 자기개발

1. 우리는 교육 전문가로서의 직업의식을 가진다.
2. 우리는 건전한 국가관과 확고한 교육관을 가지고 교직에 종사한다.
3. 우리는 유아에게 최적의 교육을 제공하기 위해 열과 성을 다한다.
4. 우리는 건전한 언행과 생활 태도로 유아에게 모범이 되도록 한다.
5. 우리는 열린 사고와 개방적 태도를 가지고 전문성 향상에 매진한다.
6. 우리는 다양한 분야의 전문가와 교류하고, 새로운 지식과 정책을 비판적으로 수용한다.

4. 아동의 권리 존중

1) 아동권리 이해

전통사회에서 아동은 보호와 양육의 대상으로 인식되었으나 권리의 주체로는 인식되지 못하였다. 부모의 소유물이라는 개념이 지배적이었던 근대사회에 이르기까지 아동은 부모의 요구에 무조건적으로 복종하도록 가르침을 받았다. 그러나 근대교육 사상가들에 의해 아동은 인간으로서 고유한 가치와 권리를 가진 존재라는 주장이 제기되기 시작하였고, 오늘날에는 아동도 독립된 인격체이며, 기본적 권리의 주체로 인식하게 되었다.

〈표 3-10〉 아동권리 이해의 역사

1920년대	아동권리에 대한 태동기 • 1920년 영국에서는 Eglantyne Jebb 여사에 의해 아동구호국제연합이 창립 • 1923년 아동의 권리와 보호에 관한 5개 원칙을 규정한 '아동권리선언'을 작성하여 선포하자 1924년 아동권리 제네바선언으로 채택
1940년대	국제인권협약의 시기 • 1945년 유엔헌장 및 국제사법재판소 규정으로 인권 관련 규정 제시 • 1948년 Jebb 여사의 '아동권리선언'이 유엔총회에서 채택되어 '세계인권선언'을 제25조에 아동기의 필요와 특별한 돌봄 지원의 필요성 규정
1950년대	• 1950년 유엔경제사회위원회에서 새로운 아동권리선언문의 전문 작성 후 각국의 의견을 수렴하여 1959년 11월 20일 유엔총회에서 아동권리선언 만장일치로 채택 - 아동권리선언(1959)의 10개 원칙: 비차별, 아동발달을 위한 균등한 기회 부여, 이름 · 국적 · 사회 안정을 누릴 시민, 장애아동에 대한 특별보호권과 '아동은 보호와 구호에 있어서 누구보다 우선되어야 한다'는 원칙과 방임, 학대로부터의 보호권 강조
1960년대 이후	• 1966년 유엔은 가족과 아동의 보호에 관한 규정을 추가 • 1974년 유엔총회는 긴급사태와 무력분쟁에 따른 여성과 아동의 보호에 관한 선언 채택 • 1985년 유엔총회는 '소년사법 운영에 관한 유엔최저기준규칙' 결의 • 1986년 국내 · 국제 입양과 관련하여 '아동의 보호와 복지에 관한 사회적 · 법률적 원칙선언', '소년비행의 방지에 관한 유엔지침', '자유를 박탈당한 소년의 보호에 관한 유엔규칙' 등 아동과 청소년의 보호를 위한 조약, 국제기구 결의

출처: 박희숙 외(2014). 아동복지론을 참고로 작성하였음.

한편, 우리나라는 1923년 5월 1일 소파 방정환에 의하여 어린이날과 '어린이 선언문'이 공표되었으며, '아동권리공약 3장'이 선언되었다. 이는 세계 최초의 아동권리 선언문이라 할 수 있다(박희숙 외, 2014). 이후 1981년에는 5월 5일을 어린이날로 정하고, 아동에 대한 사랑과 보호의 정신을 높임으로써 아동을 하나의 인격체이자 고유의 권리를 지닌 소유한 존재로 인식하려는 시도가 나타났다. 근래에 들어서는 아동권리에 대한 학문적 · 사회적 관심으로 인해 아동을 최우선으로 고려해야 한다는 아동권리사상이 자리매김하고 있다.

2) UN 아동권리협약

산업혁명과 제1 · 2차 세계대전을 거치면서 아동의 인권 침해 문제가 대두되었으며 20세기 중반부터는 아동의 권리를 보장하고 인권 침해를 방지해야 한다는 여론이 국제적으로 형성되었다. 이에 국제연합(UN)은 1989년 11월 20일 국제연합 총회에서 「UN 아동권리협약(Convention on the Rights of the Child)」을 채택하였다. 18세 미만의 어린이와 청소년이 누려야 하는 기본적인 권리를 담은 UN 아동권리협약은 2016년 기준으로 한국을 포함한 전 세계 196개국이 비준하고 있다. UN 아동권리협약은 전문과 54개 조항으로 구성되어 있으며 아동의 기본권과 협약 당사국의 의무, 관련 절차 등이 주요 내용이다.

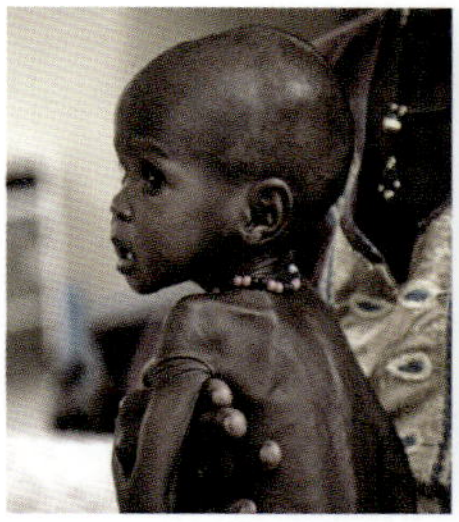
영양실조 아동

아동노동

적절한 삶을 누리지 못하는 아동

출처: UNICF and the CRC

〈그림 3-4〉 영유아 권리 침해

지진지대 구조

아동건강교육

취약계층 특별 보호

출처: UNICF and the CRC

〈그림 3-5〉 UNICF 아동의 권리 보호

인권 사각지대에 놓인 아동의 권리 보장을 목적으로 하는 UN 아동권리협약에서는 아동권리를 생존의 권리, 보호의 권리, 발달의 권리, 참여의 권리로 범주화하였다. 아동 권리의 범주를 구체적으로 살펴보면 다음과 같다.

첫째, 생존의 권리(right to survival)는 아동의 생존 또는 생활에 필요한 기본적인 조건의 확보를 요구하는 권리이다. 생존의 권리는 모든 아동이 태어날 때 가지는 생존권을 보장하기 위한 권리로 적절한 생활수준을 누릴 권리, 안전한 주거지에서 살아갈 권리, 충분한 영양을 섭취하고 기본적인 보건서비스를 받을 권리 등이 포함된다.

둘째, 보호의 권리(right to protection)는 모든 아동이 어떤 환경이나 상황에서도 유해한 것으로부터 보호받을 권리이다. 보호의 권리에는 모든 아동이 보호받을 권리와 특별히 곤란한 조건에 있는 아동이 보호받을 권리가 포함된다.

셋째, 발달의 권리(right to development)는 아동이 신체적, 정신적으로 건전하게 성장하면서 가질 수 있는 모든 권리이다. 발달의 권리는 잠재능력을 최대한 발휘하는 데 필요한 권리로 교육받을 권리, 여가를 즐길 권리, 문화생활을 하고 정보를 얻을 권리 등이 포함된다.

넷째, 참여의 권리(right to participation)는 자신의 생활에 영향을 주는 일에 대하여 권리행사의 주체로서 의견을 제시할 수 있는 권리이다. 참여의 권리에는 표현의 자유, 양심과 종교의 자유, 평화로운 방법으로 모임을 자유롭게 열 수 있는 권리, 사생활을 보호받을 수 있는 권리, 유익한 정보를 얻을 권리 등이 포함된다.

PART

02

보육교사의 직무수행

Childcare theory

CHAPTER

04

임면과 복무

□ 배울 내용 □

1. 보육교사의 임면
2. 보육교사의 자격관리
3. 보육교직원의 근무환경
4. 보육교사의 직무와 업무분장

□ 학습목표 □

1. 보육교사 임면 절차와 자격관리에 필요한 행정 절차 및 내용을 이해한다.
2. 보육교사의 처우 및 근무환경을 이해한다.
3. 보육교사 직무에 대한 이해 및 업무분장을 안다.

1. 보육교직원의 임면

보육교직원의 임면이란 보육교직원을 임용하고 상황에 따라 면직하여 보육교사직을 수행할 수 없도록 하는 것을 의미한다. 보육교직원의 채용, 임용 및 면직에 대해 구체적으로 살펴보면 다음과 같다.

보육교직원 채용 (원장, 보육교사, 특수교사, 조리원 등)	○ 채용주체: 어린이집 설치자 ○ 채용조건: 자격기준을 갖춘 자 ※ 어린이집 원장 및 보육교사, 특수교사, 장애영유아를 위한 보육교사, 간호사, 영양사 등은 관련 자격증 소지자를 채용하여야 함
⬇	
교직원 임면보고	○ 임면보고 절차: 어린이집 → 시·군·구청장(채용 후 14일 이내) ○ 임면보고 시 구비서류 • 인사기록카드, 채용신체검사서, 자격증사본, 성범죄 경력 조회 결과서, 아동학대 관련 범죄 전력 조회 회신서 ※ 자격증 사본은 일정자격이 필요한 자(간호사, 영양사 등)에 한하며, 원장 및 보육교사는 보육통합정보시스템으로 확인 가능한 경우 제외 ※ 인사기록카드 서식 전산화로 "임신육아종합포털(아이사랑)", "보육통합시스템"을 통해 임면보고 가능
⬇	
교직원 자격의 적격성 확인	○ 확인주체: 시·군·구청장 ○ 확인대상: 어린이집 원장, 보육교사, 특수교사, 장애영유아를 위한 보육교사, 치료사, 간호사, 영양사, 조리원 중 조리사 ○ 확인방법: 각 자격별 자격증명 서류 및 보육통합정보시스템
⬇	
교직원 결격사유조회 및 범죄경력조회	○ 결격사유조회 및 범죄경력조회 주체: 시·군·구청장 ○ 내용: 교직원 결격 사유(법 제20조)
⬇	
경력관리시스템 입력 관리	○ 교직원 임면사항을 경력관리시스템에 입력 관리

〈그림 4-1〉 보육교직원 채용 및 임면보고 절차

출처: 보건복지부(2018). 2018년도 보육사업안내.

1) 보육교직원의 채용

정부는 보육교직원의 전문성 향상과 보육의 질적 수준을 높이기 위해서 2005년 4월 「영유아보육법」 개정으로 보육교사 및 원장에 대한 국가자격증제도를 도입하여 시행하고 있다(신혜원, 2016). 보육교직원 채용 및 임면 절차는 <그림 4-1>과 같다.

(1) 보육교직원 채용 공고

보육교직원의 채용은 공개경쟁을 원칙으로 한다. 따라서 보육교직원을 채용하기 위해서 어린이집에서 제일 먼저 해야 할 일은 보육교직원 채용공고를 하는 것이다. 채용공고는 임면권자인 어린이집 원장이 채용에 관한 구체적인 내용을 공고함으로써 시작된다. 채용공고에는 서류접수(접수기간, 접수방법, 제출서류 등), 전형방법(서류, 면접 및 실기수업 등) 및 응시자격 등에 대해 구체적으로 안내해야 한다.

(2) 보육교직원 채용 절차

어린이집에서 채용공고를 낸 후 공고를 접한 보육교직원은 필요한 서류를 제출하고 공고된 절차를 통해 공정하고 객관적인 채용과정을 밟게 된다. 구체적인 절차는 <표 4-1>과 같다.

〈표 4-1〉 보육교직원 채용 절차

구분	내용
서류심사	서류심사에서는 이력서, 졸업증명서, 성적증명서, 자기소개서, 자격증 등이 포함된다.
면접	면접은 인터뷰나 포트폴리오 등을 활용할 수 있다. 면접을 통하여 지원자의 성품이나 자질, 직무수행 능력, 직무에 대한 흥미나 만족도, 전문직상의 목표를 파악하게 된다. 그리고 지원자의 생각과 느낌에 대한 교류도 동시에 이루어지게 된다.
근로계약	서류심사와 면접의 과정을 통해 채용이 확정되면 임면권자와 채용예정 보육교직원 간에 근로계약을 체결해야 하는데, 근로계약 내에는 계약 당사자, 급료, 근무시간, 근로조건 등이 명시되어야 하며, 부당한 내용, 즉 결혼, 출산, 육아휴직 등으로 인한 퇴직요구 등은 포함되지 않아야 한다.

구분	내용
구비서류 요구	임면권자는 보육교직원 채용 시에는 인사기록카드, 주민등록등본, 채용신체검사서, 국가자격증 사본을 제출받아 적격성을 검토한 후 보관해 둔다. 또한 성범죄경력조회를 관할 경찰서에 요청하여 그 결과를 통보받아 문제가 있으면 채용을 유보한다.

2) 보육교직원의 임용

어린이집 원장은 보육교직원 채용이 종료되면 임용상황을 보육통합정보시스템에 등록하고 보육교직원의 임용사항을 구비서류를 갖추어 보고하여야 한다. 보육교직원 임면보고의 일반적인 원칙은 <표 4-2>, 임면보고 방법 및 첨부서류는 <표 4-3>과 같다.

〈표 4-2〉 보육교직원 임면보고 일반원칙

- 어린이집 원장은 보육교직원의 채용, 휴직, 출산휴가, 육아휴직, 1개월 이상의 장기병가 · 연수 · 휴가, 퇴직 등의 임면사항을 보육통합정보시스템에 즉시 등록하고, 이를 14일 이내에 관할 시 · 군 · 구청장에게 보고하여야 한다.
- 어린이집에 근무하는 보육교직원은 직종, 근무기간 및 근무시간에 관계없이 보육통합정보시스템에 등록하고 시장 · 군수 · 구청장에게 임면보고를 하여야 한다(대체교사, 보조교사, 누리과정 운영 도우미, 운전원, 단기간 근로자 등 모든 보육교직원에 대하여 임면보고).
  ※「영유아보육법」 제44조 제3호의 2에 따라 "보육교직원의 임면에 관한 사항을 보고하지 아니하거나 거짓으로 보고한 경우" 시정명령의 대상이 된다(2012. 2. 5 시행).

〈표 4-3〉 임면보고방법 및 첨부서류

- 보고방법: 보육교직원 임면보고 시 원칙적으로 보육통합정보시스템에 첨부서류와 함께 등록하여야 한다(시 · 군 · 구에 시스템을 통하지 않고 직접하는 경우 보육교직원은 임면보고 서식에 따라 시 · 군 · 구청에 제출).
- 첨부서류
  - 인사기록카드 사본(시스템을 통하지 않고 시 · 군 · 구에 직접 임면보고하는 경우)
  - 자격(면허)을 요하는 자의 경우 자격증(면허증) 사본(단, 원장 및 보육교사, 장애영유아를 위한 보육교사 등 보육통합정보시스템을 통한 자격조회가 가능한 경우에는 제출 제외)
  - 채용신체검사서 사본
  - 성범죄 경력 조회 결과서
  - 아동학대 관련 범죄 전력 조회 회신서

3) 보육교직원의 면직

면직이란 여러 가지 이유로 일정한 직무에서 물러나게 함을 의미한다. 따라서 보육교직원의 면직이란 <표 4-4>의 면직의 유형에 의해 보육교직원으로의 직무를 수행할 수 없게 된 것을 의미한다.

〈표 4-4〉 보육교직원 면직의 유형

구분	내용
의원면직	본인의 청원에 의하여 직위나 직무를 해임하는 것이다. 이 경우는 본인이 직무를 정상적으로 수행하기가 어려울 때 이루어지는 것으로 일반적으로 본인이 직접 사표 또는 사직서를 제출함으로써 이루어진다.
직권면직	보육교직원 자신의 의사와는 상관없이 기관장의 일반적인 의사에 따라 보육교직원의 지위나 직무에서 물러나게 하는 경우이다. 이때에는 신체나 정신에 이상이 있을 경우, 근무성적이 아주 나쁠 경우, 직제나 정원의 개폐 또는 성추행 등에 연루되었을 때 이루어진다.
당연퇴직	「근로기본법」 제23조 제1항에 해당되는 자로서 형사유죄판결 시 당연히 퇴직이 이루어지는 경우이다.
해임	보육교직원이 직무수행 중 잘못을 저질렀을 때 교사를 강제로 퇴직시키는 중징계를 의미한다.
파면	보육교직원이 잘못을 저질렀을 때 직무나 직업을 그만두게 하는 중징계를 말하는 것으로 해임과 파면의 차이점은 파면은 임명의 철회를 해임은 보직의 철회를 말한다.

보육교직원의 면직, 즉 의원면직을 제외한 직권면직, 당연면직, 해임, 파면 등의 처분을 받게 되는데, 면직사유는 일반적으로 대리감독자로의 책임소홀, 고의, 과실로 불법행위자로서의 책임소홀, 보육교사의 자격이 정지되거나 취소되었을 때 발생하게 된다.

2. 보육교사의 자격관리

1) 보육교사의 자격기준

보육교사의 자격기준에 대한 법적 근거는 국가자격증제도 도입을 통해 어린이집 원장 · 보육교사의 자질 및 전문성을 향상시키고 어린이집 원장 · 보육교사에 대한 사회적 인식을 제고하며 궁극적으로는 보육서비스의 질적 수준 향상에 기여하는 데 목적이 있다. 보육교사의 자격에 대한 종류는 <표 4-5>와 같다.

〈표 4-5〉 보육교직원 자격

자격증 종류	자격
어린이집 원장 자격증	40인 미만, 가정, 영아전담, 일반, 장애아전문 어린이집 원장 자격증
보육교사 자격증	보육교사 1급, 보육교사 2급, 보육교사 3급, 장애영유아를 위한 보육교사

출처: 한국보육진흥원(2017). 보육교직원 자격기준.

「영유아보육법 시행령」 제21조에 따른 보육교사 자격기준을 살펴보면, 현재 우리나라의 보육교사는 1급과 2급 그리고 3급으로 구분되어 있으며, 보육시설의 보육교사는 전문대학 이상의 학력을 요구하는 유치원교사와 달리 1년의 양성과정 이상을 이수하면 자격을 가질 수 있다. 다시 말해 보육시설의 보육교사가 되기 위해서는 보육교사 1급 또는 2급이나 3급의 자격증을 소지해야 하는데, 현행 규정에 의한 보육교사의 자격기준은 <표 4-6>과 같다.

〈표 4-6〉 현행법령에 의한 등급별 자격기준(「영유아보육법 시행령」 제21조)

등급	자격 기준
보육교사 1급	가. 보육교사 2급 자격을 취득한 후 3년 이상의 보육업무 경력이 있는 사람으로서 보건복지부장관이 정하는 승급교육을 받은 사람 나. 보육교사 2급 자격을 취득한 후 보육 관련 대학원에서 석사학위를 취득하고 1년 이상의 보육업무 경력이 있는 사람으로서 보건복지부장관이 정하는 승급교육을 받은 사람
보육교사 2급	가. 전문대학 또는 이와 같은 수준 이상의 학교에서 보건복지부령으로 정하는 보육 관련 교과목 및 학점을 이수하고 졸업한 사람 나. 보육교사 3급 자격을 취득한 후 1년 이상의 보육업무 경력이 있는 사람으로서 보건복지부장관이 정하는 승급교육을 받은 사람 보육교사 3급 자격을 취득한 이후 1년 이상의 보육업무 경력과 여성가족부장관이 정하는 승급교육을 받은 자
보육교사 3급	고등학교 또는 이와 같은 수준 이상의 학교를 졸업한 사람으로서 보건복지부령으로 정하는 교육훈련시설에서 정해진 교육과정을 수료한 사람

1. "보육 등 아동복지업무 경력"이란 다음의 어느 하나에 해당하는 경력을 말한다.
   가. 「영유아보육법」에 따른 보육시설 또는 보육정보센터에서 근무한 경력
   나. 「유아교육법」에 따른 유치원에서 근무한 경력
   다. 「아동복지법」에 따른 아동복지시설에서 근무한 경력
   라. 「장애인복지법」에 따른 장애 영유아 생활시설에서 장애아동과 관련된 업무에 종사한 경력
   마. 「유아교육법」 및 「초·중등교육법」에 따른 특수학교(유치원 및 초등학교 과정)에서 특수학교 교원으로 근무한 경력
   바. 법률 제7120호 「유아교육법」 제정으로 폐지되기 전 「유아교육진흥법」에 따른 새마을유아원에서 근무한 경력
   사. 가목부터 바목까지의 아동복지업무를 수행하는 시설 등에서 간호사로 근무한 경력
   아. 국가 또는 지방자치단체에서 7급 이상의 공무원으로 보육 등 아동복지에 관한 행정업무에 종사한 경력
2. "보육업무 경력"이란 다음의 어느 하나에 해당하는 경력을 말한다.
   가. 「영유아보육법」에 따른 보육시설 또는 보육정보센터에서 근무한 경력
   나. 「유아교육법」에 따른 종일제 유치원에서 원장, 원감, 교사로 근무한 경력
3. "아동간호업무 경력"이란 병원의 소아청소년과나 신생아실, 보건소 모자보건센터, 초등학교 보건실 등에서 근무한 경력을 말한다.

<표 4-6>에서 보는 것과 같이 보육교사는 1급, 2급 및 3급으로 나누어져 있으며, 보육교사 2급 자격 취득을 위해서 이수해야 하는 교과목은 <표 4-7>과 같다.

〈표 4-7〉 보육교사 자격증 2급 취득을 위한 교과목

구분		교과목	이수과목(학점)
교사 인성영역	필수 교과목	보육교사(인성)론, 아동권리와 복지	2과목 (6학점)
보육 지식과 기술영역	필수 교과목	보육학개론, 보육과정, 영유아발달, 영유아교수방법론, 놀이지도, 언어지도, 아동음악(또는 아동동작, 아동미술), 아동수학지도(또는 아동과학지도), 아동안전관리(또는 아동생활지도)	9과목 (27학점)
	선택 교과목	아동건강교육, 영유아 사회정서지도, 아동문학교육, 아동상담론, 장애아지도, 특수아동 이해, 어린이집 운영관리, 영유아 보육 프로그램 개발과 평가, 보육정책론, 정신건강론, 인간행동과 사회환경, 아동간호학, 아동영양학, 부모교육론, 가족복지론, 가족관계론, 지역사회복지론	4과목 (12학점)
보육 실무영역	필수 교과목	아동관찰 및 행동연구, 보육실습	2과목 (6학점)
전체		17과목 51학점 이상	

※ 각 과목은 3학점을 기준으로 하며 최소 2학점 이상이어야 함
※ 상기 교과목 이외에 교과목 명칭이 동일하지 아니하더라도 교과 내용이 동일하다고 인정받고자 하는 경우, 동일교과목 심의를 보육교직원 자격검정위원회로 요청하여 동일과목으로 인정받아야 하며, 심의절차는 자격검정위원회 운영규정에 따름. 단, 심의결과는 당해 대학에만 인정되고, 타 대학은 미적용(당해 사건에 개별적 효력만 인정)

2) 보육교사의 자격검정 및 발급신청

어린이집 원장 및 보육교사의 자격검정과 자격증 발급 및 재발급에 관한 업무는 한국보육진흥원에서 수행하며, 자격검정의 원칙과 세부기준은 <표 4-8>, 어린이집 원장 및 보육교사의 자격증 발급신청 및 교부 절차는 <그림 4-2>와 같다.

〈표 4-8〉 자격검정의 원칙과 세부기준

구분	내용
일반원칙	• 어린이집 원장 및 보육교사의 자격검정은 무시험을 원칙으로 하며, 신청자가 제출한 서류를 심사하여 자격을 갖추었는지 여부를 검정한다. • 자격의 검정 및 자격증 발급과 관련된 중요한 사항은 보육교직원 자격검정 위원회에서 심의·의결하여 결정한다.
자격검정 세부기준	어린이집 원장 및 보육교사의 자격검정에 관한 세부사항은 어린이집 원장·보육교사 자격검정 업무편람에 따른다.

보육인력 국가자격증 홈페이지 접속
(http://chrd.childcare.go.kr)

홈페이지 회원가입

자격증 신청
(인터넷 신청)

수수료 결제
(신용카드 결제/가상계좌 입금/실시간 계좌이체)

구비서류 제출(등기우편)

◎ 구비서류 – "홈페이지 자격기준" 참고

◎ 보내실 곳 – 서울특별시 용산구 청파로 345 주연빌딩 5층 한국보육진흥원 보육사업지원국 자격관리팀(☎ 1661–5666)

어린이집 원장·보육교사 자격검정
보육시설종사자 자격검정위원회

자격증 발급
(등기 발송 또는 방문 수령)

- 어린이집 원장과 보육교사 자격증 신청은 인터넷 신청만 가능[http://chrd.childcare.go.kr]
  ※ 인터넷 신청을 했더라도 구비서류는 등기우편으로 제출
- 자격증 신청 관련 구비서류 안내는 보육인력 국가자격증 홈페이지 "자격기준"을 참고
- 자격증 신청 이후 진행현황은 홈페이지 회원가입 후 "나의 진행현황" 화면에서 조회 가능
- 접수된 구비서류 및 수수료는 홈페이지 "나의 진행현황"에서 "서류 접수 완료"로 확인되는 시점부터는 일체 반환 불가

〈그림 4–2〉 자격증 발급신청 및 교부 절차

출처: 보건복지부(2018). 2018년도 보육사업안내.

3. 보육교직원의 근무환경

1) 보육교직원의 임금

보육교직원의 임금은 국·공립, 법인어린이집 등 보육교직원 인건비 국고 지원을 받는 어린이집(정부 지원 어린이집)의 원장은 보건복지부장관이 정한 인건비 지원 기준에 따라 지급하여야 하며, 지방자치단체에서 별도 지급하는 교사처우개선비 등은 부가적으로 지급해야 한다. 그리고 모든 어린이집은 보육교사에게 「최저임금법」에 의한 최저임금 이상의 보수를 지급하여야 하며, 지방자치단체에서 별도 지급하는 교사처우개선비 등은 부가적으로 지급하고 4대 보험료의 사업자 부담분은 별도 지급해야 한다. 임금은 반드시 계좌로 입금하여야 하고, 보육교직원에게 봉급명세서를 발급하여야 한다.

2) 보육교직원의 근무시간

보육교직원의 근무시간에 대한 일반적인 규정은 <표 4-9>와 같다.

〈표 4-9〉 보육교직원의 근무시간

- 어린이집 원장의 근무시간은 평일 8시간을 원칙으로 한다. 다만 어린이집의 운영시간(평일 12시간 원칙)을 고려하여 연장 근무할 수 있다. 어린이집 원장이 1일 8시간 근무하는 경우에는 보육교사 중 원장 업무를 대행할 자를 지정하여 어린이집 운영에 지장이 없도록 하여야 한다.
- 어린이집 원장이 불가피한 사유로 직무를 수행할 수 없는 경우 보육교사가 그 직무를 대행할 수 있는 기간은 1개월(연속, 휴일 포함) 이내로 제한하며 1개월을 초과할 경우 대체원장을 배치하여야 한다. 또한 교사겸직원장에 대한 보육교사의 원장 업무 대행은 실제 대행 시작일을 기준으로 7일(연속, 휴일 포함) 이내로 제한하며 7일을 초과할 경우 대체원장 또는 대체 보육교사를 배치하여야 한다.

※ 불가피한 사유 : 휴가, 병가, 연수, 보수교육 참여 등

- 보육교사 등 기타 교직원은 평일 8시간 근무를 원칙으로 한다. 보육교사 등 보육교직원의 근무시간 및 근로조건 등은 「근로기준법」 등 노동관계법령에 따라야 하며 이를 위반하는 경우가 발생하지 않도록 주의해야 한다.

3) 보육교직원의 겸임제한

보육교직원의 겸임제한에 대한 규정은 동일 어린이집에서의 겸임제한과 다른 시설의 겸임제한으로 구분할 수 있는데, 동일 어린이집에서의 겸임제한은 <표 4-10>, 다른 시설의 겸임제한에 대한 규정은 <표 4-11>과 같다.

〈표 4-10〉 동일 어린이집에서의 보육교직원 겸임제한

- 보육교직원(원장, 보육교사 등)은 전임이어야 하므로, 다른 업무를 겸임할 수 없다.
- 어린이집 원장이 간호사 또는 영양사 자격이 있는 때에는 간호사 또는 영양사를 겸임할 수 있다.
- 정원 20인 이하 어린이집의 원장은 보육교사를 겸임할 수 있다.

〈표 4-11〉 다른 시설의 겸임제한

구분	내용
일반기준	• 보육교직원은 전임이어야 하며, 다른 시설의 업무를 겸임할 수 없다. • '전임'이란 근무시간 동안 상시 해당 직무에 종사하여야 함을 의미하고, '다른 시설의 업무'란 다른 어린이집뿐만 아니라 다른 사회복지시설 및 유치원, 종교시설 등 보육교직원의 전임 규정에 위배될 수 있는 모든 시설을 포함한다. 예 "A" 어린이집의 원장은 "B" 아동복지시설의 시설장을 겸임할 수 없음 • 어린이집 원장 및 보육교사는 휴일, 휴가 등으로 근무를 하지 않는 날을 제외하고는 근무시간 동안 어린이집에 상주하며 상시 해당 직무에 종사하여야 한다. • 특별한 사유(회의 참석 등)로 외출할 경우에는 근무상황부에 기록 · 관리한다.
어린이집 원장의 겸임제한	• 어린이집 원장은 전임이어야 하며, 다른 어린이집의 교직원(원장, 보육교사 등)으로 근무할 수 없다. • 전임 규정에 위배될 수 있는 어린이집이 아닌 다른 시설(아동복지시설, 유치원 등)의 종사자로 근무할 수 없다. 예 "A" 어린이집의 원장인 "갑"은 "B" 어린이집(유치원)의 원장이나 보육교사를 겸임할 수 없다. • 어린이집 원장은 특별한 경우를 제외하고는 근무시간 중에 상시 그 업무에 종사하여야 하는 바, 근무시간 중에 대가를 받고 월 12시간을 초과하는 세미나, 공청회 토론회, 발표회, 심포지엄, 교육과정에 참석하여 강의 · 강연 · 발표 · 토론하는 행위를 할 수 없다.
교직원의 휴가 등 기타 복무관리	• 보육교직원의 휴가는 보육 공백을 최소화할 수 있도록 순번제로 실시한다. • 보육교직원의 보수교육, 출산휴가 등으로 어린이집의 원장, 보육교사 또는 그 밖의 보육교직원의 공백이 생기는 경우에는 이를 대체할 수 있는 대체원장, 대체교사 또는 그 밖의 인력을 각각 배치하여야 한다. • 교직원의 휴가, 휴일, 휴식 등 근로시간과 관련이 있는 사항에 대하여서는 「근로기준법」 등 노동 관련 법령에 따른다. • 고용, 산전후휴가, 육아휴직 등과 관련이 있는 사항에 대하여서는 「남녀 고용평등과 일 · 가정 양립 지원에 관한 법률」의 규정을 준용한다. • 보육교직원의 최저임금 보장 등과 관련이 있는 사항에 대하여서는 「최저임금법」의 규정을 준용한다.

4. 보육교사의 직무와 업무분장

1) 보육교사의 직무

인적 자원 개발 용어사전에 의하면 '직무'란 과업 및 작업의 종류와 수준이 비슷한 업무들의 집합으로서 특히 직책이나 직업상 책임을 가지고 담당하여 맡은 일을 의미한다. 즉, 어느 정도 비슷한 업무내용을 가진 직위를 하나의 관리 단위로 설정한 것이라고 할 수 있다. 그리고 한국직업사전 용어사전에 의하면 '보육교사'란 어린이집, 놀이방 등 보육시설이나 아동복지시설에서 영유아들을 보살피고 교육하는 사람이다. 그러므로 보육교사의 직무는 영유아의 신체적, 사회적, 정서적, 지적 발달이 균형 있게 이루어질 수 있도록 보육과정을 운영하는 것이다. 따라서 보육과정은 영유아가 경험할 보육의 목표와 내용을 계획하고, 통합적이고 융통적인 하루일과를 운영하여야 한다.

보육교사는 보육과정을 운영할 때 영유아의 흥미나 개별적 차이를 파악하여 다양한 보육활동, 놀이, 일상생활 경험 등이 균형 있게 이루어지도록 하고 영유아의 발달수준과 개인차를 고려하여 민감하고 적절하게 상호작용해야 한다. 또한 국가수준의 표준보육과정을 적용하여 보육계획을 수립하고 실행, 평가 후 결과를 다음 보육계획 수립 시 반영해야 한다. 「영유아보육법」에서는 보육교사의 직무와 책무를 <표 4-12>와 같이 제시하고 있다.

〈표 4-12〉「영유아보육법」에 명시된 보육교사의 직무와 책무

「영유아보육법」 제3장 제18조에 보육교사의 직무를 다음과 같이 명시하였다. ① 어린이집의 원장은 어린이집을 총괄하고 보육교사와 그 밖의 직원을 지도·감독하며 영유아를 보육한다. ② 보육교사는 영유아를 보육하고 어린이집의 원장이 불가피한 사유로 직무를 수행할 수 없을 때에는 그 직무를 대행한다. 제18조의 2(보육교직원의 책무) 보육교직원은 영유아를 보육함에 있어 영유아에게 신체적 고통이나 고성·폭언 등의 정신적 고통을 가하여서는 아니 된다.

그리고 우리나라는 2009년 '국가직무능력 표준 일원화' TF를 구성 · 운영하여 산업현장에서 직무를 수행하기 위해 요구되는 지식 · 기술 · 태도 등의 내용을 국가가 체계화한 국가직무능력표준(National Competency Standards: NCS)을 개발하였다. NCS에서는 보육직무를 영유아를 보호하고 관찰하여 이를 바탕으로 놀이활동을 기획하고 영유아발달을 촉진하는 보육업무를 수행하며, 어린이집 - 부모 - 지역사회 등의 인적 · 물적 네트워크를 파악하여 협력을 이끌고 지원하는 활동으로 정의하고, <표 4-13>과 같이 보육분야의 직무능력표준 능력단위 및 능력단위요소를 제시하고 있다. 즉, 국가직무능력표준에서 보육교사의 능력단위를 25개로 제시하고 있다.

〈표 4-13〉 보육 직무능력표준 능력단위 및 능력단위요소

능력단위	능력단위요소
1. 어린이집 운영방침 수립	연간운영방안 수립하기
	연간행사 계획하기
2. 어린이집 보육계획 수립	연간 보육계획 수립하기
	월간 · 주간 보육계획 수립하기
	일일 보육계획 수립하기
3. 어린이집 환경구성	보육실 놀이환경 구성하기
	실내외 환경 구성하기
4. 어린이집 환경관리	시설 · 설비와 비품 관리하기
	활동자료 관리하기
5. 보육활동 운영	흥미영역 운영하기
	대 · 소집단활동 운영하기
	실외 활동 운영하기
6. 생활지도	기본생활 지도하기
	인성 지도하기
7. 놀이지도	영아놀이 참여 · 촉진하기
	유아놀이 참여 · 촉진하기
	놀이연계 및 통합하기

능력단위	능력단위요소
8. 신체활동지도	신체활동 계획하기
	신체활동 지도하기
9. 음률활동지도	음률활동 계획하기
	음률활동 지도하기
10. 미술활동지도	미술활동 계획하기
	미술활동 지도하기
11. 언어활동지도	언어활동 계획하기
	언어활동 지도하기
	문학활동 지도하기
12. 수 · 조작활동지도	수 · 조작활동 계획하기
	수 · 조작활동 지도하기
13. 과학활동지도	과학활동 계획하기
	과학활동 지도하기
14. 건강지도	건강관리 계획하기
	건강관리 실행하기
	응급상황 대처하기
15. 안전지도	안전관리 계획하기
	안전관리 지도하기
	안전사고 대처하기
16. 영양지도	급간식 계획하기
	식습관 지도하기
17. 영유아 관찰 및 평가	영유아 관찰 계획하기
	영유아 관찰 실행하기
	영유아 평가하기
18. 보육과정 및 운영 평가	보육과정 평가하기
	보육운영 평가하기
	평가인증 적용하기
19. 발달지원 및 상담	행동 사례 분석하기
	사례별 발달 지원하기
	상담 및 전문가 연계하기

능력단위	능력단위요소
20. 장애아 발달 지원	장애아 행동특성 파악하기
	장애아 보육계획하기
	장애아 보육활동 지도하기
21. 가정과의 협력	부모상담하기
	부모교육하기
	부모참여 지원하기
22. 지역사회와의 협력	지역사회 자원 파악하기
	지역사회 협력 계획하기
	지역사회 협력 실행하기
23. 보육운영 관리	보육통합정보시스템 이용하기
	어린이집 인사 관리하기
	어린이집 회계 관리하기
24. 보육실습 지도	보육실습 지도계획 수립하기
	보육실습 지도하기
25. 보육연구	보육현장 연구하기
	보육 프로그램 개발하기
	보육교사교육 참여하기
	보육교직원 멘토링하기
	보육 관련 전문단체 및 기관 참여하기

출처: 국가직무능력표준(2018). 보육.

2) 보육교사의 업무분장

어린이집의 모든 보육교직원은 일반 업무분장과 비상시 업무분장을 작성하여야 한다. 보육교직원은 개별 업무를 인지하고 모든 보육교직원들이 자신의 역할과 대처방안을 숙지하여 비상 시 사태에 대응해야 한다<표 4-14>.

〈표 4-14〉 보육교직원 업무분장

담당	일반 업무내용	환경정리 구역	비상시 업무내용
원장	예시) • 원의 전반적인 교육 및 운영계획 • 견학 및 행사계획 • 업무분장, 감독, 근무평정 등 업무관리 • 시설설비 및 재정관리 • 운영 및 교육 정보 수집	전체 청소 구역 관리	지휘명령 총괄
교사 공통	예시) • 보육활동 진행 및 준비 / 보육일지 작성 • 각 보육실의 환경 구성 및 청결관리 • 학부모 상담 • 영유아에 대한 관찰 일지 및 보고서 작성	담당 교실 관리	119 신고 및 원내 전파
교사 1	예시) • 영아반의 전반적인 교육내용 관리 • 연간 보육계획안, 주간 보육계획안, 일일 보육계획안 작성 • 원아관리 및 관찰지도 • 소모성 교재 점검 및 신청	계단 청소	응급처치 및 지정 병원으로 긴급후송
교사 2	예시) • 입학상담 및 자원봉사자 담당 / 위생 소독 • 식단표작성 및 주문 담당 / 화분 관리	화장실 청소	학부모와 관계기관 통보
교사 3	예시) • 시청각 기자재관리(O.H.P, 빔프로젝터, 비디오 카메라 등) • 안전관리(소화기 점검), 비상 대피 훈련 담당	외부 청소	대피유도

출처 : 보건복지부(2018). 2018년도 보육사업안내.

CHAPTER

05

보육실 운영관리

□ 배울 내용 □

1. 흥미영역의 구성과 운영
2. 교재·교구 제작, 활용 및 관리
3. 시설·설비 및 비품관리

□ 학습목표 □

1. 보육실의 흥미영역을 어떻게 구성하고 운영해야 하는지를 알 수 있다.
2. 보육실에 비치하는 교재·교구 제작, 활용, 구매, 관리방법을 알 수 있다.
3. 보육실 및 보육실과 관련된 시설의 설치 조건 및 설비·비품이 무엇인지 알 수 있다.

영유아의 발달을 위해 보육실은 쾌적하고 최적의 물리적 환경을 갖추고 있어야 한다. 이를 위해 어린이집에서는 보육실의 흥미영역 구성을 비롯하여 적합한 교재・교구를 구비하고 있어야 하며, 보육실을 둘러싸고 있는 관련 시설의 설치 조건 및 시설이 법적인 기준에 충족되어야 한다. 또한 보육교사는 이와 같은 물리적 환경을 관리할 책무가 있으며 체계적인 관리방법과 체계를 알고 있어야 한다. 즉, 영유아의 발달을 위해서는 영유아의 발달에 적합한 물리적 환경이 우선시되어야 한다. 영유아는 하루 종일 어린이집에서 생활하게 되므로 어린이집은 적절한 온도와 습도 및 환기가 이루어져야 하며, 영유아가 다양한 놀이활동을 할 수 있도록 구성되어야 한다. 특히, 보육실은 영유아가 어린이집에서 보내는 시간 중 가장 오래 머물러 있는 공간으로서 안전하고 교육적으로 의미 있는 곳이어야 한다. 이에 본 장에서는 영유아들이 보육실에서 안전하게 보호받으며 발달에 적합한 놀이활동을 원활하게 할 수 있도록 보육실의 흥미영역을 어떻게 구성하고 운영해야 하는지에 대해 제3차 어린이집 표준보육과정 교사용 지침서 및 해설서(보건복지부・육아정책연구소, 2014)와 3~5세 연령별 누리과정 교사용 지침서(교육과학기술부・보건복지부, 2013)를 중심으로 살펴보고자 한다.

1. 흥미영역의 구성과 운영

1) 0~1세 영아를 위한 흥미영역의 구성과 운영

0~1세 영아들은 끊임없이 움직이면서 다양한 대근육운동을 하고 신체 및 운동 기능을 발달시킨다. 이러한 발달적 특징을 가진 0~1세 영아들을 위해 보육실은 영아가 기고, 걷고, 오르고, 내려오고 등과 같은 대근육활동을 할 수 있는 충분한 공간이 확보되어야 하고 이에 알맞은 놀잇감을 갖추어야 한다. 또한 교사는 영아와 교사의 언어적 상호작용을 충분히 경험할 수 있도록 공간을 구성하고 다양한 언어적 상호작용

이 원활히 일어날 수 있는 자료를 준비해야 한다. 영아들은 오감각을 통해 감각적 경험을 하게 되는데, 보육실은 이러한 부분이 고려된 놀잇감으로 구성되어 있어야 한다. 예를 들어, 모빌, 딸랑이, 소리 나는 놀잇감 등 영아들이 오감각을 통해 탐색할 수 있는 놀잇감의 범위를 넓혀 나가야 한다. 0~1세 영아들은 자신을 둘러싼 생활을 모방하는 놀이를 하게 된다. 이 시기의 영아들은 보육실에서 초보적 수준의 역할놀이 및 모방놀이를 할 수 있으며 영아의 창의적인 표현을 지지해 줄 수 있는 쌓기놀이를 할 수 있다.

(1) 신체영역의 구성과 운영

0~1세 영아는 걷기 등 신체 균형감각의 기초적인 발달과 대・소근육의 조절을 포함한 기본운동능력이 발달하는 시기이므로 영아가 신체의 균형을 잡고 대・소근육을 다양하게 사용해 보면서 신체조절능력을 획득할 수 있도록 해야 한다. 왜냐하면 영아는 만지고, 두드리고, 던지며 노는 가운데 눈과 손의 협응능력과 조작능력이 발달되고 기본운동능력 발달의 기초를 형성하기 때문이다.

신체영역에 비치할 수 있는 놀잇감 및 교재・교구로는 잡고 걸을 수 있도록 벽을 따라 설치된 봉, 잡고 서서 밀고 걸을 수 있는 바퀴 달린 장난감, 실내용 미끄럼틀, 그네, 흔들 말, 세발자전거, 붕붕 차, 낮은 계단과 경사로, 건너뛰거나 통과하는 장애물, 영아용 침대에서 사용 가능한 놀이기구, 스펀지 블록, 공 등이다.

(2) 언어영역의 구성과 운영

0~1세 영아는 말하고 듣는 기초적인 의사소통능력이 급격히 발달하는 시기로서 주변의 소리와 말소리를 구분할 줄 알고 옹알이로 말소리를 만들어 내며 상대와 대화하기 위한 기본적인 규칙을 알아가는 중요한 시기이다. 다른 사람의 말소리를 듣기 위해서는 귀를 기울여 말소리에 집중해야 하고 말하는 사람의 눈길, 표정, 몸짓 등을 바라보고 이에 관심을 보여야 한다. 또한 이 시기는 영아 자신의 생리적인 상태와 감

정을 울음이나 얼굴표정, 눈길, 미소 짓기, 소리 내기, 말소리 등으로 표현하고 서로 주고받는 대화의 구조에서 상대방이 말하는 것을 듣고 난 후 내 차례가 되었을 때 영아가 이에 반응해야 한다는 것을 알게 되는 시기이다. 이 시기의 영아는 성인이 제공한 그림책의 그림에 관심을 보이고 무엇인가를 끊임없이 그리고 끼적이므로 영아가 자연스럽게 관심을 가지고 즐길 수 있도록 환경을 마련해 주어야 한다.

언어영역에 비치할 수 있는 놀잇감 및 교재·교구는 낮은 소파나 푹신한 등받이 쿠션, 방석, 책장이나 상자, 단순한 그림책, 감각 그림책, 스펀지 책, 헝겊책 등 영아용 그림책, 손 인형, 그림이나 사진, 끼적거릴 도구, 모형 전화기나 카세트 등이다.

(3) 감각 및 탐색영역의 구성과 운영

0~1세 영아는 시각, 청각, 미각, 후각, 촉각의 오감각으로 자신의 신체와 주변 환경을 탐색하면서 환경 및 주변 사람들과 관계를 형성하는 시기이다. 감각능력과 감각기관의 활용능력은 영아가 주변의 환경을 인식하는 데 필요한 인지발달과도 밀접한 관련이 있다. 이 시기는 생활주변의 자연물과 자연현상을 감각으로 느끼고, 일상에서 사용되는 생활도구를 탐색하는 것을 좋아하는 시기이다.

감각 및 탐색영역에 비치할 수 있는 놀잇감 및 교재·교구는 모빌, 딸랑이, 손에 쥘 수 있는 놀잇감, 오뚝이, 건드리면 다양한 소리가 나는 놀잇감, 상자블록, 누르면 작동하는 놀잇감, 다양한 질감의 인형, 여러 가지 재질과 크기의 공, 모양 블록, 모양 끼우기 통, 고무나 프라스틱 재질의 고리 끼우기 등이다.

(4) 역할 및 쌓기영역의 구성과 운영

0~1세는 초보적 수준의 역할놀이를 하고 가상놀이나 역할놀이를 할 수 있는 놀잇감을 좋아하기 시작하면서 자신을 둘러싼 생활을 모방하는 놀이를 할 수 있다. 쌓기놀이를 통해 이 시기의 영아는 공간에 대한 지각력과 도형에 대한 이해의 기초를 형성하며 창의적 표현을 도울 수 있고 또래와의 자연적인 상호작용을 도모할 수 있다.

역할 및 쌓기영역에 비치할 수 있는 놀잇감 및 교재·교구는 다양한 인형, 쇼핑용 손수레 장난감, 유모차나 자동차와 같이 밀고 당기는 놀잇감, 부엌용품 모양으로 된 놀잇감, 청소용품 등의 역할 놀잇감, 다양한 크기, 색, 모양의 쌓기 놀잇감, 쌓기놀이와 함께 할 수 있는 모형 자동차 및 인형 등이다.

2) 2세 영아를 위한 흥미영역의 구성과 운영

2세 영아들은 신체의 움직임이 민첩해지고 자신의 의사를 말로 표현하기 시작하며 언어를 이용한 의사소통에 관심과 흥미를 보인다. 또한 소근육의 발달과 함께 주변의 다양한 동물과 식물에 관심을 가지며, 가족과 관련된 역할놀이를 선호한다. 이 시기의 영아들은 끼적이고 오리고 붙이는 등의 조형활동이 가능해지며 자신의 욕구에 따라 악기를 이용하여 소리를 내보는 등의 음악활동에 참여할 수 있다.

(1) 신체영역의 구성과 운영

2세 영아가 되면 신체활동의 범위가 넓어지고 신체활동을 더 즐기게 되므로 보다 넓은 대근육활동영역이 필요하다. 영아들은 보육실 내에서 다른 활동에 방해가 되지 않는 범위 내에서 영아가 오르고, 내리고, 타고, 밀고, 뛸 수 있는 신체영역이 될 수 있도록 구성되어야 한다.

신체영역에 비치할 수 있는 놀잇감 및 교재·교구는 실내 미끄럼틀, 종합 놀이대, 이동식 목마, 탈 수 있는 자동차, 끌차, 공, 후프, 낮은 계단과 경사로, 볼풀 놀이대 등이다.

(2) 언어영역의 구성과 운영

2세 영아는 자신의 의사를 말로 표현할 수 있으며 언어를 이용한 의사소통에 많은 흥미를 보인다. 그러므로 언어영역은 2세 영아가 말하고, 듣고, 읽고, 쓰는 의사소통의 기회를 충분히 경험할 수 있도록 놀잇감을 배치한다. 문자에도 관심이 확장되는 시기이므로 교사와 함께 앉아서 편안한 느낌으로 교사가 읽어주는 책을 보게 한다거나 벽면 등에 커다란 전지를 붙여 주어 크레파스, 색연필, 사인펜 등으로 끼적거리기 활동을 격려한다. 또한 자신의 말소리를 들을 수 있도록 녹음기 등을 이용하여 영아의 목소리를 들려주는 등의 말하기와 듣기 경험을 할 수 있도록 한다.

언어영역에 비치할 수 있는 놀잇감 및 교재・교구는 낮은 소파나 푹신한 등받이 쿠션, 다양한 주제의 그림책 및 사진 책, 포스터, 전단지, 칠판이나 전지 및 끼적거릴 도구, 녹음기 등이다.

(3) 감각 및 탐색영역의 구성과 운영

2세 영아는 소근육발달이 정교해지는 시기로서 자연물이나 소형 블록, 구슬 꿰기 등 영아가 다양한 조작놀이를 경험할 수 있도록 한다. 또한 실내에서 기를 수 있는 거북이, 달팽이, 식물, 주변의 다양한 자연물들을 관찰할 수 있는 공간을 마련하여 2세 영아의 동・식물에 대한 흥미를 만족시킬 수 있도록 한다.

감각 및 탐색영역에 비치할 수 있는 놀잇감 및 교재・교구는 소형 블록, 구슬 꿰기 놀잇감, 레고 등과 같은 여러 가지 조작 놀잇감, 퍼즐 및 분류 놀잇감, 실내에서 키울 수 있는 동・식물 등이다.

(4) 역할 및 쌓기영역의 구성과 운영

2세 영아는 가족과 관련된 역할놀이를 선호하며 친구를 배려하고 놀잇감을 공유하면서 활동하기에 어려움을 경험하게 되는 시기이다. 따라서 충분한 양의 쌓기 놀잇감을 준비하여 놀이를 원활히 할 수 있는 환경을 제공하는 것이 좋다.

역할 및 쌓기영역에 비치할 수 있는 놀잇감 및 교재・교구는 다양한 인형, 밀고 당기는 놀잇감, 부엌용품, 청소용품 등의 역할 놀잇감, 동물, 자동차, 사람 등의 소품 등이다.

(5) 미술영역의 구성과 운영

2세의 표현활동은 그리기, 찍기 같은 평면적 조형활동과 꾸미기, 붙이기, 판화 같은 입체적 조형활동으로 이루어질 수 있다. 이러한 미술활동은 활동적이면서도 물이 필요하므로 세면대나 출입구 가까운 곳에 비치한다.

미술영역에 비치할 수 있는 놀잇감 및 교재・교구는 다양한 크기와 모양의 종이, 색종이, 구길 수 있는 재료, 끼적거릴 수 있는 도구, 물감, 붓, 안전가위, 수수깡, 명화, 아름다운 그림이나 사진, 밀가루 반죽, 풀물감 등이다.

(6) 음률영역의 구성과 운영

2세 영아는 여러 가지 음악을 들으면서 그 속에 담긴 감정을 느껴볼 수 있다. 또한 악기를 사용하여 소리를 내보는 음악활동을 하며 음악을 통해 자신을 표현하는 경험을 할 수 있다.

음률영역에 비치할 수 있는 놀잇감 및 교재・교구는 카세트나 녹음기, 북, 트라이앵글, 마라카스, 탬버린, 캐스터네츠 등이다.

3) 만 3~5세 유아를 위한 흥미영역의 구성과 운영

만 3~5세 유아를 위한 보육실의 흥미영역은 언어영역, 수・조작영역, 과학영역, 음률영역, 미술영역, 역할놀이영역, 쌓기놀이영역으로 구성하여 신체운동・건강, 의사소통, 사회관계, 예술경험, 자연탐구영역과 관련된 다양한 활동으로 전개할 수 있도록 한다. 흥미영역에 제시되는 활동이나 교재 및 교구는 주간 및 일일 주제와 관련되도록 한다. 또한 대・소집단에서 이루어진 다양한 유형의 활동과 연계되도록 하여 유아의 학습을 심화시킬 수 있도록 운영한다.

(1) 쌓기놀이영역

여러 가지 크기와 모양, 다양한 재질의 블록과 소품을 이용하여 다양한 구성활동을 할 수 있도록 한다. 유아는 이와 같은 다양한 구성활동을 통해 관찰력, 측정 기술, 원인과 결과에 대한 사고력 등을 기를 수 있다. 쌓기놀이영역은 동적인 활동으로 소음이 발생할 수 있으므로 정적인 영역과는 떨어져서 배치하며 소음을 방지하기 위해 바닥에 카펫을 깔아준다.

쌓기놀이영역에 비치할 수 있는 놀잇감 및 교재・교구는 종이벽돌 블록, 단위 블록, 공간 블록, 우레탄 블록 등과 같은 다양한 블록, 동물모형, 사람모형, 공룡 등의 인형이나 모형, 탈것과 같은 크고 작은 모형, 교통신호나 표지판 등과 같은 놀이 소품, 쌓기놀이에 도움을 주는 책 등이다.

(2) 언어영역

유아는 듣기, 말하기, 읽기, 쓰기와 관련된 활동을 경험하면서 일상생활에 필요한 언어능력을 향상시키고 올바른 의사소통능력 및 태도를 기를 수 있다. 언어영역은 활동 주제나 유아의 흥미에 따라 다양한 언어활동 자료를 비치하여 듣기, 말하기, 읽기, 쓰기와 같은 활동이 다양하게 이루어지도록 한다.

언어영역에 비치할 수 있는 놀잇감 및 교재・교구는 다양한 종류의 책, CD 플레이어, 헤드폰, 카세트 레코드와 테이프 등과 같은 듣기 자료, 이야기 꾸미기 자료와 융판, 그림카드, 막대 인형이나 퍼펫, 인형극 틀, 녹음기, 마이크와 같은 말하기 자료, 종류별 책과 그림책, 잡지류, 글씨가 적혀 있는 다양한 종류의 카드와 같은 읽기 자료, 각종 필기구, 소형 화이트보드와 마커 팬, 가위, 펀치 등과 같은 쓰기 자료이다.

(3) 역할놀이영역

유아는 역할놀이를 통해 가족이나 성역할뿐만 아니라 다양한 직업이나 사회 구성원으로서의 역할을 상상놀이 등을 통해 경험하면서 자기중심적인 사고에서 벗어나 자신과 다른 사람의 생각과 감정을 더 잘 알고 적절하게 상호작용할 수 있다. 역할놀이영역은 동적인 영역에 배치하는 것이 좋으며 생활주제 및 주제와 관련된 소품을 제공한다.

역할놀이영역에 비치할 수 있는 놀잇감 및 교재·교구는 거울, 소파, 유아용 탁자, 의자, 옷장 등과 같은 소형 기본 가구, 가족놀이, 교통놀이, 가게놀이, 주유소놀이, 은행놀이, 병원놀이, 미장원놀이, 서점놀이 등을 할 수 있는 소품들이다.

(4) 수·조작영역

유아는 퍼즐 맞추기나 끼워서 구성하기, 간단한 게임 등 논리적 문제해결, 수활동, 소근육 조작 등과 같은 활동을 수·조작영역에서 활동하면서 눈과 손의 협응력, 논리·수학적 개념발달, 문제해결능력과 집중력을 향상시킬 수 있다.

수·조작영역에 비치할 수 있는 놀잇감 및 교재·교구는 일대일 대응, 분류, 비교, 서열, 부분과 전체, 무게나 부피·길이 측정, 공간과 형태 개념에 도움이 되는 교재·교구와 같은 조작활동 자료, 퍼즐 자료, 옮겨 담기, 바느질, 끈 끼우기, 단추 끼우기, 지퍼 올리기, 끈매기와 같은 일상생활 활동 자료, 게임 활동 자료, 레고 블록 등이다.

(5) 과학영역

유아는 과학영역의 활동을 통해 주변의 환경이나 사물, 생명체에 대해 알고 탐색하며 과학적인 사고를 형성할 수 있다. 과학영역은 곤충이나 작은 동물 혹은 식물을 기를 경우 조용하고 햇볕이 잘 드는 안정된 장소로 물 공급을 쉽게 받을 수 있는 곳에 배치한다. 과학영역은 여러 가지 과학 기자재를 활용하여 생물과 무생물, 물질의 성질, 자연현상 등 유아가 접하는 자연환경을 관찰, 실험, 탐구, 감상하는 활동을 할 수 있도록 한다.

과학영역에 비치할 수 있는 놀잇감 및 교재·교구는 식물, 자연물, 동물, 동식물 관련 책, 표본 등과 같은 생명체와 관련된 자료, 기후 관련 사진이나 그림, 기상도,

구름 사진이나 그림, 돌, 흙, 달, 별, 해 등의 사진이나 그림과 같은 자연현상 관련 자료, 거울, 자석, 돋보기, 현미경, 프리즘, 전지, 온도계, 습도계, 관찰용지, 필기도구, 자, 저울 등과 같은 기본 도구 등이다.

(6) 음률영역

유아는 음률영역의 활동을 통해 음악적 아름다움 요소를 찾아보며, 음악이나 움직임을 춤으로 표현하고, 음악을 감상하는 능력을 키울 수 있다. 음률영역은 충분히 넓은 공간이어야 하고 소음이 많이 나므로 다른 영역에 방해가 되지 않도록 배치한다. 또한 카펫을 깔아 안정된 분위기를 조성하며 소음도 줄일 수 있도록 한다.

음률영역에 비치할 수 있는 놀잇감 및 교재・교구는 젓가락, 냄비 뚜껑, 깡통, 빨래판, 체, 콩, 부채 등과 같은 생활 속 악기, 리듬 악기, 멜로디 악기, 스카프, 리본, 작은 낙하산 등의 신체표현도구나 음악 연주회나 춤 공연, 오페라 등에서 공연자가 입는 무대 의상, 녹음기, 헤드폰, 카세트 테이프, 다양한 음악 테이프나 CD, 악보, 악기 관련 사진, 각종 연주회나 춤 공연 등의 사진이나 동영상 자료 등이다.

(7) 미술영역

유아는 미술영역활동을 통해 미술적 아름다움의 요소를 이해하며, 자신의 생각이나 느낌을 표현하면서 성취감을 얻고, 정서적인 긴장감도 해소한다. 미술영역은 조용하고 밝은 곳이 좋으며, 물을 사용할 수 있는 공간과 가까이 배치한다.

미술영역에 비치할 수 있는 놀잇감 및 교재・교구는 찰흙, 고무 점토, 밀가루 점토, 나뭇가지, 나무젓가락, 빨대, 실, 솜, 스펀지, 수수깡, 솔방울, 돌, 나뭇잎, 조개껍질, 깃털과 같은 각종 자료, 가위, 풀, 테이프, 스테이플러, 펀치, 핑킹 가위 등과 같은 만들기 도구, 크레파스, 색연필, 볼펜, 물감, 먹물, 붓, 사인펜, 매직, 핑거 페인트 등과 같은 그리기 도구, 도화지, 색종이, 색지, 골판지, 포장지와 같은 종이류 등이다.

2. 교재 · 교구의 제작, 활용 및 관리

영유아를 위한 교재 · 교구는 보육교사의 보육활동을 위해 매우 중요한 부분을 차지한다. 보육교사는 누리과정과 표준보육과정을 운영함에 있어서 적합한 교재 · 교구를 선정하여야 하며 이러한 교재 · 교구들을 적절하게 관리하여 영유아에 대한 보육활동이 원활하게 이루어지게 하여야 한다. 뿐만 아니라 영유아를 위한 교재 · 교구는 영유아의 안전을 보장할 수 있는 것이어야 한다.

1) 교재 · 교구의 제작

유아교육기관에서 보육교사가 교재 · 교구를 제작하기 위해서는 사전에 철저한 계획과 충분한 검토, 적절한 제작 절차가 요구된다. <표 5-1>은 교사가 교재 · 교구를 제작할 때 고려해야 할 점이다.

〈표 5-1〉 교재 · 교구를 제작할 때 고려해야 할 점

- 영유아의 발달수준에 적합해야 한다. 즉, 교재 · 교구는 영유아의 발달수준에 맞아야 한다. 영유아의 발달에 비추어 너무 쉽거나 어려우면 유아의 도전의식을 자극하지 못하므로 유아가 선택하지 않는다. 따라서 어느 정도의 노력에 의해 성공감을 경험할 수 있는 수준을 고려한다.
- 영유아의 흥미에 맞는 제시방법과 활용방법을 고안한다. 교재 · 교구가 발달수준에 적합하더라도 영유아가 흥미를 가질 수 없다면 교재 · 교구로서의 역할을 제대로 하지 못한다. 영유아들이 흥미 있어 하고 쉽게 다가갈 수 있도록 제시방법과 활용방법을 미리 고안해 놓는다.
- 유아가 조작하기에 적당한 크기로 제작해야 한다. 교재 · 교구는 영유아가 다루기에 적당한 크기여야 한다. 영유아는 아직 근육조절능력이 완전하지 않기 때문에 유아들이 쉽게 잡을 수 있는 크기가 적당하고, 너무 큰 교재는 분리가 가능하거나 접을 수 있도록 제작한다. 또한 평면자료는 너무 납작하지 않은 것이 좋다.
- 견고하게 제작한다. 직접 제작하는 교재 · 교구는 상품화된 교재보다 견고성이 떨어지기 때문에 여러 유아가 오랫동안 조작하여도 망가지지 않도록 주의를 기울여 제작해야 한다. 이음새나 부속물이 떨어지지 않도록 단단히 부착하여 파손되지 않도록 하여 교재를 만드는 비용과 시간을 절약하도록 한다.
- 안전하게 제작한다. 영유아가 손으로 만지거나 입에 넣었을 때도 독성이 없는 재질로 만들어야 하며, 아크릴을 사용하거나 코팅을 할 경우에 모서리가 날카롭지 않게 마무리 작업을 할 필요가 있다.

- 여러 가지 소재를 사용하고 다양한 방법으로 제작한다. 동일한 소재 또는 흔한 소재를 사용하여 제작할 경우 영유아가 지루해지기 쉽다. 참신한 재료와 다양한 소재를 사용하고 제작방법에 변화를 줌으로써 영유아들의 흥미와 호기심을 자극한다.
- 매력적으로 제작한다. 색상, 모양, 크기, 질감 등 미적인 측면에 주의를 기울여 제작하여 영유아의 흥미를 끌 수 있도록 한다.
- 우리 문화에 맞도록 제작한다. 교재・교구가 매력적이더라도 우리 문화와 동떨어진 내용이라면 적절하지 못하다. 우리의 문화를 고려하여 교재를 제작하도록 한다.
- 보관하기에 용이해야 한다. 교재・교구는 사용하고 난 후에 보관이 용이해야 한다. 교재・교구를 입체적으로 만든다고 해도 조립식으로 만들고, 부속품들을 잃어버리지 않도록 보관함을 만든다. 교구장에 들어갈 수 있는 높이와 넓이로 만들고, 꼭 크게 만들어야 할 경우에는 접었다 폈다 할 수 있게 만든다.

교재・교구를 제작할 때에는 사전 점검과 철저한 계획으로 최소한의 비용과 노력으로 최대의 효과를 거둘 수 있도록 해야 한다. 그러기 위해서는 분명한 목적이 있어야 하며, 교재・교구의 제작계획서를 작성하여 필요한 재료와 제작방법을 상세히 기록해 놓으면 이후의 다른 교사가 보고 활용하는 데 유용한 자료가 된다. 교재・교구의 제작계획서를 작성할 때 포함시켜야 할 내용은 <표 5-2>와 같다.

〈표 5-2〉 교재·교구 제작계획서

주 제		대상연령	
활 동 명		활동영역	
활동목표			
교재·교구 사진			
준비물			
제작방법			
활동방법			
유의점			

교재 · 교구 제작에 대한 계획을 어떻게 해야 하는가는 무척 중요하다. 만약 미흡한 사전 계획으로 교재 · 교구를 제작한다면 교사의 인력 낭비이며 재료 낭비일 것이다. 교재 · 교구 제작을 계획할 때 고려할 사항을 살펴보면 <표 5-3>과 같다.

〈표 5-3〉 교재 · 교구 제작을 계획할 때 고려할 사항

- 먼저 기존에 있는 필요한 교재 · 교구를 찾아본다. 월간 교육계획안, 주간 교육계획안에 입각하여 진행될 주제에 따라 필요한 교재 · 교구가 있는지 점검해 보는 것이 우선적으로 이루어져야 한다.
- 교재 · 교구 목록을 통해 보유 여부를 확인한다. 기존의 교구가 연령에 맞는지, 수정 · 보완을 해야 하는지, 새로 만들어져야 하는지, 각 영역별 · 활동별로 교재 · 교구가 제대로 배치되어 있는지, 자료가 매력적인지를 꼼꼼히 살펴보고 보수와 개작을 결정한다.
- 구체적인 제작계획을 세운다. 심사숙고하여 으선적으로 제작해야 할 순서와 제작할 사람을 결정하여, 최대의 교육 효과를 높일 수 있는 방법을 고려하여 계획을 세운다.
- 실제 제작에 착수한다. 어떠한 재질의 재료와 방법을 활용하는 것이 효과적인지 생각해 보고 적절한 재료를 사용하도록 한다.
- 실제 활용을 해 봄으로써 보완점을 찾고 수정작업 후 완성한다. 제작된 교재 · 교구는 실제 모의수업을 통해 활용해 보고 문제점을 파악하여 보완한 후 완성한다.

2) 교재 · 교구의 구매

질 높은 교재 · 교구를 선택하는 것은 영유아를 대상으로 하는 교육의 효과를 높이는 데 중요한 변인 중의 하나이다. 교재 · 교구의 선정기준은 <표 5-4>와 같다(김정규 외, 2002; 박찬옥 외, 2004).

〈표 5-4〉 교재 · 교구의 선정기준

구분	내용
안전성	안전과 위생은 교재 · 교구 선정기준에서 가장 우선시되어야 할 기준이다. 유아는 호기심이 풍부하고 감각적으로 조작하는 것에 흥미를 보이는 존재이기 때문에 삼키거나 귀, 코 속에 들어가지 않을 크기의 것, 모서리가 날카롭지 않은 것, 독성이 없는 것, 조각이 지나치게 작지 않은 것, 부속 연결 부위가 매끈하게 처리된 것, 유아가 다루기에 안전한 크기와 무게를 가진 것 등 안전한 것을 선정한다.
내구성	견고하게 제작된 것을 선정한다. 유아가 가지고 놀다가 쉽게 망가지거나 깨어지지 않는 것이 좋다. 교재 · 교구의 구성물이 단순한 것일수록 내구성이 좋은 편이다.

구분	내용
적합성	유아의 연령과 발달수준에 알맞은 것, 교육목표와 학습특성에 가장 적합한 것을 선정한다. 유아가 가지고 놀기에 적당한 크기와 무게이어야 하며, 반편견적 가치관과 태도(신체적 특성이나 문화적 차이, 남녀의 성역할 개념, 빈부의 차이, 직업에 대한 편견 등 왜곡된 가치관을 조장하지 않는 것)를 형성할 수 있는 것을 선정한다.
경제성	최소의 비용과 최소의 노력으로 최대의 교육적 효과를 볼 수 있는 교재 · 교구를 선정한다. 비용과 교육적 효과는 반드시 비례하는 것이 아니며, 다양한 교육적 기능을 고려한다.
교육성	적극적 참여와 구체적이고 직접적인 경험을 통해 적극적인 참여를 유발하고, 신체 · 사회 · 정서 · 언어 · 인지의 균형 있는 발달을 촉진하고, 주제에 대한 학습능력과 흥미가 증가하며, 비판적 사고, 문제해결력, 응용력, 창의적인 사고를 도와주는 것을 선정한다.
매력성	유아가 가지고 놀고 싶은 마음을 가질 수 있게끔 교재 · 교구가 아름답고 정확하게 디자인되며, 호기심과 즐거움, 심미감을 줄 수 있는 것을 선정한다.
상호작용성	유아들은 소집단활동을 통해 창의력과 문제해결력을 기를 수 있다. 따라서 또래 유아들 간에 상호작용이 자연스럽고 활발하게 이루어질 수 있는 교재 · 교구를 선정한다.
융통성	교재 · 교구의 활동방법을 다양하게 변경할 수 있는 융통성과 창의성을 발휘할 수 있는 교재 · 교구를 선정한다.
통합성	이전 경험과 새로운 경험의 통합, 생활의 통합, 내용 영역 간의 통합(건강, 사회, 표현, 언어, 탐구), 흥미 영역 간의 통합, 지역사회와의 통합된 경험을 부여하는 교재 · 교구를 선정한다.
관리의 용이성	깨끗하고 가벼우며, 이동이 용이하고, 공간을 적게 차지하는 등 유지, 관리, 보관이 용이한 것을 선정한다.

모든 교재 · 교구 구매 시 교재 · 교구는 장난감 안전기준에 합격한 'Q'자 마크가 새겨진 것을 구입한다. 'Q' 마크는 품질인증마크 중의 하나로 제조업체가 해당분야 민간 시험연구원에 신청하여 소정의 품질기준에 합격한 것에 한해서 부착되는 마크이다. 그리고 구입 시 교재 · 교구의 내구성이 강한지, 부속품의 조립상태는 견고한지를 확인한 뒤 구입해야 하며, 뾰족한 모서리, 작은 부품으로 인한 위험성이 있는지를 확인해야 한다. 또한 교재 · 교구에 흠, 틈새, 페인트 부스러기, 가시, 부서지거나 깨진 조각, 헐거워진 나사나 볼트 부분이 없는지 꼼꼼하게 확인해야 한다.

3) 교재 · 교구의 배치

같은 교재 · 교구라도 배치하는 방법에 따라 유아들의 반응은 다르게 나타난다. 즉,

유아들의 눈높이에서 어떤 교재·교구가 배치되어 있는지 한눈에 볼 수 있어야 하며, 흥미영역별로 배치하여 유아들이 자신의 흥미와 요구에 따라 다양한 활동에 골고루 참여할 수 있도록 한다. 교재·교구의 배치형태는 유아들의 활동형태와 지속시간에 영향을 주는 주요한 요인이기 때문에 배치 장소와 방법에 다양한 변화를 주어 유아들의 흥미를 유지시킨다. 교재·교구는 유아의 흥미와 관심, 요구, 주제, 교육내용, 견학, 행사, 계절에 따라 변화를 주어 배치한다. 하지만 많은 자료를 한꺼번에 내어 놓거나 배치를 자주 바꾸는 등의 너무 많은 변화는 유아들에게 불안감을 형성하기 때문에 주의를 해야 한다. 교재·교구의 배치 시 유의할 점은 <표 5-5>와 같다(김정규 외, 2002; Decker & Decker, 1976; 이대균, 송정원, 2002 재인용).

〈표 5-5〉 교재·교구의 배치 시 유의할 점

- 교육 목적을 반영하여 조화롭고 정돈된 배열과 배치를 한다.
- 연관성이 있는 교재·교구는 인접 배치하여 통합된 활동 또는 상호보완적인 활동이 되도록 한다.
- 매일 사용하는 것은 항상 배치한다.
- 유아의 시야에 쉽게 들어와야 하며 활용하기 쉬워서 활동 의욕을 불러일으킬 수 있도록 배치한다.
- 용도에 맞는 다양한 형태의 교구장을 준비하고, 정리하기 쉽도록 교구의 영역별 제자리를 표시한다.
- 작은 구성물이 있는 자료는 바구니를 활용하여 분실하지 않으며, 정리하기 쉽도록 한다.
- 친숙한 것의 편안함과 새로운 것의 신기함, 도전의식을 균형 있게 경험할 수 있도록 배치한다. 특히, 학기가 진행됨에 따라 유아에게 익숙한 것에서부터 낯선 것으로, 구체적인 실물에서 추상적인 것, 개인용 자료에서 집단으로 이용할 수 있는 자료를 배치한다.
- 색과 재질의 조화를 고려해서 배치한다. 즉, 원색과 중간색, 밝은색과 어두운색, 부드러움과 딱딱함, 매끈함과 거침, 따뜻함과 차가움 등 다양한 색과 재질을 균형 있게 경험해 봄으로써 감각의 발달을 도울 수 있도록 배치한다.
- 교재·교구의 이동성과 고정성을 고려하여 배치하고, 이동하기 어려운 것은 교구장에 고정하고, 파손되기 쉬운 것은 안전한 장소에 배치한다.
- 구조성이 높은 것 - 낮은 것, 쉬움 - 어려움, 단순함 - 복잡함, 동적 활동 - 정적 활동, 대근육활동 - 소근육활동, 실내 활동 - 실외 활동, 유아 주도 - 교사 주도 활동, 혼자 - 여럿이 하는 교재·교구, 유아와 유아 간의, 유아와 교사 간의, 유아와 교재·교구 간의 여러 가지 유형의 상호작용이 균형 있게 이루어질 수 있도록 배치한다.
- 교실 내 유아의 수, 연령, 활동 공간, 활동 목적, 교수방법 등을 고려하여 교재·교구의 양과 종류를 정하여 배치한다. 자료가 부족하거나, 활동 공간이 비좁을 때 유아의 공격적인 행동이 일어나기 쉬우며, 싸움이 발생할 수 있는 교재·교구는 학급의 상황에 따라 가감한다.

4) 교재 · 교구의 활용

(1) 교재 · 교구 활용 시 유의점

교재 · 교구를 유아들에게 제시하는 과정은 교재를 선정하고 제작하는 것만큼 중요하다. 왜냐하면 교사의 교재 · 교구 제시방법이 의도한 교육목표의 달성 여부와 깊은 관련이 있기 때문이다. 즉, 유아들의 흥미를 이끌어 내고, 계속적으로 유지할 수 있는 방법으로 교재 · 교구를 제시하고, 교재를 사용하는 과정 중에 유아와 교재 · 교구 간에 바람직한 상호작용을 이끌어 낸다. 또한 교재 · 교구를 활용한 결과에 대하여 다양한 방법으로 피드백이 제공된다면 교재 · 교구가 지니고 있는 교육적 의도보다 더 큰 교육적 효과를 기대할 수 있다.

교사는 유아들이 교재 · 교구를 자율적으로 선택하는지, 유아들 상호 간에 협력적으로 사용하는지, 관리와 보존의 필요성이 있는지를 반드시 살펴보아야 한다.

교사는 교재 · 교구의 활용을 항상 관찰하는 관찰자이고, 적절한 교재 · 교구의 제공시기를 알고 제공하는 제공자이며, 교재 · 교구 활용의 결과를 평가하는 평가자로서의 역할을 담당할 필요가 있다. 즉, 교사는 교재 · 교구의 특성과 대상 유아의 발달적 특성에 따라 순발력 있고 융통성 있는 역할을 수행할 필요가 있다. 데이(Day)가 제시한 교사의 역할은 <표 5-6>과 같다.

〈표 5-6〉 교사의 역할

- 관찰(observation): 유아의 교재 · 교구 선정과 활용과정을 관찰하고 교재의 활용도와 배열상태, 관리상태를 점검하며 활용을 원활히 하기 위해 교재 · 교구를 재배치하고 활용방안을 모색한다.
- 조력(support): 유아가 교재 · 교구를 이동하고 사용하며 정리하는 데 도움을 준다.
- 참여(participation): 유아들과 함께 교재 · 교구를 활용하고 그 결과와 즐거움을 함께 나눈다.
- 시범(demonstration): 유아들에게 교재 · 교구의 활용방법을 시범 보이고 과제를 수행하는 과정과 태도를 보여준다.

유아교육기관은 유아들의 작품, 개인 물건, 비품, 그 외의 여러 가지 사물들로 가득하다. 하지만 교재 · 교구가 너무 많아 무질서하다면 교육의 효과는 감소할 것이다. 유아들이 활동하는 공간은 흥미진진한 적절한 종류의 교재 · 교구로 채워져 있어서 유아들이 즐겁고 흥미롭게 놀이를 할 수 있도록 세심한 계획하에 구성되어야 한다. 유아 교실의 교재 · 교구는 기능적으로 적절하고 동시에 심미적으로 전시 · 배열되고 유지되어야 한다. 교재 · 교구의 배열 시 고려해야 할 점에 대해 Dacker와 Decker(1976)는 <표 5-7>과 같이 제시하였다.

〈표 5-7〉 교재 · 교구의 배열 시 고려해야 할 점

- 매일 사용하는 교재 · 교구는 항상 배열해 두어야 한다.
- 유아가 이동시키기 힘든 교재 · 교구는 낮은 책상이나 선반에 고정시켜 놓고 사용할 수 있도록 한다.
- 교재 · 교구장이나 선반은 충분한 공간을 가지고 있으며 다양한 형태로 구성하며, 특별 용도로 활용될 수 있는 것이면 좋다.
- 교재 · 교구는 흥미영역별로 구분하여 배열한다.
- 교구장에 교재 · 교구를 놓는 자리를 표시함으로써 유아가 사용하고 정리하기 편리하도록 한다.
- 시청각 기자재나 과학 기기 중 파손되기 쉬운 교구는 이동하지 않고 안전한 장소에 배치해 둔다.

교재 · 교구의 다양성이나 교재 · 교구의 질 못지 않게 매우 중요한 요인은 유아들이 교재 · 교구를 얼마나 쉽게 꺼내어 활용할 수 있는가이다. 아무리 좋은 교재라도 한눈에 보이지 않는다면 유아들의 활동 빈도수가 낮아지게 되고, 무질서하게 늘어놓는 것 또한 유아의 활동과 교수활동을 방해하는 요인이 되기 때문에 배열할 때 주의를 기울일 필요가 있다. 교재 · 교구를 배치하는 데 있어 고려해야 할 점을 데이(Day)의 견해를 참고로 설명하면 <표 5-8>과 같다.

〈표 5-8〉 교재 · 교구를 배치하는 데 있어 고려해야 할 점

- 개방된 선반: 유아들이 사용할 교재 · 교구는 문 또는 서랍이 있는 장에 배치하지 않고 유아들이 한눈에 보고 선택할 수 있도록 개방된 장에 배치해야 한다. 시각적으로 보이지 않거나 꺼내고 집어넣기 어려운 교재는 활용 빈도가 매우 낮다.
- 낮은 선반: 유아의 눈높이에 알맞은 선반에 교재 · 교구를 배치하는 것은 유아가 스스로 꺼내거나 정리하는 것을 용이하게 하며, 교사의 불필요한 업무를 줄여 주기 때문에 효율적으로 시간을 활용할 수 있게 도와준다.
- 정돈된 배열: 교재 · 교구를 기능적으로 활용할 수 있도록 하기 위해서는 각 교재 · 교구가 차지하는 공간을 확보해 놓아야 한다. 또한 교재 · 교구를 수준별 · 내용별 · 활동영역별로 체계적으로 배치하는 것은 유아가 교재 · 교구를 바람직하게 활용하고 정리 · 정돈할 수 있게 유도하는 역할을 한다. 특히, 유아가 사용하기 전의 교재 · 교구의 배열상태는 사용 후 정리 · 정돈의 모델이 된다.
- 교육 목적의 반영: 의도한 교육 목적에 따라, 교육 프로그램에 따라, 교재 · 교구 자체가 지닌 기대되는 결과에 따라 배열 형태 및 공간적 배치를 달리해야 한다. 또한 다른 교재 · 교구와의 상호보완 관계를 고려하여 배치하도록 한다.
- 매력적인 공간: 교재 · 교구를 배열하는 공간은 유아들이 교재 · 교구를 활용하고 싶어 하도록 깨끗하고 아름답게 구성되어야 하며, 창의적이고 독창적으로 구성하여 유아의 흥미를 유지하도록 한다.

(2) 교재 · 교구 활용의 실제

교구명	빨래 숫자놀이	활동영역	수영역	대상	만 3세
목표	1~10까지 숫자 모양을 인식한다.				
교구					
활동방법	• 집게에 있는 숫자와 옷에 있는 숫자를 일치시켜 빨랫줄에 옷을 건다. • 숫자놀이가 끝나면 옷과 집게를 줄에 같이 건 후 말아서 통에 넣어 정리하고 보관한다.				
확장활동	숫자 색깔과 옷 색깔을 일치시켜 빨랫줄에 걸면서 색깔 공부를 할 수 있다.				

교구명	나누어 담아요	활동영역	수영역	대상	만 3세
목표	• 색깔, 모양, 숫자끼리 분류할 수 있다. • 스스로 분류기준을 정하여 분류할 수 있다.				
교구	 				
활동방법	• 보관함을 분리시킨다. • 보관함에 들어 있는 도형을 펼쳐 놓는다. • 모둠을 나누어 활동 순서를 정한다. • 보관함에 달려 있는 색연필의 색깔을 보고 색깔별로 분류해서 담는다. • 보관함의 그려진 모양을 보고 같은 모양의 도형을 담는다. • 보관함에 있는 숫자를 보고 같은 숫자의 도형을 담는다. • 다른 놀이방법을 생각해 본다.				
확장활동	활동판을 만들어서 숫자와 도형이 일치하는 것을 활동판에 붙이는 놀이를 한다(예: 숫자 1이면서 세모 모양인 것).				

교구명	도형 맞추기	활동영역	수영역	대상	만 3세
목표	• 숫자와 색깔을 분류할 수 있다. • 도형 이름을 알 수 있다.				
교구					
활동방법	• 도형의 이름을 하나씩 알려 준다. • 같은 모양, 같은 색, 같은 수끼리 분류하게 해본다. • 분류한 각각의 도형이 몇 개인지 세어 보게 한다. • 같은 색, 같은 모양, 같은 수끼리 쌓아 보게 한다.				
확장활동	• 도형을 바닥에 늘어놓고 도형의 이름과 숫자를 교사가 말하면 도형 가져오기 놀이를 해본다. • 도형의 뒤에 그려져 있는 사물의 개수만큼 쌓아 보게 한다.				

교구명	블록 쌓기 숫자놀이	활동영역	수영역	대상	만 3세
목표	숫자도 익히고 블록 쌓기를 통하여 신체발달에 도움을 준다.				
교구					
활동방법	• 숫자를 순서대로 나열하여 숫자의 크기를 이해한다. • 숫자와 그림을 보며 수를 이해한다. • 쌓기놀이를 하여 소근육을 발달시킨다.				
확장활동	수의 개념을 알아보면서 각각의 그림(물고기, 꽃, 나비, 별, 하트, 사탕, 당근, 토끼) 모양과 쌓기놀이를 통하여 근육발달과 협응력을 키우고 숫자에 대한 개념을 키울 수 있다.				

교구명	수·막대놀이	활동영역	수영역	대상	만 3세
목표	수와 양을 비교하며 수의 개념을 이해한다.				
교구					
활동방법	• 숫자와 간식을 탐색한다. • 숫자에 맞게 간식을 붙여 본다. • 수와 양을 비교해 본다.				
확장활동	간식을 이용한 덧셈, 뺄셈을 할 수 있다.				

<table>
<tr><td>교구명</td><td>육면체 퍼즐 주사위</td><td>활동영역</td><td>수영역</td><td>대상</td><td>만 3세</td></tr>
<tr><td>목표</td><td colspan="5">퍼즐 주사위를 가지고 맞추어 봄으로써 부분과 전체의 개념을 익힌다.</td></tr>
<tr><td>교구</td><td colspan="5"></td></tr>
<tr><td>활동방법</td><td colspan="5">• 먼저 퍼즐의 바탕색을 같게 모은다.
• 부분의 그림조각을 연결하여 완성된 그림으로 맞춘다.</td></tr>
<tr><td>확장활동</td><td colspan="5">조작영역활동으로 이용할 수 있다.</td></tr>
</table>

<table>
<tr><td>교구명</td><td>숫자놀이 주사위</td><td>활동영역</td><td>수영역</td><td>대상</td><td>만 3세</td></tr>
<tr><td>목표</td><td colspan="5">• 숫자의 개념을 익히도록 한다.
• 1~6까지의 수와 양의 개념을 익힌다.</td></tr>
<tr><td>교구</td><td colspan="5"></td></tr>
<tr><td>활동방법</td><td colspan="5">• 과일 위에 숫자가 붙어 있어 숫자를 읽을 수 있도록 한다.
• 각 과일을 열면 작은 과일들이 숫자에 맞추어 들어 있어 떼었다 붙였다 하며 셈 놀이를 하도록 한다.
• 과일을 열고 닫을 때마다 유아의 소근육을 발달시킬 수 있도록 한다.</td></tr>
<tr><td>확장활동</td><td colspan="5">시장놀이를 하면서 과일가게에 가서 주사위를 던져 나온 과일을 직접 사오는 놀이를 한다.</td></tr>
</table>

<table>
<tr><td>교구명</td><td>엄마닭과 달걀 속 병아리</td><td>활동영역</td><td>수영역</td><td>대상</td><td>만 3세</td></tr>
<tr><td>목표</td><td colspan="5">1~10까지의 수를 이해하고 셀 수 있다.</td></tr>
<tr><td>교구</td><td colspan="5"></td></tr>
<tr><td>활동방법</td><td colspan="5">• 도입
- 유아들과 “숫자노래”를 신나게 불러 본다. - 1은 랄랄라 하나이고요, 2는 랄랄라 둘이고요.
• 전개
- 활동자료를 보여 준다.
- 1~10의 각각의 숫자 병아리를 보고 수와 양의 개념에 대해 이야기한다.
- 병아리의 몸에 있는 숫자와 달걀에 붙여진 수만큼의 그림과 짝을 찾을 수 있도록 한다.</td></tr>
<tr><td>확장활동</td><td colspan="5">1~10의 숫자를 한글로도 알고 쓸 수 있도록 한다.</td></tr>
</table>

<table>
<tr><td>교구명</td><td>수 · 감각 애벌레</td><td>활동영역</td><td>수 · 감각영역</td><td>대상</td><td>만 3세</td></tr>
<tr><td>목표</td><td colspan="5">• 수의 크기와 양을 알 수 있다.
• 각각 다른 소재의 몸통을 손으로 만져 봄으로써 부피감, 무게감, 촉감을 느낄 수 있다.</td></tr>
<tr><td>교구</td><td colspan="5"></td></tr>
<tr><td>활동방법</td><td colspan="5">[수영역]
• 애벌레의 여섯 개의 몸통을 떼어 낸다. • 숫자 크기의 순서에 맞게 차례대로 붙인다.
• 숫자가 적힌 깃발을 애벌레 몸통 숫자에 맞게 붙인다.
[감각영역]
• 애벌레의 머리와 여섯 개의 몸통을 떼어 낸다.
• 머리와 몸통에 각각 다른 소재가 들어 있으므로 하나씩 만져 본다.
• 만지면서 촉감을 느껴 보고 각각의 무게의 차이를 느껴 본다.
♣ 애벌레 안에 들어간 소재: 머리(삑삑이), 몸통 숫자 1(비닐), 숫자 2(콩), 숫자 3(솜), 숫자 4(딸랑이), 숫자 5(쌀), 숫자 6(스티로폼 작은 공)</td></tr>
<tr><td>확장활동</td><td colspan="5">미술영역(색깔놀이): 몸통이 각각 다른 색(6가지)으로 되어 있어 몸통을 떼었다 붙이며 색깔놀이를 할 수 있다.</td></tr>
</table>

교구명	기차놀이	활동영역	수영역	대상	만 3세
목표	1~7까지 숫자를 세고 읽을 수 있다.				
교구					
활동방법	• 도입 - 기차를 보면서 이야기 나눈다. - 기차에는 어떤 숫자가 써 있나요? - 기차의 '5'는 무엇을 뜻하는 걸까요? • 전개 - 기차에 써 있는 숫자를 차례대로 읽어 볼까요? - 기차에 써 있는 숫자만큼 당근을 실어요? - 모든 유아들이 활동에 참여하게 한다. - 숫자를 잘 모르는 유아는 교사가 도와준다. • 마무리 - 수활동 교구를 수영역에 두고 개인적으로 자유롭게 활동하도록 해준다.				
확장활동	기차의 숫자를 이용해서 +와 -를 할 수 있다.				

교구명	숫자 주사위	활동영역	수영역	대상	만 3세
목표	1~6까지의 수와 양의 개념을 익힌다.				
교구					
활동방법	• 교사는 유아에게 주사위 면에 있는 수를 보고 수만큼 그림을 붙이는 시범을 보인다(수 1에는 딸기 그림 1개를 붙이고, 수 2에는 오렌지 그림을 붙이고, 수 3에는 바나나 그림을 붙이고, 수 4에는 수박 그림을 붙이고, 수 5에는 포도 그림을 붙이고, 수 6에는 가지 그림을 붙인다). • 유아는 교사를 따라 그림을 주사위에 붙여 본다.				
확장활동	• 주사위를 던지는 게임을 통해 수를 비교하여 더 큰 수를 알 수 있다. • 단추를 사용함으로써 소근육활동을 할 수 있다.				

교구명	붕어빵 숫자놀이	활동영역	수영역	대상	만 3세
목표	수와 양을 일치할 수 있다.				
교구					
활동방법	• 붕어빵을 왼쪽에는 많은 양, 오른쪽에는 적은 양을 놔두고 어느 쪽의 양이 많은지 물어본다. • 주머니에 쓰인 숫자만큼 담아 보게 한다.				
확장활동	주머니에 담아 온 수에서 몇 개를 더해 보기도 하고 빼 보기도 한다.				

교구명	곰돌이 도형	활동영역	수영역	대상	만 3세
목표	도형의 종류와 모양을 분류한다.				
교구					
활동방법	• 도형의 모양을 알아본다(세모, 네모, 하트, 별, 동그라미, 마름모). • 같은 모양의 도형을 찾아본다. • 스티로폼판에 부착된 도형 모양을 살펴본다. • 같은 모양의 도형을 찾아 곰돌이를 붙여 본다.				
확장활동	도형을 이용한 규칙 찾기 놀이를 할 수 있다(예: 동그라미 - 세모 - 네모 - 하트 - 별 - 마름모).				

교구명	촉감책	활동영역	수영역	대상	만 3세
목표	• 수를 촉감으로 알 수 있다. • 촉감을 발달시킨다.				
교구					
활동방법	• 입체적인 숫자를 손으로 만져 본다. • 숫자만큼 촉감을 만짐으로써 수를 이해한다.				
확장활동	만져지는 촉감의 느낌을 이야기할 수 있다.				

교구명	규칙 찾기	활동영역	수영역	대상	만 3세
목표	사물이 놓인 것을 보고 규칙을 찾아 따라 해보는 활동을 통해 수학적인 사고를 기른다.				
교구	 				
활동방법	• 유아들에게 도형의 모양을 알게 하고 왼쪽에 놓인 도형을 말해 보고 도형 조각을 찾아 차례로 붙인다. • 사과, 코끼리가 어떤 차례로 놓였는지 말해 본다. 토끼, 코끼리도 어떤 차례로 놓였는지 말해 보고 같은 차례로 붙인다. • 하나면 수그림이 한 개이고 둘이면 수그림이 두 개라고 유아들에게 설명한다. 수를 하나에서 여섯까지 말해 보고 수그림을 찾아 차례에 맞게 빈 곳에 붙인다.				
확장활동	생활 주변의 사물 중에서 세 가지가 차례로 반복되는 무늬나 둥글게 원형 배열로 반복되어 있는 물건을 찾아보게 한다.				

<table>
<tr><td>교구명</td><td>케이크 수 · 조작놀이</td><td>활동영역</td><td>수영역</td><td>대상</td><td>만 3세</td></tr>
<tr><td>목표</td><td colspan="5">1~10까지의 숫자를 인식한다.</td></tr>
<tr><td>교구</td><td colspan="5"></td></tr>
<tr><td>활동방법</td><td colspan="5">• 도입: 유아에게 조각 케이크를 보여 주고 케이크를 먹어 본 경험을 이야기 나눈다.
• 전개: 조각 케이크를 보면서 생일축하 놀이를 제안해 본다. 누구의 생일인지 정해 보고 생일잔치를 어떻게 하는지 말해 본다.
- "○○야, 오늘 누구의 생일이라고 할까?" - "생일 축하합니다. 생일 축하합니다."
• 전개: 조각 케이크를 한 개씩 주면서 숫자를 이야기해 준다.
- 조각 케이크 위에 새겨진 숫자 1~10과 그 아래에 있는 모양을 세어 본다(케이크 조각을 들면 그 자리에 숫자만큼의 모양이 있음).
- 조각 케이크가 7이면 ★ 모양이 7개 있네?
• 마무리: 영아의 경험을 놀이로 할 수 있도록 상호작용해 준다.</td></tr>
<tr><td>확장활동</td><td colspan="5">생일 케이크와 숫자와 관련된 활동지를 색칠해 본다.</td></tr>
</table>

<table>
<tr><td>교구명</td><td>낚시놀이</td><td>활동영역</td><td>수영역</td><td>대상</td><td>만 3세</td></tr>
<tr><td>목표</td><td colspan="5">낚시를 통한 집중력과 수에 대해 배워 본다.</td></tr>
<tr><td>교구</td><td colspan="5"> </td></tr>
<tr><td>활동방법</td><td colspan="5">[즐거운 낚시놀이]
• 자석의 성질에 대해 배워 본다. • 낚시의 즐거움과 집중력을 키워 본다.
• 낚싯대의 줄의 길이를 조절하면서 길고 짧은 것에 대하여 배워 본다.
[수놀이]
• 숫자에 대해 배워 본다. • 주사위를 던져서 나온 숫자의 양만큼 물고기를 잡는다.</td></tr>
<tr><td>확장활동</td><td colspan="5">• 활동지를 이용하여 숫자와 양에 대하여 배워 본다.
• 물고기의 이름과 종류에 대해 알아본다.</td></tr>
</table>

<table>
<tr><td>교구명</td><td>우주여행</td><td>활동영역</td><td>수영역</td><td>대상</td><td>만 3세</td></tr>
<tr><td>목표</td><td colspan="5">1~5까지 수세기를 익힌다.</td></tr>
<tr><td>교구</td><td colspan="5"></td></tr>
<tr><td>활동방법</td><td colspan="5">• 우주여행에 관한 동화책을 재미있게 읽어 준다.
• 우주선을 타고 가족 또는 친구들과 재미있게 여행하는 이야기를 들려준다.
• '누가 탄 우주선이 먼저 출발할까?' 하며 차례대로 우주선을 배열하게 한 다음 단추 끼우기를 한다.
• 먼저 출발하는 순서로 숫자를 붙여보도록 한다.
• 1~4과정을 반복하며 수세기와 수서열 개념이 생길 수 있도록 돕는다.</td></tr>
<tr><td>확장활동</td><td colspan="5">수영역뿐 아니라 유아의 소근육운동과 집중력, 그리고 우주에 대한 상상력도 키울 수 있다.</td></tr>
</table>

<table>
<tr><td>교구명</td><td>빨래 널기</td><td>활동영역</td><td>수영역</td><td>대상</td><td>만 3세</td></tr>
<tr><td>목표</td><td colspan="5">놀이를 통해 소근육발달을 기르며 수개념을 익힐 수 있다.</td></tr>
<tr><td>교구</td><td colspan="5"> </td></tr>
<tr><td>활동방법</td><td colspan="5">• 주사위를 던진다.
• 주사위를 던져 나온 수만큼 당근을 옷에 붙인다.
• 당근을 붙인 옷을 토끼 빨래집게에 붙인다(빨래에 당근을 1~5까지밖에 붙일 수 없기 때문에 5 이상이 나온 수는 다른 빨래에 있는 당근과 조합하여 만든다).
(예: 6이 나온 경우 2 + 4, 3 + 3, 5 + 1과 같은 방법으로 활용한다)
• 더하기 개념을 익힐 수 있다.</td></tr>
<tr><td>확장활동</td><td colspan="5">위와 같은 방법으로 더하기를 익힌 다음 더하기 대신 빼기를 적용하여 놀이에 응용할 수 있다.</td></tr>
</table>

교구명	룰루랄라 숫자북	활동영역	수영역	대상	만 3세
목표	• 수개념을 익히고 숫자를 읽는다. • 조작적 활동을 하여 눈과 손의 협응력을 기른다. • 공간과 도형개념을 형성한다.				
교구	 				
활동방법	• 유아들에게 교구를 탐색할 시간을 가진 후 어떻게 활용하는지 이야기한다. • 숫자에 맞는 수만큼 과일 모양과 도형을 붙여 본다. • 1~3까지는 구체물을 세고 수량을 안다. • 4~5까지는 같다와 더 많다, 더 적다의 관계를 안다. • 시간의 개념을 시계를 조작하면서 설명해 준다. • 단추 끼우기, 끈 끼우기를 통해서 소근육 강화와 유아의 자신감을 키울 수 있도록 진행한다.				
확장활동	• 5까지의 수에 대해서 더하고 빼기를 한다. • 교실 안에서 찾을 수 있는 도형을 보거나 기억하여 그린다.				

교구명	과일의 겉과 속	활동영역	언어영역	대상	만 3세
목표	• 과일의 종류와 이름에 대해 안다. • 과일의 생김새에 관심을 갖는다.				
교구	 				
활동방법	• 도입: 과일에 관련된 노래를 부르고 과일에 대해 이야기 나눈다. - 수박 파티 노래를 부른다. - 수박의 모양은 어떠니? - 수박은 어느 계절에 볼 수 있니? - 수박과 같이 여름에 볼 수 있는 과일을 알아본다. • 전개 - 과일의 종류에 대해 이야기 나눈다. - 과일을 탐색한다. - 과일의 겉과 속을 관찰한다. • 마무리: 관찰한 것을 관찰지에 글이나 그림으로 표현한다.				
확장활동	• 과일의 글자 알아보기(언어영역) • 씨앗 수세기(수 · 조작영역)				

교구명	낱말카드놀이	활동영역	언어영역	대상	만 3세
목표	그림카드와 연관된 낱말을 찾아 말하고, 글자에 관심을 가진다.				
교구					
활동방법	• 그림카드를 보여 주며 무엇인지 이름을 물어보고, 연관된 낱말카드를 짝지어 보여 준다. • 활동지를 나누어 주고, 유아들이 그림을 보고 스스로 이름을 쓸 수 있게 한다.				
확장활동	• 팀을 나누어 낱말카드 짝짓기 놀이를 한다. • 단어 쓰기 놀이로 확장한다.				

교구명	길 찾기 놀이	활동영역	언어영역	대상	만 3세
목표	우리 동네 여러 기관을 알 수 있다.				
교구					
활동방법	• 우리 동네에는 여러 기관이 있음을 안다. • 각 기관을 나타내는 상징적인 표시를 이해하고 구별할 수 있다. • 각 기관의 모형을 보여 주고 이야기 나눈다. • 각 기관이 하는 역할에 대해 알아본다. • 동물들과 자동차들이 어떤 기관에 해당되는지 알 수 있다.				
확장활동	자동차가 도로를 달리면서 교통신호의 위험성에 대해 알아본다.				

교구명	소중한 나의 몸	활동영역	언어영역	대상	만 3세
목표	신체 부위의 각 명칭을 알 수 있다.				
교구					
활동방법	• 도입: '눈은 어디 있나? 여기.' 교사는 유아들과 신체 부위를 맞추는 게임을 하면서 자연스럽게 신체의 부위에 대해 이야기 나눈다. • 전개 - 우리 몸을 살펴보는 시간을 가질 거라고 이야기한다. - 신체 모형에 글자카드를 붙이는 활동을 해본다. - 몸의 각 부분의 이름을 아는 활동이 끝나면 하는 일에 대해 이야기 나눈다. • 마무리: 우리 몸을 소중히 해야 함을 알게 한다. - 소중한 몸을 어떻게 다루어야 할까? - 몸을 만지려고 하면 뭐라고 말해야 할까?				
확장활동	유아의 동일한 신체 부위를 보며 생김새를 비교해 볼 수 있다.				

교구명	동물책	활동영역	언어영역	대상	만 3세
목표	그림책을 보면서 글자, 색깔, 모양에 관심을 갖는다.				
교구					
활동방법	흰색 토끼 ~ 발그스레 볼, 쫑긋 귀 곱슬머리 송아지 ~ 큰 입을 가졌어요 꿀꿀 돼지 ~ 큰 코에 콧구멍이 빵빵 ~ 귀엽 코끼리 ~ 큰 귀, 앙증 긴 코, 발그스레 볼 큰 귀 원숭이 ~ 장난꾸러기 표정에 귀여운 앞머리 원숭이 어흥 사자 ~ 귀엽기만 한 걸. 큰 사자갈퀴, 얼굴 덮은 이쁜 귀 • 동물 이름을 찍찍이와 보들이로 붙임으로써 유아들이 색상과 모양, 더 나아가서는 동물들의 이름을 맞출 수 있다.				
확장활동	동물의 울음소리와 움직임을 흉내 내고, 농장, 연못, 숲, 동물원뿐만 아니라 유아만의 재미있는 동물 이야기를 꾸미면서 풍부한 상상력과 언어 표현력, 주도성을 키울 수 있다.				

<table>
<tr><td>교구명</td><td>과일 속 보기</td><td>활동영역</td><td>언어영역</td><td>대상</td><td>만 3세</td></tr>
<tr><td>목표</td><td colspan="5">과일의 이름에 관심을 가지고 그림과 글자를 일치시킬 수 있다.</td></tr>
<tr><td>교구</td><td colspan="5"> 
</td></tr>
<tr><td>활동방법</td><td colspan="5">• 책상 위에 준비된 과일을 펼쳐 두고 유아들이 관찰하면서 탐색하는 시간을 가진다.
• 무슨 과일인지 알아보고 겉과 속이 어떻게 다른지 이야기를 해본다.
• 교사가 이야기하는 과일을 찾아보도록 한다. “몸은 커다랗고 초록색 옷을 입고 있어요. 나는 누구일까요?”
• 유아가 과일 이름을 말하면 교사가 먼저 섞여 있는 글자들 중에 과일에 맞는 이름을 찾아서 붙인다.
• 유아에게도 과일 이름을 찾아서 붙여 보게 한다.</td></tr>
<tr><td>확장활동</td><td colspan="5">• 계절에 맞는 과일을 알아본다.
• 여러 가지 과일의 색깔, 맛, 향, 속은 어떻게 생겼는지를 알아본다.</td></tr>
</table>

<table>
<tr><td>교구명</td><td>동물</td><td>활동영역</td><td>언어영역</td><td>대상</td><td>만 3세</td></tr>
<tr><td>목표</td><td colspan="5">• 동물의 이미지와 동물 이름을 안다.
• 그림과 이름을 연결한다.</td></tr>
<tr><td>교구</td><td colspan="5">

</td></tr>
<tr><td>활동방법</td><td colspan="5">• 동물의 종류: 코끼리, 호랑이, 하마, 소, 곰, 사자
• 동물의 앞모습 흉내를 내며, 동물의 이름을 알아맞힐 수 있다.
• 동물의 이름을 큰 소리로 말한다.</td></tr>
<tr><td>확장활동</td><td colspan="5">친구들과 각자 나타내고자 하는 동물의 흉내와 특색을 알아맞히는 활동을 한다.</td></tr>
</table>

<table>
<tr><td>교구명</td><td>과일이 좋아</td><td>활동영역</td><td>언어영역</td><td>대상</td><td>만 3세</td></tr>
<tr><td>목표</td><td colspan="5">• 글자가 적힌 퍼즐 조각을 그림과 같이 짝지을 수 있다.
• 손의 감각으로 입체 과일 조각을 보면서 감각적 글자를 습득할 수 있다.</td></tr>
<tr><td>교구</td><td colspan="5"></td></tr>
<tr><td>활동방법</td><td colspan="5">• 유아들에게 자신이 알고 있는 과일의 이름과 색깔의 특징에 대해 이야기를 나눈 후 조각퍼즐 글자카드를 제시한다.
• 글자와 그림이 있는 조각퍼즐을 소리 내어 읽어 준다. “여러 가지 과일 퍼즐을 맞추어 볼까?”
• 과일 그림 조각을 떼 내어 옆에 놓아둔다. • 짝을 맞춘 카드를 들고 과일 이름을 다시 말해 본다.
• 여러 번 반복해서 퍼즐 맞추기를 즐기도록 한다.</td></tr>
<tr><td>확장활동</td><td colspan="5">• 글자 쓰기 활동이나 읽기 활동으로 진행한다.
• 좋아하는 과일에 대하여 이야기 나눈다.</td></tr>
</table>

<table>
<tr><td>교구명</td><td>병원놀이</td><td>활동영역</td><td>역할영역</td><td>대상</td><td>만 3세 이상</td></tr>
<tr><td>목표</td><td colspan="5">• 병원의 기능과 역할을 안다. • 병원에서 일하시는 분들의 고마움과 건강의 소중함을 안다.</td></tr>
<tr><td>교구</td><td colspan="5">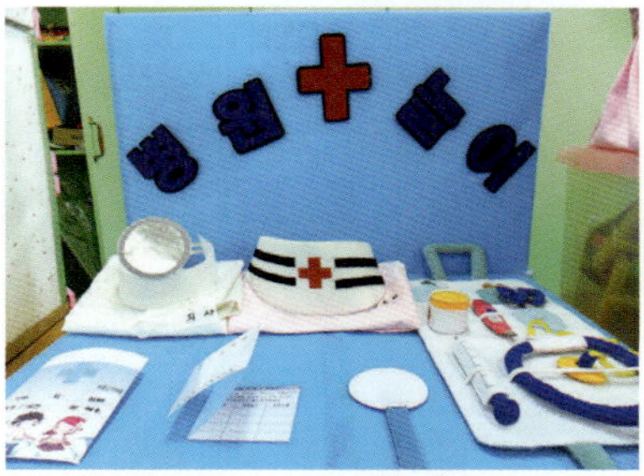</td></tr>
<tr><td>활동방법</td><td colspan="5">• 병원놀이를 하기 위해 어떤 역할이 필요한지에 대해 이야기한다.
- 병원놀이를 하려면 어떤 사람들이 있어야 할까? - 의사는 누가 할까? - 간호사는 누가 할까?
• 병원놀이 진행과정에 대해 이야기한다.
- 간호사에게 접수하기 - 간호사가 이름을 부르면 의사선생님께 진찰받기
- 아픈 곳을 이야기하고 진찰받기 - 의사선생님의 처방받기
- 치료받기 - 간호사에게 처방전 받기
• 자유놀이시간을 이용해서 자유롭게 병원놀이를 해보도록 한다.</td></tr>
<tr><td>확장활동</td><td colspan="5">병원에서 처방전을 받아서 약국에서 약을 짓는 과정까지 연계하여 활동해 본다.</td></tr>
</table>

교구명	생선가게	활동영역	역할영역	대상	만 3세 이상
목표	• 다양한 생선의 종류와 이름을 안다. • 역할놀이를 통해 사회성발달 및 언어발달을 돕는다.				
교구					
활동방법	• 도입 - 시장에 가면 어떤 가게들이 있는지 물어본다. - 생선가게에 가면 어떤 것들이 있는지 물어보고, 생선과 어패류의 종류에 대해 이야기 나눈다. • 전개 - 생선가게 주인, 엄마, 아빠, 언니, 오빠, 나의 역할을 분담한다. - 생선과 오징어, 문어, 조개를 보면서 생선의 종류와 이름을 알아본다. - 각각의 역할에 따라 상호작용을 한다. • 마무리: 생선가게 놀이를 하면서 재밌었던 부분과 힘들었던 점에 대해 이야기 나눈다.				
확장활동	활동지에 있는 여러 가지 중 생선가게에서 보았던 물고기와 어패류를 구분해 낸다.				

교구명	옷가게	활동영역	역할영역	대상	만 4세
목표	• 옷가게놀이의 역할에 따라 상호작용을 활발하게 한다. • 장소에 맞는 옷차림을 알아본다. • 옷의 소중함과 옷을 정리·정돈하는 습관을 기른다.				
교구					
활동방법	• 도입 - 옷가게에 가 본 경험에 대하여 이야기한다. - 옷가게에 있는 물건의 용도에 대하여 이야기한다. • 전개 - 옷가게놀이를 하기 위한 역할을 정한다. - 가게 주인, 손님, 도우미 등의 역할을 나눈다. - 인형에 맞게 자기가 입히고 싶은 옷을 입힌다. • 마무리: 옷가게놀이를 하면서 재미있었던 점과 어려웠던 점에 대하여 이야기 나눈다.				
확장활동	옷가게를 견학해 본다.				

<table>
<tr><td>교구명</td><td>알록달록 블록 쌓기</td><td>활동영역</td><td>조작영역</td><td>대상</td><td>만 3세</td></tr>
<tr><td>목표</td><td colspan="5">다양한 색과 모양의 블록을 가지고 만지고 쌓으면서 집중력과 소근육을 발달시킨다.</td></tr>
<tr><td>교구</td><td colspan="5"></td></tr>
<tr><td>활동방법</td><td colspan="5">• 블록상자를 가져와 유아에게 보여 주고 함께 놀이해 보자고 관심을 갖게 유도한다.
• 알록달록한 블록을 꺼내어 유아에게 보여 주고 무슨 색깔인지 설명해 준다.
• 다양한 모양의 블록을 유아에게 보여 주고 무슨 모양인지 설명해 준다.
• 알록달록, 다양한 모양의 블록을 쌓아 보도록 놀이를 유도한다.
• 블록쌓기가 끝난 뒤 정리·정돈을 하도록 한다.</td></tr>
<tr><td>확장활동</td><td colspan="5">유아들이 함께 가위바위보를 하면서 이기는 사람이 마음에 드는 블록을 하나씩 가져가 블록도 쌓아 보고 숫자를 세어 누가 많이 가져갔는지 놀이를 해본다.</td></tr>
</table>

<table>
<tr><td>교구명</td><td>주사위 퍼즐 맞추기</td><td>활동영역</td><td>조작영역</td><td>대상</td><td>만 3세</td></tr>
<tr><td>목표</td><td colspan="5">• 여러 가지 과일, 채소 이름을 안다.
• 여러 가지 색에 대해서 안다.</td></tr>
<tr><td>교구</td><td colspan="5"> </td></tr>
<tr><td>활동방법</td><td colspan="5">• 먼저 퍼즐 색깔을 맞춘다.
• 과일의 색깔과 채소의 색깔을 찾아본다.
• 두 개의 주사위를 과일, 채소 모양에 맞추어 붙인다.
• 하나의 과일과 채소가 완성된다.</td></tr>
<tr><td>확장활동</td><td colspan="5">• 과일의 모양을 상상하여 그림을 그릴 수 있다.
• 어떤 과일을 좋아하는지 이야기 나눌 수 있다.
• 계절에 맞는 과일과 채소를 알 수 있다.</td></tr>
</table>

교구명	고리 끼우기	활동영역	조작영역	대상	만 3세
목표	• 신체활동을 돕는다. • 집중력을 향상시킬 수 있다.				
교구	 				
활동방법	• 다섯 개의 과일 링을 가지고 과일 이름과 색, 속 모양 등에 대해 이야기를 나눈다. - 무슨 과일일까? - 무슨 색일까? • 과일 링을 하나씩 끼워 촛불에 과일을 쌓아 올린다. • 다섯 개의 과일 링을 다 끼우면 촛불을 '후~우' 하고 끄게 한다. - 유아들은 촛불 끄는 것을 아주 좋아하므로 옆에서 자석이 부착된 촛불을 떼어내 준다.				
확장활동	자신감 및 자아성취감 형성 등의 정서발달을 돕고, 색, 모양, 크기, 수 등에 따라 다양한 개념발달을 돕는다.				

5) 교재 · 교구의 관리요령

유아교육기관에서 교재 · 교구를 합리적으로 보관하는 일은 매우 중요하다. 왜냐하면 초등학교보다 교수-학습활동에 교재 · 교구를 활용하는 양과 빈도수가 많으며, 유아에게 의미 있는 교육활동을 제공해 주기 위해서는 언제, 어디서, 어떤 교재 · 교구가 필요하게 될지 예상하고 적재적소에 활용할 수 있는 융통성이 요구되기 때문이다. 다시 말해 다양한 종류의 교재 · 교구를 갖추고 있는 것도 중요하지만 즉시 꺼내어 활용할 수 있도록 체계적으로 보관 · 관리되어야 활용 가능성이 높다. <표 5-9>는 교재 · 교구 보관 시 고려해야 할 점이다(김정원 외, 2005).

〈표 5-9〉 교재 · 교구 보관 시 고려해야 할 점

- 교재 · 교구를 보관할 독립된 방(자료실)을 따로 마련한다. 햇빛이 많이 들지 않고 서늘하며 통풍이 잘 되는 곳에 마련하는 것이 좋으나 조건이 여의치 않다면 교사실이나 복도의 구석을 활용하여 교재 · 교구를 주제별 · 유형별로 분리 · 보관할 수 있는 공간을 마련한다. 해충의 피해를 예방하기 위하여 방충제를 놓고, 장마철에는 습기로 인한 손상을 예방하기 위하여 방습제를 사용한다.
- 여러 형태의 교재 · 교구를 정리하여 보관할 수 있는 교재 · 교구장을 비치한다. 교재 · 교구가 손상되지 않고, 나중에 쉽게 찾고 꺼내어 사용하기 편리하게 보관하기 위해서는 다양한 형태로 구분된 교구장이 필요하다. 대개 목재장이나 조립식 앵글을 사용하는 편이다. 교재 · 교구를 세우거나 눕히거나 교재 · 교구 본연의 특성을 유지하면서 보관할 수 있는 공간적 여유가 충분하며, 상자나 바구니 등을 활용하여 교재 · 교구 각각의 구성물들을 분실하지 않도록 보관한다. 한눈에 볼 수 있고 쉽게 찾을 수 있도록 교재 · 교구장, 보관 바구니에는 분류 레이블과 분류 카드를 부착한다. 크기가 매우 큰 것은 비닐이나 천으로 싸서 먼지로부터 보호하고, 선반에 보관한다.
- 활용이 끝난 교재 · 교구는 손상되거나 분실한 조각들을 재정비하여 상자, 바구니, 지퍼락, 부직포나 천으로 만든 보관용 가방 등에 넣어 정리해 둔다. 교재 · 교구의 제작 및 활용 설명서를 함께 넣어 두어 다른 사람이 활용하기 편리하도록 배려하며, 여러 가지 보관용 상자, 바구니 등에는 유아교육기관 자체의 분류기준에 맞도록 분류 표시를 하고, 분류된 교재 · 교구장에 넣어 두고 분류카드에 내용을 기록해 둔다.
- 유아교육기관마다 편리한 분류기준(기호, 색깔 등)을 정하여 그에 따라 분류카드와 레이블을 활용한다.
- 현재 유아교육기관에 보관하고 있는 교재 · 교구 목록표를 기록해 두어 교재 · 교구를 확인하거나 다음의 교육계획을 세울 때 편리하게 활용한다.

교재 · 교구를 효과적으로 관리하기 위해서는 교재 · 교구를 관리하는 담당자를 정하고 관리대장을 작성한다. 관리대장은 교재 · 교구를 사용한 날짜와 반납한 날짜, 사용의 목적, 사용자 및 반납자 등과 같은 정보를 알 수 있는 양식을 마련하여 교재 · 교구 보관 장소에 비치하도록 한다. 또한 잘 사용하지 않는 교재 · 교구는 주기적으로 점검하여 파손된 것이 없는지를 체크하고 파손된 부분이 있으면 수리하여 보관한다. 교재 · 교구를 보관할 때는 지퍼백, 바구니, 통 등과 같이 교재 · 교구를 담을 수 있는 용품을 마련하여 교재 · 교구의 일련번호대로 정리한다. 이때 교재 · 교구는 연령별 또는 생활주제별로 구분하여 보관하는 것이 좋고 교재 · 교구를 폐기할 시에는 반드시 기록으로 남긴다.

교재 · 교구의 손상을 방지하기 위해서 보관 장소는 일정한 습도와 온도를 유지해야 하며 교재 · 교구를 보관한 장소와 위치는 쉽게 찾아볼 수 있도록 되어 있어야 한다(김명옥 외, 2010; 신혜원 외, 2017).

6) 교재 · 교구 안전관리

유아들의 다양한 놀이활동에 필요한 교재 · 교구는 무엇보다도 유아들에게 안정성을 확보해 주어야 한다. 이를 위해서 교사는 먼저 유아들에게 교재 · 교구를 안전하게 사용할 수 있는 사용법을 자세하게 안내해야 하며 반복적으로 지도하여야 한다. 특히, 보육실 내에 비치된 교재 · 교구는 무독성이고 불가연성의 재질로 된 것이어야 하며 빛이 반사되어 눈에 부담을 줄 수 있는 코팅한 교재 · 교구는 피하는 것이 좋다. 교재 · 교구의 모서리는 둥글게 처리된 것이 유아에게 적합하며, 유아들이 주사위, 말, 구슬과 같은 크기가 작은 교재 · 교구는 유실하지 않고 정리할 수 있도록 정리함을 마련한다. 영아반의 경우 영아의 안전을 확보하기 위해 너무 크거나 푹신한 인형은 피하는 것이 좋다. 영아를 위한 놀잇감 중 직경 3.5cm보다 작은 크기의 교재 · 교구는 삼킬 위험이 있으므로 피한다.

영유아의 안전한 놀이를 위해서는 무엇보다 부서지거나 수리가 필요한 교재 · 교구는 발견 즉시 수선하거나 사용이 어렵다고 판단된 것은 폐기하여야 한다. 건전지나 자석 또는 기타 작은 부속물이 빠지지 않았는지를 항상 체크하여 안전사고를 사전에 방지하여야 한다. 영아의 경우 교재 · 교구에서 빠져 나온 부속물들을 삼킬 수 있으며 자석을 삼켰을 시 매우 위험한 상황이 될 수 있으므로 교사는 이러한 부분에 대하여 매우 민감하게 고려하여야 한다.

스프링을 이용한 흔들말과 같은 놀잇감은 고정된 손잡이 형태가 안전한 것이어야 하며 움직이는 장난감을 타는 영역의 바닥에는 고무판을 깔아 두고 항상 교사가 지켜보는 상황에서 영유아들의 놀이가 이루어져야 한다(김명옥 외, 2010; 어린이집 안전공제회, 2017).

3. 시설 · 설비 및 비품관리

보육실은 영유아의 보호와 교육활동을 위해 최적의 조건을 갖추어야 한다. 이에 보육실을 둘러싸고 있는 물리적 환경은 보육실에서의 보호와 교육활동이 원활하게 이루어질 수 있도록 조성되어야 한다. 그리고 보육실뿐만 아니라 보육실과 함께 고려해야 할 시설의 설치 조건 및 시설에 적합한 설비 및 비품 등을 보육사업안내(보건복지부, 2018)를 중심으로 살펴보면 다음과 같다.

1) 시설의 위치 및 구조

(1) 어린이집의 입지조건

어린이집은 보육수요 · 보건 · 위생 · 급수 · 안전 · 교통 · 환경 및 교통편의 등을 충분히 고려하여 쾌적한 환경의 부지를 선정하여야 하므로 영유아의 신체적 · 사회적 안전에 위험하다고 판단되는 폐기물처리시설, 유흥업소, 전염병원 등과 같은 시설 인근에 어린이집이 입지하지 않도록 지방자치단체의 장에게 관리 및 감독을 받아야 한다. 구체적으로 어린이집은 「주택건설기준 등에 관한 규정」 제9조의 2 제1항에서 규정하고 있는 위험시설로부터 수평거리 50m 떨어진 곳에 배치되어야 한다. 어린이집의 범위는 건물뿐만 아니라 놀이터와 주차장을 포함한 부수공간을 포함하며 위험시설의 범위는 충전 · 저장설비 등의 시설물만이 아닌 이들 시설이 설치되어 있는 장소를 포함한다.

(2) 어린이집의 구조 및 일반기준

어린이집은 1층 또는 건물 전체(5층 이하)에 설치하여야 한다. 어린이집의 건물구조 및 보육실 · 화장실 · 놀이기구 등이 영유아의 안전과 이용에 편리하도록 설계 · 시공이 되어 있는지 확인해야 한다. 어린이집은 하나의 건물에 설치하여야 하며 보육실은 건축물의 1층에 설치한다. 건물 전체가 어린이집인 경우 및 사업주가 직장어린이집을 설치하는 경우, 1~5층까지 보육실을 설치할 수 있다. 그러나 영아반 보육실은 1층에 우선 배치한다.

화장실은 보육실과 동일한 층에 보육실과 인접한 공간에 설치하고 목욕실도 보육실과 인접한 공간에 설치한다. 시설규모에 따라 사무실, 양호실, 식당, 자료실, 상담실, 강당, 놀이터 등의 설치가 가능하다. 보육정원이 21명 이상인 어린이집은 교사가 교육활동을 계획・준비하고 자료 제작 등을 할 수 있도록 구획된 교사실을 설치하여야 한다. 교사실에는 교육활동 준비와 행정사무, 휴식 등에 필요한 설비를 갖추어야 한다.

정원 50인 이상의 어린이집은 영유아 1인당 $3.5m^2$ 이상 규모의 옥외놀이터 설치를 원칙으로 하되, 정원규모별 면적기준은 달리 적용할 수 있다. 어린이집의 2층 이상에 놀이터를 설치하는 경우 「영유아보육법령」에서 정하는 비상재해대비시설 설치를 해야 한다. 직장어린이집은 옥외・대체놀이터(옥내・인근놀이터) 중 자유롭게 설치가 가능하다. 놀이터의 바닥은 모래밭, 천연 및 인공 잔디, 고무매트, 폐타이어 블록으로 설치하여야 한다.

〈표 5-10〉 놀이터 면적기준(산출 면적의 소수점 이하는 절사)

정원	면적 산정 기준	비고
50~99인	정원×45%×$3.5m^2$	각 정원의 45%를 기준으로 1인당 $3.5m^2$ 이상으로 놀이터를 설치함
100~129인	100명×45%×$3.5m^2$	45명 기준
130~159인	130명×40%×$3.5m^2$	52명 기준
160~199인	160명×40%×$3.5m^2$	64명 기준
200~249인	200명×35%×$3.5m^2$	70명 기준
250~300인	250명×35%×$3.5m^2$	87명 기준

* 12개월 미만의 영아반을 보육하는 시설은 제외
출처: 보건복지부(2018). 보육사업안내. p.42.

놀이터의 종류는 옥외놀이터, 옥내놀이터, 인근놀이터로 나뉘는데, 옥외놀이터는 어린이집 자체부지에 부속하여 설치한 놀이터이고 옥내놀이터는 어린이집 건물 내부의 실내·외 공간에 설치한 놀이터이며 인근놀이터는 어린이집과 인접하여 설치한 놀이터이다. 또한 어린이집이 업무용 시설 밀집지역 등 일정 지역 전체가 옥외놀이터 부지 확보가 어려운 특수성이 인정되는 경우에 한하여 대체놀이터(옥내놀이터 및 인근놀이터)를 제한적으로 허용한다.

2) 실내·실외 설비의 설치기준 및 안전관리

실내 설비와 관련된 어린이집의 공간별 설치기준과 안전관리는 현관, 보육실, 유희실, 통로, 계단, 화장실, 조리실 및 식당으로 나누어 볼 수 있다(김명옥 외, 2010; 보건복지부, 2018; 어린이집 안전공제회, 2017).

현관은 영유아가 한꺼번에 사용 시 매우 혼잡할 수 있으므로 충분한 공간이 확보되어야 한다. 그리고 현관은 문턱이 없어야 하며 바닥에는 미끄럼 방지 매트를 깔고 현관문은 여닫이보다 미닫이가 안전하다. 또한 현관문의 재질은 여닫기에 용이하도록 너무 무겁지 않아야 한다. 어린이집의 현관문은 영유아가 성인의 보호 없이 나갈 수 없고, 외부인이 침입하지 못하도록 개폐 장치를 설치하고 관리한다. 영유아가 사용하는 모든 출입문에는 손 끼임 방지장치가 부착되어 있어야 한다.

보육실은 넓고 개방적인 공간(1인당 2.64m^2)이어야 하고 교사가 영유아를 한눈에 파악할 수 있도록 하여야 한다. 바닥은 턱이 없어야 하며 보육실 문에 손가락과 발가락이 끼이지 않도록 하는 끼임 방지 장치를 설치한다. 창문은 유아가 밖을 볼 수 있는 높이에 설치하되 2층 이상에 위치한 교실의 창은 보호대를 설치한다. 영아반에는 안전문 또는 안전울타리를 설치한다.

통로는 최소한 성인 두 사람이 어깨를 부딪치지 않고 지나갈 수 있을 정도의 너비를 확보하여야 하며 시야가 명확하도록 충분히 밝아야 한다. 비상 시 외부 출구나 비상구로 향하는 대피경로가 명확하게 표시되어야 하며 통로에는 통행에 방해가 되는 가구나 비품을 배치하지 않아야 한다.

유희실은 대근육활동을 위한 놀이기구가 서로 충분한 공간을 두고 배치될 수 있는 공간이 확보되어야 하고 대근육활동 시 충격을 흡수할 수 있는 매트를 깔아야 한다. 또한 놀이기구는 창문이 없는 벽면에 배치되어야 한다. 영유아의 키 높이의 벽면, 기둥, 모서리에 충격을 완화할 수 있는 장치를 설치한다.

계단의 표면은 미끄럽지 않은 건축자재를 사용해야 하며, 계단의 난간은 세로봉이 10cm 이하의 간격으로 설치되어야 한다. 난간 높이는 유아의 허리보다 높아야 한다. 걸음마기 영아가 기어오르거나 거꾸로 타고 내려올 수 있는 모든 층계의 위・아래에는 영유아 안전문을 설치한다.

화장실은 교실에서 바로 연결될 수 있도록 배치하며 영유아용 화장실 문은 안과 밖에서 모두 열 수 있도록 설치해야 한다. 바닥은 미끄럽지 않은 재질로 설치되어야 하며 교사가 비상시 안을 들여다 볼 수 있는 높이로 설치한다. 수도꼭지에서 나오는 온수는 뜨겁지 않도록 일정한 온도를 유지할 수 있도록 하여 영유아가 화상을 입지 않도록 한다. 샴푸 및 세척제나 소독제는 전용 보관장에 잠가서 보관하고, 교사는 이것을 특별보관일지에 기록해 두어야 한다.

조리실 및 식당은 환기, 통풍, 채광, 배수 등이 잘 되도록 이와 관련된 설비를 갖추어야 한다. 항상 청결에 유의해야 하며 정기적인 소독을 하여 위생을 관리해야 한다. 조리실에는 영유아들이 들어가지 못하도록 안전문을 설치하고 조리를 위한 칼이나 기타 위험한 기구는 영유아의 손이 닿지 않는 지정된 장소에 별도로 보관하고 걸쇠를 잠가 둔다. 조리실 주변에는 개, 고양이 등의 동물사육을 금하며, 음식 찌꺼기를 잘 걸러내고, 쥐 등의 출입을 막을 수 있는 형태의 배수구를 설치하여 덮개를 덮어 둔다.

실외 설비와 관련된 어린이집의 놀이기구 및 어린이용품은 「영유아보육법」 및 「어린이놀이시설 안전관리법」, 「환경보건법」에서 정한 기준에 적합한 놀이기구를 설치하여야 한다. 놀이기구는 영아용과 유아용 또는 대상 연령별로 설치하여야 한다. 옥외놀이터는 대근육활동 놀이기구(고정식) 1종 이상을 의무적으로 설치하여야 한다.

놀이기구는 고정식으로 되어 있는 대근육활동 놀이기구, 이동식으로 되어 있는 대근육활동 놀이기구, 모래 놀이기구가 있다. 고정식으로 되어 있는 대근육활동 놀이기구는 영유아의 대근육발달을 위한 놀이기구로서 그네, 미끄럼틀, 정글짐, 회전놀이기구, 공중놀이기구, 흔들 놀이기구, 오르는 기구, 건너는 기구, 또는 이를 2가지 이상 결합한 조합놀이대 등이 있다. 이동식으로 되어 있는 대근육활동 놀이기구는 영유아의 대근육발달을 위한 놀이기구 중 이동 가능하거나 실내용으로 제작한 놀이기구이다. 예를 들어, 놀이집, 널빤지와 안전 사다리, 삼각대, 뜀틀, 평균대, 점핑 바운서, 구르기용 매트, 헌 타이어, 대형 블록류, 이동식 농구대 등이다. 모래 놀이기구는 영유아의 감각 및 정서발달 등을 위한 모래 놀이기구(물놀이 도구, 게임놀이, 공놀이, 놀이집, 자동차, 소꿉놀이 용품 등)와 모래밭과 모래 놀이대 등이 포함된다(김명옥 외, 2010; 보건복지부, 2018; 어린이집 안전공제회, 2017).

실외 놀이시설과 공간은 영유아가 길이나 도로에 나가는 일을 방지하기 위해서 울타리를 설치하고 위험시설로부터 50m 이상 떨어진 곳에 위치하여야 한다. 영아용과 유아용 놀이터를 따로 구분하여 각 연령에 맞는 크기의 구조물을 설치하고 실외 놀이터에 영유아의 입에 넣을 만한 것이나 손이 배일만 한 위험한 물건이 없는지 항상 확인한다. 모래 놀이터는 무게감 있는 덮개로 덮어 놓아 벌레가 들어가지 못하도록 하고 주기적으로 모래를 살균 소독하여 영유아의 위생과 건강이 침해받지 않도록 한다(어린이집 안전공제회, 2017).

〈표 5-11〉 실외 놀이기구 안전관리

종류	유의점
미끄럼틀	• 높이는 1.8m • 그늘에 설치 • 경사는 31~33°가 안전 • 꼭대기는 충분한 공간이 필요 • 올라가는 계단에는 손잡이가 있는 난간 설치 • 미끄러지는 면의 양 옆은 8~15cm 높이의 난간 필요 • 미끄럼틀의 끝부분의 밑판은 40cm 정도 평평하게 설치 • 착지지점 밑부분 바닥은 25cm 이상의 깊이로 톱밥이나 모래 설치
그네	• 벽으로부터 최소한 1.8m 떨어지고 양쪽 받침대에서 최소한 70cm 간격을 두고 매달며, 두 그네 사이의 간격은 70cm 정도 띄우기 • 바닥에 25cm 이상의 깊이로 톱밥이나 모래 설치 • 그넷줄의 고리는 8mm 이하로 작게 하기 • 그넷줄의 고리 구멍이 클 경우 밑에서 120cm 높이까지 튜브로 싸기
시소	• 흔들거림이 없도록 안전하게 설치 • 시소가 땅에 닿는 부분에 폐타이어를 묻어 시소를 탈 때 뇌나 척추에 충격이 가지 않게 하기 • 손잡이 반드시 부착하기
모래놀이 시설	• 양지바른 쪽에 설치 • 이물질이 들어가지 않도록 뚜껑으로 덮어주기 • 수시로 체를 쳐서 이물질을 제거

출처: 어린이집 안전공제회(2017). 2017 어린이집 보육교직원 안전교육. pp.28-30의 내용을 재구성하였음.

3) 비품관리

비품은 교수 - 학습활동에 사용되어 교육내용을 담고 있거나 효과적으로 교육내용을 전달하고 익히기 위한 물건은 아니지만, 유아 또는 교사가 어린이집에서 생활의 편의를 위해 사용되거나 교수 - 학습활동에 사용되는 물건을 말한다. 어린이집의 비품은 3세 미만의 경우 개인용 식탁, 높고 낮은 식탁용 의자, 음식을 먹을 때 사용하는 도구들, 식탁(약 39cm), 뚜껑 있는 휴지통과 같은 급식용 비품과 옷 갈아입힐 테이블, 기저귀 갈기 테이블, 스프레이, 노즐이 달린 싱크대, 배변훈련용 변기와 같은 옷 갈아입히기(기저귀 갈기) 및 배변용 비품 등이 있다. 그 외에 영아용 의자, 아기용 안락의자, 사물함, 개인장, 영아용 침대, 이불장, 유모차, 보행기 등이 있다. 3~5세 유아의 경우 책상, 걸상, 소파, 칠판, 융판, 스크린, 이동식 교재 및 교구 보관장, 고정식 교재 및 교구 보관장, 개인장, 이불장이 있으며 교사 및 성인을 위한 비품은 성인용 책상과 의자, 캐비넷, 책장, 서류보관함, 작업대, 안락의자, 긴 의자, 탁자, 컴퓨터, 복사기, 주방기구, 쓰레기통 등이 있다(이강례, 남궁선혜, 2007; 이인원 외, 2017).

이와 같은 비품은 관리번호, 품명, 제원 및 특성, 수량, 가격, 구입날짜, 구입처, 사용 장소와 같은 내용을 포함한 관리대장을 작성하여 관리하여야 한다. 고가의 비품인 경우 고장이 발생했을 경우 신속히 AS를 받을 수 있는 방법과 연락처를 정확히 숙지하여야 한다. 책상, 의자 등 모든 비품은 영유아의 신체 크기에 적합한 것이어야 하며, 모서리가 둥글고 표면이 매끈해야 한다. 식판 의자는 흔들리지 않고 안정감이 있으며 견고한 것을 선택한다. 유모차는 견고하며, 안정감이 있어야 하고 브레이크가 잘 작동되는지 확인하고 이음새 부분에 손가락이나 발이 끼이지 않는지 확인하고 유모차에 달린 투명 비닐 덮개는 투명도와 구김을 확인한다. VTR, 전열기를 포함한 모든 가전제품은 영아의 손이 닿지 않게 하며 안전덮개를 설치하여 안전사고가 일어나지 않도록 하여야 한다.

영아용 침대는 난간의 매트리스와 침대 사이에 공간이 없는 것으로 사용하고 침대 난간의 세로폭 사이는 머리가 들어가지 않도록 7cm 이하로 선택하여 영아의 안정성을 보장받을 수 있는 것이어야 한다. 이불, 요, 베개 등 침구류는 너무 푹신한 것을 피하여 영아의 질식사고를 방지하여야 한다(김명옥 외, 2010; 신혜원 외, 2017; 어린이집 안전공제회, 2017).

〈표 5-12〉 어린이집 비품기준

종류	소요기준
• 선풍기	• 반당 1대
• 카펫	• 유아반당 1개
• 전기장판(5인용)	• 시설당 1개
• 가습기	• 영아반당 1대
• 청소기	• 시설당 1대
• 체중기	• 시설당 1대
• 신장기	• 시설당 1대
• 시력검사기	• 시설당 1대
• 색맹 검사자료	• 시설당 1대
• 기저귀 갈이대	• 시설당 1대
• 좌변기	• 영아반당 1개
• 게시판	• 시설당 1개
• 환경판	• 반당 1개
• 책장	• 시설당 1대
• 에어컨	• 시설당 1대
• 환풍기	• 시설당 1대
• 코팅기	• 시설당 1대
• 세탁기	• 시설당 1대
• 짤순이	• 시설당 1대
• 복사기	• 시설당 1대
• FAX	• 시설당 1대
• 전기난로	• 시설당 1대
• 칫솔걸이	• 반당
• 우산꽂이	• 시설당 1대
• 신발장	• 시설당 1대
• 메가폰	• 시설당 1대
• 약품 및 의료기구 보관함	• 시설당 1대
• 음료대	• 시설당 1대

출처: 이인원 외(2016). 유아교육기관 운영관리. 양성원. p.172.

CHAPTER

06

하루일과 운영

□ 배울 내용 □

1. 영아반 교사의 하루일과 운영
2. 유아반 교사의 하루일과 운영

□ 학습목표 □

1. 영유아 교사의 하루일과 운영방법을 알 수 있다.
2. 하루일과 운영 시 보육교사의 역할을 알 수 있다.

어린이집은 영유아에게는 제2의 집이며, 보육교사는 제2의 어머니라고 할 수 있다. 따라서 내 집과 내 어머니 같은 편안하고 안락한 분위기를 만들기 위해서는 보육교사의 역할이 매우 크다. 즉, 보육교사는 영유아와의 긍정적인 관계를 형성하고 서로 존중하며 끊임없이 상호작용을 해야 한다. 또한 보육교사는 영유아의 신체, 언어, 사회성, 정서, 인지, 건강 등을 통합적으로 성장・발달시켜야 하며 책임감을 가지고 영유아들과 생활을 하여야 하며 하루일과를 규칙적이고 상황에 따라 융통성 있게 운영할 수 있는 능력이 필요하다. 이를 위해 보육교사는 일일보육계획안을 실행 가능한 활동으로 계획・수립하며 영유아의 흥미와 관심, 개인차를 고려하여 다양한 활동과 상호작용이 균형 있게 이루어질 수 있도록 하는 것이 중요하다.

1. 영아반 교사의 하루일과 운영

보육교사는 영아의 하루일과 운영을 할 때 영아의 발달, 개별성에 초점을 두고 계획을 하여야 한다. 또한 영아가 심리적 안정감을 유지할 수 있도록 일관성 있게 일과를 계획하고, 정적인 활동과 동적인 활동, 실내 놀이와 실외 놀이를 균형 있게 계획해야 한다. 영아는 월령에 따라 발달 차이(수유, 수면, 배변, 놀이의 시간)가 다르므로 고정적인 일과보다는 영아의 상태에 따라 탄력적으로 운영하는 것이 좋다. 따라서 보육교사는 영아의 개별적인 발달과 영아가 가지고 있는 기질, 양육경험, 애착관계를 잘 알고 있어야 한다. 영아들이 활동할 때 충분히 탐색하고, 즐거워하면서 놀이가 일어날 수 있도록 하며 보육교사가 주도적으로 가르치지 않도록 하여야 한다. 이에 따른 영아반 교사의 하루일과 운영의 예를 살펴보면 <표 6-1>과 같다.

〈표 6-1〉 영아반의 하루일과 운영의 예(만 2세)

시간	주요일과	주요내용
7:30~9:00	등원 및 통합보육	• 영아 반갑게 맞이하기 • 영아의 건강, 기분 상태 확인하기 • 영아의 소지품 확인·정리하기
9:00~09:30	화장실 다녀오기 및 오전 간식	• 기저귀 갈기, 화장실 다녀오기, 손 씻기 • 준비된 간식을 맛있게 먹은 후 정리하기
09:30~10:50	오전 실내자유놀이	• 새로운 영역활동 개별적으로 소개하기 • 관심있는 영역에서 자유롭게 활동하도록 돕고, 긍정적 상호작용 나누기 • 교사의 도움이 필요한 놀이에 적절히 참여하기
10:50~11:10	정리정돈 및 화장실 가기	• 놀잇감 바르게 사용하도록 안내하고 함께 정리하기 • 화장실 다녀오기
11:10~11:50	실외 활동 및 손 씻기	• 안전규칙을 지키며 자유롭게 놀이하기 • 자연환경의 변화와 여러 가지 사물을 탐색, 관찰하기 • 화장실 다녀오기 및 손 씻기
11:50~13:20	점심식사 및 양치하기	• 골고루 음식을 먹고 보육교사의 도움을 받아 점심식사를 하기 • 점심식사 후 양치질하기 • 먼저 먹은 영아는 자유롭게 놀이하기
13:20~15:00	낮잠	• 조용한 음악을 들으면 잠자기 • 개인 이불 함께 정리하기
15:00~15:30	화장실 다녀오기 오후 간식	• 화장실 사용 후 손을 깨끗이 씻기 • 기저귀 갈기 • 간식을 맛있게 먹은 후 정리하기
15:30~16:50	오후 실내자유놀이	• 오전 자유놀이를 연계, 확장하며 자유롭게 놀이하기
16:50~17:30	실외 놀이 및 손 씻기	• 실외 놀이터에서 자유롭게 놀이하기
17:30~19:30	귀가 및 통합보육	• 개별적으로 귀가하기 • 자신의 소지품 함께 정리해보기 • 교사와 친구들에게 '안녕' 인사하기

출처 : 보건복지부(2013). 어린이집 표준보육과정에 기초한 영아보육 프로그램-2세.

1) 등원 및 맞이하기

보육교사는 영아가 등원하기 전 영아를 맞을 준비를 하기 위해 환기, 활동수업자료 준비 체크, 보육실의 안전 등을 전체적으로 살펴본다. 영아가 보호자와 등원을 하면 현관에서 맞이하며 따뜻하고 온화한 미소로 밝게 영아를 맞이한다. 보육교사는 영아의 기분상태를 살펴보고 보호자로부터 영아의 건강상태, 기분, 지난밤 있었던 정보, 투약사항 등을 간단하게 전달받는다.

만약 영아가 보호자와 떨어지기 싫어하는 경우 보호자로부터 강제로 분리시키거나 보호자가 영아 몰래 가버리는 행동을 하지 않도록 해야 한다. 그런 행동을 할 경우 영아의 불안감이 더 커져 어린이집과 보육교사에 대한 불신이 생길 수 있기 때문이다. 영아가 부모와 편안하게 헤어질 수 있을 때까지 기다려 주며 영아가 흥미를 보이는 놀이를 할 수 있도록 한다. 이때 영아 관련 사진이나 좋아하는 물건을 가지고 있게 하는 것도 영아의 심적 불안을 해소하는 데 도움이 된다.

영아가 보호자와 즐겁게 헤어진 후 보육실에 들어와 보육교사와 함께 옷과 가방을 사물함에 정리할 수 있도록 지도한 후 영아가 하고 싶은 놀이를 할 수 있도록 한다.

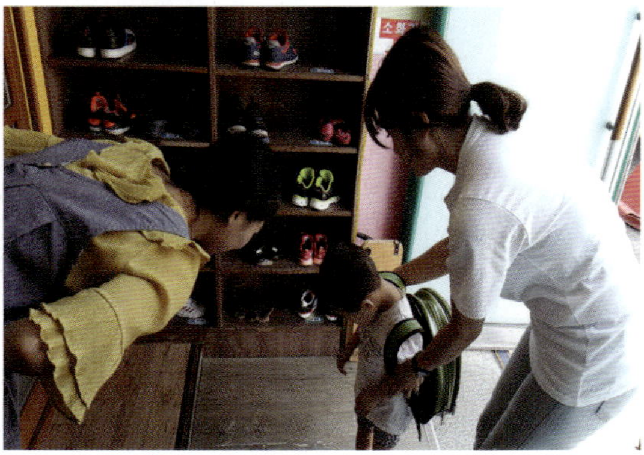

〈그림 6-1〉 등원

2) 자유놀이

(1) 실내 자유놀이

영아의 실내 자유놀이는 집단활동보다는 개별적 활동이 많기 때문에 하루 일과 중 비중이 크다. 오전과 오후에 걸쳐 활동할 수 있으며 실내 자유놀이시간을 합하면 2시간 30분 이상이 되도록 계획한다. 오전에 활동한 자유놀이는 오후 자유놀이시간에 연계·확장되어 진행될 수 있다. 영아는 자유놀이에서 스스로 교구를 선택하고 자발적인 놀이를 할 수 있도록 하며 주체적이고 능동적인 움직임을 격려한다. 보육교사는 영아가 개별적인 놀이를 할 수 있도록 계획하고 자유놀이에 능동적으로 참여할 수 있도록 지도하며 영아의 놀이에 지나치게 개입하지 않도록 주의해야 한다.

영아들은 형식적 계획 및 평가를 하지 못하므로 보육교사가 영아에게 어떤 놀이를 하고 싶은지 그리고 놀이 한 다음에 기분이 어땠는지 등을 말로 표현할 수 있도록 한다.

보육교사는 실내 자유놀이시간이 영아의 발달수준에 적합한 자료와 생활주제에 맞는 환경과 영아의 흥미와 요구를 바탕으로 놀이가 이루어질 수 있도록 놀잇감을 구성해 주어야 하며 영아가 놀이를 할 때 탐색의 기회를 충분히 주어야 한다. 놀잇감의 수는 같은 종류, 같은 색의 놀잇감이 2~3개 이상 구비되어 있어야 서로 놀잇감을 가지려는 영아들의 분쟁을 막을 수 있다. 보육교사는 놀이가 진행되는 동안 영아를 세심히 관찰하여 영아가 동적인 활동을 지속적하거나 휴식이 필요하다고 느낄 때 영아가 정적인 활동으로 전환될 수 있도록 해야 한다.

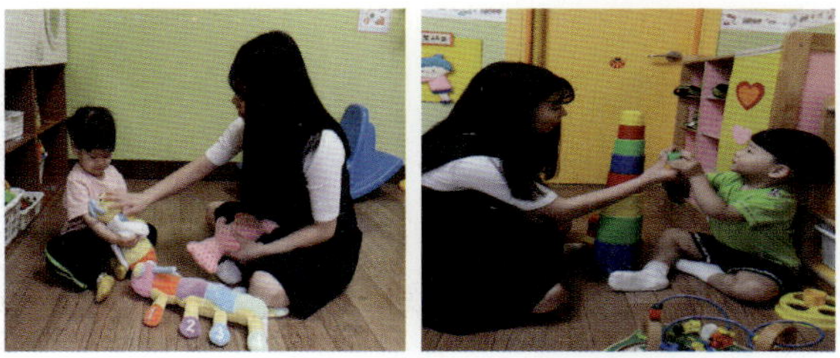

〈그림 6-2〉 실내 자유놀이

(2) 실외 자유놀이 및 산책

실외 놀이는 기온, 바람, 햇빛 등의 영향을 많이 받기 때문에 적절한 시간대에 진행하여야 한다. 햇빛이 강한 여름은 오전, 겨울에는 낮에 활동할 수 있도록 계획한다. 봄철은 황사와 미세먼지와 같은 기상현상을 유의하고, 여름에는 긴 장마로 인해 실외 놀이가 진행이 될 수 없을 때에는 실외 놀이와 유사한 대·소근육활동이 가능한 곳에서 활동할 수 있도록 한다. 또한 겨울에는 춥다고 실내에만 있기보다 가장 따뜻한 시간에 나가 활동할 수 있도록 하며 영아들은 주 3회 이상 오전과 오후 일과 중에 만 0~1세는 30분 이상, 만 2세는 1시간 이상의 실외 자유놀이를 운영할 수 있도록 권장하고 있다. 영아들의 건강과 그날의 날씨 등을 고려하여 융통성 있게 운영할 수 있다.

실외 자유놀이는 영아들이 몸을 충분히 움직이는 즐거움을 느끼고 다른 영아들과 어울려 신나고 즐거운 시간을 보내며 체력을 튼튼히 기를 수 있고 인지발달, 정서발달에도 도움이 된다. 실외 놀이공간은 실내 놀이공간과 같이 정적·동적인 활동으로 공간을 구분해 배치한다.

실외 활동은 안전사고를 대비하여 실외 환경에 위험요소가 없는지 정기적으로 점검을 하고 보육교사는 항상 영아들이 활동하는 모습을 관찰하여 안전사고에 대비하여여 하며 비상약, 휴지, 물 등을 준비한다.

〈그림 6-3〉 실외 자유놀이

3) 수유 및 이유식

(1) 수유

수유는 영아에게 배고픔의 욕구를 채우는 동시에 영양을 공급하여 신체적 성장발달을 도우며 수유하는 동안 보육교사와의 친밀감을 증진시키고 질적인 상호작용을 통해 학습할 수 있는 기회를 제공한다. 영아는 하루 종일 3~4번의 수유를 한다. 수유를 하는 동안 보육교사는 영아의 수유 양, 시간 간격 등을 파악한 후 수유를 하고 보육교사는 수유 시 영아를 안아 눈을 맞추며 언어적·비언어적 상호작용을 한다. 영아가 혼자서 젖병을 잡고 먹을 수 있어도 영아가 젖병을 놓치거나 다 먹은 후 젖병 안의 공기를 마실 수 있기 때문에 보육교사는 반드시 영아의 곁에서 지켜봐야 한다. 또한 수유가 끝난 후에는 등을 두들겨 트림을 시켜준다. 보육교사는 영아의 수유 양, 시간, 특이사항 등을 일일보고서에 기록하여 귀가 시 부모에게 그 정보를 제공하여 가정과 연계될 수 있도록 한다.

분유는 개인용으로 분유통에 이름을 적어 벌레가 들어가지 않도록 보관하며 가정에서 가져오는 모유는 각 영아의 이름을 적어 냉장고에 위생적으로 보관한다.

(2) 이유식

이유식은 영아의 건강뿐만 아니라 앞으로의 식습관이 잘 형성되도록 돕기 위한 중요한 역할을 한다. 이유식은 영아의 음식 알레르기 여부를 조사하여 제공한다. 이유식은 영아의 개월 수에 맞도록 초기 이유식, 중기 이유식, 후기 이유식, 완료기로 나누어 제공하며 영아가 소화할 수 있는 밥알의 크기, 양, 취향 등을 파악하여 개월 수에 맞게 제공한다. 영아가 이유식을 거부하는 경우에는 조금씩 맛을 볼 수 있도록 격려해주어 새로운 음식에 적응할 시간을 충분히 주고 모든 음식이 새로운 경험이 될 수 있도록 격려하며 영아가 먹는 일을 즐거운 경험으로 인식할 수 있도록 긍정적인 상호작용을 한다.

이유식을 먹을 때는 고정된 영역에서 스스로 먹을 수 있는 기회를 제공하며 즐겁게 식사를 할 수 있도록 한다. 보육교사는 영아용 의자, 앞가리개 등을 사용하여 식사를 하고 식사 전후 손과 얼굴을 씻겨준다. 이유식을 마친 후는 영아용 칫솔, 구강티슈 등을 사용하여 이를 깨끗이 닦아준다.

영아의 식습관 지도는 연령에 따라 다르기 때문에 식습관 발달특성을 이해하고 영아들이 자조 기술을 익힐 수 있도록 반복해서 지도를 한다. 가정에서 가져오는 이유식은 각 영아의 이름을 적어 냉장고에 위생적으로 보관한다.

〈그림 6-4〉 이유식

4) 간식 및 점심식사

간식이나 점심식사 전 영아들은 보육교사의 도움을 받아 손을 깨끗이 씻은 후 간식 및 점심식사 준비를 한다. 보육교사는 영아의 식사량을 파악하여 배식하고 영아가 골고루 다양한 음식을 먹을 수 있는 경험을 제공한다. 또한 간식 및 식사시간에 즐거운 분위기에서 스스로 먹을 수 있도록 지도하며 영아가 보육교사의 도움이 필요할 때 도와주도록 한다. 영아가 먹기 쉬운 형태와 크기의 음식을 준비하여 보육교사와 함께 맛있게 먹으면서 교사는 도구 사용과 식습관 모델링의 역할을 해야 한다. 만약 영아가 스스로 먹기를 거부하거나 음식에 대한 흥미가 없을 시에는 보육교사는 격려와 칭찬을 사용하여 영아의 자존감을 높여주도록 하고 음식을 억지로 먹이지 않도록 한다.

식사 후에는 영아가 먼저 이를 닦은 후 보육교사가 다시 한 번 양치를 해주어 치아에 낀 음식물이 제거가 되었는지 확인하며 마무리를 할 수 있도록 한다. 영아가 이를 닦으면서 칫솔을 물고 돌아다니지 않도록 하며 양치 후 칫솔과 양치컵은 깨끗이 헹궈서 서로 겹치지 않도록 건조시켜 매번 청결하게 사용할 수 있도록 관리를 한다. 또한 투약의뢰가 있는 영아에게 투약을 한 후에는 투약한 내용(투약 여부, 투약시간, 투약자 등)을 기록하여 부모에게 보고한다.

〈그림 6-5〉 점심식사

〈표 6-2〉 투약보고서 작성

> 아픈 영유아의 투약을 어린이집 선생님에게 의뢰할 때 증상, 약의 종류, 투약용량, 투약시간, 보관방법, 의뢰자 등을 적도록 하고 어린이집에서는 투약했음을 알릴 수 있는 투약보고서를 작성한다. 투약의뢰 및 투약보고는 알림장, 스마트 알림장, 원아수첩 등을 활용할 수 있으며 투약보고서 작성을 잊은 부모가 있으면 어린이집 현관 앞, 차량에 비치하여 투약보고서를 작성할 수 있도록 한다. 또한 투약보고서를 작성하지 않은 영유아는 투약을 할 수 없음을 부모에게 미리 공지하여야 한다. 영유아가 어린이집에서 열이 날 경우 체온계로 열을 체크한 후 부모님께 전화로 알려드린 후 부모님의 동의하에 해열제 투약 등 필요한 조치를 할 수 있다. 해열제 투약 후에는 투약보고서를 작성하여 부모에게 알린다.

〈표 6-3〉 투약 의뢰서 및 투약 보고서 양식

<table>
<tr><td colspan="5">□ 아 동 명 : 반 (남, 여)</td></tr>
<tr><td colspan="5">□ 투 약 일 : 년 월 일</td></tr>
<tr><td rowspan="5">투약의뢰
(가정)</td><td>증 상</td><td colspan="3">(체온 ℃)</td></tr>
<tr><td rowspan="2">약의 종류
/용량/보관</td><td colspan="3">종류 : □ 시럽 □ 가루약 □ 시럽+가루약 (ml)
□ 연고 □ 기타 ( )</td></tr>
<tr><td colspan="3">보관 : □ 실온 □ 냉장</td></tr>
<tr><td>투약시간
/횟수</td><td>□ 시간 : ( )
□ 식전 30분, 1시간
□ 식후 30분, 1시간
□ 투약 횟수 : 회</td><td>전
달
내
용</td><td></td></tr>
<tr><td>의뢰자</td><td colspan="3">(확인)</td></tr>
<tr><td>투약보고
(어린이집)</td><td colspan="4">의뢰하신 내용대로 투약하였습니다.
년 월 일 시
투약자 : (확인)</td></tr>
<tr><td colspan="5">* 투약의뢰 관련 기록을 기초로 아동에게 투약하게 되므로 투약내용을 기록하지 않으신 경우 투약하지 않는 것을 원칙으로 합니다.
* 투약으로 인한 책임은 의뢰자가 집니다.

○○○ 어린이집</td></tr>
</table>

5) 기저귀 갈이 및 배변활동

영아의 기저귀 갈기, 배변활동은 어린이집 생활에서 일상적이며 중요한 일과 중의 하나이다. 배변과 관련된 경험은 영아의 건강 및 위생관리, 화장실 사용, 배변습관 형성에 영향을 미칠 수 있으므로 보육교사는 영아가 정서적, 신체적으로 안정감을 느낄 수 있도록 환경을 구성하고 긍정적인 경험을 가질 수 있도록 지도해야 한다. 또한 영아를 위한 배변습관지도는 기저귀 가는 시기와 화장실 사용이 가능해지는 시기에 따라 지도방법을 달리하게 된다.

(1) 기저귀 갈이

기저귀 갈이는 영아가 매일 어린이집에서 경험하게 되는 중요한 일과이며 개별적 상호작용이 일어날 수 있는 좋은 기회이다. 기저귀를 갈 때는 깨끗하고 편안한 환경에서 즐거운 경험이 될 수 있도록 해야 한다. 또한 영아의 신뢰감 형성과 사회적 관계 형성을 위해 기저귀가 젖어 있는 영아에게 신속하게 반응을 하여야 한다. 영아의 기저귀는 개별적으로 수시로 갈아준다. 이유식을 먹은 후, 실외 놀이 나가기 전, 점심 먹은 후, 낮잠 후 등 정기적으로 기저귀를 갈아주도록 한다. 기저귀 갈이는 별도의 공간에서 위생적으로 갈아주며 기저귀 가는 곳은 편안하고 안정되며, 따뜻한 온도를 유지해야 한다.

영아의 기저귀를 갈 때는 반드시 정해진 장소에서 이루어지도록 하고 보육교사는 기저귀 갈이 매트를 깨끗이 닦은 후에 영아를 눕혀 긍정적인 상호작용을 하며 기저귀를 갈아준다. 기저귀를 갈은 후 보육교사는 반드시 손을 씻어야 하며 손을 씻을 수 없는 상황이라면 손소독이나 일회용 비닐장갑을 착용할 수 있다. 사용한 기저귀는 뚜껑이 있는 휴지통을 사용하여 위생적으로 관리한다.

영아의 기저귀를 갈은 후 영아의 배변상태를 살펴보며 영아의 건강상태를 체크하여 부모들이 알 수 있도록 기록을 한다. 그리고 기저귀를 떼기 위해서 동화, 배변훈련 인형 등의 다양한 자료를 통해서 배변훈련의 과정을 이해하고 영아가 스스로 하고자 할 때 천천히 시도해본다.

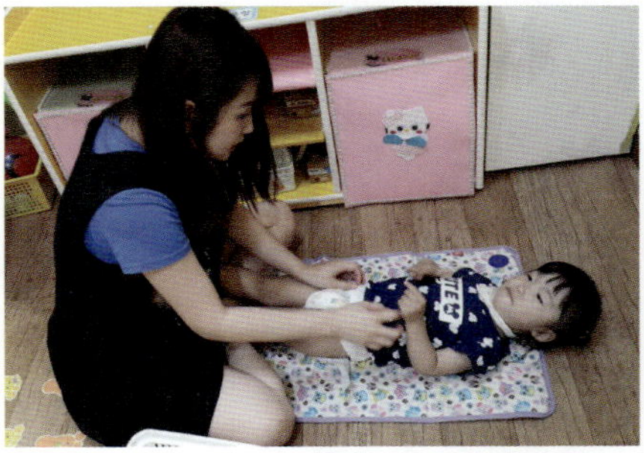

〈그림 6-6〉 기저귀 갈기

(2) 화장실 다녀오기

보육교사는 정리정돈 후, 실외 활동 나가기 전, 식사 후, 낮잠 후 등 화장실 사용시간을 가지지만 영아의 배변에 대한 요구가 개별적으로 이루어질 수 있기에 탄력적으로 운영할 수 있다. 영아는 화장실을 사용할 때 자율적으로 배변의사를 표현하며 스스로 화장실을 이용할 수 있도록 지도한다. 기저귀를 떼는 중이면 보육교사의 도움을 받아 화장실을 이용할 수 있다. 이때 배변훈련은 영아의 자신감과 자존감을 증진시키고 성격형성이나 집단생활 적응에 많은 영향을 미치므로 보육교사는 영아 스스로 배변을 통제하여 만족감과 성취감을 느낄 수 있도록 지도하여야 한다.

영아의 배변훈련은 영아의 신체적·심리적 발달이 선행되고 가정과 함께 협조한 후 시작을 해야 한다. 영아가 배변훈련 시 실수할 수 있으니 여벌옷을 준비하고 영아가 실수에 대해 수치심과 죄의식을 느끼지 않도록 하며 실수를 했을 시에는 보육교사가 영아를 따뜻하게 안아주고 실수로 인해 영아가 심리적으로 위축되거나 긴장하지 않도록 하며 다음번에 잘 할 수 있도록 격려해준다.

화장실을 다녀올 때는 영아의 수를 정해 서로 부딪히지 않도록 하고 스스로 옷을 내리고 입기를 하며 변기 물 내리기를 할 수 있도록 격려해 준다. 기저귀를 떼지 못한 영아들은 화장실을 탐색하고 다른 영아의 배변활동하는 모습을 보며 긍정적인 화장실 경험을 갖도록 한다. 영아들이 사용하는 화장실은 미끄러지지 않도록 자주 물기를 닦아주거나 화장실용 매트를 깔아 안전에 신경을 쓴다. 또한 화장실 냄새가 나지 않도록 매일 청소하고 소독을 하여 청결하고 위생적인 상태를 유지해야 한다. 그리고 화장실 안에 청소도구함이 있다면 안전고리나 안전 문을 사용하여 영아의 손에 닿지 않도록 한다.

6) 낮잠

어린이집에서 낮잠은 일상생활을 원활히 하며 정상적인 성장을 위해 필요한 시간이다. 연령이 어린 영아는 월령, 성향 및 기질, 개인적 특성에 따라 수면의 시간이 일정하지 않기 때문에 보육교사는 영아의 개별적인 수면특성을 고려하여 일과를 운영해야 한다.

영아가 낮잠시간이 되었음을 알 수 있도록 커튼이나 조명을 어둡게 조성하여 낮잠 준비를 한다. 잠을 자지 않는 영아는 다른 영아들이 잠에서 깨지 않도록 조용히 개별 활동을 할 수 있도록 한다. 영아가 편안하게 잠이 들 수 있도록 토닥여 주기, 속삭여 주기, 자장가 불러주기 등을 통해 보육교사와 영아가 정서적 상호작용을 할 수 있다.

보육교사는 영아들이 잠자는 동안 영아의 곁에서 영아의 상태를 수시로 확인하여 갑작스런 사고와 안전에 대비할 수 있어야 한다. 영아가 잠에서 깬 후 낯선 분위기와 불쾌함을 느끼지 않도록 배려해 주며 기분 좋게 잠에서 깰 수 있도록 잘 잤는지, 기분이 좋은지 등을 물으며 안아준다. 낮잠 후 영아들이 보육교사와 함께 침구정돈을 할 수 있도록 지도한다.

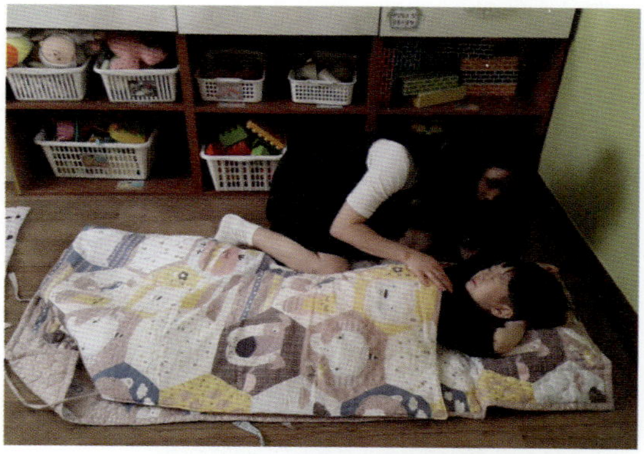

〈그림 6-7〉 낮잠 자기

7) 귀가

영아가 부모를 기다리는 동안 신체적 · 심리적으로 안정되고 편안한 환경에서 지낼 수 있도록 유지하여야 한다. 이때 긴장이 풀어지기 쉽기 때문에 항상 안전에 신경을 써야 한다. 또한 영아가 어린이집 생활을 긍정적으로 평가하여 다음날의 생활에 대해서도 좋은 기분을 갖도록 분위기를 조성한다. 영아가 귀가를 할 때 빠진 물건이 없는지 소지품을 확인한다.

보호자에게 영아를 인계할 경우 약속된 보호자가 맞는지 확인을 하며, 다른 보호자가 인계를 할 경우 꼭 전화를 통해 확인을 하여야 한다. 또한 보호자에게 영아를 인계 시 영아가 어린이집에서 지낸 동안의 건강상태, 수유 및 이유식의 여부, 낮잠시간, 배변 여부를 자세히 일일보고서에 기록하여 부모에게 알려준다. 부모의 귀가가 늦어지는 경우 남아 있는 영아가 불안감과 실망감을 느끼지 않도록 관심을 가지고 영아를 배려해야 한다.

영아들이 모두 귀가한 후 보육교사는 그날에 실시된 내용과 평가를 기록하고 다음날의 하루일과계획안을 작성하며 계획안에 필요한 수업 준비를 한다. 또한 영아들은 아직 물고 빨고 하는 구강기에 속해 있기 때문에 장난감 세척을 매일 해주어 놀잇감 청결에 신경을 써야 한다. 보육교사는 보육실 청소를 하고 망가진 놀잇감이 없는지 살펴본 후 정리정돈을 하며 하루를 마무리한다.

〈그림 6-8〉 귀가

2. 유아반 교사의 하루일과 운영

유아반 보육교사는 영아반 보육교사와 다르게 양육자의 역할보다 교육자의 역할을 더 많이 수행하기 때문에 유아가 스스로 참여할 수 있도록 지원하는 역할을 하며 스스로 탐색·관찰을 통해 얻은 지식으로 인해 성취감을 얻을 수 있도록 촉진자의 역할을 수행한다. 또한 유아들의 활동에 적절한 개입, 유아와의 상호작용 등의 역할을 한다. 보육교사는 유아의 건강·심리상태, 날씨, 분위기, 행사 등에 따라 융통성 있게 하루를 운영해야 한다. 그리고 유아가 하루일과를 어느 정도 예측할 수 있도록 지도하여 어린이집 생활이 편안하고 안정감을 느낄 수 있도록 계획·운영해야 한다. 이에 따른 유아반 교사의 하루일과 운영의 예를 살펴보면 <표 6-4>와 같다.

〈표 6-4〉 유아반의 하루일과 운영의 예(만 4세)

시간	주요일과	주요내용
07:30~09:00	등원 및 통합보육	• 유아의 기분과 건강상태 확인하기 • 스스로 소지품을 정리할 수 있도록 도와주기 • 투약 의뢰서 유무 확인하기 • 통합 보육실에서 자유놀이하기
09:00~10:30	오전 자유선택활동/오전 간식	• 새로운 영역 활동 소개하기 • 관심 있는 영역에서 자유롭게 활동하도록 돕고, 교사 및 또래와 긍정적 상호작용을 나누기 • 교사의 도움이 필요한 놀이에 적절히 참여하기 • 놀잇감 바르게 사용하고 정리하도록 안내하기
10:30~10:50	정리정돈 및 화장실 가기	• 가지고 놀던 놀잇감을 제자리에 정리한 후 화장실 다녀오기
10:50~11:20	대·소집단활동	• 대·소집단으로 모여 이야기 나누기, 요리활동, 게임, 노래 부르기 등을 하기
11:20~12:20	실외 활동/손 씻기	• 놀이기구 이용 시 규칙 지키며 자유롭게 놀이하기 * 우천 시: 실내 유희실에서 활동하기 • 화장실 다녀오기 및 손 씻기
12:20~13:20	점심식사 및 이 닦기	• 좋아하는 음식과 싫어하는 음식 함께 먹어보기 • 개별적 상호작용을 하며 올바른 식습관 지도하기 • 이 닦기

시간	주요일과	주요내용
13:20~14:00	조용한 활동, 정리정돈 및 낮잠 준비	• 점심식사가 끝난 유아들은 책보기 등 조용한 활동을 하며 기다리기 • 정리정돈 및 화장실 다녀오기 • 베개 및 낮잠 이불 찾아 자기 자리에 누워보기
14:00~15:30	낮잠 및 휴식	• 낮잠 자기 및 음악 들으며 누워서 휴식 취하기
15:30~16:00	낮잠 깨기 및 정리정돈	• 먼저 일어난 유아들은 화장실을 다녀온 후 다른 유아가 일어날 때까지 책보기 등의 정적인 놀이하기 • 낮잠 침구 장에 정리하기
16:00~16:30	오후 간식	• 손 씻고 간식 먹기 • 준비된 간식 가지고 자리에 앉기 • 간식을 먹은 후 스스로 자리를 정리하기
16:30~18:00	오후 자유선택활동	• 오전 자유선택활동시간에 한 놀이를 연계·확장하며 활동하기 • 화장실 다녀오기 및 손 씻기
18:00~19:30	귀가 및 통합보육	• 개별적으로 조용한 놀이를 하면서 부모님이 오시는 대로 귀가하기 • 자신의 소지품 정리하기 • 교사와 친구들에게 인사하기

출처: 보건복지부(2013). 4세 누리과정에 기초한 어린이집 프로그램.

1) 등원

유아들을 따뜻하게 맞이하고 유아의 건강, 기분, 옷차림 등을 확인하여 유아가 어린이집에서 신체·정서적으로 건강하게 하루를 보낼 수 있도록 한다. 유아가 부모와 함께 등원한 경우에는 유아에게 전날 있었던 일이나 수면상태, 아침식사 여부 등에 대한 정보를 듣고 유아를 하루 동안 지도하는 데 참고한다. 유아는 부모에게 인사를 하고 교실에 들어가서 교사, 또래와 인사를 나누고 스스로 가방, 옷, 출석부 등을 자신의 개별 사물함에 정리할 수 있도록 지도한다.

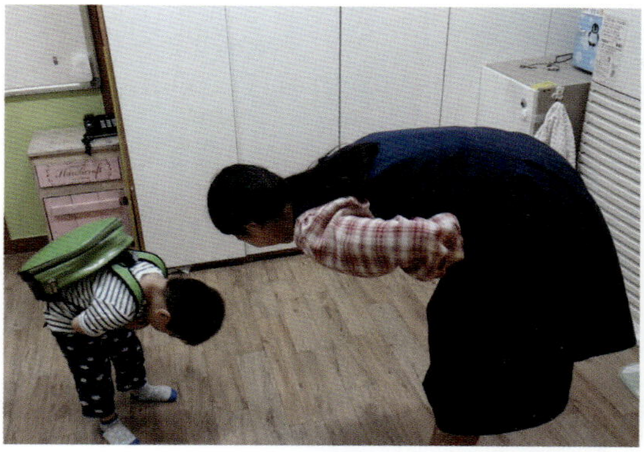

〈그림 6-9〉 등원

2) 자유선택활동

자유선택활동은 유아들이 어린이집 하루일과 중 가장 많은 부분을 차지하는 활동으로 각 영역에서 유아가 자신의 관심과 흥미, 욕구, 호기심을 가지고 스스로 참여하고 싶은 활동에 대한 계획을 세우고 자발적으로 놀이를 선택하여 자유롭게 활동하며 평가하는 시간이다. 또한 자유선택활동은 유아들의 자발성과 창의성을 통해 즐거움과 자유로움을 경험하는 유아 주도적인 활동이다.

자유선택활동은 하루일과 중 오전과 오후 시간 모두에서 진행된다. 오전, 오후 실내 자유선택활동 시간은 2시간 30분 이상이 되도록 계획하고 오전 오후에 각각 1시간 이상 연속적으로 할 수 있도록 하며 또한 자유선택활동을 실행할 때는 실내 활동과 실외 활동이 연계될 수 있도록 한다. 또 교사와 유아, 유아와 유아, 유아와 환경 간에 상호작용이 일어날 수 있도록 한다.

보육교사는 사전에 생활주제, 유아의 관심과 요구, 지역사회의 특징과 여건 등을 고려하여 적절한 환경 및 다양한 자료를 구성할 줄 아는 환경구성자로서의 역할을 해야 한다. 또한 보육교사는 유아들이 쌓기, 역할, 미술, 언어, 수 · 과학, 음률영역에서 다양한 활동에 흥미와 관심을 가지고 참여할 수 있도록 교재 · 교구를 준비하여 안전하고 즐거운 놀이를 할 수 있는 환경을 만들어 주어야 한다.

보육교사는 자유선택활동을 시작하기 전에 유아가 스스로 놀이를 어떻게 할 것인지에 대해 계획하는 시간을 마련해 주며 유아가 계획한 놀이를 할 수 있도록 지도해 준다. 유아가 자유선택활동을 계획할 때 전날 진행했던 활동과 연계하여 계획을 할 수 있으며 새로운 활동을 소개해 주어 유아의 흥미를 유발시킬 수도 있다. 또한 유아들이 너무 한 영역에 몰리지 않도록 조절해 주어 서로 간 갈등이 일어나지 않도록 해야 한다. 보육교사는 유아들이 놀이를 하는 동안 유아의 전체 상황을 주시하면서 각 유아들이 골고루 놀이에 참여하고 있는지, 준비된 놀잇감을 잘 활용하고 있는지, 놀이에 참여하지 않고 배회하는 유아가 없는지 등을 살펴보고 유아가 놀이에 집중하지 못하고 있다면 적절한 시점에서 적절한 방법으로 개입하여 놀이가 활성화되도록 도와주어야 한다. 보육교사는 유아들이 자유선택활동을 하는 동안 여러 흥미영역에서 서로 방해받지 않으면서 자신이 선택한 활동에 집중할 수 있도록 주제나 유아의 흥미, 발달수준, 개인차를 고려하여 흥미영역을 구성해야 한다.

자유선택활동을 평가할 때는 내가 참여했던 활동을 다른 영유아에게 소개하고 다른 친구들의 놀이, 느낌, 감정 등을 이야기하며 놀이한 결과물을 다른 친구들에게 보여 주는 과정 등을 통해 평가시간을 갖도록 한다.

〈그림 6-10〉 자유선택활동

3) 정리 · 정돈 및 전이활동

정리 · 정돈활동은 유아가 어린이집에서 매일 하고 있는 일상적인 일과이며 유아가 놀이한 것들의 주변을 정리하는 것으로 하루에도 여러 번 반복된다. 전체 정리 · 정돈과 유아가 개별적으로 활동을 마친 후 다른 놀이로 전이할 때 놀잇감을 정리하고 이동하는 것을 말한다.

유아는 정리 · 정돈을 통해 자신의 주변을 깨끗이 하고 집단생활의 규칙을 지키는 경험을 할 수 있는 시간이므로 보육교사는 유아가 쉽게 정리할 수 있도록 놀잇감과 교구를 정리할 위치에 그림이나 사진으로 표시해 두어 유아 스스로 정리할 수 있도록 한다.

놀잇감 정리시간이 5분쯤 남았을 때 놀이시간이 얼마 남지 않은 것을 알려주어 유아들이 하던 놀이를 마무리하거나 더 이상 확장되지 않도록 한다. 또한 쌓기영역, 역할영역처럼 정리 · 정돈이 오래 걸리는 영역은 다른 영역보다 5분 정도 미리 알려주어 정리를 시작할 수 있도록 한다. 만약 유아가 정리하는 시간이 오래걸리는 영역에 있다면 교사나 정리를 다한 유아들이 도와주어 유아들이 서로 협력할 수 있는 기회를 제공해 준다.

놀이시간 동안 작품이나 결과물이 나온 활동은 전시하여 유아의 작품을 존중하고 성취감을 느낄 수 있도록 하며 미완성일 때는 상자에 보관하여 다음날로 연계하여 활동할 수 있도록 한다.

전이활동은 하나의 활동이 끝나고 다음 활동을 연결해 주기 위해 보육교사가 실시하는 활동으로 자연스럽게 다음 활동으로 유아의 관심을 이동시키기 위해 실시한다. 전이활동에는 손유희, 노래, 수수께끼 등으로 다양한 주의집중 및 전이활동이 사용될 수 있으며 가능한 주의집중 및 전이활동도 주제와 관련된 내용으로 실시하며 전이활동에 너무 몰입하지 않도록 한다.

〈그림 6-11〉 정리정돈

4) 배변활동 및 손 씻기

화장실 다녀오기 및 손 씻기는 어린이집 일과 중 하나이며 매우 빈번하게 일어나기 때문에 화장실 다녀오는 시간을 획일적으로 운영할 수 없으며 대체로 자유선택활동이 끝난 후, 실외 활동 전후, 간식 및 점심식사 전, 낮잠 시간 전후에 화장실을 다녀오도록 하는 것이 좋다.

유아들이 대소변을 해결하기 위해 화장실을 다녀오는 것은 자연스러운 생리현상이다. 유아들은 놀이에 참여하는 동안 개별적으로 화장실을 이용할 수 있으며 놀이 및 정리가 끝난 후 보육교사가 학급 전체에게 화장실 가는 시간을 알려주어 모든 유아가 화장실을 다녀올 수 있도록 한다. 이렇게 특정 시간에 화장실을 다녀오도록 하는 이유는 유아가 배변 조절의 실수를 줄여 자존감을 높일 수 있기 때문이다.

화장실 바닥은 유아가 미끄러지지 않게 물기를 닦아주거나 냄새가 나지 않도록 매일 청소하고 소독하여 청결하도록 해야 한다.

어린이집은 단체생활을 하고 있기 때문에 전염성 질병에 노출이 쉬우므로 유아들의 손 씻기는 매우 중요한 하루일과이다. 유아가 화장실 이용과 간식 및 점심식사 전후 등의 일상생활에서 손 씻기가 습관이 될 수 있도록 지도하며 손 씻기의 중요성 및 손 씻는 방법을 통해 바른 위생습관을 갖도록 한다.

〈그림 6-12〉 손 씻기

5) 대 · 소집단활동

대 · 소집단활동은 전체 또는 소그룹으로 나누어 교육 및 일상활동을 전개하는 시간이다. 대 · 소집단은 유아들이 다 같이 모여서 하는 활동이기 때문에 유아의 연령에 따라 인원 구성, 집단활동의 횟수, 진행시간 등은 유아의 흥미, 발달특성, 활동의 특성, 시기, 보조 인력 여부 등을 고려하여 결정한다. 일과소개 및 계획, 이야기 나누기, 음악활동, 언어활동, 신체활동, 요리, 게임, 점심 및 간식 등은 주로 대집단활동에 속하며 또한 우리 반 규칙을 정하거나 학급의 모든 유아들과 생각하고 의논해야 하는 경우도 대집단활동에 속한다.

소집단활동은 유아의 참여가 많거나 연령이 어리고, 교사의 구체적 지도와 밀접한 상호작용이 필요한 경우에는 소집단활동으로 진행을 한다. 새 학기에는 각 유아를 보육교사가 통제하기 어렵고 유아의 개별적 특성을 파악하지 못한 시기이므로 대집단활동보다 소집단활동으로 계획하는 것이 좋다. 유아가 어린이집에 점차 적응하고 연령이 높아지면 대집단활동을 늘려간다. 집단활동은 소집단활동으로 진행하는 것이 효율적이지만 나머지 유아를 돌볼 보조 인력이 없고 보육교사 혼자 활동을 진행해야 한다면 소집단활동이 어려운 경우가 많고 또한 대집단활동을 하기에 공간이 좁거나 유아가 활동하는 데 교사의 도움이 일대일로 필요할 경우 대집단활동이 어려울 수 있다.

집단활동을 시작할 때 유아들은 주의집중하는 시간이 짧기 때문에 너무 많은 시간이 걸리지 않도록 간단한 수수께끼나 게임, 노래, 손유희 등을 하는 것이 좋다. 주의집중이 너무 오래 걸리면 집단활동하기 전에 유아들이 지치거나 흥미와 관심이 사라질 수 있기 때문이다.

대・소집단활동을 하는 동안 교사는 적절하게 질문이나 제안을 하며 유아의 반응을 격려하고 인정해 주는 등의 상호작용이 필요하다. 또한 정적・동적 활동을 균형 있게 계획하여 교사가 주도적으로 이끌어가지 않도록 해야 한다.

〈그림 6-13〉 대・소집단활동

6) 실외 활동

유아들은 어린이집에서 오랜 시간 실내에서 생활하기 때문에 매일 햇빛, 바람, 흙이 있는 자연과 함께 실외에서 놀이가 이루어지도록 해야 한다. 실외 놀이는 유아의 신체발달 및 건강, 인지발달, 정서발달에 중요할 뿐만 아니라 계절과 자연의 변화를 직접 보고, 만지고, 느끼고, 냄새 맡아 볼 수 있는 경험을 할 수 있다. 보육교사는 일일계획안에 반드시 실외 활동시간을 1시간 이상 두어 활동하도록 권장하고 있으며 날씨, 계절, 유아의 건강상태, 전염병 등을 고려하여 실외 활동 시기와 시간을 융통성 있게 계획해야 한다.

실외 놀이 공간 구성은 실내 놀이 공간 구성과 마찬가지로 정적·동적인 활동으로 구분하며, 물·모래 놀이, 동·식물, 책 읽기 등 다양한 영역의 활동을 제공한다. 실외 놀이는 안전사고의 위험성이 늘 함께 하기 때문에 정기점검 등을 통하여 시설물, 주변의 위험요소 등을 살펴보고 유아들에게 안전교육을 사전에 충분히 하여 유아들이 스스로 안전하게 놀이기구를 이용할 수 있도록 한다. 유아의 놀이기구 이용 시 보육교사는 유아에게서 시선을 떼지 않으며 안전사고를 예방할 수 있도록 유아들을 지속적으로 관찰해야 하고 실외 활동을 할 때는 간단한 구급약과 휴지, 물 등을 준비해야 한다.

〈그림 6-14〉 실외 활동

7) 간식 및 점심식사

간식 및 점심식사시간은 유아가 영양적으로 균형 잡힌 음식을 섭취하여 성장발달에 도움이 되도록 하는 것뿐만 아니라 바른 식습관이 형성되도록 지도해야 한다. 어린이집에서 이루어지는 간식 및 점심식사는 유아가 다양한 음식을 접하여 음식의 폭을 넓히며 다른 유아들의 음식 먹는 모습을 보면서 편식을 줄일 수 있으며 영양학적으로 균형 있는 음식에 대해 관심을 가질 수 있도록 한다. 간식은 오전과 오후, 각 1회씩 2회, 점심식사는 1회에 걸쳐 제공한다. 간식은 유아들이 개별적으로 자유롭게 먹을 수 있도록 하는 자유방식과 간식시간을 정해서 다같이 먹는 방법이 있다.

간식 및 점심식사시간 동안 조용하게 대화를 하면서 기분 좋게 음식을 먹을 수 있도록 하고 개별 식습관을 배려해주어 안정된 분위기에서 음식을 먹을 수 있도록 한다. 그리고 교사는 유아의 식사량과 음식 알레르기, 개인차를 고려하여 음식을 배식하고 교사도 유아들과 함께 음식을 먹으며 유아에게 음식을 맛있게 먹는 모델의 역할을 하고 유아의 식습관 및 태도 등을 관찰하며 기분 좋게 음식을 먹을 수 있도록 분위기를 조성해야 한다.

유아들의 간식 및 점심식사가 끝나면 스스로 자신의 식기를 정리할 수 있도록 지도하며 식사를 마친 후 스스로 이를 닦을 수 있도록 지도한다. 이를 닦을 때는 개인 칫솔과 양치컵을 사용하고 사용 후에는 다른 유아들과 겹치지 않도록 건조, 살균하여 위생적으로 관리를 한다. 또한 유아의 칫솔을 수시로 확인하여 마모된 칫솔을 사용하지 않도록 하고 올바른 칫솔질을 할 수 있도록 지도하며 칫솔질이 미숙한 유아들은 이를 닦은 후 보육교사가 다시 한번 양치상태를 확인하여 치아를 관리한다.

〈그림 6-15〉 점심식사

〈그림 6-16〉 간식

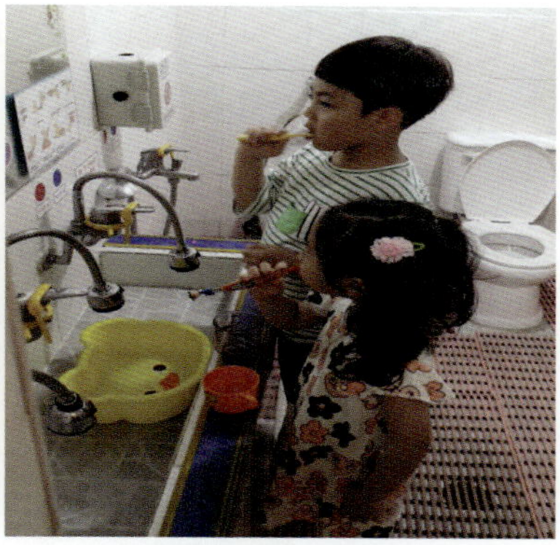

〈그림 6-17〉 이 닦기

8) 낮잠 및 휴식하기

유아들은 자신의 신체리듬을 유지하고 건강한 성장발달을 위하여 적절한 휴식 및 낮잠이 필요하다. 어린이집에서는 보통 점심식사 후에 1~2시간 정도의 휴식 및 낮잠 시간을 가지며 유아가 개별적으로 휴식을 필요로 하다면 언제나 휴식을 취할 수 있도록 휴식공간을 마련해 두어 쉴 수 있도록 한다. 휴식이나 낮잠은 유아의 오전 활동으로 인해 쌓인 피로를 풀어주고 오후 활동을 위해 재충전하여 활기차게 활동할 수 있도록 하며 매일 휴식이나 낮잠시간을 정하되 하루일과의 특성, 개인차, 날씨 등을 고려하여 운영한다. 낮잠을 자고 싶지 않은 유아는 다른 유아들이 잠이 들 때까지 누워 휴식을 취하고 유아들이 잠들고 난 후에는 조용하게 개별 활동을 하도록 한다. 모든 유아가 개별 침구를 사용하여 위생적인 환경을 마련하도록 하며 개별 침구를 가지고 오지 못한 경우에는 어린이집에서 구비해 둔 여분의 침구를 사용할 수 있다. 단, 어린이집의 여분의 침구는 사용 후에는 반드시 세탁하여 다음에 다른 유아가 사용할 수 있도록 한다.

수면실이 따로 없는 경우에는 커튼이나 블라인드를 통해 교실의 채광을 조절하여 수면을 취할 수 있도록 하고 조용한 음악을 들려준다. 또한 너무 덥거나 춥지 않도록 쾌적한 온도를 유지한다. 보육교사는 유아가 낮잠을 자는 동안 곁을 지키며 유아의 수면상태를 수시로 확인하고 유아에 대한 일지를 작성하거나 보육교사의 휴식시간을 가진다.

충분한 휴식과 낮잠시간을 가진 후 유아를 깨우기 위해 교실의 조명을 서서히 밝게 하고 신나는 음악을 사용하여 즐거운 기분으로 잠이 깨도록 하며 낮잠에서 깬 유아는 스스로 침구를 정리하고 화장실을 다녀온 후 다음 활동을 준비할 수 있도록 지도한다.

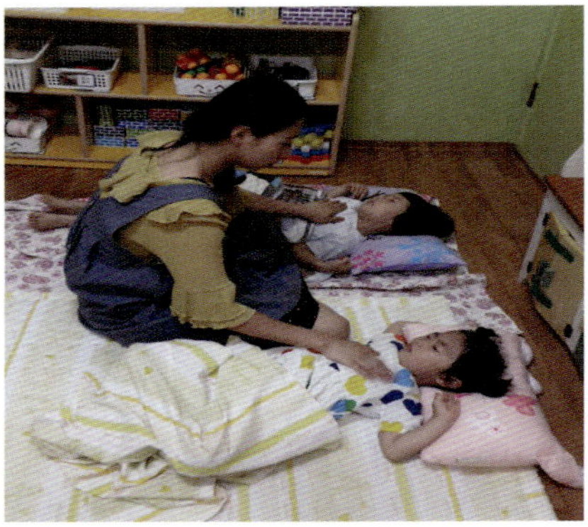

〈그림 6-18〉 낮잠

9) 오후 실내·외 자유선택활동

오후 자유선택놀이는 오전 활동의 연장 및 확장, 심화하는 것이 유아에게 좋으며, 특히 오후 자유선택놀이는 오전에 한 활동을 연계하는 활동이 많으므로 유아가 오전 활동을 이어서 더 집중할 수 있도록 지도한다. 보육교사는 유아들이 선택하는 활동을 할 수 있도록 충분히 교재, 교구, 자료를 제공하며 날씨, 활동 내용, 유아들의 요구 등을 고려하여 활동할 수 있도록 한다.

10) 귀가

귀가시간은 유아가 어린이집에서의 생활을 마무리하는 시간이며 부모님을 다시 만나는 시간이다. 귀가시간은 유아들이 하루의 일과를 돌아보고 정리하며 즐거운 마음으로 부모님을 만날 수 있도록 정서적인 지지를 해주며 유아들이 스스로 옷을 입고 소지품을 챙길 수 있도록 충분한 시간을 제공하여 준비할 수 있도록 한다. 하지만 미리 옷을 입고 부모를 기다리게 하지 않는다. 미리 옷을 입고 있으면 부모님을 더 기다리게 되고 기다리는 동안 유아는 스트레스를 받을 수 있기 때문이다. 부모에게 전달할 특이사항 및 공지사항을 미리 정리하여 준비하고 유아가 약속된 보호자와 함께 귀가할 수 있도록 하며 약속된 보호자가 아닐 경우 반드시 전화로 확인한 후 유아를 데려갈 수 있게 한다. 유아와 헤어질 때는 간단한 스킨십과 따뜻한 인사로 친밀감을 유지하며 다음 날 어린이집에 기쁜 마음으로 등원할 수 있도록 한다. 또한 귀가 지도 시 부모님과 이야기하는 동안 유아를 혼자두지 않도록 하며 밖으로 나가 위험한 행동을 하지 않도록 주의를 기울여야 한다.

〈그림 6-19〉 귀가

11) 마무리

유아들이 귀가를 한 후 보육교사는 보육일지에 그날의 실시된 내용과 평가를 기록하고 다음날의 하루일과를 위하여 일일보육계획안을 작성한다. 다음날의 일일보육계획안에 따라 활동에 필요한 교재・교구를 미리 준비한다. 그런 다음 보육교사는 보육실을 청소하고 정리정돈을 하며 하루일과를 마무리한다.

CHAPTER

07

영유아의 이해 및 지도

ㅁ 배울 내용 ㅁ

1. 영유아의 정보수집
2. 독특한 특성을 가진 영유아

ㅁ 학습목표 ㅁ

1. 영유아의 정보수집을 위한 다양한 방법을 이해하고 실제 적용해본다.
2. 독특한 특성을 가진 영유아를 이해하고 개입방안을 모색해본다.

1. 영유아의 정보수집

영유아의 정보를 수집하는 방법은 다양하다. 즉, 표준화 검사, 면담, 관찰 및 포토폴리오를 통해 영유아에 대한 정보를 수집할 수 있다. 영유아의 정보수집에 활용되는 방법에 대해 구체적으로 살펴보면 다음과 같다.

1) 표준화 검사

영유아의 정보를 수집하는 방법 중의 하나가 평가도구를 활용하는 진단평가이다. 진단평가를 통해 정확한 평가가 이루어지기 위해서는 평가도구에 대한 이론적인 가정, 측정내용과 함께 심리적 특성을 변별해 줄 수 있는 진단검사도구의 기능을 파악하는 것이 중요하다. 또한 검사를 통해 신뢰로운 결과를 얻기 위해서는 검사가 표준화되어 있어야 한다. 표준화(standardization)란 검사의 실시와 채점, 해석의 방법이 일정하게 정해져 있어 다른 검사자가 검사를 하더라도 동일한 절차에 따라 진행하도록 하는 것이다. 이렇게 표준화된 절차에 따라 검사가 진행될 때 그 검사의 신뢰성이 높아지게 된다. 영역별 진단도구검사는 매우 다양하게 보고되고 있는데, 그중 발달검사, 인지영역검사, 정의영역검사 및 신경심리검사를 중심으로 살펴보면 <표 7-1>과 같다.

〈표 7-1〉 발달영역별 표준화된 진단검사

구분	검사도구
발달검사	한국 베일리 영아발달검사(K-BSID II), 한국형 덴버발달검사 II(K-DDST-II), 한국 영유아 발달선별검사, 한국판 아동행동척도(K-CBCL), K-SIB-R 한국판 적응행동검사
인지영역검사	한국 웩슬러 아동지능검사(K-WISC-III), 한국 유아용 웩슬러 지능검사(K-WPPSI), 카우프만 아동용 지능검사(K-ABC), 한국판 종합학습능력진단검사, 한국판 기초학습능력검사, 유아용 종합 창의성 검사(K-CCTYC)

구분	검사도구
정의영역검사	유아성격검사, 한국아동인성검사(KPI-C), 아동용 주제통각검사(CAT), HTP 그림검사, 동작성 가족화 검사, 벤더 게슈탈트 시지각 검사(BGT), 한국판 사회성숙도 검사
신경심리검사	연속수행검사(CPT), TOVA, 위스콘신 카드분류검사, ADS

출처: 강혜경 외(2017). 원장일반직무교육(심화). 양성원. p.179.

2) 면담

영유아의 정보를 수집하기 위해 사용되는 방법 중의 하나가 면담이다. 영유아의 정보를 얻기 위해 실행되는 면담에는 부모면담과 영유아면담으로 구분할 수 있다. 먼저 부모면담에서는 영유아의 발달과업이 이루어진 시기를 중심으로 발달력, 병력, 유아교육기관의 적응 상황, 또래관계에 대한 정보를 얻는다. 또한 부부와의 관계, 형제자매 및 전반적인 가족환경에 대해 알아보고, 양육에서 영유아에 대해 부모가 어떻게 반응해 왔는지 등에 관한 전반적인 훈육방법에 대한 정보를 수집한다. 초기 부모면담에서 수용적이고 온정적이며 신뢰로운 관계를 맺는 것은 이후 영유아 개입에서의 성패를 좌우하는 중요한 요인이기 때문에 면담관계를 촉진할 수 있는 면담기법을 익히는 것이 매우 중요하다.

둘째, 부모면담에서 영유아와 관련된 배경 정보를 얻은 후 영유아면담이 진행되는 것이 일반적이다. 영유아면담에서 가장 중요한 요인 중의 하나는 좋은 면담관계를 형성하는 것이다. 왜냐하면 영유아들은 아직 발달적으로 자기행동에 대한 인식이 부족하기 때문이다. 영유아의 면담형태는 영유아의 발달수준에 따라 다르게 구조화된다. 예를 들어, 언어표현능력에 제한이 있는 어린 연령수준에서는 영유아와 상호작용하며 영유아의 행동을 관찰할 수 있는 놀이실에서 면담이 이루어지는 것이 일반적이다. 반면에 언어를 사용할 수 있는 영유아의 경우 면담은 놀이보다 이야기 나누기에 더 초점을 두고 진행하게 된다.

3) 관찰법

관찰(observation)은 자연스러운 다양한 상황에서 영유아들의 사회적 기술, 태도, 가치 등을 파악하고 교육이 목표를 성취했는가를 평가하는 방법 중의 하나이다. 관찰법은 평가의 대상을 주의 깊게 지각하고 기록하는 것으로 다른 방법에서는 얻기 어려운 실질적인 정보를 수집할 수 있으며, 다른 방법으로 수집된 정보를 보완할 수 있다는 장점을 지닌다. 관찰할 때는 무엇을 왜 관찰하는지 목표를 명확하게 설정하고 관찰한 행동을 객관적으로 기록하며, 기록된 것을 추론과 평가의 과정을 거쳐서 편집하고 기록물에 대한 반성적 사고를 하여 교수 - 학습활동에 반영하는 단계를 거치게 된다(박찬옥 외, 2010).

영유아의 정보수집에 있어 관찰이 널리 사용되고 있는데, 그 이유로는 첫째, 영유아들은 관찰자의 존재에 대해 크게 의식하지 않고 자연스런 행동을 보이기 때문이다. 둘째, 영유아들은 발달상 언어를 통한 의사소통이 원활하지 못하기 때문에 질문지법(questionaire method)이나 면접법(interview)보다 관찰법이 더 적합한 경우가 많기 때문이다. 셋째, 영유아를 대상으로 하는 평가는 윤리적인 관점에서 영유아를 대상으로 실험 조작을 하기가 불가능한 경우가 많기 때문이다. 그런 점에서 관찰법은 영유아들에게 어떤 조작을 가하지 않아도 되기 때문에 어떤 방법보다도 관찰법이 영유아에 대한 정보를 수집하는 데 더 용이하다. 넷째, 관찰법은 자료수집과정에서 영유아들의 언어적 표현이나 비언어적 표현이 행동의 관찰을 통해 연구자가 중요한 정보를 얻을 수 있기 때문에 영유아의 정보수집에 용이한 방법 중의 하나이다.

관찰을 통해 또래친구나 교사와의 상호작용, 문제행동, 의사소통 형태, 놀이행동 등에 대한 정보를 얻을 수 있다. 이때 관찰자는 사전에 행동의 어떤 측면을 어떻게 평가할 것인지에 대해 미리 결정하고 훈련받는 것이 중요하다. 영유아를 대상으로 하는 관찰법에는 표본식 기술, 일화기록, 시간표집법, 사건표집법, 평정척도법 및 행동목록법 등이 있는데, 구체적으로 살펴보면 다음과 같다.

(1) 표본식 기술

표본식 기술은 미리 정한 어떤 기준에 따라 관련된 행동이나 사건내용을 기록하고, 그것이 일어나게 된 환경적 배경을 상세하게 이야기식으로 서술하는 방법이다. 연구자는 관찰 대상 아동, 관찰장면, 관찰시간을 미리 설정한 후 그 장면에서 일어나는 아동의 행동과 상황을 자세히 기술한다. 유아교육현장에서 관찰할 때 어떤 부분만을 선택하여 관찰하는 것이 아니라 어떤 상황이나 행동을 자세히 묘사하기 때문에 연구자에게 유용한 자료를 제공해 준다. 표본식 기술을 할 때 고려사항은 <표 7-2>와 같다.

〈표 7-2〉 표본식 기술 고려사항

- 영유아의 행동이 관찰된 시간, 관찰장소를 기록한다.
- 1회의 관찰은 보통 10분 내외가 적당하며, 30분을 초과하지 않도록 한다.
- 관찰 대상 영유아의 말과 행동뿐만 아니라 그 영유아와 상호작용하고 있는 사람들의 말과 행동도 기록한다.
- 사건이 일어난 순서대로 기록한다.
- 영유아의 행동 지속시간이나 관찰장면이 바뀔 때마다 시간을 표시해 둔다.

(2) 일화기록

일화기록이란 짧은 내용의 사건이나 행동에 대한 사실적인 기록이다. 일화기록은 미리 정해진 범주의 행동이 일어나거나 교사가 기록해 놓을 만한 가치가 있다고 판단될 때 사용한다. 즉, 영유아의 성격 및 행동특성, 적응양식을 이해하기 위해서 구체적인 행동사례를 가능한 한 상세하게 기록하는 방법이다. 일화기록은 한 가지 행동이나 상황에 초점을 맞추어 기록하며, 다양한 상황에서 영유아의 자연적 행동에 관한 정보를 제공해 주기 때문에 영유아의 기본적이고 중요한 성격특성을 이해하는 데 도움이 된다.

일화기록은 간단하게 메모하는 등 관찰된 직후에 작성하거나 수업이 끝난 후 자세하게 기록하게 된다. 메모를 할 때는 영유아의 행동을 육하원칙에 따라 작성하는 것이 좋다. 교사는 한 달에 한 번, 분기에 한 번, 학기에 한 번 등과 같이 영유아의 행동에 대한 지속적이고 체계적인 일화기록 자료를 통하여 일반적인 해석을 하는 것이 바람직하다. 일화기록을 할 때 고려사항은 <표 7-3>과 같다.

〈표 7-3〉 일화기록 고려사항

- 영유아의 행동, 반응, 대화 등을 사실적이고 구체적으로 기록한다.
- 주기적으로 관찰하여 기록이 누적될 수 있도록 한다.
- 발달의 구체적인 예를 기록한다.
- 행동의 패턴이나 변화, 특이한 사항 등을 기록하며, 날짜와 시간, 장면과 교육적 환경 등을 객관적으로 기록한다.

(3) 시간표집법

관찰자가 관찰행동을 미리 선정하여 정해진 시간 동안 일정한 시간 간격(30초, 1분 등)을 두고 여러 차례 관찰하여 그 빈도를 기록하는 방법이다. 즉, 관찰자가 관찰을 할 때 미리 정해놓은 시간 간격에 맞추어 그 시간 동안 관찰자가 관심을 가지고 있는 특정한 행동이 발생했는지 또한 관찰횟수는 얼마나 되는지를 기록하는 것이다. 이 방법은 어떤 행동의 특정한 측면에 대해 일정한 간격을 두고 일정한 시간 단위씩 측정하여 관찰함으로써 그 측정치를 통해 과정 전체를 추정하려는 직접관찰의 한 방법이다. 시간표집법을 사용할 때 고려사항은 <표 7-4>와 같다.

〈표 7-4〉 시간표집법 고려사항

- 시간표집법은 자주 나타나는 행동을 기록하는 데 적합하다.
- 관찰자는 조작 전 정의를 내림으로써 다른 사람들이 모든 용어를 분명히 이해할 수 있도록 한다.
- 기록자는 쉽고 단순하게 기록한다.

(4) 사건표집법

사건표집법은 단순히 어떤 행동의 발생 유무만을 관찰하기보다는 행동의 순서를 자세히 기술하려는 기록방법이다. 즉, 어떤 특정 행동이나 사건이 나타나기를 기다렸

다가 그 행동이나 사건이 일어나면 그때 일정한 형식에 따라 기록을 남기는 방법이다. 사건표집의 방법은 어떤 행동이나 사건 그 자체에 있으므로 사건이 발생하기를 기다렸다가 관찰하는 것이 특징이다. 따라서 관찰자가 관찰을 할 때 미리 정해놓은 시간 간격에 맞추어 그 시간 동안 관찰자가 관심을 가지고 있는 특정한 행동이 발생했는지 또는 관찰 횟수는 얼마나 되는지를 기록하는 것이다. 사건표집법을 사용할 때 고려사항은 <표 7-5>와 같다.

〈표 7-5〉 사건표집법 고려사항

- 관찰자는 관찰하고자 하는 영유아 행동을 명확히 규정할 수 있도록 조작적 정의를 내린다.
- 영유아들의 행동을 관찰할 장소나 시간에 대해 충분히 숙지해야 한다.
- 기록하고자 하는 정보나 자료의 종류를 결정한 후 기록한다.
- 관찰기록지는 가능한 한 쉽고 편리하게 만들어진 것을 사용한다.

(5) 평정척도법

관찰에서 얻은 자료를 수량화하기 위해 고안된 방법이다. 평정척도는 연속성이 있는 어떤 행동의 차원 또는 영역에 대해서 아동의 행동을 관찰한 후 일정한 위치에 평정하도록(수량화된 점수를 부과하도록) 작성된다. 평정척도법은 관찰과 동시에 행할 수 없고 관찰을 충분히 한 후에 그 결과를 요약하는 수단으로 사용된다. 평정척도의 대표적인 유형으로는 기술 평정척도, 숫자 평정척도, 도식 평정척도, 표준 평정척도 등이 있다<표 7-6>. 평정척도법을 사용할 때 고려사항은 <표 7-7>과 같다.

〈표 7-6〉 평정척도법의 종류 및 특징

구분	내용
기술 평정척도	행동의 한 차원을 연속성 있는 몇 개의 범주로 나누어 기술하고 관찰자로 하여금 대상의 행동을 가장 잘 나타내는 진술문을 선택하는 방법이다. 이때 진술문은 가능한 행동으로 기술되어야 하며 범주 간 차이를 구분할 수 있어야 한다. 일반적으로 한 행동에 대해 흔히 3~5개의 기술적인 범주에 따라 평정한다.

구분	내용
숫자 평정척도	각 척도치에 숫자를 부여함으로써 측정된다. 이때 숫자는 일종의 점수로써 평정된 자료를 수량화하고 통계적 분석을 가능하게 한다(3, 5, 7점 척도). 숫자를 배정하는 일반적인 규칙은 가장 긍정적인 척도치에 가장 높은 점수를 주는 것이다. 즉, 5점 척도인 경우 5, 4, 3, 2, 1로 점수를 부여한다.
도식 평정척도	도식 평정척도는 관찰자의 판단을 돕기 위해 기술적 유목에 어떤 선을 첨가시킨 형태를 말한다. 도식 평정에서 일정한 직선을 제시하고 직선상의 위치에 따라 판단을 할 때 관찰자는 직선을 하나의 시각적 단서로 활용하여 관찰하는 행동의 연속성을 가정하게 된다. 선은 일반적으로 횡축을 많이 사용한다. 선의 형태는 동간(같은 간격)으로 나누어진 선 또는 나누어지지 않은 선, 연속선 또는 점선 등으로 다양하다. 대체로 척도치에 따라 몇 개의 동간으로 나누어진 가로 직선을 많이 사용한다.
표준 평정척도	관찰자에게 평정의 대상을 다른 일반 대상과 비교할 수 있도록 구체적 준거를 제시하는 방법이다. 이 유형은 기술 평정에서의 각 범주를 보다 객관적인 유목으로 기술한 형태라 할 수 있다.

〈표 7-7〉 평정척도법 고려사항

- 개인의 편견이 개입되지 않도록 한다.
- 평정척도법은 관찰행동의 존재 유무와 존재하는 행동의 질적 특성이 어느 정도인지를 파악하도록 한다.

(6) 행동목록법

사전에 관찰할 행동목록을 만들어 놓고 관찰하면서 해당하는 행동이 나타날 때마다 체크로 표기하는 방법이다. 관찰 시 사용하는 기록양식을 행동목록 또는 행동목록표(behavior checklist)라고 한다. 이 방법은 관찰시간이 절약되고, 아동의 행동을 쉽게 관찰할 수 있으며, 그 결과를 학습계획 및 아동의 행동평가 등에 간편하게 적용할 수 있는 장점이 있지만 목록에 없는 아동의 행동은 평가를 할 수 없다는 단점을 가지고 있다. 행동목록법을 사용할 때 고려사항은 <표 7-8>과 같다.

〈표 7-8〉 행동목록법 고려사항

- 체크리스트에 포함된 관찰문항은 관찰 가능한 구체적 행동을 나타내는 것이어야 한다.
- 문항 간 중복이 없도록 한다.
- 행동목록 문항은 일정한 체계에 맞게 논리적으로 작성되어야 한다.
- 행동목록법은 관찰행동의 유무에 관심을 가진다.

4) 포트폴리오 평가

포트폴리오 평가는 영유아 개개인의 변화 및 발달과정을 종합적으로 평가하기 위해 전체적이고 지속적으로 평가하는 방법이다. 이 평가방법은 표준화 검사가 영유아들의 다양한 문화나 일상생활을 반영하는 데는 적합하지 못하다는 관점에서 생겨난 대안적인 평가방법으로서 기존의 평가방식으로 인하여 야기될 수 있는 문제점들을 보완할 수 있기 때문에 각 영유아별로 수집된 자료를 포트폴리오로 구성하도록 권장하고 있다. 따라서 영유아들이 일상적인 하루일과에서 산출한 결과물, 즉 미술, 음률, 극놀이 등의 표현 결과로 나타난 성장의 기록이나 그림, 작품을 수집하는 것은 포트폴리오 평가에서 중요한 자료가 된다.

포트폴리오는 영유아 자신의 내적 감정이나 사고의 표현이기 때문에 결과로 나타난 제작물을 평가함으로써 영유아의 이해수준이나 느낌, 세상이나 다른 사람을 보는 방법을 이해할 수 있다. 포트폴리오 대상은 영유아 개인뿐만 아니라 공동작업을 포함한 초기에 이루어진 자료에서부터 완성품에 이르기까지 다양한 자료로서 그림, 사진, 영유아의 저널 쓰기, 녹음자료, 비디오자료 등은 영유아의 발달 정도를 평가하기에 매우 유익한 자료로 활용될 수 있다(하수연 외, 2015).

포트폴리오가 평가자료로서 가치를 지니기 위해서는 각 내용에 따라 한 달 또는 분기, 한 학기 등과 같이 일정한 시간 간격을 두고 구성된 영유아의 작품을 체계적으로 수집해야 한다. 이렇게 체계적으로 수집된 자료는 교사에게 일정한 기간 동안 일어난 영유아의 발달을 평가해 볼 수 있도록 하고, 영유아에게는 스스로 자신을 판단하여 볼 수 있는 기회를 제공한다.

포트폴리오 평가의 유형은 크게 전시 포트폴리오, 활동과정 포트폴리오, 총평 포트폴리오로 나눌 수 있다. 전시 포트폴리오는 영유아가 행한 최고의 학습결과나 행동을 자료로 만들어 전시할 목적으로 제작하는 포트폴리오를 말한다. 작품의 선정은 교사와 영유아의 협의하에 이루어지는 것이 원칙이며, 이 과정에서 영유아의 의견을 최대한 반영해야 한다. 이때 교사나 영유아가 특정 작품을 선택한 이유에 대한 설명을 덧붙일 수 있어야 한다. 활동과정 포트폴리오는 영유아의 활동과정에서 발생하는 초기 작품에서부터 가장 우수한 작품까지, 또는 학기 초의 행동에서부터 학기 말의 행동까지 학습자의 변화과정을 살펴볼 수 있도록 만들어진 포트폴리오를 말한다. 미완성된 작품이나 활동의 진행과정에 대한 기록도 활동과정 포트폴리오에 첨부될 수 있다. 총평 포트폴리오는 영유아에 대한 총체적인 평가를 목적으로 영유아의 학습과정에서 생겨나는 여러 가지 산출물뿐만 아니라 표준화된 검사결과, 교사의 관찰자료, 가족에 대한 정보 등 영유아에 대한 모든 정보를 포함하는 포트폴리오를 말한다(황해익 외, 2009). 따라서 유아교육기관에서는 포트폴리오 평가를 실시하는 목적, 교사의 능력, 시간적 여유 등을 고려해서 각자의 상황에 가장 적합한 포트폴리오 평가의 유형을 선택하여 실시하는 것이 효과적이다.

2. 독특한 특성을 가진 영유아

1) 신생아 발달선별검사

출생하는 순간부터 신생아는 신체적 움직임을 시작하며, 이 움직임의 강도와 민첩성이 신생아의 신체적 건강과 지적 정상성을 가름하는 기준이 된다. 신생아의 정상성 여부를 진단하는 데 일반적으로 사용되는 방법을 살펴보면 다음과 같다(김이영 외, 2017).

(1) 육안으로 아기의 전반적인 상태를 점검

손가락과 발가락이 제대로 있는지, 굽거나 붙지는 않았는지, 손과 발의 굵기는 동일한지, 얼굴 외관은 이상이 없는지를 확인한다. 이마 위쪽 머리 부분의 머리뼈가 없이 말랑말랑한 부위인 대천문이 제대로 있는지 확인하고 귀의 모양도 살핀다. 그리고 목에서 덩어리가 만져지거나 목이 기울어 있지는 않는지, 다리의 고관절이 탈구가 되지는 않았는지, 배가 너무 빵빵하지는 않는지를 살핀다. 또한 성기의 모양은 정상인지, 고환은 둘 다 내려와 있는지, 크기는 같은지, 항문은 제대로 뚫려 있는지도 확인하고, 심장에서 잡음이 들리는지도 확인하게 된다.

(2) 아프가 척도

아프가 척도(Apgar Scale)는 1953년 콜롬비아 대학의 Virginia Apgar 박사에 의해 개발된 검사로 신생아 상태를 평가하기 위해 사용되는 척도이다<표 7-9>. 이 척도는 맥박, 호흡, 반사민감성, 근육긴장성 및 피부색의 다섯 가지 범주로 구성되어 있으며, 출생 1분 및 5분 후에 측정한다. 각 영역별 점수는 0점, 1점, 2점으로 평정되며, 총점이 7~10점이면 건강한 신생아로 판단하고, 7점 이하이면 신생아는 원활한 호흡을 위해 외부의 도움을 필요로 하며, 3점 이하로 점수가 낮으면 위험한 상태로 판단하게 된다.

〈표 7-9〉 Apgar **검사 문항과 채점기준**

검사문항	점수		
	2점	1점	0점
맥박	분당 100~140회	분당 100회 이하	심장박동 없음
호흡	규칙적 호흡과 강한 울음	불규칙하고 약한 호흡	호흡 없음
반사민감성	발바닥을 때리면 강한 울음	발바닥을 때리면 울지 않고 얼굴을 찡그리거나 움직임만 보임	반응이 없음
근육긴장성	팔다리를 늘리면 저항하여 구부림	거의 저항하지 않음	축 늘어짐
피부색	몸 전체가 분홍빛	몸은 다소 분홍빛이나 사지는 푸른빛	몸 전체가 푸르고 창백함

(3) Brazelton 신생아 진단 척도

Brazelton 신생아 진단 척도(Brazelton Neonatal Assessment Scale)는 신경계 기능과 사람에 대한 반응을 중점적으로 진단하는 검사이다. 이 척도는 출생 후 3일 이내에 최초로 실시하고, 2~3일 후에 재검사를 실시하게 된다. 이 척도는 26가지 자극 상황에서의 반응과 20가지 반사기능을 측정하도록 되어 있으며, 자극에 대한 관심을 보이다가 싫증을 내는 습관화, 사람에게 접근하려는 지향반응(시각 및 청각 자극 지향성), 운동발달, 상태범위 및 상태조정을 측정하는데, 구체적인 영역과 행동목록은 <표 7-10>과 같다. 이 척도에서 극히 낮은 점수를 받은 신생아는 뇌손상이나 신경계의 이상의 가능성이 있음을 시사한다.

〈표 7-10〉 Brazelton 신생아 진단검사의 영역과 행동목록

영역	행동목록
습관화	불빛, 딸랑이, 종소리, 핀으로 가볍게 찌르기에 대한 반응의 감소
시각 및 청각 자극 지향성	사물 및 사람 얼굴에 대한 초점 맞추기 및 따라가기, 소리 자극과 사람 목소리에 반응하기, 사람얼굴과 목소리에 동시 반응하기
운동발달	잡고 일어나기, 방어운동, 주의성 정도, 근육긴장, 운동신속성, 활동성
상태범위	흥분도, 불안정성, 상태 가변성
상태조정	매달리기, 달래면 울음 그치기, 흥분 가라 앉히기, 손가락 빨기, 떨림, 놀람, 피부반응

(4) 신생아 반사

신생아는 20가지 이상의 반사기능을 가지고 태어난다. 반사운동은 뇌간(brainstem)에 의해 통제되는 무의식적 운동으로 아이의 신경학적 정상성을 평가하는 중요한 근거가 된다. 반사기능은 두 가지로 구분되는데, 신생아의 생존과 직결되는 '생존반사'와 신생아의 생존과는 관계없이 인류의 진화과정의 흔적으로 보이는 반사로 일정 기간이 지나면 사라지는 '원시반사'로 구분할 수 있다. 생존반사에는 눈깜박임반사, 호흡반사, 근원반사, 빨기반사, 삼키기반사 등이 있으며, 원시반사에는 모로반사, 바빈

스키반사, 잡기반사, 걷기반사, 수영반사 등이 있다. 신생아 반사 기능은 Apgar 검사(출생 직후에 실시하여 신생아의 건강상태를 판단함)와 Moro 검사(생후 2개월까지의 중추신경계의 상태를 평가)로 이루어지게 된다. <표 7-11>에서는 신생아의 반사 종류와 내용을, <그림 7-1>에서는 신생아의 반사유형이 제시되어 있다.

〈표 7-11〉 반사의 종류와 내용

반사유형	종류	내용
생존반사	눈깜박임반사	신생아의 눈에 강한 빛을 비추거나 물체가 급히 다가오면 눈을 감거나 깜박이는 것이다.
	호흡반사	신생아가 호흡을 통해 산소를 공급하고 이산화탄소를 방출하는 것이다.
	근원반사	신생아의 입 주변에 자극을 주면 자극이 있는 방향으로 머리를 돌리고 무언가를 입으로 빨려고 하는 것이다.
	빨기반사	신생아의 입가를 자극하면 입술을 내밀고 빨려고 하는 것이다.
	삼키기반사	입속의 음식물을 삼키려고 하는 것으로, 생존을 위해 영양을 섭취하려고 하는 것이다.
원시반사	모로반사	신생아를 안고 있다가 갑자기 내려놓거나 큰 소리가 나는 등 신생아에게 놀랄 만한 자극을 주면 양 팔을 옆으로 쭉 뻗고 손가락을 펼친 상태에서 무엇인가를 잡으려는 듯한 자세를 취하는 것이다.
	바빈스키반사	성인의 발바닥을 간지럽히면 발바닥을 안쪽으로 굽히며 발가락을 오므리는 반면, 신생아의 발바닥을 간지럽히면 발가락을 부채처럼 짝 펴는 것이다.
	잡기반사	신생아의 손에 성인의 손가락이나 어떤 물건을 주면 강하게 잡는 것이다.
	걷기반사	신생아의 겨드랑이를 잡고 평평한 곳에 양발을 딛게 하면 마치 걸음마를 하려는 듯 한쪽 발을 다른 쪽 발 앞에 놓는 것이다.
	수영반사	신생아가 물속에 들어가면 고개를 물속으로 넣고 팔다리를 움직이며 수영하는 것과 같은 행동을 하는 것이다.

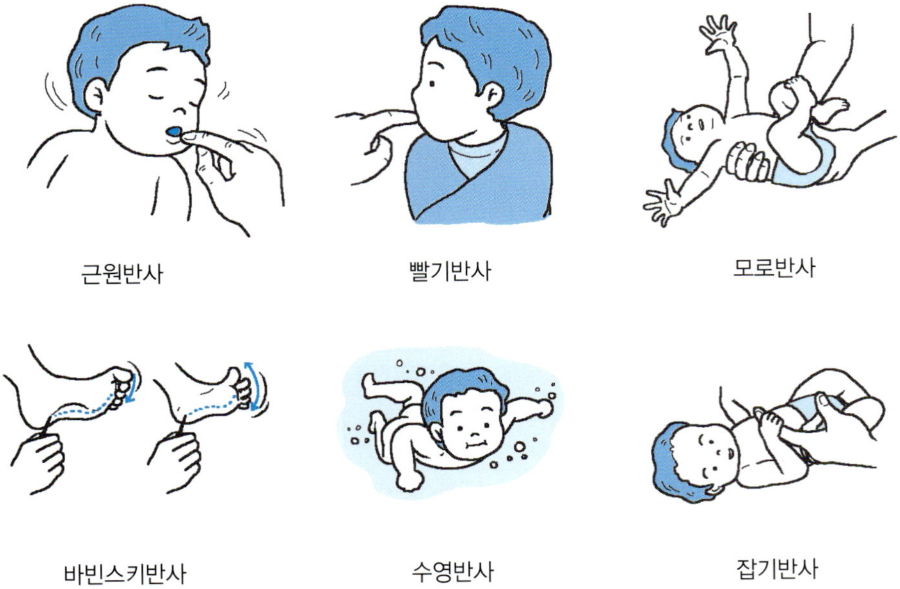

〈그림 7-1〉 신생아의 반사 유형들

출처: 조형숙 외(2017). 영유아발달. 파워북. pp.130-131.

신생아의 반사기능은 대뇌의 발달과 밀접한 관련성을 가진다. 구체적으로 6개월경에는 대뇌 피질부의 감각영역과 운동영역의 발달이 이루어지는데, 이는 출생 후 2년 내에 성인의 수준에 도달한다. 이 발달로 인해 의도적인 운동이 가능해지면서 반사기능이 사라지게 된다. 즉, 대뇌피질이 발달하면서 그동안 피질하(subcortical)의 뇌간에서 지배되던 반사운동은 억제되고, 자발적이며 의식적인 운동능력이 발달해 가기 때문이다.

2) 영역별 치료적 접근이 필요한 영유아의 사례

인간의 발달영역은 서로 상호연관성을 가지고 발달하게 된다. 즉, 신체운동과 같은 생물학적 발달, 감각운동 및 의사소통과 같은 인지적 발달 및 사회・정서적 발달은 서로 연관되어 있어서 서로 영향을 주고받게 된다. 또한 신체크기, 신체비율, 지각 및 감각의 운동능력 등과 같은 생물학적 발달은 주의집중, 기억, 문제해결, 창의성, 언어발달 등의 지적 능력 변화인 인지적 발달에 영향을 미친다. 그리고 인지적 발달은 자기이해, 대인관계기술, 또래관계, 도덕적 추론 등과 같은 사회・정서적 발달에 영향을 미치게 된다(김이영 외, 2017). 각 영역별 치료적 접근이 필요한 영유아의 사례는 <표 7-12>와 같다.

〈표 7-12〉 각 영역별 치료적 접근이 필요한 영유아

영역	내용
신체적 발달문제	선천성갑상샘저하증, 페닐케톤뇨증, 혈우병, 선천성심장병, 선천성면역결핍증, 영아돌연사증후군, 흔들어진 아이 증후군
감각 및 지각문제	시각장애, 청각장애
심리적 발달문제	지적장애, 의사소통장애, ADHD, 틱장애, 학습장애
사회적 발달문제	모성박탈문제, 자폐증

(1) 신체적 발달문제

영유아가 유전적 요인 혹은 출산과정상의 문제로 인해 신체 내부기관의 결함, 선천적 질병 그리고 신체적 장애를 가지고 있는 경우를 의미한다. 이와 같은 선천성 질병과 장애문제는 영유아가 기능을 수행하는 데 어려움을 초래하는 요인이며, 더불어 부모와의 상호작용에도 많은 제한을 받게 되는 요인이다. 그러나 최근 발달한 의료장비를 통한 산전검사(산모 혈청검사, 초음파검사, 양수검사 및 융모막검사 등)나 출생 시 실시하는 선별검사 등을 통해 주로 발견되는데, 조기에 발견할수록 치료 가능성이 높아진다. 이때 발견되는 선천성 갑상샘저하증(Congenital hypothyroidism)이나 페닐케톤뇨증(Phenylketonuria: PKU), 혈우병(Hemophilia), 선천성 심장병(Congenital Heart Disease), 선천성 면역결핍증(Immunodeficiency Disease), 영아돌연사증후군(Sudden Infant Death

Syndrome: SIDS), 흔들어진 아이 증후군(Shaken Baby Syndrome) 같은 질병이 대표적이다<표 7-13>.

〈표 7-13〉 선천성 질병과 장애문제

구분	내용
선천성 갑상샘저하증	선천적으로 갑상샘 기능이 제대로 활동하지 않는 경우를 의미하며, 생후 6개월 이내에 발견하여 치료하지 않으면 심각한 지능 저하 및 성장 발육지연을 초래하게 되는 질병이다.
페닐케톤뇨증	PKU는 음식물 중에 포함되어 있는 페닐알라닌이라는 아미노산 효소의 이상으로 신체 속에서 대사되지 않고 체내에 쌓이면서 신경계에 문제를 유발함으로써 나타나는 질환이다.
혈우병	혈우병은 X염색체에 있는 유전자의 선천성, 유전성 돌연변이로 인해 혈액 내의 응고인자(피를 굳게 하는 물질)가 부족해 발생하는 질환이다.
선천성 심장병	선천성 심장병은 태아기에 여러 원인에 의해 심혈관질환이 생겨 출생 시 이미 병을 가지고 태어나는 상태를 말한다.
선천성 면역결핍증	선천성 면역결핍증은 1만 명 중에 1명꼴로 나타나는 희귀병이라고 할 수 있으며, 유전성 질환으로 80% 이상이 영아 연령에서 나타나고, 특히 대부분 X염색체에 의해 유전되므로 70% 정도가 남자에게 나타난다.
영아돌연사증후군	SIDS이란 생후 12개월 전의 건강한 영아가 갑자기 사망하는 경우로, 부검이나 사망 당시의 상황이나 사후검사, 병력 등을 검토해 보아도 사망 원인을 찾을 수 없는 갑작스런 죽음을 의미한다.
흔들어진 아이 증후군	두개골과 뇌 사이는 척수액으로 차 있고 그 사이로 뇌혈관이 지나가는데, 아이를 심하게 흔들면 그 충격이 그대로 머리에 전달된다. 그 결과 두개골 속에 있는 뇌가 딱딱한 두개골에 부딪히면서 그 주위에 있는 혈관이 찢어져 피가 두개골과 뇌 사이에 고여 뇌출혈이 일어나게 되는 현상이다.

선천성 질병에 대한 지도에서 가장 중요한 요인은 임신을 하면 정기적인 검사를 통해 태아가 선천성 질병을 가지고 있는지를 확인하는 것이다. 왜냐하면 정기적인 검사를 통해 선천성 질병을 조기에 발견하여 치료를 하면 후유증을 줄일 수 있기 때문이다. 그리고 선천성 질병을 유발할 수 있는 위험요인, 즉 산모의 흡연, 약물복용, 출산연령이 낮거나 영양부족, 출생한 영아들에 대한 올바른 수면습관을 가지도록 하는 것이 선천성 질병의 치료와 예방에 효과적이다.

(2) 감각 및 지각의 발달문제

인간은 감각과정을 통해 정보를 받아들이고, 지각과정을 통해 정보를 해석하고 의미를 부여하게 됨으로써 행동을 하게 된다. 즉, 감각과정은 감각기관인 시각, 청각, 후각, 미각, 촉각을 통해 정보를 받아들여 대뇌피질로 보내는 과정이고, 지각과정은 감각과정을 통해 들어온 정보에 의미를 부여하는 과정이다. 감각과정에 있어 우리는 정보의 80%는 시각이 담당하고, 청각 15%, 나머지 5%는 후각, 미각, 촉각이 담당하게 된다. 영유아기 때의 시각과 청각의 문제는 정상적인 발달을 저해하는 중요한 요인 중 하나이다<표 7-14>.

〈표 7-14〉 감각 및 지각의 발달문제

구분	내용
시각장애	시각장애인은 교정시력이 0.02 이하인 사람을 말하는데, 전혀 보이지 않을 뿐만 아니라 빛의 구별도 되지 않을 경우는 전맹 또는 완전실명이라고 하고, 밝고 어두움은 구별할 수 있으며, 약간 볼 수는 있으나 1m 앞의 손가락을 구별할 수 없는 경우를 준맹이라고 한다. 또한 시력이 저하되어 기본적인 일상생활은 할 수 있지만 책의 보통 크기의 글씨를 읽을 수 없는 경우를 약시라고 한다.
청각장애	청각기관의 손상(impaired)으로 듣는 능력에 장애를 경험하는 것을 말한다. 즉, 청각장애는 청각손상(청각 구조나 청각 기능이 정상적 범위 밖으로 일탈한 것을 지칭), 청각장애(청각 손상으로 인해 일상생활에서 의사소통 수행상에 개인이 겪는 불리한 처지), 청각 불능(청각손상으로 인해 야기된 기능 상실)을 의미한다.

감각 및 지각의 발달문제는 장애의 원인, 종류나 장애의 시기 등에 따라 다르게 나타날 수 있다. 따라서 첫째, 적절한 사정 도구를 통해 정확하게 상태를 진단하는 것이 필요하다. 이들은 정상의 또래들에 비해 특정 영역의 기능이 뒤떨어지므로 표준화된 검사도구를 이용할 때 이들의 발달 정도를 정확하게 예측하기 어렵기 때문이다. 둘째, 개별화 교육이 필요하다. 그리고 개별화 교육팀은 이런 장애를 지닌 영유아들을 판별하는 단계를 넘어 이들의 인지능력, 학업성취, 언어기술, 운동수행, 사회정서적 기능 등과 더불어 다른 감각능력과 관련하여 어떻게 기능을 발휘하고 사회에 적응할 것인지에 초점을 맞추어야 한다.

(3) 심리적 문제

영유아기에 발생되는 심리적 문제는 향후 발달과정에 매우 많은 영향을 미치게 되며, 조기 발견이 매우 중요하다. 영유아기에 발생되는 대표적인 심리적 문제는 지적장애, 의사소통장애, 주의력결핍 과잉행동장애(ADHD), 틱장애, 학습장애 등이다<표 7-15>.

〈표 7-15〉 심리적 문제

구분	내용
지적장애	지적장애는 유의하게 평균 이하인 지적 기능과 동시에 그와 연관된 적응적 제한성이 두 가지 혹은 그 이상의 실제적 기술 영역들, 즉 의사소통, 자기관리, 가정생활, 사회성 기술, 지역사회 활용, 자기지시, 건강과 안전, 기능적 학업교과, 여가, 직업 기술의 영역에서 존재해야 한다.
의사소통장애	「장애인 등에 대한 특수교육법」(2018)에서는 의사소통장애를 가진 아이들을 첫째, 언어의 수용 및 표현능력이 인지능력에 비해 현저하게 부족한 사람, 둘째, 조음능력이 현저히 부족하여 의사소통이 어려운 사람, 셋째, 말 유창성이 현저히 부족하여 의사소통이 어려운 사람, 넷째, 기능적 음성장애가 있어 의사소통이 어려운 사람으로 분류하고 있다.
주의력결핍 과잉행동장애	매우 산만하고 부주의한 행동을 나타낼 뿐 아니라 자신의 행동을 적절히 통제하지 못하고 충동적인 과잉행동을 나타내는 경우를 주의력결핍 과잉행동장애(ADHD)라고 한다. 즉, 낮은 집중력으로 인한 짧은 주의집중기간, 충동성 및 과다활동이 그 특징적 증상이다.
틱장애	얼굴 근육이나 신체 일부를 갑작스럽게 움직이거나 이상한 소리를 내는 이상행동을 반복적으로 나타내는 경우를 틱장애라고 한다. 즉, 틱은 불수적으로 갑자기 빠르게 반복적이고 불규칙하게 움직이는 상동적 근육의 움직임이나 발성을 의미하는 것으로 스트레스에 의해 악화되고, 차분하게 활동하는 동안에는 억제되는 것이 그 특징이다.
학습장애	학습장애는 읽기, 산술, 쓰기를 평가하기 위해 개별적으로 시행된 표준화 검사에서 나이 그리고 지능에 비해 기대되는 수준보다 성적이 현저하게 낮게 나오게 될 때 진단내려진다.

심리적 문제를 가진 영유아들의 특성을 하나로 표현하기는 어렵다. 왜냐하면 심리적 문제의 현상은 한 가지 문제일 수 있지만 다른 문제들과 관련이 되어 복합적으로 나타날 수 있기 때문이다. 이들을 지도하기 위해서는 첫째, 심리적 문제를 사정할 때 체계적이고 종합적이며, 다학문적으로 접근하는 것이 가장 효과적이다. 영유아들을 평가할 때는 특수교사, 일반교사뿐 아니라 영유아와 관련된 사람들이 참여하여 인지, 정서, 사회, 학업, 의료, 기능영역 등을 평가해야 한다. 그리고 평가 대상에 따라서는

적응행동, 운동기능, 신경학적 기능, 지각능력 등을 추가로 평가해 볼 필요가 있다. 둘째, 심리적 문제를 가진 영유아들의 교육적 지원으로 행동관리, 사회성 기술 향상, 환경의 조성 및 관리 등이 필요하다. 셋째, 심리적 문제에 대한 교사나 부모 그리고 일반인들의 인식이 그들에게는 무엇보다 중요한 요인이다. 물론 그들에게 도움이 되기 위해서는 심리적 문제에 대한 정확한 이해가 필요하다. 심리적 문제를 가진 영유아들에 대한 이해 부족은 그들의 행동을 장애 혹은 병으로 보지 않고, 고의적인 행동으로 보게 되며, 그런 행동을 처벌하게 되면 그들의 자존감은 떨어지게 된다. 따라서 먼저 그들의 문제를 장애 혹은 병으로 보는 것이 중요하다.

(4) 사회적 박탈문제

영유아기에 발생되는 사회적 박탈문제는 선천적인 요인과 후천적인 환경요인에 의해 발생되며, 대표적으로 발생되는 문제점은 모성박탈 문제와 영유아기 자폐증이다 <표 7-16>.

〈표 7-16〉 사회적 박탈문제

구분	내용
모성박탈 문제	부모로부터 격리되어 고아원과 같은 시설에서 거주하는 영아들을 관찰한 결과 알려진 것이 시설병(hospitalism)이다. 즉, 환경조건이 양호하지 못한 시설에서 자란 영유아들은 비사회적이고 공격적 행동, 애정 결여, 사회적 규범을 이해하고 인정하는 능력 부족, 부적응에서 오는 불안정 등의 현상을 보여 발달지체현상이 나타나게 된다.
자폐증	자폐증은 사회적 활동과 언어를 통한 의사소통에서 다른 사람과 상호작용하는 능력이 부족하고 상상 및 추리능력도 떨어지게 된다. 이런 장애를 가진 영유아들은 눈맞추기를 하지 않고 허공을 응시하기도 하며, 어떤 목소리를 무시하거나 안아주려는 것을 거절하고 몸에 닿는 것을 싫어하게 되며, 2세 반이나 3세까지는 잘 발견되지 않는 특징을 가지고 있다.

사회적 박탈문제를 지닌 영유아들을 위해서 무엇보다 출생 후 주 양육자와 애착형성을 잘 하도록 하는 것이 중요하다. 또한 단순한 환경보다는 다소 복잡하고 다양한 환경에서의 양육이 필요하다. 특히, 자폐증을 가진 영유아들은 다양하고 복합적인 특

성을 고려하여 특별히 고안된 기능적이고 구조적인 학습환경을 조성하여야 한다. 자폐증을 가진 영유아들의 교육에 있어 가장 중요한 것은 조기 발견과 조기 개입이며 현재 영유아의 관심과 요구를 파악한 후 실현 가능한 학습방법을 찾아 성공감과 신뢰감을 확신할 수 있도록 적절한 교수전략과 영유아의 발달 정도 및 수준에 따라 교육과정을 편성하고 자폐증의 전형적이고 독특한 특성을 고려한 자연적이고 지원적인 교육환경을 제공하여야 한다. 또한 구조적이고 예측 가능한 계획과 학습으로 낯선 환경에 대한 저항을 최소화하여 교육이 용이하도록 긍정적이고 효과적인 참여를 유도하여야 한다.

CHAPTER

08

딜레마와 갈등관리

□ 배울 내용 □

1. 보육현장에서의 문제행동
2. 영유아의 문제해결을 위한 의사소통

□ 학습목표 □

1. 보육현장에서 보육교사가 겪는 영유아 관련 딜레마의 문제상황을 파악하고 갈등의 원인 및 지도방안을 모색한다.
2. 영유아와의 다양한 딜레마 상황과 갈등관리를 위한 효과적인 의사소통방법을 활용하여 지도한다.

영유아가 생활하는 보육실의 하루일과 속에서 보육교사는 수없이 많은 문제상황들을 접하게 되고, 그 문제를 해결하기 위한 선택의 상황에서 갈등을 경험하며, 중요한 결정을 내려야만 하는 딜레마에 직면하게 된다. 하지만 보육현장에서 발생되는 보편적인 문제상황 속에서 보육교사는 영유아와의 긍정적인 상호작용을 통해 전인적인 성장과 발달을 도와야 한다.

1. 보육현장에서의 문제행동

1) 딜레마의 개념과 문제상황

딜레마(dilemma)란 진퇴양란에 빠진 것을 말한다. 즉, 하나의 갈등상황을 해결하기 위하여 몇 가지의 해결책 중의 한 가지를 선택해야 하는데, 어떤 선택을 할 것인지에 대해 판단을 잘 내리지 못하는 상황을 의미한다. 보육교사도 영유아의 보육을 위하여 보육실 내에서 중요한 결정을 내려야 하는 다양한 문제상황에 직면하며 딜레마를 경험하게 된다. 다시 말해 어린이집 보육현장에서 하루에도 수차례에 걸쳐 다양한 딜레마 상황에 놓이며, 이를 해결하기 위해서는 보육교사의 도덕적 · 윤리적 판단에 의한 의사결정방법이 요구되고 있다. 보육현장의 딜레마 상황에서 보육교사가 어떤 해결책을 사용할 경우, 때로는 만족스러운 해결방안이 나오기도 하지만 만족스럽지 않은 결과를 초래하기도 한다. 따라서 보육교사는 윤리적 소신을 가지고 영유아뿐만 아니라 영유아의 부모, 동료 교직원 및 원장, 지역사회기관과의 긍정적인 협력관계를 통해 발생한 문제상황을 현명하게 해결해 나아가야만 한다.

보육교사는 하루에 영유아들과 약 1,500건 이상의 상호작용을 하며, 한 시간에 평균 10여 가지의 중요한 결정을 내리고(Berliner, 1985), 2분에 한 가지씩 유아들을 가르치는 데 필요한 결정을 내려야 하는 것으로 조사되었다(Clark & Peterson, 1986; 허미경, 2014 재인용). 이와 같이 보육현장에서는 수없이 다양한 문제상황을 접하게 되며 해결방안을 위하여 의사결정을 해야 하는 딜레마 상황에 놓이게 된다. 또한 하루 종일 보육실에서 생활하는 영유아들도 크고 작은 갈등의 문제상황에 놓이게 된다. 영유아의 특성상 "자기중심적 사고"에서 시작된 갈등의 문제를 해결하기 위하여 보육교사는 영유아의 문제상황 파악과 의사결정, 영유아 간의 의사소통, 보육교사로서의 윤리적 판단을 통하여 현명하게 대처해 나아가야 한다. 영유아와 보육교사 간의 실제 문제상황에 대처하는 방법에 대해 살펴보면 다음과 같다.

2) 영아의 보편적인 문제상황

(1) 공격적인 행동(물기, 꼬집기, 때리기)

영아는 언어적 자기표현이 미숙한 시기이므로 공격적 행동을 많이 보인다. 특히, "아니야", "내가 할거야"라고 하면서 고집부리는 아이, 친구들과 자신이 선호하는 놀잇감에 있어서 나누기와 함께 사용하기가 되지 않아 무는 아이, 욕심이 많아 항상 친구들과 다투고 친구의 놀잇감을 빼앗는 아이, 자신이 원하는 대로 되지 않을 때 잘 우는 아이 등 다양한 문제상황이 발생한다.

① 원인

- 또래 친구를 무는 행동은 주로 12~24개월경의 영아에게 나타나며, 자신이 원하는 욕구가 좌절되었을 때 또는 부정적인 감정을 표출하기 위해 충동적으로 행동하기 때문에 나타날 가능성이 높다.
- 영아들은 자기조절능력이 아직 발달하지 않았기 때문에 자기중심적 성향이 강하며 부정적 정서를 느꼈을 때, 이를 해결하기 위한 방법으로 친구를 밀치거나 물거나 소리를 지르기도 한다.
- 아직 신체적으로 미숙하고 또래와의 관계에서 사회기술능력의 부족으로 인해 문제가 발생한다.
- 영아의 생리적 욕구가 충족되지 않았을 때, 특히 잠을 충분히 자지 못해 피곤하거나, 배고플 때 등 짜증이 많아져서 공격적인 행동이 증가하게 된다.

② 지도방안

- 교사는 무엇보다 공격적인 영유아를 민감하고 세심하게 관찰하여야 하며, 갈등상황에서 공격적 행동으로 인해 다치는 상황이 발생하지 않도록 하는 것이 중요하다.
- 공격적 행동을 하게 된 원인에 대해 파악하여(충분한 놀이자료의 준비, 놀잇감의 적절한 수, 새로운 교구 준비, 공간상의 문제 등) 사전에 예방할 수 있는 방법을 모색한다.
- 특정한 문제행동을 하는 영아는 지속적으로 관찰하고 그에 대응하는 지도방안 전략을 설계한 후에 주도적으로 지도한다.
- 공격적 행동이 발생한 상황에서 정확한 상황파악과 왜 그런 행동을 했는지에 대하여 아이의 감정을 읽어주고 공감해 주며, 잘못된 행동에 대해서는 짧고 단호하게 이야기해 준다. 무엇보다 일관된 훈육방법을 사용하여 지도하는 것이 중요하다.
- 영아가 편안하고 정서적 안정감을 경험할 수 있도록 개별적 상호작용 시간인 기저귀를 갈아줄 때, 배변활동을 도와줄 때, 식사시간, 낮잠시간 등을 활용하여 영아에게 관심과 사랑을 표현하고 영아의 욕구를 반영하여 융통성 있게 보육과정을 운영한다.
- 영아가 낮잠시간에 충분한 휴식을 취하고 식사시간에는 영양을 충분히 섭취할 수 있도록 사전에 살피고 관리한다.
- 부정적인 감정을 해소할 수 있도록 스트레스 해소를 위한 놀이활동이나 교구를 제공한다. 교사는 영아와 상호작용적인 놀이를 할 때 휴지 뽑기나 신문지 찢기 놀이, 핑거페인팅 놀이, 물놀이, 모래놀이 등 놀이와 신체활동을 병행한다.
- 공격성이 강한 영아를 유심히 관찰하고 평소에 자주 가지고 노는 놀잇감이나 흥미를 보이는 놀이 및 교구를 파악하여 활동을 즐길 수 있게 한다.

(2) 부적응행동

영아들은 생후 6~7개월이 지나면서 낯가림이 나타나며, 12개월 이후 분리불안이 심해진다. 24개월이 지나서도 부적응행동이 나타나는 경우, 어린이집 적응에 많은 어려움을 나타낼 수 있다. 특히, 학기 초에 영아들은 심리적인 불안감을 느껴 어린이집에 적응이 오래 걸리고, 계속 우는 문제를 주기적으로 보이며, 신입원아, 재원원아 뿐만 아니라 반이 바뀌고 선생님이 바뀌는 경우 부적응행동이 더욱 심하게 나타나기도 한다.

① 원인

- 영아가 새로운 어린이집에 입학할 경우 대부분 10~30일 정도는 적응기간으로 보아야 한다.
- 새로운 환경의 변화로 인한 불안정한 정서와 부모와의 분리불안을 경험할 수 있다.
- 갑작스러운 가정환경의 변화로 인해 이사를 하는 경우 새로운 보육기관의 등원은 영아에게 심리적 불안을 유발하는 요소가 될 수 있다.

② 지도방안

- 영아는 새로운 환경을 쉽게 받아들이지 못하므로 어린이집 적응을 위하여 충분한 시간을 갖고 부모와 함께 단계적인 적응 프로그램에 참여하는 것이 좋다. 예를 들어, 보육교사와 인사하기 - 보육기관과 보육실 탐색하기 - 놀잇감과 놀이공간 탐색하기 - 부모와 놀이활동 해보기 - 보육교사와 놀이활동 해보기 등이다. 그런 다음 점차적으로 시간을 늘려가며 1~4주 정도 영아가 부모와 서서히 분리를 시도할 수 있도록 부모와 교사는 적극적으로 협조하여야 한다.
- 부모로부터 아이를 강제로 떼어 놓지 말고, 부모는 씩씩하게 "언제 데리러 오겠다" 는 말로 아이에게 심리적 안심을 줄 수 있는 인사를 꼭 할 수 있도록 부모에게 미리 설명해 준다.
- 영아들이 심리적으로 안정된 보육기관의 생활을 할 수 있도록 영아반 보육실의 실내 환경은 편안하고 정서적 안정감, 움직임과 탐색적인 욕구를 충족시켜 줄 수

있는 "집과 같은 분위기"의 연출이 필요하다.

- 부모와의 면담을 통해 부모와 아이의 애착형성이 안정적으로 이루어졌는지 확인하고, 영아의 습관, 성격, 좋아하는 것들에 대하여 정보를 교환하며, 부모의 양육방식과 교사의 보육방식이 일관된 방향으로 나아갈 수 있도록 주기적인 상담을 통해 영아가 적응해 나가도록 한다.
- 가정과 협력하여 부모도 어린이집에 대한 느낌을 아이에게 긍정적인 언어로 표현하도록 하며, 가정과 어린이집에서 보다 많은 신체적 접촉을 통해 안정감을 느낄 수 있도록 한다.
- 이사를 올 경우 대부분의 부모는 미리 전화로 상담을 하는 경우가 대부분이다. 이때 교사나 원장은 영아가 다녀야 할 보육기관을 사전에 견학올 수 있도록 권유를 하고, 영아가 새로운 환경을 경험하며 친숙함을 느끼고 적응할 수 있도록 도와야 한다. 또한 교사는 이사 온 영아에게 좀 더 적응에 도움이 될 수 있도록 이사 관련 동화나 교육주제를 계획하여야 한다.

(3) 심하게 손가락을 빠는 행동

심리적 불안감, 두려움으로 인해 손가락 빨기를 유난히 지속하는 영아의 경우나 최근에 나타난 특징적 행동 중에 심하게 손가락을 빨아서 늘 손이 빨갛게 부어 있는 상황이 발생한다.

① 원인

- 영아는 심리적 편안함을 원할 때, 휴식을 취하고 싶을 때, 잠을 청할 때 등 손가락을 빠는 행동을 하는 경우가 많다.
- 가정이나 기관에서 스트레스를 받을 만한 어떤 변화가 있었는지 알아보고, 스트레스 상황이 장기적인 것이라면, 스트레스의 원인을 찾아 제거하는 것이 효과적이다.
- 가족 구성원이나 가족형태의 변화에서, 특히 부모의 이혼, 부모의 잦은 불화, 영

아뿐만 아니라 유아에게도 상당한 부정적인 영향을 미치게 되고, 보육실에서 부정적인 행동을 보이거나 공격적인 행동과 반항적인 상황을 야기시키며, 다른 또래나 교사에게 적대심을 보이며 우는 일이 많아지고 불안정한 심리로 인한 손가락 빨기 행동이 증가할 수 있다.

- 형제자매가 출생한 경우 심리적 불안과 질투심과 같은 부정적 감정이 생겨서 나타나는 행동일 수 있다.

② 지도방안

- 대체로 만 4세 이하 연령의 손가락 빨기는 문제라고 볼 수 없지만, 손가락 빨기는 구강기의 욕구를 충족하기 위한 행동이므로 심한 경우에는 정서적 안정감을 취하도록 해준다.
- 영아가 손가락을 빨고 있을 때, "손가락 빨지 마!"라는 말을 대신해서 "이것 만져볼까? 아! 부드럽다"라고 보육교사는 대체 물건으로 관심을 돌려주는 것이 중요하다.
- 손가락 빨기를 대체할 수 있는 활동이나 물건을 찾아 흥미로운 활동으로 전환시켜 주거나 영아가 좋아하는 촉감의 부드러운 이불, 베개, 손수건, 인형 등을 제시한다.
- 손가락 인형놀이나 점토놀이활동 등을 통하여 손가락을 움직이며 재미있게 놀이할 수 있는 활동으로 관심을 돌려주는 것이 효과적이다.
- 습관화된 손가락 빨기 행동을 수정하는 것은 영아에게 부정적인 정서를 느낄 수 있으므로 손가락을 빨지 않고 다른 대체행동을 했을 때 적극적으로 칭찬과 격려를 해준다.
- 보육교사는 오랜 기간 동안 반복적으로 대체행동을 연습할 수 있도록 인내심을 가지고 지지해 주는 것이 필요하다.
- 부모의 잦은 불화나 이혼 등 부정적인 정서를 경험하였을 때, 영아뿐만 아니라

유아도 우울한 성향을 보이며 심리적 불안으로 인해 손가락 빨기를 빈번하게 나타낼 수 있다. 영유아가 심리적 안정감을 찾을 수 있도록 안아주고 보듬어 주는 정서적 지원이 필요하다.

- 형제자매가 태어난 후 영유아가 동생에게 부모의 사랑을 빼앗겼다는 부정적인 감정을 최소화시켜 손가락에 집중하지 않도록 그림책이나 자료를 통해 "아기의 탄생"에 대하여 이해시켜 줌으로써 영유아의 정서적 안정감을 찾을 수 있도록 도와주어야 한다.

3) 유아의 보편적인 문제상황

(1) 또래관계의 문제상황(던지기, 때리기, 욕하기, 밀치기, 방해하기)

유아기에는 놀이과정에서 친구에게 나쁜 말하기, 괴롭히기, 공격적 행동 등이 많이 발생한다. 유아의 욕구가 좌절되었을 때, 다른 또래 친구들의 장난감 망가뜨리기, 신체적으로 밀치는 행동, 짜증 섞인 화난 말투로 말하기나 욕하기 등 자신의 부정적 감정 표현을 의사소통의 방법으로 공격적인 행동을 한다. 때로는 다 같이 모여 이야기 나누는 시간에 옆에 있는 친구를 방해하는 행동으로 신체적 공격을 가하기도 하고 또래와 연합놀이나 협동놀이 상황에서 다툼이 일어나는 경우가 빈번하다.

① **원인**

- 유아기에는 또래관계에 있어서 다양한 스트레스를 경험한다. 또래와 상호작용하면서 정서조절능력이 부족한 경우 잦은 다툼이나 공격적인 행동이 나타날 수 있다.
- 유아는 놀이를 하면서 타인의 입장이 이해가 되지 않을 경우 혹은 감정 조절이 원만하게 이루어지지 않아 친구를 괴롭히거나 공격적인 행동이 표출되기도 한다.
- 유아는 연합놀이나 협동놀이 중에 또래집단으로부터 소외되었다고 느낄 때, 자신의 주장이 받아들여지지 않았을 때, 부정적인 행동으로 또래친구들의 관심을 끄는 행동을 나타낼 수 있다.

- 유아의 일상생활에서 친구와 놀이할 기회가 부족하거나, 사이좋게 지내는 방법, 규칙을 지키는 방법에 대해 지도를 받지 못한 경우에 관계형성기술이나 감정표현기술의 미숙함을 보인다.
- 가정이나 보육실에서 교사나 부모가 정서조절능력의 부족함으로 분노를 폭발하는 모습을 보게 되었을 때, 유아들은 지연 모방을 하기도 한다.
- 유아들 각자 기질이나 성향에 따라 또래관계 형성에 불안정한 모습을 보일 수 있다. 문제상황을 살펴보면, 친구에게 보이는 관심표현이 "같이 놀자", "빌려 줄래?" 등 언어적으로 표현하기보다는 블록을 망가뜨리거나 빼앗는 행동으로 관심을 표현하기 때문에 다툼이 반복되고 또래와의 상호작용이 잘 이루어지지 않는 경우가 있다.

② 지도방안

- 유아가 공격적인 행동을 보였을 때 유아가 "왜 그런 행동을 했는지"에 대해서 수용하는 자세로 유아가 표현하는 감정에 귀 기울여 적극적으로 경청하며 공감과 위로를 해 준다. 교사는 유아의 내면에 숨은 감정들까지 언어적으로 반영하여 표현해 줌으로써 유아는 심리적 안정감을 되찾게 되며 긍정적 자세로 바뀔 수 있다.
- 교사는 유아에게 "친구에게 공격적인 행동을 하면 안 된다는 것"에 대해서는 단호하고 일관성 있게 전달하는 것이 중요하다.
- 보육과정을 계획할 때 유아들이 친사회적 행동이나 언어를 포함시켜 협력하기나 나누기, 함께하기 등을 반복적으로 연습할 수 있는 계기를 마련한다. 또한 친구와의 상호작용에서 수용될 수 있는 행동과 수용될 수 없는 행동에 대하여 이야기 나누고, 긍정적 언어 표현인 "미안해, 고마워, 아프지 않아?, 괜찮아, 내가 도와줄까?, 나랑 함께 놀자" 와 같은 친사회적 언어를 사용할 수 있도록 교사는 유아들에게 언어적 모델링을 보여 주며 지도한다.

- 공격적인 주제의 놀이를 할 때, 교사도 놀이에 함께 참여하여 규칙을 정하고 유아가 서로의 역할을 바꾸어서 하는 기회를 제공하여 공감능력을 키워주는 것이 효과적이다.
- 공격적인 행동의 상황을 세심히 관찰하여 원인을 분석하고, 공격적인 행동을 예방 및 제거할 수 있는 대처방안을 강구해서 지도한다. 그러나 유아의 공격적인 행동이 지속된다면, 유아의 부모와 면담을 통해 원인을 알아보고 정보교환을 통해 지도방안을 찾는다.
- 공격적인 행동을 보이는 유아의 놀이상황을 세심히 관찰하여 교사는 규칙이나 다양한 방법을 구체적으로 제시한다. 예를 들어, 활동 전에 유아가 공격적인 행동을 했을 경우 교사가 어떻게 할 것인지에 대해서 미리 말해준다. 그리고 공격적인 행동이 지속되는 경우에는 유아가 활동하고 있는 행동을 잠시 멈추게 한다거나 타임아웃 방법을 사용하여 지도한 후에는 반드시 교사는 유아에게 충분하게 이유를 설명해 주고 유아가 서운한 마음을 갖지 않도록 안아준다.
- 또래와의 갈등상황이나 문제상황에서 스스로 문제를 인식하고, 적절한 해결방안을 생각해 볼 수 있도록 대화의 시간을 갖고 교사의 무조건적인 개입을 통한 중재가 아닌 유아들 스스로 해결방안을 찾도록 도와주는 것이 중요하다.
- 또래와의 놀이활동에서 자주 놀잇감 빼앗기, 부수기, 망가뜨리기 행동이 나타나는 유아가 있을 경우, 친사회적 기술을 가르치는 기회로 삼고 문제가 되었던 놀잇감을 가지고 놀 수 있는 순서를 정하여 긍정적인 상호작용과 차례를 기다리는 인내심 등을 배우게 한다.
- 친구와의 상호작용에서 자주 때리는 성향을 보이는 유아에게 "때리지마!"라는 명령형 언어보다는 대화를 통한 문제해결 방법으로 "친구에게 속상한 마음을 이야기한 후, 원하는 것을 말해보아요"라고 부드러운(or 긍정적인) 언어적 표현으로 하는 의사소통방법을 가르치는 것이 효과적이다.
- 유아가 또래와 함께 놀이를 할 때 유심히 관찰하여 긍정적인 대화나 행동을 했을

때, 칭찬과 격려를 해 줌으로써 자연스럽게 부정적인 행동이 소거될 수 있도록 한다.

- 유아 자신이 부모나 교사에게 소중하고 존중받고 있다고 느낄 수 있도록 표현하고 배려해야 한다. 특히, 다양한 보육활동에서 성취감과 자신감을 경험할 수 있도록 세심하게 계획하고, 부정적인 감정 해소를 위한 놀이 중심으로 물놀이, 모래놀이 등의 기회를 주면 공격적인 행동의 감소에 효과적이다.

(2) 편식

유아들은 채소를 선호하는 아이와 육류를 좋아하는 아이의 성향으로 나눌 수 있다. 자신이 좋아하는 음식 외에 새로운 음식이나 선호하지 않는 음식은 먹는 것을 시도조차 하지 않으려 한다. 다양한 방법으로 음식을 섭취하도록 노력해도 입에 넣으면 뱉어내거나 입속에 넣고 오물거리기만 하고 삼키지는 않는다. 또한 이런 상황에서 교사는 다른 아이에 비해 양을 최소로 조절해 주는데도 늘 음식을 남기게 된다. 대부분 편식을 하는 유아들은 상당기간이 지나도 호전되지 않아 보육교사들의 가장 큰 고민이기도 하다.

① 원인

- 선천적으로 음식의 맛이나 냄새, 씹을 때의 감촉 등으로 민감한 유아는 음식에 대한 거부감을 느꼈을 때 편식이 나타날 수 있다.
- 영아가 이유식 시기에 부모의 선호하는 음식재료 위주의 맛을 경험했을 경우, 유아가 되면서 부모의 선호하는 음식만을 먹였을 경우, 음식 맛에 대한 경험이 턱없이 부족하여 영유아의 편식이 발생할 수 있다.
- 간식시간 달콤한 맛의 음식이나 과자를 많이 먹었을 경우, 편식의 요인이 될 수 있다.
- 심리적 원인으로 가정에서 부모로부터 특정 음식을 강요받았거나, 특정 음식을 먹고 난 후 구토나 복통 증상을 경험하였을 때, 또는 동생이 태어났을 때 부모가 동생에게만 관심을 보일 경우에 자신에게 관심을 끌기 위하여 편식하는 행동이 나타날 수 있다.

② 지도방안

- 편식하는 영유아들은 기질, 성향에 따라 선천적으로 미각이 예민하기 때문에 편식을 하는 경우도 있다. 이때 교사의 지속적인 격려와 칭찬이 필요하며 한 번에 나아지게 하기보다는 한 가지씩 천천히 늘려갈 수 있도록 끝까지 기다려주는 것이 중요하다
- 유아들과 함께 식사시간과 장소를 정하고, 그 시간 동안 한 장소에서 또래들과 함께 먹을 수 있도록 지도하며, 식사시간 10분 전에 미리 "지금 먹지 않으면 다음 간식시간까지 기다려야 하는 거야"라고 알려주어 식사를 마치도록 한다. 그러나 시간이 지나도 식사를 적극적으로 하지 않을 경우 과감히 식사를 정리하는 것도 한 가지 방법이다.
- 편식을 하는 유아의 경우, 식사 전 간식을 피하고, 달콤하거나 자극적인 맛의 음식을 간식시간에는 소량 섭취할 수 있도록 세심한 관심과 배려가 필요하다.
- 일반적으로 영유아 편식의 주된 원인은 가정에서 부모의 부적절한 식사습관으로 인한 것으로 먹기 싫어하는 음식을 아이에게 먹이려고 하는 태도가 영유아의 부정적인 식습관, 편식, 입속에 음식물을 넣고 삼키지 않는 행동으로 이어져 더욱 지속시키는 원인이 될 수 있으므로 가정과 연계하여 지도하도록 한다.
- 유아들은 식사시간에 친구들이 맛있게 먹는 모습을 보고 모방하거나, 칭찬을 받고 싶어 하는 욕구를 보이기 때문에 이런 상황을 통해 점차 편식하는 습관이 나아질 수 있도록 환경을 조성해야 한다.
- 유아가 선호하지 않는 음식에 대해 맛보는 경험을 한다든지, 먹을 수 있는 양을 스스로 정해보는 기회를 통해 점차 양을 늘려가도록 한다. 이때 도전해 보려는 모습을 보였을 경우 긍정적으로 칭찬해 주면 효과적이다.
- 요리 활동시간을 활용해서 다양한 음식과 싫어하는 음식 재료를 가지고 놀면서 친숙해지는 기회를 제공하고 먹을 수 있게 시도해 본다.

(3) 부적응행동(징징대기, 떼쓰기, 고집부리기)

유아가 징징대고 울거나 보육교사에게 매달리는 행동으로 자신의 욕구를 해결하려는 경우는 대부분 가정에서의 경험에 의한 습관에서 나오는 행동이다. 특히, 자신의 욕구가 충족되지 않을 때 떼를 쓰며, 물건을 집어 던지거나, 자신의 욕구를 충족시키기 위하여 고집을 부리고, 바닥에 드러누워 울거나 소리를 지르는 행동을 한다.

① 원인

- 만 2세 이후에는 자율성이 생겨서 모든 것을 자기가 스스로 하겠다고 떼를 쓰거나 고집을 부리는 경우가 있는데, 이것은 유아 내면의 강한 욕구로부터 생겨난다.
- 유아의 기질적·성격적 특성으로 까다롭거나, 예민하고, 감정기복이 심한 경우, 산만하고 낯선 환경에 적응능력이 약한 경우, 자기조절능력이나 감정조절능력이 또래에 비해 부족한 경우에 자신이 원하는 욕구를 언어적으로 표현할 수 없을 때 나타나는 행동이다.
- 원하는 것을 얻기 위한 적절한 표현방법을 잘 몰라서 징징대거나 떼를 쓰며 울음으로써 욕구를 그대로 표현하는 유아는 이전의 가정이나 친지들을 만났을 때 등, 같은 상황들이 반복되면서 원하는 것을 얻었던 경험이 습관화되어 나타나는 경우가 많다.
- 가정에서 부모의 양육태도가 권위주의적, 허용적, 과잉보호적, 방임적, 가부장적 양육태도를 갖는 경우와 부모의 비일관적인 양육태도는 영유아의 다양한 부정적인 행동 표출의 주요 원인이 된다.

② 지도방안

- 원하는 것을 얻기 위하여 고집을 부리는 시기는 만 2세 전후에 나타나는 자연스러운 행동 양상으로 볼 수 있다. 그러나 심한 유아의 경우 집중해서 관심을 가져주고 언어적으로 의사표현을 할 수 있도록 지도한다.

- 보육교사는 유아가 부정적 감정표현행동을 할 경우 먼저 배가 고프다거나, 잠이 온다거나, 잠이 덜 깨었다거나, 지쳐 있거나 등 영유아의 생리적인 욕구가 충족되어 있는지 확인한다.
- 교사는 유아의 부정적 감정표현에 있어서 내면에 숨은 의도와 마음을 읽어주고 공감해 주며 다정한 말과 단호한 표정으로 일관된 지도를 해야 한다.
- 유아가 징징대거나, 떼를 쓰고, 고집을 부리며 우는 경우, 유아의 감정을 먼저 수용해준다. 그런 다음 이유에 대하여 이야기 나누기, 가슴에 꼭 안아 달래주며 심리적 안정감을 찾도록 도와준다. 또한 기다려도 부정적인 행동이 멈추지 않고 지속된다면 의도적으로 무시하는 것도 효과적이다.
- 부정적 감정표현이 줄어들고 긍정적 행동을 할 때는 칭찬과 격려를 통하여 긍정적 행동의 빈도와 강도를 증가시키는 방법으로 활용한다.
- 유아가 습관적으로 울거나 떼쓰는 부정적 행동의 빈도가 많아질 경우, 유아가 평소에 좋아하는 놀이로 유도한다. 또한 또래와의 상호작용을 할 수 있는 놀이활동의 기회를 제공하고 보육교사와는 일정한 거리를 두고 지켜본다.
- 유아의 불안정한 감정 표출이 지속된다면 가정이나 보육기관에서 해소할 수 있도록 유아의 불안감을 공감해 주고 안정감과 편안함을 제공할 수 있는 방법을 부모와 함께 모색하는 것도 좋은 방법이다.

2. 영유아의 문제해결을 위한 의사소통

1) 문제해결의 의사소통과정

보육실 내에서 문제상황이 발생하였을 때 먼저 문제행동의 구체적 상황을 파악하기 전에 영유아들이 서로 존중하는 마음으로 상황을 충분히 이해하고 들어주려는 태도를 가지도록 지도한다. 그 다음에 영유아의 생각에 따른 행동을 파악하고 원인을 분석한다. 마지막으로 영유아가 상대방의 입장에 대하여 생각할 수 있는 기회를 제공하여 문제를 해결할 수 있도록 도움을 주어야 한다<표 8-1>.

〈표 8-1〉 문제해결을 위한 의사소통과정

구분	내용
영유아의 마음 존중하기	영유아의 문제행동에 대하여 서로 간의 생각을 들어주기를 통하여 상대방을 존중하는 마음을 가지도록 지도해야 한다.
영유아의 문제상황 파악하기	영유아의 갈등문제에 대하여 서로 상황을 바꾸어서 행동해 보는 활동을 통하여 원인을 분석해 본다.
또래친구의 입장에서 이야기해보기	영유아 서로의 갈등의 원인을 파악한 후에는 상대방의 입장과 생각에 대한 이야기를 나눔으로써 친구의 입장을 이해시킨다.

2) 효과적인 의사소통방법

영유아의 갈등문제가 발생하였을 때, 긍정적이고 가장 효과적인 지도방법은 언어적 의사소통을 통하여 해결하는 것이 좋은 선택방법이다. 영유아의 문제상황을 잘 해결할 수 있는 다양한 의사소통방법을 도입하여 긍정적인 해결방법을 선택하는 기술에 대해 살펴보면 다음과 같다.

(1) 비언어적 의사소통

특히, 영아의 경우 발달단계에 따라 언어적 소통과 비언어적 소통방법을 활용하여 상호작용하여야 한다. 그러나 언어적 의사소통이 불가능한 영아들의 경우 비언어적 의사소통인 영아가 보내는 신호, 얼굴 표정, 신체적 움직임 등을 세심히 관찰하여 대처하는 것이 중요하다. 따라서 교사는 따스한 미소와 따뜻한 눈길, 부드러운 음성으로 스킨십(안아주기, 쓰다듬기, 고개 끄덕이기, 토닥이기)을 통하여 영아와의 긍정적 관계를 맺는다. 또한 영아의 기분 변화를 위하여 다양한 의사소통방법의 기술을 동원하여 기분 전환에 주력한다.

(2) 나 - 전달법(I-massage)

나 - 전달법은 영유아의 감정과 행동에 대해서 교사 자신의 생각과 감정(느낌)을 효과적으로 전달하기 위한 중요한 표현전달기법으로서 활용하는 것이다. 나 - 전달법을 활용할 때는 영유아의 감정이 상하지 않게 긍정적으로 표현하도록 주의하여야 한다.

첫째, 대화의 주체를 바꾸어 이야기한다. 대화전달방식에서 "나"를 주체로 나의 생각과 감정, 느낀 점을 영유아가 긍정적으로 받아들일 수 있게 객관적으로 이야기를 이끌어간다. 예를 들어, "○○와 ○○가 서로 ○○한 일로 힘들어하면 선생님도 너무 슬프고 힘들어요. 왜냐하면 선생님이 무엇을 도와주면 좋을지 알 수 없기 때문이에요"라고 표현한다. 이와 같이 영유아의 행동에 대하여 이야기하고 보육교사 자신의 느낌을 표현하면서 "왜냐하면 ○○때문이야"라는 이유를 설명해준다.

둘째, 나 - 전달법에서 아이들의 문제행동을 있는 그대로 표현해 주며 행동의 결과에 대하여 중점을 두고 이야기를 풀어나가는 것이 매우 중요하다. 이런 방식의 의사소통을 한다면 영유아는 반감을 갖지 않고 자신의 행동에 대하여 되돌아볼 수 있으며 책임감을 느끼게 되는 좋은 기회가 될 수 있기 때문이다.

(3) 경청하기

영유아와 함께 갈등상황에 대하여 인정하고 있는 그대로 아이의 감정과 생각에 대한 의견을 적극적으로 받아들이며 아이가 전달하고자 하는 생각이나 감정을 되새겨주고 이해하고 있음을 전달한다. 또한 영유아가 서로의 의사표현을 적극적으로 경청할 수 있도록 격려하며 서로의 관계가 이해될 수 있게 긍정적인 의사소통을 유도한다.

(4) 공감하기

영유아의 감정과 생각을 편안하고 적절하게 이야기할 수 있도록 눈과 눈을 마주보며 고개를 끄덕이고 이해와 수용하고 있다는 표현을 적극적이며 긍정적인 언어로 표현한다. 또한 영유아의 감정표현에 "아~ 그랬구나, ○○는 그렇게 생각했구나, 많이 속상했겠구나..." 등 그 아이의 마음을 충분히 이해하고 있음을 전달해야 한다.

(5) 서로의 상황 생각해보기

또래 간의 갈등 문제상황 시에는 서로의 감정과 생각을 듣고 난 후에 상대방의 기분이 어떠했을까에 대하여 이야기를 나누어 보는 과정을 통해 서로의 입장을 이해하도록 도와주며 생각할 수 있는 시간을 갖고 기다려준다.

(6) 긍정적인 해결방법에 대하여 이야기 나누기

영유아가 모든 문제상황을 파악한 후에는 상호 존중하는 마음을 가지고 화해할 수 있는 분위기를 조성하며 영유아와 함께 좋은 해결방법에 대하여 이야기 나눈다. 특히, 영아가 스스로 해결방안을 찾기 어려울 경우에는 교사가 몇 가지 대안을 제시해 준다. 유아의 경우에도 대안을 제시해 주는 방법과 유아 스스로 해결책을 찾을 수 있도록 안내자의 역할을 하여 갈등상황을 해결해 나간다.

CHAPTER

09

보육교직원과의 협력

□ 배울 내용 □

1. 보육교직원과의 관계형성
2. 보육교직원과의 의사소통
3. 보육교직원의 갈등유형과 관리

□ 학습목표 □

1. 어린이집 조직문화의 특성을 이해한다.
2. 어린이집 내 원만한 관계형성을 위해 효과적인 의사소통방법을 적용한다.
3. 보육교직원과의 갈등 원인을 이해한다.
4. 보육교직원과의 갈등상황에서 갈등관리전략을 적절하게 적용한다.

1. 보육교직원과의 관계형성

1) 어린이집의 조직문화

다수의 연구에서 보육서비스의 질적 수준을 좌우하는 주요 변인이 교사임을 일관되게 밝히고 있으며(OECD, 2015), 보육교사에 영향을 미치는 다양한 변인 중 최근 관심을 가지게 된 변인은 보육교사의 이직이다. 보육교사의 이직은 영유아뿐 아니라 동료교사 및 어린이집에도 부정적인 영향을 미친다. 그러나 우리나라 보육교사의 이직률은 다른 직업군에 비해 높은 비율을 나타내고 있다. 보건복지부(2013, 2015)에 따르면, 어린이집에서 근무하며 이직 경험이 있는 교사는 64.2%, 이직 경험이 없는 교사는 35.8%로 나타났으며, 현재 재직 중인 어린이집에 사직 또는 이직 의향을 가지고 있는 교사는 31.3%로 나타났다. 보육교사의 이직 사유는 처우, 출퇴근 거리 및 시간대, 업무 과다, 직장 내 인간관계, 물리적 환경 등이며, 가장 많은 영향을 미치는 이직 사유는 직장 내 인간관계로 조사되었다(박순길 외, 2011).

어린이집은 영유아를 교육하는 기관이기 때문에 초·중등 학교조직과 같은 기본적인 특성도 있지만, 독특한 조직적 특성을 갖는다. 어린이집은 대부분 조직의 규모가 작고 단순하며, 연령과 경력, 학력수준이 다양한 교사들로 구성되어 있다. 또한 영유아에게 건강하고 안전한 보육서비스를 제공하기 위하여 영유아, 학부모, 지역사회 인사 간의 친밀감, 관심, 지원 등이 강조된다. 이러한 어린이집의 독특한 조직적 특징으로 인해 어린이집에는 일반 조직과는 다른 조직문화가 형성되어 있다.

Quinn과 Kimberly(1984)는 조직의 효과성을 측정하기 위해 사용한 경쟁가치모형을 응용하여 조직문화를 집단문화, 발전문화, 위계문화, 합리문화로 구분하였다<표 9-1, 그림 9-1>.

〈표 9-1〉 조직문화 유형과 특성

유형	조직문화 특성
집단문화	조직 내부체계의 유지와 통합에 가치를 둔 친화적 문화
발전문화	변화하는 환경에 적응하기 위해 조직 변화와 혁신에 초점을 맞추는 문화
위계문화	내부조직의 통일, 절차를 중시하고 안정성과 현상유지를 지향하는 문화
합리문화	체계적이고 능률적인 조직관리를 통해 효율성 증대, 목표달성을 지향하는 문화

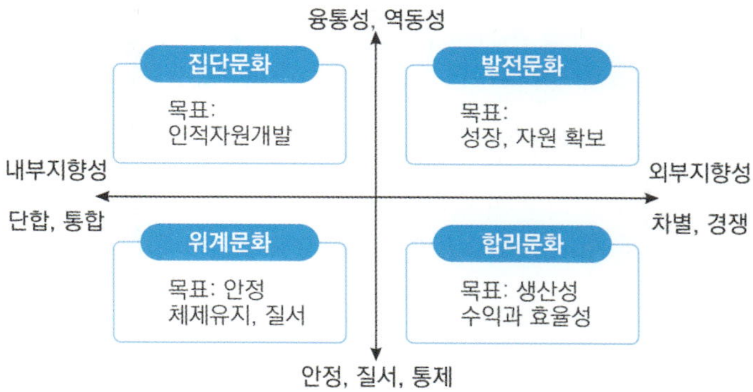

〈그림 9-1〉 Quinn과 Kimberly의 경쟁가치모형(Competing Value Model: CVM)

<표 9-1>과 <그림 9-1>에서 보는 것과 같이 4가지 조직문화 유형 중 먼저, 집단문화는 조직 구성원 간의 우호적인 인간관계와 협조적인 근무 분위기를 강조하는 문화형태이다. 집단문화의 특성을 가진 조직에서 문제가 발생하였을 경우에는 구성원 간의 활발한 교류가 이루어지며, 서로 옹호하는 등 구성원 간의 친밀감, 집단의식, 신뢰감이 고조된다. 둘째, 발전문화는 조직이 변화하는 환경에 적응하고 성장, 발전하기 위해 새로운 것에 대한 도전, 자기 계발, 아이디어 제안 등을 강조하는 변화와 혁신에 초점을 맞춘 문화형태이다. 셋째, 위계문화는 조직 구성원들에게 공식적이고 안전하며 확실한 업무 처리와 위계질서를 강조하는 문화형태이다. 위계문화의 특성을 가진 조직은 업무 진행 절차, 결재과정, 규정 등이 명확하고, 조직의 안정과 질서 유지를 중시하는 현상유지형 조직문화이다. 넷째, 합리문화는 효율성, 생산성, 목표달성을 강

조하는 문화형태로 목표달성을 위한 조직관리 및 업무 진행, 실적 위주의 평가가 강조되는 문화형태이다.

어린이집의 하루일과에는 수업, 식사, 간식, 낮잠까지 포함되기 때문에 직장과 가정이라는 두 가지 특성이 공존되어 있다. 즉, 생활의 많은 부분을 영유아, 원장 및 동료교사와 함께 하는 보육교사는 보육교직원과 보육에 관한 의견을 나누며 협력하고, 공적·사적 이야기를 나누며 관계의 거리를 줄이고, 친밀감 및 공동체의식을 높일 필요성이 있다. 즉, 어린이집의 조직문화는 교사 상호 간의 신뢰로운 관계와 협력 및 친밀감을 중시하는 가족과 같은 분위기의 집단문화적인 경향이 강한 것으로 볼 수 있다(이새별, 황의숙, 2016). 따라서 어린이집 원장뿐만 아니라 모든 보육교직원은 개방적이고 긍정적이며 서로 협력하고 지지하는 조직문화 형성을 위해 노력하는 자세가 필요하다.

2) 보육교직원과의 관계

어린이집 보육교직원 간의 관계는 원장과 보육교사 간의 수직적 관계와 동료교사 간의 수평적 관계로 구분할 수 있다. 경우에 따라 동료 보육교사 간의 관계가 주임교사와 일반교사, 선배교사와 후배교사 등으로 수평적 관계가 아닌 상하의 수직적 관계를 형성하기도 한다. 그러나 기본적으로 지켜야 할 예의를 갖춰 행동하고, 주어진 역할을 충실히 수행한다면 원장 및 동료교사, 기타 교직원과 우호적인 관계를 맺으며 협조할 수 있다.

(1) 원장과의 관계

「영유아보육법」 제18조 보육교직원의 직무에서 어린이집 원장은 "어린이집을 총괄하고 보육교사와 그 밖의 직원을 지도·감독하며 영유아를 보육한다"라고 명시되어 있다. 즉, 영유아와 학부모 그리고 보육교직원에 대해 전체적인 책임을 맡고 있는 어린이집 원장은 보육교사와 다른 생각과 입장을 가질 수 있다. 따라서 원장과 바람직한 관계를 형성하기 위해서는 우선 어린이집 원장의 역할과 업무에 대한 이해가 필요하다(우정순 외, 2016).

어린이집 원장은 투철한 교육적 소신을 가지고 보육 프로그램을 운영하는 것 외에 보육교사와 그 밖의 교직원에게 충분한 보수를 지급하고 기관을 유지・보수하는 등의 재정 운영능력도 갖추어야 한다. 교육적 소신과 재정적인 운영 사이에서 균형을 유지하는 것은 원장의 주요 역할 중의 하나이다. 어린이집 원장은 보육교사와 그 밖의 교직원, 영유아, 학부모, 지역사회 인사와의 원만한 관계를 형성하고 그들의 다양한 요구에 적절히 반응하며 그들을 품고 이끌어 가는 존재이다. 즉, 어린이집 원장은 경영자, 교육철학자, 상담사, 기획가, 관찰자 등의 다양한 역할을 수행하는 전문직업인이다(신혜원 외, 2016). 그러므로 보육교사는 원장의 업무와 역할을 이해하고, 원장의 생각과 입장을 고려하여 업무를 수행하려는 자세를 갖추어야 한다. 원장과 원만한 관계형성을 위하여 보육교사가 고려해야 할 사항을 정리하면 다음과 같다.

첫째, 운영방침을 인정하고 협력한다. 보육교사는 어린이집의 원장이 추구하는 철학과 신념을 이해하고 수용하여 운영방침에 맞는 보육 프로그램을 계획하고 실행하려고 노력해야 한다.

둘째, 적정한 거리를 유지한다. 원장과 보육교사는 적절한 거리를 유지하는 것이 바람직하다. 지나치게 가까워 격이 없는 관계나 너무 멀어 서로를 이해하지 못하는 관계가 아닌, 서로 간의 적절한 거리를 유지하고, 존중하며, 예의를 지키는 선에서 협조적인 관계를 맺는 것이 좋다.

셋째, 업무사항에 대해 지속적으로 보고한다. 학급 운영, 학부모와의 관계, 행사계획 등 어린이집 내 업무의 궁극적 책임은 원장에게 있다. 따라서 정기적으로 원장에게 업무와 관련된 사항에 대하여 지속적으로 보고하고 함께 협의하여 처리하여야 한다.

〈그림 9-2〉 업무보고 및 교사교육

(2) 동료 보육교사와의 관계

어린이집의 보육교사는 동료교사와 보육 관련 정보를 공유하기도 하고, 서로의 전문적 지식과 기술을 상호교류하며 긍정적인 영향력을 주고받을 수 있는 관계이다(우정순 외, 2016). 그러나 각 보육교사가 자신만의 특성을 가지고, 각자의 교수방법, 업무처리방식을 고집한다면, 보육의 질에 부정적인 영향을 미칠 수 있다. 따라서 동반자적 관계를 형성하려는 노력은 매우 중요하다(신혜원 외, 2016). 동료 보육교사와 협력하며 동반자적 관계를 형성하기 위하여 보육교사가 고려해야 할 사항을 정리하면 다음과 같다.

첫째, 예의를 지켜 행동한다. 동료 보육교사의 존재나 소중함을 잊고 행동하는 무례한 말이나 비방, 비판은 관계를 악화시킨다. 반드시 '선생님'이라는 호칭을 사용하며, 유아나 다른 보육교직원 앞에서 동료 보육교사에 대해 비난하는 언행을 삼가야 한다.

둘째, 서로를 인정하고 배려한다. 신입교사는 열정은 있으나 경력이 부족하여 같은 업무를 수행함에 많은 시간이 소요되며, 경력교사는 경험이 풍부하여 빠르게 업무를 수행할 수 있으나 새로운 매체 활용에 어려움을 느낀다. 따라서 서로의 장점을 인정하고, 단점은 도우며 배려하려는 태도를 가져야 한다.

셋째, 공동체의식을 갖는다. 자신의 역할을 충실하게 수행하지 않으면 다른 동료교사에게 피해를 입힐 수 있으므로 자신의 역할을 정확하게 알고 자신의 학급업무뿐만 아니라 분담된 전체 업무도 즐거운 마음으로 수행한다.

〈그림 9-3〉 교사회의

(3) 기타 교직원과의 관계

어린이집에는 영유아 보육을 직접적으로 담당하고 있지는 않지만 어린이집 운영에 필요한 업무를 담당하는 사무원, 취사부, 관리인, 위생사, 간호사 등과 같은 기타 교직원이 있다. 기타 교직원은 보육을 행하는 데 꼭 필요한 업무를 담당하며 보육에 간접적인 영향력을 미치기 때문에 지속적으로 상호작용하며 원만한 관계를 유지하는 것이 바람직하다(우정순 외, 2016). 어린이집에서 기타 교직원과의 관계를 원활하게 하기 위하여 고려해야 할 사항을 정리하면 다음과 같다.

첫째, 예의를 지켜 행동한다. 대부분의 경우 취사부, 관리인, 위생사가 보육교사보다 나이가 많으므로, 그들이 가진 연륜과 경력을 인정하고, 예의 바르게 행동한다.

둘째, 고유 업무와 인격을 존중한다. 원장과 동료교사와 달리 기타 교직원은 근무 장소와 시간이 달라 이해도나 친밀도가 떨어질 수 있으므로 의식적으로 서로의 업무를 존중하고, 협력하려는 노력이 필요하다. 업무상 협조를 구하는 일의 경우, 비록 내용은 일방적인 요청이라 할지라도 그 내용을 전달하는 방식에 있어서는 협조를 요청하고 의견을 구하는 방식을 갖추는 것이 원활한 관계 유지를 위해 필요한 태도이다.

〈그림 9-4〉 기타 교직원과의 협력

2. 보육교직원과의 의사소통

1) 의사소통의 중요성

서로 다른 성장배경, 경험, 가치관 등을 가진 사람들이 서로 간의 '다름', '차이'를 줄일 수 있는 유일한 수단은 '의사소통'이다. 직장 내 의사소통은 조직 구성원 간의 소속감과 일체감을 높이고, 조직의 분위기를 활기차게 함으로써 응집성을 강화하는 주요 요인일뿐 아니라 직장의 업무 효율성을 높이는 데 긍정적인 영향을 미치는 요인으로 그 중요성이 점차 부각되고 있다

의사소통(communication)의 어원은 '공유하다'라는 의미의 communicare로 '공동체' 또는 '지역사회'라는 뜻을 가진 영어의 community와 뿌리를 같이한다. 즉, 의사소통이란 <그림 9-5>와 같이 두 사람 이상의 사람들 사이에서 전달자는 자신의 생각, 감정, 사실, 정보, 의견을 언어, 비언어 등의 소통수단을 통하여 전달하고, 수신자로부터 피드백을 받으면서 상호작용하는 과정을 의미한다(이재희 외, 2018).

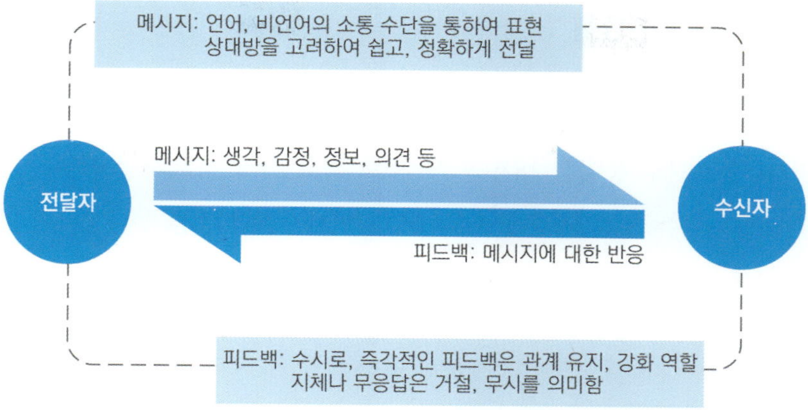

〈그림 9-5〉 **의사소통과정**

어린이집 내 보육교직원은 일일 근무시간이 길고, 행사 준비와 같이 공동으로 수행하는 업무가 많으므로 원활한 의사소통을 통하여 협력적 관계를 유지해야 한다. 의사소통은 단지 자신의 생각, 감정, 정보와 의견 등을 전달하는 것이 아니다. 의사소통은 언어, 비언어 등의 의사소통수단을 통하여 메시지를 전달하고, 상호작용하며 공통의 메시지를 만들어 가는 과정이다(신유정 외, 2018). 성공적인 의사소통을 위해 보육교사는 말과 글로 표현하는 언어적 상징과 표정, 눈 맞춤, 몸짓, 자세와 같은 비언어적 상징과 어투, 음색, 억양, 속도 등과 같은 의사언어도 적절하게 사용하여 원장과 동료 교직원의 이해를 끌어내야 한다. 또한 동료 교직원의 메시지를 정확하게 해석하기 위해 자신의 역량, 과거 경험, 가치관, 신념 등을 바탕으로 해석하고, 메시지에 대해 의견 제시나 특정한 행동으로 피드백을 해야 한다. 왜냐하면 메시지에 대한 무반응이나 피드백의 지체는 직장 내 인간관계 악화를 초래할 가능성이 높기 때문이다(이재희 외, 2018). 따라서 어린이집 내 협력적 인간관계 형성, 보육 관련 업무 수행 및 자신의 교육관 및 신념과 관련된 요구 요청 등을 위해 보육교사는 의사소통역량을 키우려는 노력이 필요하다.

2) 의사소통의 유형

보육교사는 보육이라는 업무를 함께 수행하지만 서로 다른 성장배경, 경험, 가치관 등을 가지고 있으므로 동일한 내용을 제시하더라고 각자 다르게 받아들이고 반응하기도 한다. 그 이유는 조직 내에서 이루어지는 의사소통의 종류가 다양하기 때문이다. 어린이집 내에서 이루어지는 의사소통에는 공식적 의사소통과 비공식적 의사소통이 있다<그림 9-6>.

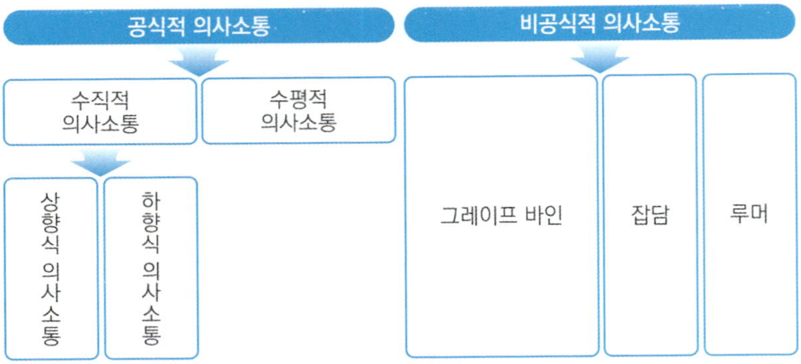

〈그림 9-6〉 조직 내 의사소통 유형

공식적 의사소통은 공식적 조직 내에서 공식적인 통로와 수단에 의하여 의사를 전달하는 것으로 권한과 책임관계가 명확하고, 편리하나 융통성이 없고, 소통이 느리다는 특징을 갖는다. 공식적 의사소통에는 수직적 의사소통과 수평적 의사소통으로 구분할 수 있으며, 수직적 의사소통은 다시 상향식과 하향식으로 나눌 수 있다. 먼저 수직적 의사소통 중 상향식 의사소통은 일반 보육교사들이 가지고 있는 의견, 생각을 자발적으로 원장, 주임교사에게 전달하는 것과 원장으로부터 지시받은 사항에 대해 보고하는 것을 의미한다. 하향식 의사소통은 원장, 주임교사로부터 의견, 생각, 정보가 공식적인 경로로 일반 보육교사에게 전달되는 것을 의미한다. 수평적 의사소통은 어린이집 내 동등한 관계에 있는 보육교사들 사이에 이루어지는 의사소통으로, 함께 효과적인 교수방법을 고민하거나 행사를 준비하며 협의하는 과정에서 나타난다.

비공식적 의사소통은 조직의 자생 집단 내에서 비공식적 방법으로 이루어지는 의사소통으로 그레이프 바인과 잡담, 루머 등이 포함된다. 비공식적 의사소통은 대부분 구두에 의해 이루어지며 빠르고 광범위하게 퍼져나가는 특징을 갖는다. 그레이프 바인(grape vine)은 의사소통의 경로가 직선적인 것이 아니라 포도넝쿨과 같이 '얽혀 있다'는 의미를 포함하는 단어로 보육교직원 간의 감정을 잘 나타내는 수단이다. 그레이트 바인은 보육교직원의 사회심리적 만족감과 적응력, 응집력을 높이는 역할을 하는 반면, 정확성이 떨어져 어린이집 내 갈등, 사기 침체를 불러일으키기도 한다.

3) 효과적인 의사소통방법

보육교사가 어린이집의 원장과 동료 보육교사 및 기타 교직원과 원만한 관계를 형성하기 위해서는 효과적인 의사소통방법에 대해 알아야 하는데, 효과적인 의사소통을 이끌기 위해서는 다음과 같은 요소가 충족되어야 한다(문혁준 외, 2011; 조부경 외, 2016).

첫째, 양방향 의사소통이다. 의사소통은 두 인격체가 만나 서로 메시지를 교환하는 과정으로, 일방적인 의사전달이 아닌 양방향적인 의사소통을 의미한다. 양방향적 의사소통을 위해서는 무엇보다 자유로운 대화 분위기가 조성되어야 한다.

둘째, 적극적 경청이다. 의사소통은 말하는 것보다 듣는 것이 더 중요하다. 상대방의 이야기를 듣지 않으면 대화의 흐름, 상대방의 생각과 의도를 파악할 수 없다. 듣는 사람은 말하는 사람에게 시선을 집중하여 말하는 사람의 마음을 열어주고, 듣는 중에 말하는 사람의 메시지를 요약하여 이해를 분명히 하여야 한다.

셋째, 분명한 메시지다. 항상 말하는 사람과 듣는 사람 간의 의견 차이는 있기 마련이다. 말하는 사람은 자신이 의도한 내용이 듣는 사람에게 정확히 전달하기 위해 상대방의 연령, 개인의 특성 등을 고려하여 메시지를 정확하게 전달하여야 한다.

넷째, 진실성이다. 말하는 태도에 거짓이나 속임, 과장이 있다면 말의 내용도 믿기 어려울 것이다. 이에 실수를 했을 때 거짓말을 하거나 변명하기보다는 자신의 실수를 인정하는 자세가 필요하다.

다섯째, 공감이다. 상대방의 감정, 의견, 주장 등에 대하여 정서적인 공감대가 형성되면 인간적인 감화로 서로에게 긍정적인 영향을 줄 수 있으며, 조화로운 관계를 형성할 수 있다.

여섯째, 존중이다. 두 사람 간에 대화가 지속되기 위해서는 인간적인 신뢰가 바탕이 되어야 하며 신뢰 속에서 상대방에 대한 존중이 생기게 된다.

일곱째, 적절한 반응이다. 상대방이 말하는 내용에 대한 무반응과 고정된 반응은 이해를 감소시켜 더 나은 의사소통을 방해한다. 반응에는 다양한 유형이 있는데, 충고와 평가, 지지, 감정 달래기, 질문과 탐문, 이해와 반성 중 상대방의 요구를 충족시킬 수 있는 적합한 유형의 반응을 하여야 한다.

이러한 내용을 토대로 볼 때, 효과적인 의사소통을 위해서는 어느 한 사람만의 노력이 아닌 의사소통에 참여하는 모두의 노력이 요구된다. 따라서 서로 소중히 여기고, 견해차를 인정하고, 각자가 자유롭게 자신의 의견을 표현하며 강제나 조작없이 의견일치를 추구할 때 그리고 서로의 정서를 나누면서 의견을 주고받을 때 신뢰감이 형성되고 의사소통이 향상된다고 할 수 있다(박선해, 김미정, 2013).

3. 보육교직원의 갈등유형과 관리

1) 보육교직원과의 갈등 사례

다른 사람과 더불어 사는 사회 속에서 갈등은 필수적인 부분이다. 어린이집도 하나의 사회로 보육교사들은 영유아들을 보살피고 교육하는 과정에서 다양한 갈등을 경험한다. 보육교사가 원장과의 관계에서 경험하는 갈등요인은 잘못이나 실수에 대해 예의를 갖추지 않은 감정적인 표현, 동료 보육교사와의 관계에서는 공동 업무와 각반 업무의 순서나 과잉 경쟁, 지시적 말투 등이 갈등의 요인으로 보고되고 있다(김동춘, 송미선, 2006). 그러나 보육교사와 보육교직원과의 관계가 원만하지 않으면 이는 단순히 교사 개인의 문제로 끝나는 것이 아니라 어린이집의 보육목표를 달성하는 데 심각한 저해요인으로 작용할 수 있다(윤희경, 2016). 따라서 어린이집에서 보육교사가 자신의 직무를 보다 충실하게 수행하기 위해서는 보육교사가 경험하는 보육교직원과의 갈등 발생 원인을 유형별로 이해하는 것이 필요하다.

첫째, 보육교직원과의 갈등 발생 원인의 가장 많은 부분은 '일방적인 의사전달'이다. 보육교직원 간의 의사소통유형은 어린이집의 분위기와 보육의 질을 좌우한다. 그러나 원장과 보육교사의 관계는 수직적인 관계로 원장은 상대적으로 우월한 지위를 가지며, 보육교사 간의 관계도 경력에 따라 위계가 존재한다. 이에 원장과 경력교사는 자유롭게 의견을 개진할 수 있는 분위기를 조성하여 상호존중을 기반으로 보육목표를 달성할 수 있도록 이끌어야 한다. 다음은 동료 보육교사, 교직원의 경험, 지식, 생각을 존중하지 않고 일방적인 의사전달로 인해 발생하는 갈등 사례이다.

[**사례** 1]

A 보육교사: 저는 첫 해 0세, 둘째 해 1세, 올해도 1세 반을 맡았어요. 그런데 반을 구성할 때 제가 의견을 말한 적은 한 번도 없어요.

출처: 구수연(2015). 영아반 교사의 합반 운영 경험의 의미 탐색. 어린이문학교육연구, 16(4), 387-411.

[**사례** 2]

B 보육교사: 선생님들은 모두 바쁘시기 때문에 신입인 저에게 먼저 말을 걸어주거나 따뜻한 격려와 대화를 나눌 시간이 없다는 것은 저도 알고 있어요. 하지만 무작정 해야 할 일만 알려 주시고 방법은 안 알려주시니 힘들고 답답해요.

출처: 윤희경(2016). 초임 유아교사가 교직생활에서 경험하는 인간관계. 어린이문학교육연구, 17(4), 777-798.

둘째, 보육교직원과의 갈등 발생 원인은 '과잉 경쟁'이다. 동료 보육교사는 어린이집에서 보육목표를 실현하는 데 있어서 없어서는 안될 소중한 동반자이자 선의의 경쟁 상대자이다(우정순 외, 2016). 서로의 모습을 통하여 자극을 받으며 발전 가능한 방향으로 성장해 가고자 하는 노력은 보육교사의 전문성 및 직무만족도에 긍정적인 영향을 미친다. 그러나 지나친 경쟁은 업무스트레스와 정서적 고갈을 가져와 오히려 영유아발달에 부정적 영향을 미칠 가능성이 높다. 따라서 보육교직원은 영유아 보육이라는 공동의 업무를 함께 수행해 가는 협력자라는 마음으로 바람직한 교수방법에 대해 함께 고민하고, 문제상황에 대한 해결책을 함께 모색하며 상호 협력관계를 유지하려는 노력을 기울여야 한다. 다음은 보육교직원 간의 지나친 경쟁으로 인해 발생하는 갈등 사례이다.

[**사례** 3]

C 보육교사: 처음이라 수업자료가 어디에 있는지 모르잖아요. 그래서 물어보면, "찾아보세요"라고 하는데, 자료들이 제목대로 정리되어 있지 않아서 찾아보기 힘들거든요. 경력있는 교사들은 자료들을 한데 모아 둔 큰 파일을 가지고 있는데….

[중략]

서로 경쟁인 것 같아요. 원장님이 자료를 보시게 되면 평가를 하시잖아요. 그런 것 때문에 공유를 하지 않는 것 같아요.

출처: 조운주, 최일선(2004). 사립 유아교육기관 초임교사들의 갈등 및 안정에 대한 이해. 아동교육연구, 24(1), 71-93.

셋째, 보육교직원과의 갈등 발생 원인은 '감정적인 표현'이다. 다른 직장과 달리 많은 시간을 제한된 공간에서 생활하는 보육교사들은 의식적으로 상호존중의 관계를 유지하기 위해 노력해야 한다. 서로의 장점을 인정하고, 고유 업무나 권한을 간섭하거나 비판하지 않도록 주의해야 한다. 동료 보육교직원을 공공연하게 비판하는 것은 비윤리적일 뿐만 아니라 서로에게 긴장과 좌절, 불안을 야기하게 된다. 다음은 때와 장소를 가리지 않고 공공연하게 비판하는 보육교직원의 태도로 인해 발생하는 갈등 사례이다.

[**사례** 4]

D 보육교사: 고의로 그러는 것은 아니라고 생각하지만 원장님이 어쩌다가 "그것도 아직 모르나요?" 이렇게 하실 때요. 사실 그 말 들으면 눈물이 핑 돌아요. 앞에서는 고개 숙이고 미안한 척하지만 돌아서면 얼마나 서러운지….

출처: 김희태(2004). 유아교사의 갈등에 대한 질적 연구. 유아교육학논집, 8(2), 5-34.

넷째, 보육교직원과의 갈등 발생 원인은 '비합리적인 업무분담'이다. 어린이집은 원내행사, 평가인증, 현장학습 등으로 공동 업무를 해야 하는 경우가 많다. 공동 업무가 많을 때 함께 힘을 합하여 해결하고, 서로의 고충을 들어준다면 업무의 효율성과 보육교직원 간의 친밀감, 신뢰감이 높아지지만, 공동 업무에 협력하지 않는 보육교사가 많아지면 업무의 효율성은 낮아지고 보육교직원 간의 관계는 악화된다. 따라서 어린이집 내의 업무를 분담할 때에는 각 보육교사가 가지고 있는 경험, 장점과 특성을 고려하여 업무를 분담하여 상호 협조정신이 발휘될 수 있도록 해야 한다. 다음은 비합리적 업무분담으로 인해 발생하는 갈등 사례이다.

[**사례** 5]

E 보육교사: 세 명의 교사가 점심시간에 한 주씩 돌아가며 휴식시간을 갖는데, 신입은 상관없이 교실에 계속 남아야 하니 너무 힘들어요.

출처: 윤희경(2016). 초임 유아교사가 교직생활에서 경험하는 인간관계. 어린이문학교육연구, 17(4), 777-798.

[**사례** 6]

F 보육교사: 선생님 이거 뭐에요? 이거 좋다. 나도 하나 만들어 줘요. 만든 김에 하나 더 만들면 줘요.

출처: 신혜원, 민성혜(2016). 보육교사론. 양서원.

2) 보육교직원의 갈등관리 유형

사회적 관계에서 발생하는 갈등은 언제나 존재한다. 이에 갈등이 장기화되지 않도록 효과적으로 갈등을 해결하여 보육의 질에 부정적 영향을 미치지 않도록 해야 한다.

보육교사는 어린이집에서 맺게 되는 다양한 관계에서 발생하는 갈등상황을 해결하고자 나름대로의 방식을 취하는데, 갈등상황의 특성에 따라 적절한 갈등관리 전략을 사용하여야 한다. Rahim(1983)은 갈등관리 유형을 <그림 9-7>과 같이 자신과 다른 사람의 관심을 근거로 통합, 타협, 배려, 지배, 회피의 다섯 가지 유형으로 구분하였다(김해경, 고미애, 2014).

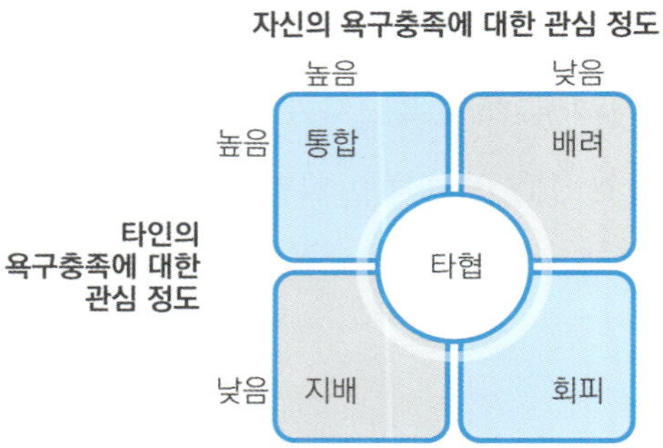

〈그림 9-7〉 Rahim(1986)의 갈등관리 유형

갈등관리 유형 중 통합적 유형은 자신과 상대방의 관심을 정확히 이해하려고 노력하기 때문에 문제의 본질을 정확하게 파악하고 문제해결을 위한 통합적 대안을 도출해 내는 유형이다. 따라서 문제의 취지가 불분명하거나 복잡한 경우에 매우 적절한 갈등관리 유형이다.

배려적 유형은 원만한 인간관계를 유지하기 위해서 자신의 관심사는 접어두고 상대방의 관심사를 충족시켜 주기 위해 상대방의 의견, 생각, 주장에 따라 갈등을 해결하는 유형이다. 따라서 지속적으로 관계가 유지되어야 하는 경우에 적합한 갈등관리 유형이나 중요한 문제점을 소홀히 다룰 가능성이 높다.

지배적 유형은 자신의 관심사를 만족시키기 위해 상대방에게 양보를 요구하는 유형으로 신속한 의사결정이 필요한 경우에 적절한 갈등관리 유형이다.

회피적 유형은 공개적으로 표현하지 않거나 문제를 회피하여 갈등상황을 뒤로 미루는 유형으로 자신과 상대방의 관심 정도가 낮다. 따라서 갈등이 사소하거나 감정이 고조되어 진정시킬 시간이 필요할 때 적절한 갈등관리 유형이다.

마지막 타협적 유형은 양측이 모두 수용할 수 있는 상황에 이르기 위해 서로 어떤 부분을 포기하여 중도적인 방안을 모색하는 유형으로 가장 긍정적으로 사용될 수 있는 갈등관리 전략이다. 따라서 복잡한 문제에 대한 잠정적 해결이 시급할 때 적합한 유형이지만, 어느 편도 승자가 되지 못하여 불만이 지속될 수 있기 때문에 갈등이 재발할 수 있다. Rahim(1986)의 갈등상황에 따른 갈등관리 특성을 살펴보면 <표 9-2>와 같다.

〈표 9-2〉 Rahim(1986)의 갈등상황에 따른 갈등관리 특성

전략	적절한 상황	부적절한 상황
통합적 유형	• 갈등이 복잡할 때 • 갈등을 원활하게 해결하기 위하여 아이디어의 통합이 필요할 때 • 갈등해결을 위한 시간이 충분할 때 • 모든 사람이 윈-윈의 해결책을 원할 때 • 타협하기에는 쟁점이 너무 중요할 때	• 과업이나 문제가 단순할 때 • 즉각적인 의사결정이 요구될 때 • 기술적인 어려움이 있는 경우
배려적 유형	• 갈등의 쟁점이 자신에게 중요하지 않을 때 • 나중의 쟁점을 위해 신뢰를 구축하고자 할 때 • 계속적인 관계유지가 필요할 때 • 갈등의 원인이 자신의 잘못 때문임을 인정할 때	• 자신이 옳다고 믿을 때 • 갈등해결을 위해 너무 많은 것을 포기하여 후회가 쌓이게 되는 경우 • 일시적인 합의에 의해 문제를 해결하려고 할 때

전략	적절한 상황	부적절한 상황
지배적 유형	• 문제가 단순할 때 • 신속한 의사결정이 필요할 때 • 바람직한 행위가 나타나지 않을 때 • 아랫사람의 의사결정능력이 부족할 때 • 독단적으로 행동하는 아랫사람을 억압하고자 할 때 • 한 집단이 타 집단의 잘못된 의사결정으로 희생을 치를 가능성이 있을 때	• 갈등이 복잡할 때 • 갈등이 중요하지 않을 때 • 각 집단이 동등한 힘을 가지고 있을 때 • 신속한 의사결정이 필요하지 않을 때 • 아랫사람이 우수한 능력을 가지고 있을 때
회피적 유형	• 갈등이 중요하지 않을 때 • 감정이 고조되어서 진정시킬 시간이 필요할 때 • 갈등을 해소함으로써 얻는 이익보다 손실이 더 클 때	• 중요한 갈등인 경우 • 의사결정의 책임자인 경우 • 신속한 갈등해결이 요구될 때 • 주의 깊은 관심이 요구되는 갈등상황의 경우
타협적 유형	• 집단의 목표가 상호 배타적일 경우 • 갈등관계의 양측이 동일한 권력을 가진 경우 • 복잡한 쟁점에 대해 일시적인 해결책을 얻는 것이 바람직할 때 • 시간 압력이 큰 경우	• 하나의 집단이 타 집단보다 더 큰 힘을 가지고 있는 경우 • 갈등이 복잡한 경우

출처: 정선영, 김진영(2009). 보육교사의 교사기질과 갈등관리 특성과의 관계 연구. 생태유아교육연구, 8(4), 57-84.

어린이집 내 보육교직원 간의 갈등은 언제나 존재할 수 있는 부분으로 기존의 연구에 의하면, 원장과의 관계에서는 배려적 갈등관리 유형, 동료교사와의 관계에서는 통합적 갈등관리 유형이 가장 많이 사용되고 있으며, 지배적 갈등관리 유형은 가장 적게 사용되고 있는 것으로 나타났다(김도춘, 송미선, 2005). 따라서 보육교사는 직면하는 갈등을 효과적으로 해결하기 위하여 특정 갈등관리 유형만을 사용하는 것이 아닌 갈등상황 및 갈등 대상에 따라 적절한 갈등관리 유형을 사용하는 태도가 필요하다.

CHAPTER

10

학부모 및 지역사회와의 협력

□ 배울 내용 □

1. 학부모와의 관계형성
2. 학부모와의 의사소통
3. 지역사회 자원의 활용

□ 학습목표 □

1. 학부모와의 관계형성 필요성을 이해하고 효과성을 습득한다.
2. 학부모와의 의사소통 필요성을 이해하고 다양한 의사소통방법을 숙지한다.
3. 지역사회 자원의 활용을 이해하고 다양한 방안을 모색해본다.

1. 학부모와의 관계형성

최근의 많은 연구에서 교사와 학부모 간의 협력과 상호작용은 영유아발달에 긍정적인 영향을 미치는 것으로 보고되고 있다. 즉, 교사와 학부모와의 협력은 영유아의 발달과 관련된 각자의 역할을 촉진하기 위한 것으로 교사와 학부모는 영유아의 바람직한 발달을 위하여 각자의 성공적인 협력이 이루어질 수 있도록 노력해야 한다.

부모와 보육교사에게는 자녀를 올바르게 양육하고 교육해야 할 책임이 있다. 부모로서의 책임은 단순히 자녀에게 필요한 음식물을 제공해 주고, 옷을 입히고, 잠자리를 마련해 주는 것만으로 끝나는 것이 아니다. 즉, 부모는 가정 내에서의 영유아교육의 의의를 인식하고 영유아교육에 필요한 제반 지식과 기능을 습득하며, 부모와 자녀 간의 관계를 원만히 유지·발전시키는 데 필요한 태도에 대한 교육을 받아야 한다. 그리고 보육교사는 부모들에게 유아교육기관에서 생활하고 있는 영유아의 상태를 정확하게 부모에게 전달하여야 하며, 더불어 자녀를 양육하는 데 필요한 정보와 기술을 부모에게 제공해 주어 자녀의 올바른 성장과 발달을 증진시킬 수 있도록 도와주어야 한다. 이를 위해 필요한 것이 학부모와 교사와의 관계형성, 즉 협력이 필요하다. 효과적인 학부모와의 관계형성을 위해 필요한 지침은 <표 10-1>과 같다(염지숙 외, 2015).

〈표 10-1〉 관계형성을 위한 지침

구분	내용
자기이해	효과적인 교사는 부모와 왜 협력해야 하는가와 어떻게 프로그램을 그들의 삶의 양식에 맞출 것인가를 설명하기 위해 충분한 시간을 가져야 한다.
전문성	효과적인 교사는 영유아발달, 행동관리, 교수방법, 상담, 치료, 부모역할, 부모교육에 있어 충분한 지식과 기술을 가지고 있어야 한다.
감정통제	사려 깊은 교사와 부모가 되기 위해서는 어려운 과업, 타인과의 상호작용과정에서 직면하는 긴장과 갈등을 조절할 수 있어야 한다.
감정이입	부모의 감정을 다스리며 협력적인 의사소통을 하기 위해서는 진실한 감정이입을 할 수 있어야 한다.

구분	내용
끈기와 수용	효과적인 교사와 부모가 되기 위해서는 시행착오, 영유아의 발달 등에 대해서 쉽게 좌절하고 초조해 하기보다는 지속적으로 협력하는 것이 필요하다.
정직	효과적인 교사는 진실함을 통해 부모의 적응을 돕고, 자신이 둔감해지거나 냉담해지는 일이 없도록 해야 한다.
옹호	교사와 부모는 상호 지지하고 옹호해야 한다.

1) 관계형성의 필요성

부모는 영유아의 최초의 교사이며, 가정의 환경은 교육적 환경의 매우 중요한 부분이다. 그리고 부모들의 대부분은 자녀들의 발달에 관심이 매우 높기 때문에 유아교육기관에서 실시되는 활동, 교육내용 및 방법에 대해 관심이 높다. 따라서 가정과 유아교육기관에서 영유아지도를 위한 교육적 방법이나 기술에서 많은 차이가 발생하면 영유아는 학습활동에서 갈등을 경험하게 되고, 반면 가정과 유아교육기관 간의 교육의 방법이나 기술이 일치된다면 영유아의 발달에 긍정적인 영향을 주기 때문에 학부모와 교사 간의 협력은 매우 중요하다. 부모와 교사 간 협력이 필요한 이유를 구체적으로 살펴보면 <표 10-2>와 같다(정갑순, 2006).

〈표 10-2〉 관계형성이 필요한 이유

- 부모는 자녀에 대해 누구보다도 가장 잘 알고 있기 때문에 자녀의 개인적 요구나 정보를 교사에게 제공해줌으로써 보육 프로그램의 목적과 운영계획 수립에 큰 도움을 줄 수 있다.
- 부모와 교사는 영유아와 같이 보내는 시간이 많다는 공통점을 가지고 있으며, 특히 교사는 영유아에게 개별적으로 적합하고 치밀한 계획을 수립하고 지도할 수 있다는 특징을 지닌다. 따라서 부모와 교사의 관계는 자녀를 위한 공동협력교사로서의 역할을 수행할 수 있다.
- 부모는 자녀가 받고 있는 프로그램과 여러 가지 혜택에 대하여 직·간접적으로 비용을 지불하고 있으므로 자녀가 배우는 학습내용과 방법에 대해 알 권리를 가진다.
- 자녀가 받고 있는 프로그램의 성과에 대해 자세하게 알게 되면 부모는 프로그램이 더 오래 지속되고 확대할 수 있도록 하기 위해 최선을 다한다.
- 영유아기 자녀를 위한 부모훈련은 대상 영유아뿐만 아니라 그 외 자녀들을 위해서도 매우 유익하다. 즉, 부모가 배운 영유아지도 기술을 다른 모든 자녀들에게도 훌륭한 부모·교사 역할을 수행할 수 있도록 도와준다.
- 어린이집에서 진행하는 프로그램에 대하여 부모가 직접적이며, 체계적으로 협력할 때 영유아의 학습 성과와 속도는 촉진된다.

2) 관계형성의 효과성

부모와 교사와의 협력은 부모, 교사 및 영유아에게 긍정적인 영향을 미치게 된다. 부모와의 관계형성이 부모, 교사 및 영유아에게 미치는 영향을 살펴보면 <표 10-3> 과 같다.

〈표 10-3〉 관계형성이 부모, 교사 및 영유아에게 미치는 영향

대상	구분	내용
부모	교사로서의 역할수행	교사와의 협력을 통해 자녀의 양육에 필요한 기술을 습득함으로써 교사로서의 역할을 수행하게 된다. 구체적으로 부모가 영유아지도에 직접 참여함으로써 영유아의 올바른 인성, 기본생활습관 형성 등에 영향을 미치게 된다.
	자기만족감 증대	부모가 교사와 협력관계를 맺는 것은 자녀교육을 위해 맺어지는 자연적이며 인위적인 과정이다. 부모는 직접적으로 교사와 공동협력을 통해 자녀교육에 참여함으로써 부모 자신의 가치를 재발견하고 자녀교육에 대한 윤리적·사회적 책임을 이행했다는 만족감을 가지게 된다.
교사	정보 및 자료 확보	보육교사는 영유아의 건강한 발달을 위해 영유아에 대한 다양한 정보를 가지는 것이 중요한데, 이런 정보는 부모와 가족을 통해 습득되는 경우가 대부분이다. 따라서 보육교사는 부모나 가족과의 긴밀한 협력을 통하여 가정에서 작성한 기록물, 질문지 그리고 면담 등을 통해 영유아지도에 필요한 다양한 정보나 자료를 확보할 수 있다.
	자기관리	보육교사는 부모와의 협력을 위해 부모와 자주 접촉하게 되며, 호감을 얻기 위해 다양한 노력을 하게 된다. 예를 들어, 자신의 행동과 말, 몸가짐, 인사 및 태도 등에 대하여 예민하게 주의를 기울이게 되며, 부족한 점은 수정해가면서 교사로서의 품위를 유지해 나간다. 품위유지는 보육교사가 영유아교육에서 영유아에게 모델링이 되는 교육적 환경으로 작용함으로써 부모로부터 신뢰와 인정을 받게 된다. 이와 같은 쌍방향적 협력을 통해 보육교사는 자기관리 및 부모의 신뢰와 믿음을 쌓게 된다.
	전문성 제고	보육교사는 부모와의 협력을 통하여 영유아 이해를 위한 각종 정보와 자료를 확보할 수 있고 학부모에게 신뢰와 믿음을 주어 보육현장에서 가장 적절한 방법으로 영유아지도의 효율성을 제고시킬 수 있는 전문가의 역할을 수행할 수 있게 된다.
영유아	바람직한 성장·발달 도모	보육교사는 학부모로부터 수집한 다양한 정보와 자료, 신뢰와 믿음을 바탕으로 영유아지도에 대한 적극적인 참여와 지원을 받아 지도함으로써 영유아의 바람직한 성장·발달을 도모하게 된다.
	자신감 향상	영유아는 부모님이 선생님과의 원활한 의사소통, 어린이집 보육활동에 대한 적극적인 참여로 어린이집의 모든 활동에 자신감과 적극성을 가지고 생활할 수 있다.

2. 학부모와의 의사소통

1) 교사 중심의 의사소통

학부모와의 원활한 의사소통이 필요한 이유로는 첫째, 의사소통은 두 사람, 즉 부모와 교사와의 사이에 영유아라는 공통이해를 조성하여 공동목표를 향한 상호협조를 가능하게 해준다. 둘째, 의사소통은 의사결정(decision-making)에 있어서 전제적 조건이 된다. 즉, 정보 없이는 결정이 불가능하기 때문이다. 따라서 영유아에 대한 결정을 내릴 때 중요한 정보를 서로 제공해 줄 수 있다. 셋째, 의사소통은 부모와 교사 각 개인의 심리적 욕구를 충족시켜 주는 데 큰 역할을 한다. 인간은 본질적으로 의사나 감정을 표출함으로써 만족을 얻을 수 있다. 넷째, 의사소통은 장래의 대비를 가능하게 해 준다. 의사소통을 통한 정보의 획득은 장래에 영유아에게 취할 태도나 행동대비에 중요한 역할을 수행한다.

(1) 일방적 의사소통

일방적 의사소통은 교사가 학부모에게 부모의 반응을 고려하지 않고 일방적으로 전달하는 메시지를 의미한다. 일방적 의사소통에는 안내책자, 가정통신문, 홈페이지, 게시판 및 생활안내장 등이 포함된다.

① 안내책자

어린이집에 관한 전반적인 정보를 주기 위해 만든 것으로 일반적으로 어린이집의 역사, 입학규정, 수업시간(등, 하교시간), 교통안내, 각 학급의 일일계획안 및 교사진에 관한 내용을 포함한다. 안내책자는 원의 사정에 따라 주 1회, 혹은 월 1회로 보낼 수 있다. 어린이집에서 일어난 일이나 내방객에 대한 소식 및 기관의 활동에 관한 소식을 전함으로써 서로의 공감대를 형성할 수 있다. 그리고 영유아가 어린이집에 입학하기 전 취원 예정 부모에게 배부하기 위해 또는 어린이집을 처음 방문하는 방문객에게는 어린이집의 운영철학, 보육목표, 보육방침, 보육내용, 보육방법, 입학에 따른 준비사항 등을 안내하기 위한 내용으로 구성된다.

② 가정통신문

가정통신문은 문서를 통해 어린이집과 가정 간에 정보를 교환하고 다양한 소통을 하는 방법 중의 하나이며, 가장 간편하면서 보편적으로 사용되는 소극적인 형태의 의사소통방법이다. 가정통신문은 어린이집에서 월간, 주간, 일간 보육활동 내용이나 국가, 사회, 기관의 행사, 돌발적인 사건 등에 대하여 중요한 정보나 자료를 각 가정에 통지함으로써 자녀지도 시 고려해 주기를 바라는 의미에서 보내는 것이다. 가정통신문은 어린이집에서 부모들에게 일방적으로 보내지는 안내문으로 가정과 어린이집 간의 일관된 교육을 위해 필요한 활동이다.

③ 홈페이지

컴퓨터 활용이 대중화되면서 컴퓨터를 통해 많은 정보를 얻을 수 있는 공간으로 자리를 잡고 있다. 그중 대표적인 것이 유아교육기관의 홈페이지 운영이다. 부모들은 어린이집 홈페이지에 접속하여 다양한 활동내용과 안내사항, 소식지에 대한 정보를 얻을 수 있다.

④ 게시판

어린이집 현관에 설치된 게시판은 부모와 효율적인 의사소통의 수단 중 하나이다. 게시판은 부모용 게시판과 유아용 게시판으로 구분할 수 있다. 부모용 게시판은 부모들이 잘 볼 수 있도록 어린이집 현관 입구에 설치한다. 영유아가 등원하거나 하원할 때 부모는 게시판을 통해 어린이집에서 진행하는 모든 활동상황에 대하여 이해할 수 있다. 게시판은 학습활동주제, 식단, 행사계획, 건강, 생활지도 안내 등에 대하여 글과 그림으로 구성하여 게시한다.

유아용 게시판은 그 주나 그 달의 교육내용을 담고 있는 환경적인 준비를 위해 활용된다. 이때 부모자원을 활용하여 게시판을 구성하는 등 환경적 준비를 할 수도 있다. 영유아들의 개인작품이나 공동작품을 게시하는 것도 좋은 방법 중의 하나이다.

⑤ 생활안내장

교사는 영유아의 특이한 행동이나 성취된 행동 혹은 변화된 행동이 나타나면 생활안내장에 기록하여 부모에게 알린다. 예를 들어, '오늘 ○○는 ○○활동에 적극적으로 참여하여 칭찬을 해 주었습니다'와 같이 내용만 간단히 적어 보낸다.

(2) 양방향적 의사소통

양방향적 의사소통은 교사와 학부모 간 상호작용이 동시에 이루어짐으로써 교사와 학부모 간에 원활한 인간관계를 형성하는 데 효과적인 의사소통방법이다. 양방향적 의사소통에는 신학기 학부모 오리엔테이션, 전화, 이메일 및 온라인 통신망, 부모의 수업참관 등이 포함된다.

① 신학기 학부모 오리엔테이션

신학기 학부모 오리엔테이션은 개원 1~2주 전에 학부모에게 어린이집의 특성, 운영목표, 운영방침, 보육 프로그램과 어린이집에 대한 협력사항을 안내하여 가정과의 유대를 강화시키기 위해 진행된다.

② 전화

전화는 시간과 공간의 제약을 받지 않고 교사와 부모 간에 양방향적으로 의사소통을 할 수 있는 방법이다. 또한 직접 만나서 이야기를 하는 것보다 더 편하게 상대방에게 이야기할 수 있고 직장이나 가사로 인하여 바쁜 학부모에게는 아주 유용한 방법

중의 하나이다. 전화를 통한 의사소통에서 부모와의 직접 대화가 중요하다. 예를 들어, 부모가 아닌 다른 가족 구성원과의 통화는 그 내용이 명확하게 전달되지 않아 가끔 오해가 발생하기도 한다.

③ 이메일 및 온라인 통신망

컴퓨터가 대중화되어 감에 따라 이메일 및 온라인 통신망을 통한 의사소통도 일반화되어 가고 있다. 이메일은 모든 학부모에게 동시에 같은 내용을 전달할 수 있기 때문에 용이하다. 이 외에도 토털 사이트의 카페나 블로그 등은 전문적 기술이 없더라도 손쉽게 부모들과 소통할 수 있는 가상공간으로 비용도 전혀 들지 않는다는 장점을 지닌다. 웹(web) 기반의 활용은 어린이집에서 부모의 요구사항을 보다 신속하게 수렴하여 교육활동에 반영할 수 있고 가정에서는 시간과 공간에 구애받지 않고 수시로 학부모들의 의견을 제시할 수 있다는 장점을 지닌다.

④ 부모의 수업참관

수업참관은 부모가 가정이 아닌 다른 곳에서 영유아의 행동과 특성을 이해할 수 있는 가장 기본적인 방법이다. 수업참관은 가능한 많은 부모들이 참여할 수 있도록 계획되어야 한다. 부모가 어린이집의 수업을 관찰함으로써 영유아의 발달수준, 흥미, 특징 등을 객관적으로 관찰할 수 있을 뿐만 아니라 교사의 교수행동과 교육환경을 관찰하여 가정에서의 자녀교육에 반영할 수 있다. 그리고 부모로서의 역할에 대한 자신감을 가지게 되고, 긍정적인 부모관을 가지게 된다. 따라서 수업참관은 어린이집과 가정의 일관성 있는 지도를 가능하게 해 주어 영유아의 발달을 촉진시키게 된다(김현주 외, 2013).

수업참관은 일반적으로는 소규모의 그룹으로 나누거나 아버지 참관수업과 같이 특정한 대상을 중심으로 이루어지나 전체 학부모를 대상으로 수업참관을 실시하게 된다. 수업참관을 실시할 경우에는 사전에 미리 안내문을 발송하여 부모들로부터 협조를 구하고, 수업참관일에도 부모들에게 관찰기록지를 배부함으로써 참관의 집중도를 높이고 기록결과를 이후의 교육을 위한 기초자료로 활용하도록 하는 것이 효과적이다. 즉, 수업참관을 계획하면서 참관일과 참관방식을 먼저 결정하고, 참관의 목적, 내용, 주의사항 등을 미리 인쇄물로 제작하여 나누어주며, 이에 대한 질문을 받은 후 참관을 하도록 하는 것이 좋다. 부모수업참관은 교육 프로그램의 성격에 따라 어머니 수업참관, 아버지 수업참관, 할머니 수업참관, 할아버지 수업참관 등이 있다.

(3) 부모면담

부모면담은 교사와 부모가 서로 얼굴을 대면하고 자녀의 생활 전반에 대한 정보를 교환하는 방법이다. 부모면담은 등하원시간을 통해 짧게 비공식적인 방법으로 필요한 정보를 교환하기도 하지만 일반적으로 공식적인 일정을 미리 정하여 자녀의 생활 전반에 걸친 내용을 서로 교환하고 상담하는 시간을 가진다. 부모면담은 부모와 교사 간에 직접적인 대면을 통해 이루어지기 때문에 자녀의 생활 전반에 걸친 내용을 보다 상세하게 알고 상담할 수 있다는 장점을 지닌다. 부모면담의 구체적인 장점은 <표 10-4>와 같다.

〈표 10-4〉 부모면담의 장점

- 부모와 교사 간에 상호 친밀감을 형성할 수 있다.
- 교사가 영유아에게 영향을 주는 가정생활이나 가족관계에 대한 다양한 정보와 자료를 수집할 수 있어서 영유아 지도에 도움이 된다.
- 영유아 문제행동이 발생할 경우, 지도방안을 공동으로 모색할 수 있다.
- 부모가 자녀에 대해 새로운 인식을 갖게 된다.
- 부모는 어린이집의 보육목적과 보육 프로그램에 대해 상세하게 이해할 수 있다.
- 어린이집의 다양한 행사에 대해 의견을 서로 교환할 수 있다.

부모면담의 유형에는 개인면담과 집단면담이 있다. 개인면담은 교사와 부모가 서로 대면하여 정보를 교환하고 의논하는 것이다. 일반적으로 학기 초와 학기 말에 면담시간을 정하고 면담일정을 계획하여 진행하게 된다. 개인면담 시간은 1회 30~60분

정도로 진행된다. 집단면담은 어린이집에서는 시간을 절약할 수 있고, 부모 간의 상호교류를 통해 자녀의 특성을 폭넓게 이해하며 부모와 교사 간에 상호 유대관계 형성에 도움이 된다. 부모면담을 효율적으로 운영하기 위해서는 같은 문제를 고민하는 부모들을 한 팀으로 구성하여 운영할 때 보다 효율적인 면담이 될 수 있다. 그리고 집단면담에서는 대체로 각 가정에서의 영유아 문제, 친구관계, 놀이, 습관상의 특성 그리고 영유아에 관한 희망이나 건의사항들이 다루어지게 된다.

2) 학부모 중심의 의사소통

부모의 어린이집과 보육교사에 대한 의사소통은 학부모의 직장, 상황에 맞게 이루어져야 한다. 또한 교사가 학부모에게 지나치게 무리한 협력을 요구할 때 오히려 어린이집과 교사에게 불신을 갖게 되므로 유의해야 한다.

(1) 어린이집 운영에 참여

어린이집에서 가장 진보적인 부모참여형태로서 어린이집 운영에 개입하고자 하는 부모의 요구를 운영자나 교사가 존중해 주는 방법이다. 어린이집의 운영에 학부모가 참여할 수 있는 기회는 운영위원회의 위원으로 참여하는 경우와 학부모회를 통해 의견을 제안하거나 기관의 다양한 행사에 참여하는 방법 등이 있다. 첫째, 운영위원회의 위원으로 참여하는 경우로 우리나라의 경우 「영유아보육법」 제25조에서는 어린이집 운영의 자율성과 투명성을 높이고 지역사회와의 연계를 강화하여 지역 실정과 특성에 맞는 보육을 실시하기 위하여 어린이집에 어린이집운영위원회를 설치・운영하도록 규정하고 있으며, 운영위원회에 학부모 대표가 참여하도록 되어 있다. 또한 부모 모니터링단을 구성하여 운영하도록 되어 있다.

둘째, 학부모회를 통해 의견을 제안하거나 기관의 다양한 행사에 참여하는 방법으로는 소풍, 견학, 운동회, 바자회, 환경 구성, 연구 수업 등에 참여하는 것으로 어린이집의 원장이나 교사가 교육계획단계부터 부모를 참여시킨다면 부모들의 의견이 반영되므로 좀 더 주체적이며 적극적으로 교육활동에 참여하게 될 수 있다. 어떤 활동은 교사가 주관하는 것보다 부모에게 전적으로 위임할 때 더욱 효과적으로 운영할 수도 있다.

(2) 교육정보 제공

학부모는 교사가 영유아지도를 위해 필요한 다양한 정보와 자료를 가지고 있다. 학부모만큼 자녀에 대한 정보와 자료를 가지고 있는 사람은 없다. 영유아가 이 세상에 태어난 이후 가정에서 부모의 보살핌과 어린이집 입학까지 성장과정을 비롯해 영유아의 생활습관, 성격, 흥미, 놀이, 교우관계에 관한 다양한 정보나 자료를 보육교사에게 제공하여 영유아지도에 활용하도록 한다.

교육정보를 제공하는 방법으로는 입학 시 어린이집에서 영유아 이해를 위한 각종 조사서에 성의껏 기재하여 제출해야 하고 필요에 따라 교사와 면담으로 필요한 정보나 자료를 제공할 수 있다. 그리고 상황에 따라 전화나 생활 안내장을 통해 제공해 주어야 한다.

(3) 자원봉사

학부모는 상황에 따라 보육교사들이 협력을 요청하거나 자원봉사자가 되어 어린이집의 다양한 활동에 도움을 줄 수 있다. 자원봉사활동에는 교재・교구 제작, 행사 도와주기, 보조교사 및 일일교사와 주제 전개에 도움이 되는 자료수집활동 등이 포함된다.

① 교재・교구 제작

영유아교육에서 보육교사가 교재・교구를 제작 활용하는 일은 필수적이다. 왜냐하면 영유아활동에서 교재・교구 없이 보육활동을 진행하는 것은 거의 불가능하기 때문이다. 그러나 현실적으로 어린이집에서 주제활동에 필요한 교재·교구를 구입하거나 모든 교재·교구를 제작하는 것을 불가능하기 때문에 보육교사의 지도로 교재·교구 제작을 학부모가 지원할 수 있다.

② 행사 도와주기

어린이집에서는 연중 크고 작은 행사가 많이 이루어진다. 행사는 주제 전개의 방법 중 하나로 이루어지고 가정과의 연계성에서도 필요한 일이다. 학부모가 어린이집의 행사에 협력하는 방안으로, 예를 들어 야외관찰학습을 나가는 경우, 차량 승하차 지도, 현지 관찰학습 지도 시 영유아 점심 또는 휴식시간에 일정한 역할을 부여받아 수행하는 등 행사 준비 및 진행 시 보육교사를 지원할 수 있다.

③ 보조교사 및 일일교사

부모는 어린이집에서의 교사역할을 브조하거나 일일교사로서 주도적인 교사역할에 참여할 수 있다. 보조교사 및 일일교사 참여란 부모가 어린이집에서 교사역할을 보조하는 부모참여방법이다. 부모가 유아교육기관에서 교사로서 참여하는 것은 교사뿐만 아니라 부모와 유아 모두에게 도움이 된다. 부모는 교육환경과 교수-학습방법을 관찰하여 자녀교육에 반영할 수 있으며, 부모의 바람직한 교육방법 습득은 유아의 발달에 긍정적인 영향을 미치게 된다(김현주 외, 2013). 무엇보다 부모 자신의 능력과 역할을 새롭게 확인할 수 있는 기회가 된다는 장점을 지닌다. 부모가 보조교사 및 일일교사로 참여하게 됨으로써 교사들은 여러 가지 일을 분담할 수 있으므로 업무부담이 줄어들게 되고, 그 시간을 영유아들을 위해 투자함으로써 교육의 질을 향상시킬 수 있는 장점도 지니게 된다.

부모가 어린이집에서 보조교사로서 참여할 수 있는 분야는 간식 준비, 간식시간의 소집단 지도, 자유선택활동시간의 소집단 지도, 소집단활동 보조자, 교구 및 학습자료 제작 보조, 환경정리, 동화, 노래, 게임 등의 부분활동 지도의 역할을 수행할 수 있다.

④ **주제 전개에 도움이 되는 자료수집**

주제 전개에 따른 다양한 자료(실물자료, 관련 서적, 사진 등)가 어린이집에 모두 비치되거나 보육교사의 준비로 진행되기 어려운 경우가 많다. 가정과의 연계 차원에서 주제와 관련된 다양한 자료를 어린이집으로 보내어 더욱 풍부한 영유아놀이가 되도록 지원할 수 있다.

(4) 학부모 자원 활용

학부모는 영유아 지도에 필요한 각종 정보나 자료만을 가지고 있는 것이 아니라 학부모의 대학전공분야, 직업, 흥미, 여가선용, 취미활동, 봉사활동 등에 걸쳐 전문적인 지식과 기술을 보유하고 있다. 이러한 전문적인 지식과 기술을 영유아 보육활동에 활용하도록 유도하는 일이 학부모 자원 활용이다. 학부모 자원 활용에는 주제활동 지도교사와 전문분야의 지식과 기술 지원받기 등이 있다.

① **주제활동 지도교사**

활동주제와 관련하여 많은 전문적인 지식과 기술을 보유한 학부모에게 주제활동 지도교사의 역할을 부여하고 보육교사는 보조역할을 수행하는 협력방법이다. 영유아의 입장에서는 새로운 교사가 이끄는 학습활동에 참여함으로써 신비감과 호기심을 유발하여 학습활동에 능동적으로 참여할 수 있는 기회가 된다. 예를 들어, 우리 고장의 고적과 유물에 대해 알아보는 경우, 고적유물 안내상담사를 활용할 수 있고, 관공서에서 하는 일을 학습할 때는 시청에 근무하는 학부모의 도움을 받을 수도 있다.

② **전문분야의 지식과 기술 지원 받기**

주제활동 지도교사로서의 협력이 아니더라도 관련되는 활동에 해당되는 학부모의 전문분야 지식과 기술을 지원받을 수도 있다. 예를 들어, 우체국에서 하는 일에 대한 주제학습을 할 때 우체국에 근무하는 학부모를 모셔 우체국에서 하는 일에 대한 사진자료를 활용하여 이야기를 들을 수도 있다.

3. 지역사회 자원의 활용

1) 지역사회 연계활동의 필요성

영유아의 발달은 어린이집, 가정 외에 지역사회의 물리적 환경, 관련 정책과 제도, 보육서비스의 질 등 다양한 요소들과 관련이 있다. 부모를 포함한 교사가 영유아의 성장과 발달을 지원하는 일차적인 기능을 담당하지만 가족의 양육기능은 가족 내부의 요소뿐 아니라 외부의 환경에 영향을 받으며 강화되거나 축소되기 때문이다. 영유아는 가족에 속하고 가족은 또한 지역사회에 속하므로 지역사회와 분리하여 서비스를 제공할 수는 없다.

가족의 양육기능에 영향을 끼치는 외부 환경요소는 어린이집, 학교, 병원, 이웃, 지역사회 네트워크, 공공기관 등 부모와 자녀가 살아가는 지역사회 환경 전반이다. 지역사회 환경은 어린이집, 학교 등의 형식적 자원과 가족, 친구, 이웃, 자원봉사자 등의 비형식적 자원이 있는데, 형식적 자원과 비형식적 자원이 연계적으로 제공되었을 때 궁극적인 목적을 달성할 수 있다. 즉, 영유아를 양육하는 부모와 가족을 지원하기 위하여 지역사회에 공존하는 인적·물적 자원 간의 연계를 통하여 부모와 가족이 그 수혜를 얻을 수 있도록 하는 것이다. 어린이집은 영유아의 성장과 발달에 관련된 지역사회 인적·물적 자원의 네트워크에서 가장 중요한 핵심적 역할을 담당하는 기관이라고 할 수 있다.

특히, 현대사회는 물질적인 생활수준은 향상되었으나 개인주의, 인간소외 현상 등으로 인해 영유아에게 유해한 성장환경이 많아지게 되었고 지역사회의 적극적인 협력과 자정 노력이 필요하게 되었다. 즉, 다문화나 한부모 등 다양한 가족구조, 질병이나 장애 등 취약계층 가정의 영유아를 지원하기 위해서는 어린이집이 지역사회 다양한 자원을 잘 활용하여야 한다. 그러므로 지역사회와 연계한다는 것은 영유아가 성장하는 지역사회의 특수한 문화, 양육패턴, 전통, 사회정책이나 기관 등을 보육서비스에 반영한다는 것을 의미한다. 따라서 영유아가 태어나서 성장하는 지역사회에 대해 함께 살아가는 사람, 다양한 직업이나 공공기관, 자연환경 등에 대해 인식할 수 있도록 도와야 하며 보육과정에 이를 반영하여야 한다. 지역사회 연계의 필요성을 영유아, 부모, 어린이집 및 지역사회 측면에서 살펴보면 <표 10-5>와 같다.

〈표 10-5〉 지역사회 연계의 필요성

구분	내용
영유아	영유아를 위한 시설 및 제도의 서비스를 폭넓게 받음으로써 전인적 발달에 기여하고 영유아가 자신이 속한 지역사회에 대해 인식하여 안정감과 소속감을 경험하게 된다. 또한 영유아가 지역사회 행사 등에 참여함으로써 다양한 구성원들과 만날 기회를 갖게 되고 공동체에 대한 나눔과 공유를 경험하여 민주시민 의식의 기초를 기르게 된다.
부모	부모는 지역사회 자원을 폭넓게 활용함으로써 양육정보를 습득하는 계기가 되어 부모역할을 수행하는 데 지지를 받게 된다. 어린이집에서 지역사회 자원을 연계하여 줌으로써 맞벌이 등 정보 활용에 제한적인 가정일 경우에는 지역정보 습득의 기회가 된다. 특히, 장애영유아 부모 등 특별한 도움이 필요한 부모의 경우 지역사회 복지기관이 통합어린이집을 연계하거나 어린이집을 통하여 복지서비스 혜택을 받을 수 있는 계기가 된다. 또한 어린이집이 부모 및 지역사회 자원과 활발히 교류하는 것은 부모가 어린이집에 신뢰를 갖게 하는 계기가 된다.
어린이집	어린이집의 인적·물적 자원에 한계가 있으므로 지역인사, 지역사회 시설, 서비스를 이용함으로써 보육의 목표를 효과적으로 달성할 수 있다. 또한 어린이집 시설을 지역사회 공공행사 등에 개방하거나 보육교직원이 지역사회 프로그램에 참여하여 봉사하는 등 사회복지서비스로서의 공공적 책무성을 수행할 수 있다.
지역사회	지역사회에 속한 공공시설이나 자연환경은 어린이집과 연계함으로써 운영목적, 사업성과를 달성하는 데 효과적인 결과를 얻을 수 있다. 지역사회 시설과 기관은 어린이집과의 연계를 경험함으로써 기존의 사업 외에 영유아 복지와 발달에 기여하는 프로그램을 적극적으로 개발할 수 있는 기회가 된다. 이러한 선순환이 지역사회 자원을 풍부하게 확장하고 어린이집 운영 및 영유아발달에 긍정적인 영향을 미치게 된다.

출처: 김광자 외(2016). 원장일반직무교육. 양성원. p.305.

2) 지역사회 자원의 종류와 활용

지역사회란 일정한 지역에 모여 삶의 문제를 협력적으로 해결하며 살아가는 생활공동체를 의미하며, 지역사회 자원은 지역사회에 속한 사람, 물리적 장소, 자연환경, 문화적 경험 등을 포함한다. 어린이집은 지역사회 자원 중에서 영유아, 부모 및 가족과 연계할 수 있는 자원을 파악하여 이를 보육과정에 반영함으로써 보육 전반에 긍정적인 영향을 줄 수 있는 보육환경을 조성할 수 있다. 또한 어린이집의 보육교직원, 영유아, 부모가 지역사회의 자원으로서 기여할 수도 있다. 어린이집에서 활용할 수 있는 지역사회 자원과 어린이집이 지역사회 자원으로서 참여할 수 있는 방안을 살펴보면 다음과 같다.

(1) 지역사회 인적자원의 활용

어린이집이 속한 지역사회에는 직업, 사회문화적 배경이 다른 다양한 사람들이 어울려 살아가고 있다. 지역사회 인적자원으로 활용할 수 있는 자원은 영유아의 부모, 지역사회기관의 업무 종사자, 가족문제 전문가 및 지역사회의 주민 등이다<표 10-6>.

〈표 10-6〉 지역사회 인적자원의 자원

구분	내용
영유아의 부모	어린이집에 다니는 영유아의 부모가 가진 특별한 사회문화적 배경도 어린이집 보육활동에서 활용할 수 있는 자원이 된다. 국적이 다른 부모, 특별한 직업을 가진 부모, 기술이나 재능이 있는 부모를 참여하도록 함으로써 영유아에게 풍부한 경험을 제공할 수 있다.
지역사회 기관의 업무 종사자	어린이집은 지역사회의 인적 자원 중에서 소방서, 경찰서, 복지관 등 공공기관에서 공공업무에 종사하는 사람들, 병원이나 보건소 등 영유아의 건강이나 위생 관련 업무에 종사하는 사람들, 회사나 상점에서 일하는 사람들 등 다양한 인적자원을 활용할 수 있다.
가족문제 전문가	부모와 가족이 직면한 문제를 해결하기 위하여 지역사회 전문가와 연계할 수 있다. 어린이집은 부모가 영유아의 문제나 가족문제에 대해 지역사회 전문가(의사, 상담전문가, 특수교육전문가, 건강가정사, 사회복지사 등)에게 도움을 받을 수 있도록 안내함으로써 건강한 가족관계를 지원하고 영유아의 어린이집 적응을 도울 수 있다. 최근 이혼이나 빈곤, 다문화 가족, 조손 가족 등 다양한 가족이 필요로 하는 요구를 파악하여 이들에게 필요한 서비스를 지역사회기관으로부터 찾아내어 적절히 연계해 주어야 한다. 가족이 겪는 문제가 다양하고 영유아의 개별적 발달 차이가 있기 때문에 어린이집이 가족의 문제에 획일적으로 접근하지 않아야 한다. 그러므로 영유아와 가족이 심리적으로 안전한 생활을 영위하고 어린이집과 원만한 관계를 유지하도록 전문기관과 연계하여야 하며 정보를 수집하고 계획을 수립하여 이를 가족에게 제공하는 것이 바람직하다.
지역사회의 주민	지역사회의 일반 주민이 보육활동에 자원봉사자로 참여할 수 있다. 지역주민이나 주변 학교 학생들이 어린이집 보육활동이나 행사에 자원봉사자로 참여함으로써 영유아의 대인관계가 확장되고 바람직한 성인모델을 직접 경험할 수 있다. 예를 들어, 교재·교구 제작, 놀잇감 수선, 김장이나 외부견학 등에 자원봉사자로 참여한다. 어린이집은 자체적으로 자원봉사자를 모집하거나 지역의 자원봉사센터, 육아종합지원센터와의 협력을 통해 자원봉사자를 지원받는다. 이때 자원봉사자의 신원에 대한 확인, 어린이집 안내와 영유아지도에 대한 사전 오리엔테이션 과정이 필요하다.

출처: 김광자 외(2016). 원장일반직무교육. 양성원. pp.306-308.

(2) 지역사회 물리적 자원의 활용

지역사회에서 활용할 수 있는 물리적 자원은 지역사회기관이나 시설, 지역사회의 물리적 자원 등이다<표 10-7>.

〈표 10-7〉 지역사회 물리적 자원

구분	내용
지역사회 기관이나 시설	어린이집은 지역사회 관련 기관으로 직접 현장학습을 가거나 기관으로부터 물품을 지원받아 활용할 수 있다. 영유아가 직접 방문할 수 있는 위치의 시청이나 구청, 경찰서, 소방서, 보건소, 의료기관, 미술관, 초등학교, 박물관, 재래시장, 문화센터 등을 견학함으로써 보육과정 운영에 효과를 거둘 수 있다. 영유아는 지역사회 기관이나 시설을 이용함으로써 지역사회에 대해 더 잘 알게 되고 자신이 살고 있는 지역에 대해 자부심과 공동체의식이 함양된다.
지역사회의 물리적 지원	영아이거나 기관의 위치가 적절하지 않아서 직접 방문하지 못하더라도 리플릿이나 홍보물, 교육자료 등을 제공받아 활용할 수 있다. 예를 들어, 재활용센터로부터 장난감, 놀이에 필요한 재료 등을 지원받거나 단추나 헝겊제품을 제작하는 기업이나 상점으로부터 미술재료를 제공받을 수 있다. 특히, 부모나 가족과 관련된 교육 또는 행사에 대한 정보지를 제공하여 부모가 정보를 쉽게 얻을 수 있도록 돕는다.

출처: 김광자 외(2016). 원장일반직무교육. 양성원. p.308.

(3) 지역사회 자연환경 자원의 활용

어린이집은 지역사회에서 영유아가 직접 갈 수 있는 산, 바다, 공원, 논과 밭 등 자연환경을 활용할 수 있는데, 이는 교육적 경험을 제공하는 매우 중요한 자원이다. 이러한 경험은 영유아들에게 자연체험의 기회와 환경보호에 대한 의식을 고취시킬 수 있다. 또한 영유아들은 자연스럽게 지역의 역사와 문화에 대해 이해할 수 있으며 관련된 직업의 종류, 그곳에서 생산되는 생산물에 대해 이해하게 된다. 보육과정운영에서 계절의 변화, 자연환경에 대한 관찰과 탐색, 신체운동활동이나 과학활동에 필요한 다양한 경험을 자연환경으로부터 얻으려는 노력이 필요하다.

(4) 지역사회 문화적 자원의 활용

어린이집은 지역사회의 문화적 행사, 공연, 전시, 축제 등에 참여하거나 영유아를 대상으로 하는 특별한 행사나 공연을 관람하는 기회를 마련할 수 있다. 지역사회 전통문화를 전수할 수 있는 1세대 어르신이나 외부전문가로부터 전통문화를 경험하는 것도 문화적 자원 활용이 된다.

(5) 어린이집의 지역사회 기여

어린이집의 영유아와 부모, 보육교직원이 지역사회에 자원봉사자로 참여하면서 협력과 소통에 기여할 수 있다. 알뜰시장을 개최하여 주변의 어려운 이웃에게 물품이나 기금을 후원하는 일, 학부모들이 지역의 취약계층을 위해 가정방문 프로그램을 진행하는 일, 영유아가 노인기관을 방문하여 즐거움을 드리는 일, 보육교직원이 지역행사에 자원봉사자로 참여하는 일 등 다양한 방법으로 참여할 수 있다. 이러한 참여는 어린이집과 지역사회 간의 연계를 확장하고 지역사회에 대한 공동체의식을 고취시킨다. 또한 영유아가 나눔과 배려를 배워서 바람직한 인성을 갖추는 데 긍정적인 영향을 미치게 된다. 다른 관점으로 어린이집 원장, 보육교사, 영양사, 간호사 등 보육교직원의 전문성을 지역사회에 기여할 수 있다. 원장이 지역사회기관의 부모교육에 강사로 참여하거나 어린이집 시설이나 교구를 시설 미이용 영유아에게 일부 허용하는 것 등 다양한 방법으로 지역사회에 기여하는 방안을 마련하는 것이 좋다.

3) 어린이집 표준보육과정(누리과정)과 지역사회 연계

보건복지부・교육부(2012)의 3~5세 연령별 누리과정 해설서를 보면 사회관계영역 내용 범주 중에서 '사회에 관심 갖기'를 통해 영유아가 자신이 속한 지역사회에 관심을 갖고 이해하도록 지도하기 위한 지침을 마련하고 있다. 누리과정에서 제시된 지역사회 관련 내용을 살펴보면 다음과 같다.

(1) 누리과정 운영에 있어서의 지역사회 연계 방침

어린이집은 가정과 지역사회와의 협력과 참여에 기반하여 운영한다. 그리고 어린이집, 가정, 지역사회 간의 협력적인 관계는 교육 · 보육활동뿐 아니라 가정과 지역사회에도 긍정적인 영향을 미친다. 지역의 문화적 · 지리적 환경과 특성은 교육 · 보육활동을 풍부하고 효과적으로 제공하는 자원이 되며, 가정, 지역사회와 연계한 누리과정 운영은 가정이나 지역사회로 하여금 유아의 건강하고 행복한 성장발달에 기여하는 보람과 사명감을 가질 수 있게 한다.

다양한 직업, 취미 및 특기를 가진 가족구성원과 지역사회 인사들을 누리과정 운영에 적극 활용하고, 가정 및 지역의 역사나 산업의 특성을 파악하여 교육 · 보육활동에 적절히 반영하고 역사적 유적지나 산업시설, 문화시설 및 대학과 같은 지역의 물적 자원을 충분히 활용하여 누리과정 운영 효과를 높이는 데 그 목적이 있다.

(2) 누리과정 '지역사회에 관심 갖고 이해하기'의 내용

① 우리 동네의 이름을 안다

유아가 가정을 벗어나 일상생활 속에서 오가며 항상 접하게 되는 가까운 주변 지역이 동네임을 아는 것을 내용으로 한다. 만 3세 유아에게 우리 동네는 나와 가족 이외의 주변 사람들과 함께 사는 곳이라는 인식을 도모하기 위해 동네에 있는 가게, 길에서 본 사람들과 모습 등에 관심을 갖고, 동네의 이름 등을 알도록 하는 것을 포함한다.

② 우리 동네에 대해 알아본다

우리 동네의 자연환경, 사회환경, 역사, 자랑거리, 지역축제 등을 포함한 동네의 특징에 대한 경험을 통해 지역사회 공동체의 일원으로 유대감과 소속감을 느끼게 하는 것을 내용으로 한다. 만 4, 5세 유아가 자신이나 가족이 살고 있는 동네의 환경 등을 통해 동네가 가지고 있는 지리, 자연적 특성을 알고, 공공기관이나 생활 관련 공간에서 다양한 서비스와 도움을 받는 것을 경험하도록 하는 내용을 담고 있다. 또한 공공기관이나 생활 관련 공간의 기능과 역할, 지금의 모습이 있기까지의 이야기, 우리 동네의 자랑거리, 최근 우리 동네에 생긴 변화, 앞으로 더욱 발전할 우리 동네의 모습을 상상해보며 공동체의식을 기르는 것을 내용으로 한다.

③ 우리 동네 사람들에 관심을 갖는다

유아가 자신이 살고 있는 동네에 함께 살고 있는 사람들에 관심을 갖고 존중하는 태도를 갖도록 하는 내용이다. 만 3세 유아는 매일 일상생활 속에서 만나는 동네 사람들의 모습을 통해 사람과 사람 사이의 관계 속에서 자신을 인식하기 시작하므로 가족들과 공공기관이나 생활 관련 공간에서 만난 사람들의 다양한 모습에 관심을 갖고 여기서 얻은 경험을 역할놀이로 표현해 보는 것을 포함한다. 또한 다른 사람을 존중하는 태도로서 예절 바른 행동과 말, 친절을 표현하는 웃는 얼굴로 인사하고 말하는 것의 중요성에 대해 알도록 하는 것도 함께 다룬다.

④ 우리 동네 사람들이 하는 일에 관심을 갖는다

우리 동네에 사는 사람들의 다양한 모습을 탐색하는 수준에서 더 나아가 우리 동네의 공공기관과 생활 관련 공간에서 서비스를 제공하는 사람들의 일에 대해 관심을 갖고, 여러 사람이 있는 곳에서 지켜야 할 공공규칙 및 예절을 경험하도록 하는 내용이 포함된다. 만 4세 유아가 일상생활 속에서 만나는 다양한 사람들 중에는 공공기관에서 우리를 도와주는 일을 하기도 하고, 의식주와 관련된 생활공간에서 일하는 사람들이 있다는 것을 알고 그 고유한 역할과 기능이 있음을 이해해 나가는 것을 다룬다. 또한 유아가 일상의 다양한 상황에서 사회 일원으로서 지켜야 할 규칙이나 유아가 만나는 대상 또는 상황에 따라 어울리는 언행을 할 수 있도록 예의범절 등의 내용을 포함한다.

⑤ 다양한 직업에 관심을 갖는다

우리 동네에 사는 사람들이 하는 일에 대한 관심을 확대하여 다양한 직업에 대해 관심을 갖고 직업과 우리 생활과의 중요한 연관성을 생각해 봄으로써 직업의 소중함과 살아가기 위해 노력하는 일들에 대해 알아보는 내용이다. 만 5세 유아가 직업을 갖는 이유, 직업의 종류와 하는 일 등에 대한 경험을 놀이해 봄으로써 직업을 통한 사회경제적 활동의 의미를 알고 자신의 장래희망을 생각해 보는 내용을 함께 다룬다.

⑥ 물건을 살 때 돈이 필요함을 안다

물건을 사고 팔 때에는 돈이 필요하며 물건에 해당하는 가치의 돈을 주어야 함을 아는 내용이다. 만 4세 유아는 돈이 있으면 무엇이든 원하는 것을 얻을 수 있다고 인식할 수 있으므로 물건을 구입해 본 경험 속에서 필요한 물건은 돈으로 살 수 있지만 갖고 싶다고 무엇이든 살 수 있는 것은 아니라는 것을 알도록 하는 내용을 포함한다. 또한 물건의 가치에 따라 값이 달라진다는 인식을 갖는 내용도 함께 다룬다.

⑦ 일상생활에서 돈의 쓰임에 대해 안다

유아가 돈의 쓰임새에 대해 물건을 사는 것에서 확대하여 보다 다양한 돈의 기능, 경제활동의 기초적 정보 및 지식을 갖춰 바람직한 돈의 쓰임을 이해하는 내용이다. 만 5세 유아에게 돈의 사용법을 알게 하고 바람직한 소비습관과 절약하는 태도를 기르도록 하는 내용을 포함한다.

PART

03

보육교사의 역량개발

Childcare theory

CHAPTER

11

자기개발

□ 배울 내용 □

1. 보육교사의 보수교육
2. 원내교육의 필요성과 유형
3. 멘토링

□ 학습목표 □

1. 보육교사의 보수교육 유형과 교육과정을 이해한다.
2. 원내교육의 필요성과 유형을 파악한다.
3. 멘토링을 이해하고 자신의 멘토에 대해 생각해본다.

1. 보육교사의 보수교육

「영유아보육법」 제23조에 의하면<표 11-1>, 보건복지부장관은 보육시설 종사자의 자질 향상을 위한 보수교육을 실시하여야 하며 보수교육은 직무교육과 승급교육으로 구분된다<표 11-2>.

〈표 11-1〉「영유아보육법」에서의 보육교직원의 보수교육

제23조(어린이집 원장의 보수교육)

① 보건복지부장관은 어린이집 원장의 자질 향상을 위한 보수교육(補修敎育)을 실시하여야 한다. 이 경우 보수교육은 집합교육을 원칙으로 한다.
② 제1항에 따른 보수교육은 사전직무교육과 직무교육으로 구분한다.
③ 삭제
④ 제1항에 따른 보수교육에는 다음 각 호의 사항에 관한 내용을 포함하여야 한다.
 1. 성폭력 및 아동학대 예방
 2. 실종·유괴의 예방과 방지
 3. 감염병 및 약물의 오남용 예방 등 보건위생관리
 4. 재난대비 안전
 5. 교통안전
 6. 어린이집 원장의 인성함양(영유아의 인권보호교육을 포함한다)
 7. 그 밖에 보건복지부령으로 정하는 사항
⑤ 그 밖에 보수교육의 기간·방법 등에 필요한 사항은 보건복지부령으로 정한다.

제23조의 2(보육교사의 보수교육)

① 보건복지부장관은 보육교사의 자질 향상을 위한 보수교육(補修敎育)을 실시하여야 한다. 이 경우 보수교육은 집합교육을 원칙으로 한다.
② 제1항에 따른 보수교육은 직무교육과 승급교육으로 구분한다.
③ 제1항에 따른 보수교육에는 다음 각 호의 사항에 관한 내용을 포함하여야 한다.
 1. 성폭력 및 아동학대 예방
 2. 실종·유괴의 예방과 방지
 3. 감염병 및 약물의 오남용 예방 등 보건위생관리
 4. 재난대비 안전
 5. 교통안전
 6. 보육교사의 인성함양(영유아의 인권보호 교육을 포함한다)
 7. 그 밖에 보건복지부령으로 정하는 사항
④ 그 밖에 보수교육의 기간·방법 등에 필요한 사항은 보건복지부령으로 정한다.

제23조의 3(교육명령)

① 보건복지부장관은 「아동복지법」 제3조 제7호의 2에 따른 아동학대 관련 범죄를 저지른 사람이 제16조 제5호부터 제8호까지의 결격사유 및 제20조 제1호의 결격사유(제16조 제5호부터 제8호까지의 결격사유에 해당하는 경우에 한정한다)에 해당하지 아니하게 되어 어린이집을 설치·운영하거나 어린이집에 근무하려는 경우에는 그 사람에 대하여 사전에 아동학대 방지를 위한 교육을 받도록 명하여야 한다. 이 경우 교육 실시에 드는 비용은 교육을 받는 사람이 부담한다.

② 제1항에 따른 교육명령의 조치와 관련한 절차, 교육기관, 교육방법·내용 등에 필요한 사항은 보건복지부령으로 정한다.

〈표 11-2〉 보육교사 보수교육과정

<table>
<tr><th colspan="3">과정명</th><th>교육대상</th><th>교육훈련 시간</th><th>비고</th></tr>
<tr><td rowspan="2">승급 교육</td><td colspan="2">보육교사 2급 승급 교육</td><td>보육교사 3급 자격을 취득한 후 보육 경력이 만 2년 이상 경과한 자</td><td>80시간</td><td>이수희망자</td></tr>
<tr><td colspan="2">보육교사 1급 승급교육</td><td>보육교사 2급 자격을 취득한 후 보육업무 경력이 만 3년 이상 경과한 자 및 석사학위 소지자로서 보육업무 경력이 만 6개월 이상 경과한 자</td><td>80시간</td><td>이수희망자</td></tr>
<tr><td rowspan="5">보수 교육 과정</td><td rowspan="2">일반 직무 교육</td><td>보육 교사</td><td>현직에 봉사하고 있는 보육교사로서 보육업무 경력이 만 2년을 경과한 자와 보육교사 직무교육(승급교육 포함)을 받은 해로부터 만 2년이 경과한 자</td><td>40시간</td><td>매 3년마다</td></tr>
<tr><td>원장</td><td>현직에 종사하고 있는 원장으로서 보육시설의 장의 직무를 담당하는 첫 해에 해당하는 자와 보육시설 장 직무교육을 받은 해부터 만 2년을 경과한 자</td><td>40시간</td><td>원장 첫해 매 3년마다</td></tr>
<tr><td rowspan="3">특별 직무 교육</td><td>영아 보육</td><td>영아보육을 담당하고 있는 일반 직무교육 대상자와 영아보육을 담당하고자 하는 보육교사 및 보육시설의 장</td><td>40시간</td><td>이수희망자</td></tr>
<tr><td>장애아 보육</td><td>장애아를 담당하고 있는 일반 직무교육 대상자와 영아보육을 담당하고자 하는 보육교사 및 보육시설의 장</td><td>40시간</td><td>이수희망자</td></tr>
<tr><td>방과후 교육</td><td>방과 후 보육을 담당하고 있는 일반 직무교육 대상자와 영아보육을 담당하고자 하는 보육교사 및 보육시설의 장</td><td>40시간</td><td>이수희망자</td></tr>
</table>

〈표 11-3〉 보육교사 자격 현황

(단위: 명)

구분		계	국·공립 어린이집	사회복지법인 어린이집	법인·단체 등 어린이집	민간 어린이집	가정 어린이집	협동 어린이집	직장 어린이집
1급	계	142,884	17,261	8,276	3,724	65,544	41,985	460	5,634
	남	884	28	96	18	493	219	6	24
	여	142,000	17,233	8,180	3,706	65,051	41,766	454	5,610
2급	계	86,245	8,108	4,045	1,668	38,995	27,973	223	5,233
	남	721	37	82	14	368	165	2	53
	여	85,524	8,071	3,963	1,654	38,627	27,808	221	5,180
3급	계	6,559	239	128	64	3,284	2,770	19	55
	남	36	1	0	0	17	17	0	1
	여	6,523	238	128	64	3,267	2,753	19	54

출처: 보건복지부(2018). 보육통계(2017년. 12. 31 기준).

보육교사 승급교육은 보육교사 자격 현황<표 11-3>에 해당되는 자로서 보육교사 3급 자격을 취득한 후 보육 경력이 만 2년 이상 경과한 자는 80시간의 교육을 통해 보육교사 2급 승급교육을 받을 수 있으며, 보육교사 2급 자격을 취득한 후 보육업무 경력이 만 3년 이상 경과한 자 및 석사학위 소지자로서 보육업무 경력이 만 6개월 이상 경과한 자는 80시간의 교육을 통해 보육교사 1급 승급교육을 통해 자격을 취득할 수 있다.

보육교사 보수교육과정은 일반직무교육과 특별직무교육으로 나누어 볼 수 있는데, 일반직무교육은 현직에 종사하고 있는 보육교사로서 보육 경력이 만 2년 이상, 매 3년마다 40시간씩 이수하도록 명시되어 있다. 특별직무교육은 영아보육, 장애아보육, 방과 후 보육으로 구분되는데, 교육대상자는 일반직무교육 대상자로 영아보육(혹은 장애아보육, 방과 후 보육)을 담당하고 있거나 담당하고자 하는 보육교사 및 원장이 40시간을 이수하도록 되어 있다. 하지만 규정된 사안일 뿐 이수하지 않았을 때 자격에 대한 제재나 시정 장치는 아직까지 마련되어 있지 않다.

보육교사 승급교육과 일반직무교육 및 특별직무교육의 내용은 <표 11-4>, <표 11-5>, <표 11-6>과 같다.

〈표 11-4〉 승급교육과정 내용

영역	2급 승급교육		1급 승급교육	
	교과목	시간	교과목	시간
보육기초	• 사회 변화와 보육 • 아동학대와 아동권리 이해 • 보육교사의 역할과 윤리	12	• 「영유아보육법」과 보육 관련 법의 이해 • 아동학대와 아동권리 이해 • 보육교사의 역할과 윤리	12
발달 및 지도	• 영유아 행동관찰과 관찰일지 작성법 • 영유아 인지 · 언어발달 이해와 기초학습 • 영유아 정서 · 사회성발달 이해 • 장애아 조기중재와 통합보육	16	• 영유아 행동관찰과 관찰기록법 • 영유아기 뇌발달의 이해와 조기교육 • 발달영역별 지체 및 지도	12
영유아 교육	• 표준보육과정의 이해 • 연령별 보육 프로그램(0~1세) • 연령별 보육 프로그램(2세) • 연령별 보육 프로그램(3~5세) • 보육계획과 보육일지 작성 실제	20	• 영유아 보육 프로그램의 기초 • 영유아 보육 프로그램의 계획과 운영 • 실내외 환경구성 원리와 실제 • 영유아를 위한 교수학습방법의 실제 • 보육계획과 보육일지 작성 실제	20
영유아의 건강 · 영양 및 안전	• 영유아 건강생활지도 • 영유아 식생활지도와 위생 • 안전사고 상황별 응급처치와 안전교육	12	• 영유아 질병과 대응 • 영유아 급식과 위생 • 안전사고 상황별 응급처치와 안전교육	12
가족 및 지역사회 협력	• 부모면담방법 • 다문화교육 • 지역사회 연계의 실제	12	• 부모참여 프로그램 구성과 운영 • 부모 - 자녀관계의 이해 • 다문화가정 영유아 지원방법	12
보육사업의 운영	• 영유아반 운영관리 • 평가인증의 이해(2) • 보육정보화시스템의 이해와 활용(2)	8	• 보육실습지도의 실제 • 평가인증의 이해 • 보육정보화시스템의 이해와 활용	12
기타	• 평가시험		• 평가시험	
계		80		80

※ 비고: 각 과목은 4시간으로 배치하도록 함(단, 평가인증의 이해와 보육정보화시스템의 이해와 활용은 각 2시간으로 배치함).

〈표 11-5〉 일반직무교육 내용

영역	보육교사 과정		어린이집 원장 신규과정		어린이집 원장 일반과정	
	교과목	시간	교과목	시간	교과목	시간
보육 기초	• 보육정책 동향 이해 • 아동학대와 아동권리 이해 • 보육교사의 역할과 윤리(필)	6	• 「영유아보육법」과 보육 관련 법의 이해 • 아동학대와 아동권리 모니터링의 이해 • 원장의 역할과 윤리(필)	6	• 보육정책의 전망과 과제 • 아동학대와 아동권리 모니터링의 이해 • 원장의 역할과 윤리(필)	6
발달 및 지도	• 관찰일지 작성 및 발달검사의 활용 • 영유아기 뇌발달의 이해와 조기교육 • 영유아 부적응행동 지도 • 장애아 통합 환경에서의 교수 실행 및 참여 지원	8	• 연령별 영유아 발달특성의 이해 • 영유아 부적응행동 지도 • 장애아 통합보육 운영	6	• 관찰일지 작성 및 발달검사의 활용 • 영유아기 뇌발달의 이해와 조기교육 • 장애아 통합을 위한 협력적 접근의 실제	6
영유아 교육	• 표준보육과정의 이해 • 연령별 보육 프로그램의 운영 • 다양한 보육 프로그램의 이해 • 교구교재의 개발과 활용 • 영유아를 위한 교수학습방법의 실제	10	• 표준보육과정의 이해 • 보육 프로그램의 개발 • 교구교재 선정의 원리	6	• 보육 프로그램의 개발과 평가 • 보육계획 작성지도 • 교구교재 선정과 평가	6
영유아의 건강·영양 및 안전	• 영유아 건강관리 • 영유아 영양과 급식관리 실제 • 안전관리와 응급처치(필)	6	• 영유아 전염성 질환과 대응 • 어린이집 급식관리 • 어린이집 안전관리와 사고대응(필)	6	• 영유아 건강관리 실제 세미나 • 급식관리 실제 세미나 • 어린이집 안전문제 내용(필)	6
가족 및 지역사회 협력	• 부모 - 교사 의사소통방법의 이해와 실제 • 다문화가정 영유아보육의 실제 • 지역사회지원 연계방법	6	• 부모오리엔테이션의 실제 • 다문화가정의 지원체계 이해 • 지역사회 연계의 이해와 보육	6	• 부모 상담사례 세미나 • 부모교육의 이론과 실제 • 다문화가정의 지원체계 이해 • 보육과 지역사회 연계의 전망과 과제	8
보육 사업의 운영	• 보육실습지도의 실제 • 원내 교사교육의 계획과 실행	4	• 보육의 질과 평가인증 • 어린이집 인사관리 • 어린이집 재정 및 사무관리 • 어린이집 환경 및 설비관리 • 조직문화와 리더십 • 보육정보화시스템의 이해와 활용(선택)	10	• 원내 교사교육의 계획과 실행 • 어린이집 운영평가 세미나 • 우수 어린이집 사례 분석 • 조직문화와 리더십	8
계	20과목	40	21과목	40	20과목	40

※ 이 중에서 보육교사의 역할과 윤리, 원장의 역할과 윤리, 안전관리와 응급처치, 어린이집 안전관리와 사고대응, 어린이집 안전문제 대응은 2시간 이상 필수과목으로 편성·교육하여야 함.

〈표 11-6〉 특별직무교육 내용

영역	영아보육 직무교육	장애아보육 직무교육	방과후보육 직무교육	시간
보육기초	• 현대사회 변화와 영아보육 • 영아보육과정의 이해 • 성 · 가정폭력 방지교육(아동 학대 내용 포함)	• 장애인복지와 보육정책 • 장애아보육과정의 이해 • 성 · 가정폭력 방지교육(아동 학대 내용 포함)	• 현대사회 변화와 방과후보육 • 방과후보육의 이해 • 성 · 가정폭력 방지교육(아동 학대 내용 포함)	4
발달 및 지도	• 영아발달의 특성 • 영아 일상생활지도 • 영아행동관찰과 평가 • 영아감각 및 대소근육 발달 지도	• 장애아 발달의 특성 • 장애아 진단과 평가 • 장애아 일상생활지도 • 장애아 감각통합과 신체활동	• 아동발달 • 아동 일상생활지도 • 문제행동과 지도	6
영유아 교육	• 놀이를 통한 사회성발달 • 놀이를 통한 정서발달 • 놀이를 통한 언어발달 • 놀이를 통한 인지발달 • 프로그램 및 교재교구 개발 • 표준보육과정	• 놀이 및 사회성 지도 • 장애아 의사소통 지도 • 장애아 음악치료 • 장애아 미술치료 • 프로그램 및 교재교구 개발 • 표준보육과정	• 학습 및 과제지도 • 놀이 및 사회성 지도 • 아동언어교육 • 아동독서교육 • 아동예체능교육 • 프로그램 및 교재교구개발 • 표준보육과정	8
영유아의 건강 · 영양 및 안전	• 영아 보건 · 안전관리(필수) • 영아 영양관리 및 식생활지도	• 장애아 보건 · 안전관리(필수) • 장애아 영양관리 및 식생활 지도	• 초등학생 보건 · 안전관리(필수) • 초등학생 영양관리 및 식생 활지도	6
가족 및 지역사회 협력	• 부모교육, 상담, 협력 • 지역사회와의 협력 • 평가인증	• 부모교육, 상담, 협력 • 지역사회와의 협력 • 평가인증	• 부모교육, 상담, 협력 • 지역사회와의 협력 • 평가인증	4
보육사업의 운영	• 영아보육교사의 역할과 자세(필수) • 어린이집 운영과 관리 • 정보화교육	• 장애아보육교사의 역할과 자세(필수) • 어린이집 운영과 관리 • 정보화교육	• 방과후보육교사의 역할과 자세(필수) • 어린이집 운영과 관리 • 정보화교육	8
기타	• 인간관계 및 리더십훈련 • 영아보육세미나 및 사례발표	• 인간관계 및 리더십훈련 • 장애아보육세미나 및 사례발표	• 인간관계 및 리더십훈련 • 방과후보육세미나 및 사례발표	4
계	20과목	20과목	20과목	40

※ 영아보육직무과정 중 영아 보건 · 안전관리와 영아보육교사의 역할과 자세, 장애아보육직무과정 중 장애아 보건 · 안전관리와 장애아 보육교사의 역할과 자세, 방과후보육직무과정 중 초등학생 보건 · 안전관리와 방과후보육교사의 역할과 자세는 2시간 이상 필수과목으로 편성 · 교육하여야 함.

2. 원내교육의 필요성과 유형

1) 원내교육의 필요성

원내교육은 교수 - 학습의 효과성을 높이고 교사의 전문성과 책무성을 제고하는 데 필수적인 과정으로 어린이집 내에서 보육교사를 대상으로 이루어지는 다양한 활동의 교육을 의미한다. 즉, 교육활동의 개선을 위한 모든 지도 · 조언활동이라고 할 수 있다. 다시 말해 원내교육은 수업개선을 하기 위하여 교사, 교육과정, 학습환경에 변화를 주어 궁극적으로 학생들의 학습결과를 높이는 활동이다.

이미 세계 각국에서는 국가경쟁력 강화의 핵심이 인적자원개발임을 인식하고 이 같은 새로운 패러다임에 맞는 인적구성원을 양성하기 위한 교육개혁을 추진하고 있다(고영미, 2008). 이러한 추세에 발맞추어 보육의 질적인 향상을 위해 어린이집평가인증제, 보수교육강화, 자격제도 개선 등 다각적 정책을 시도해 오고 있지만 OECD에 비교해 볼 때 여전히 질적으로 떨어지고 있고, 어린이집교사의 전문성 확보도 미흡한 실정이다. 따라서 어린이집교사의 전문성 향상을 위해 원내교육이 필수적인데, 유치원교사들의 원내교육은 다양한 형태로 이루어지고 있으나 어린이집교사들을 위한 원내교육은 다소 미흡한 실정이다. 왜냐하면 교사들은 원내교육에 대한 부담을 가지고 있으며, 이는 외부로부터의 교육이 권위적이고 형식적이며 평가 위주인 것으로 인식되고 있기 때문이다(박해미, 이순영, 2009). 따라서 자율적이고 체계적인 교사교육을 위해서는 교사 개인의 경험과 배경, 전문성 발달수준, 교사의 사고수준에 대한 이해가 필요하며 무엇보다 어떤 교육을 원하는지에 대한 요구를 정확하게 인식하는 것이 중요하다(조부경 외, 2001).

보육교사들을 대상으로 원내교육이 필요한 이유로는 첫째, 영유아의 건강한 발달을 위해 필요하다. 유아들을 대상으로 보육을 담당하는 보육교사는 유아들에게 좋은 환경을 만들어 주고, 교사들이 보다 바람직한 교수방법으로 학습지도를 할 수 있도록 여건을 조성해 주기 위해 반드시 필요한 과정 중의 하나가 원내교육이다. 어린이집의 보육교사는 교육활동의 개선과 지도·조언활동 외에도 추가적으로 건강·영양·안전, 즉 영유아의 보호에 관련된 교육을 더 필요로 하는데, 이는 전인적인 아동으로 성장시키기 위해서는 인지적 발달뿐만 아니라 신체적·정서적·사회적 발달도 고려해야 하고 더불어 어린이집은 가정의 복지증진에도 관심을 기울여야 하기 때문이다(노은호, 최희양, 2009). 이에 교육 위주의 기관인 학교 등에서의 원내교육과는 달리 어린이집에서는 영유아를 보호하며 교육을 하므로 그 교육의 범위와 방법이 학교 등에서의 교육과는 다를 수밖에 없다(조혜경, 2006).

둘째, 보육교사의 개인적 발달을 위해 필요하다. 즉, 원내교육은 보육교사가 발전하도록 돕는 것이고 이러한 발전의 초점은 더욱 현명한 전문적 판단을 내리는 능력, 문제해결능력, 자신의 실천에 대한 연구능력을 개발하는 것뿐 아니라 교사의 지식과 교수기능의 개발에 있기 때문에 보육교사의 전문성 향상을 위해 필요하다고 할 수 있다. 원내교육의 효과성을 살펴보면, 교사의 반성적 사고가 증가하고(Grimmett & Crehan, 1988; Gordon, 1989), 교사의 자율성, 자기성장, 자기효능감, 자신감을 향상시키고, 학생들의 자긍심, 언어능력 등이 향상되는 것으로 보고되고 있다(박해미, 이순영, 2009).

2) 원내교육의 유형과 방법

원내교육의 유형을 수업교육, 발달교육, 동료교육, 자기교육, 약식교육 및 자체연수교육으로 구분하여 살펴보면 다음과 같다(윤용주, 2016; 이승희, 2012).

(1) 수업교육

수업에 대한 교육은 유아의 학급을 향상하고 교수-학습과정을 유지 또는 개선하기 위하여 교사의 교수행위에 직접적으로 영향으로 줄 수 있도록 어린이집이 공식적으로 제공하는 제반활동이며, 원장을 중심으로 한 원내교육으로 정의하고 있다(조병효, 1991). 즉, 교사들의 수업기술 향상을 위하여 원장이 주도하는 개별적이고 체계적인 성격이 강한 지도·조언활동으로 본다. 수업에 대한 교육은 교육 담당자와 교사 사이의 관계가 쌍방적 관계이며, 상하관계보다는 동료적 관계로 함께 일한다는 전제에 기초를 두고 있다. 수업에 대한 교육의 특징은 교사의 수업 기술 향상, 교사와 교육 담당자 간의 대면적인 관계의 상호작용을 중요시하고, 교실 내에서의 교사의 수업 행동에 초점을 두며, 일련의 체계적이고 집중적인 과정이다.

유아교육기관에서의 수업교육의 경우 교육과정에 관한 교수학습방법의 개선에 초점을 두는데, 교사의 수업기술 향상을 위하여 원장, 원감(외부 교육요원, 전문가, 자원인사 등)이 주도하는 개별적이고 체계적인 성격이 강한 지도·조언활동이라 할 수 있다. 즉, 교육기관 내에서 자율적으로 실시되는 수업교육은 원칙적으로 원장, 원감 및 기타 전문가의 주도하에 교사들의 수업기술 향상을 위하여 임상교육, 수업연구, 마이크로 티칭 등의 방법으로 초임교사나 경력이 짧은 교사, 수업기술 향상의 필요성이 있는 교사를 대상으로 진행된다.

(2) 발달교육

1980년대 중반에서 1990년대 초반 사이에 나타난 발달적 교육은 교수-학습이 개인적·사회적·조직적·역사적·정치적·문화적 상황에 의해 영향을 받는다고 가정하고 있다. 따라서 교사들은 그들의 상황에 맞게 교수-학습방식을 변형시키며, 교육교사는 교사가 이러한 교수 실제에 영향을 미치는 상황을 이해하고 그 안에 담긴 특정 원리를 발견할 수 있게 해주는 내적 성찰을 격려해야 한다는 것이다. 다시 말해 발달교육은 교사의 개별적인 요구 및 발달수준을 고려하여 지원과 자극을 차별화해 줌으로써 교사가 다양한 교수-학습방법을 습득하고 이를 더욱 확장해 나갈 수 있도록 도와주는 교육의 한 형태라고 정의할 수 있으며(Glickman, Gordon & Ross-Gordon, 2004), 인간발달이 교육의 최종 목적이 되고 있다. 결국 교사들에게 통제력을 돌려주어 그들 스스로 수업 개선에 대한 결정을 하도록 하는 것이 교육의 궁극적인 목표가 된다(조부경 외, 2001). 발달교육은 교사의 개인적인 특성을 고려하여 진행되기 때문에 교육에 대한 교사들의 거부감을 줄일 수 있고 교육의 효과 면에서도 보다 성공적인 결과를 유도해 낼 수 있다.

그러나 이러한 이점에도 불구하고 발달교육은 교사들의 발달수준을 정확히 측정하기 어렵다는 점과 교육요원이 교사들의 독특한 발달적 특성을 고려하여 오랜 시간 교육을 진행하기가 다소 어렵다는 문제점을 가지고 있다(조성연, 2007). 이에 백은주(2002)는 발달교육이 성공적으로 이루어지기 위해서는 교사들의 지식과 기술 측면의 발달, 자기이해 측면의 발달, 생태적 측면의 발달에 대한 연구 및 이들 세 측면이 서로 어떤 관련성을 가지고 함께 변화・발전되어 가는지에 대한 연구가 이루어질 필요성이 있다고 주장한다. 즉, 발달교육이 보다 성공적으로 이루어지기 위해서는 교육요원과 피교육요원인 교사의 추상적인 사고수준이 함께 고려되어 효과적으로 연결될 때 효과가 나타날 수 있다고 본다.

(3) 동료교육

동료교육은 동료교사들이 그들의 교육활동의 개선을 위하여 모임이나 짝을 이루어 상호 간에 수업 연구, 공개활동의 추진이나 공동과제 및 관심사의 협의, 연구, 추진 등 공동으로 노력하는 과정이다. 즉, 둘 이상의 교사가 서로 수업을 관찰하고 관찰사항에 대하여 서로 조언하며, 전문적인 관심사에 대해서 토의함으로써 자신들의 전문적인 성장을 위해 함께 연구하는 공식적인 과정을 말한다. 동료교사들은 교사들이 부담 없이 교육에 임할 수 있으며 즉각적으로 피드백을 받을 수 있기 때문에 동료교육을 선호하는 것으로 나타났다.

동료교육은 동료교사들과 수업 연구과제의 해결이나 수업방법의 개선을 도모하기 위해서이며, 수업지도와 생활지도방법을 개선하기 위하여 상호 좋은 경험이나 아이디어를 교환하거나, 같은 연령교사 또는 관심분야가 같은 동료교사들이 협의회, 소모임, 스터디 그룹 등을 통해 공동과제나 공동 관심사를 협의, 연구를 추진하기 위하여 함께 활동해 나가는 것 등이다. 따라서 동료교육의 방법은 경력교사가 초임교사와 1 : 1로 짝을 이루어 서로 수업을 공개하고 의견을 나누며, 교육활동 전반에 관하여 도움을 주는 것도 중요한 동료교육활동이며, 경력교사끼리 1 : 1로 짝을 이루어 동료교육을 할 수 있다(이윤식, 2000).

동료교사에 의한 상호작용은 교사 상호 간의 능력을 개발하는 좋은 방법이 된다. 더구나 교사들의 발달수준은 각각 다르기 때문에 동료에 의한 수업개선은 충분히 가능하다. 이러한 동료교육이 효과적인 것은 같은 어린이집 내에 있는 동료는 쉽게 만날 수 있고, 친근감을 갖는 분위기에서 도와줄 수 있으며 같은 처지에 있기 때문에 부딪치는 상황과 사정을 잘 이해할 수 있는 강점을 가지고 있다는 점이다(주삼환, 2003).

(4) 자기교육

자기교육이란 교사 자신의 자율성과 자기발전의 의지 및 능력을 기초로, 제반 전문적 영역에서 교사 자신의 성장과 발달을 도모하기 위하여 원칙적으로 교사 자신이 스스로 계획을 세우고 실천하며 그 결과에 대해 자기반성을 하는 활동이다. 즉, 외부의 통제나 지도에 의하지 않고 교사 스스로가 독립적으로 자기의 전문적인 성장을 위하여 계획을 세우고 실천하며 그 결과에 대해서 반성적 평가를 해나가는 과정을 말한다(김정한, 2002). 자기교육의 방법에는 아동관찰, 자기임상교육, 상위학교 등록, 자격연수, 전문 단체참여 등이 있다.

어린이집에서 자기교육 실현을 위한 방안으로는 잡무부담의 경감으로 시간적인 여유를 제공하고, 업무 중 많은 시간을 할애하는 교구 제작이나 행사 위주보다는 자기발전을 위해 연구 노력하는 교사로 발돋움할 수 있도록 지원이 필요하며(정경람, 2004), 전문성 향상을 위한 연수 및 발표회 등 현직교육을 강화하여 협회나 학위과정 등록, 연구 등의 다양한 경험을 쌓도록 하는 것이다(양정미, 2004). 또한 어린이집 원장은 폭넓은 의견을 수용할 필요가 있으며, 원장이 교사들에게 지시나 감독 위주의 행정을 하게 되면 자기교육을 하는 데 어렵게 하는 원인이 될 수 있으므로 다양한 경험과 의견을 수용하는 자세가 있어야 하며, 원장은 자기교육 전반에 걸쳐 적절한 지도나 조언 그리고 격려를 하고 교사의 자기교육 결과를 알리고 일반화할 수 있도록 지도 지원하는 것이 필요하다.

(5) 약식교육

약식교육은 원장이 간헐적으로 짧은 시간 동안 정기적이거나 계획하지 않고 반을 돌아보는 중에, 교사들의 수업이나 일상생활에서의 영유아와의 상호작용을 관찰하고 이에 대해 교사에게 지도하거나 의견을 교환하는 것을 말한다. 이러한 약식교육은 원장, 원감의 비공식적인 성격이 강한 활동으로서 다른 형태의 교육에 대하여 보완적이고 대안적인 성격을 가지고 있다는 특징이 있다. 약식교육의 필요성과 실시방안은 <표 11-7>, <표 11-8>과 같다(이윤식, 2000).

〈표 11-7〉 약식교육의 필요성

- 교사들의 수업활동과 학급경영활동을 포함하여 어린이집 교육 및 경영의 전반과 관련하여 개선을 위한 원장이나 원감의 적극적인 의지와 노력 그리고 지도성의 표현방식이 된다.
- 약식교육을 통하여 원장이나 원감은 교사들이 미리 준비한 수업활동이나 학급경영활동이 아닌 평상시의 자연스러운 수업활동이나 학급경영활동을 관찰할 수 있으며 이에 대하여 지도 · 조언을 할 수 있다.
- 약식교육을 통하여 원장이나 원감은 어린이집 교육, 어린이집 경영 그리고 어린이집 풍토 등 전반 영역에 걸쳐 어린이집을 파악하는 데 필요한 정보를 수집할 수 있다.

〈표 11-8〉 효과적인 약식교육의 실시방안

- 원장과 원감은 어린이집 교육의 발전을 수업참관과 학급순시를 적절히 활용해야 할 필요성이 있음을 인식하고, 이를 수행하고자 하는 강한 의지를 가져야 한다.
- 원장과 원감은 평상시에 교사들로부터 전문적인 권위 그리고 인간적인 권위를 얻도록 부단히 연구 · 노력하여야 한다.
- 원장과 원감은 진심으로 교사들을 도와주려고 하는 마음가짐으로 조심스럽게 임해야 하고, 수업참관이나 학급순시 때에는 가능한 한 수업활동의 본질적인 면에 주의를 쏟아야 한다.

(6) 자체연수교육

일반적으로 자체연수교육은 기관 내 직원연수에 외부의 초청강사를 모셔다가 강연회를 하는 것으로 연상하기 쉽다. 하지만 어린이집 내부나 혹은 동료교사 중에서 유능한 자원의 인사를 찾아보기를 권장하고 있다. 자체연수교육은 강연, 강의도 가능하고, 실험, 실기연수도 가능하며 좋은 수업이나 문제의 수업장면을 담은 비디오테이프를 구해서 같이 시청한 다음 토의, 토론하는 방법도 하나의 자체연수교육이라고 할 수 있다.

자체연수교육은 원내 자율교육의 기본 형태의 하나이며, 교육활동의 개선을 위하여 교직원들의 필요와 요구에 더하여 교내・교외의 인적・물적 자원을 활용하여 교육기관 자체에서 실시하는 연수활동이다. 즉, 교육행정기관이나 교원 개개인의 필요에 의하여 실시되는 자격연수, 직무연수, 특별연수와 같은 현직 교육이나 연수의 개념이 아니라 어린이집에서 자체적으로 원장의 주관하에 이루어지는 자발적인 현직연수를 의미한다(이윤식, 2000).

자체연수는 의무성이 약하고 자율성이 강하며 연수의 목적이 상향적인 지위나 직무를 위한 준비교육이라기보다는 교원의 전문적 능력을 배양하고 일반적인 자질을 높여 현재 수행하고 있는 직무를 더욱 원숙한 경지로 이끌기 위한 연수로 <표 11-9>와 같은 특징이 있다.

〈표 11-9〉 자체연수교육의 특징

- 유아들의 현실, 교원의 현실, 어린이집의 현실에서 출발하여 유아들의 바람직한 성장과 교사의 전문적 발달뿐만 아니라 어린이집의 개선을 목표로 한다.
- 연수를 위한 시간, 장소, 과제, 인적・물적 자원의 활용 등 접근이 매우 용이하다.
- 교사들은 교직의 전문성으로 인한 직무의 고유성 때문에 의무적으로 연수를 해야 하지만, 특히 어린이집 현장에서는 자율성과 협동성이 요구된다.
- 어린이집의 실정과 교사들의 필요와 요구에 따라 그 내용과 방법에 있어 다양하고 융통성 있게 운영된다.

어린이집에서 주로 이루어지는 자체연수교육의 방법으로는 외부교육 참여하기, 전문가 초청하여 강의 듣기, 교재·교구 만들기 등의 연수 참여하기와 타 기관 견학하기, 원내 관리자연수 및 전달연수 등이 있다. 요즘에는 유아교육기관 현장을 찾아가는 맞춤형 교원 연수 프로그램도 활용되고 있으며, 방법으로는 강의식 연수, 토의식 연수, 전달식 연수, 실기·실험·실습 중심 연수, 현지답사·현장방문·견학 중심 연수, 초청강연 연수 그리고 다른 교육결과로 얻어진 정보를 일반화하기 위한 연수 등이 있다.

3. 멘토링

1) 멘토링의 개념과 목적

멘토라는 용어의 어원은 그리스 신화 호머(Homer)의 "오딧세이(The Odyssey)"에서 유래된 것이다. B.C 1200년경 영웅 오딧세우스가 트로이 전쟁을 위해 출정하면서 그의 친구인 멘토에게 자기의 아들 텔리마키스를 장차 훌륭한 지도자로 키워줄 것을 부탁하였고, 그 후 멘토는 텔리마키스의 선생, 친구, 아버지로서 그를 양육하였다. 그때부터 멘토라는 이름은 '훌륭한 선생'으로 사용되었다(Wilson & Elman, 1990).

멘토의 정의는 학자마다 다양하나 핵심이 되는 개념은 "멘토는 조직 내에 있는 사람들에게 그들의 경력 계획과 대인관계 개발에 관한 지원, 후원, 지시, 피드백을 제공해 주는 경험이 풍부한 연장자로서 경력기회의 가능성을 부여해 주는 사람"이라는 점이다(Noe, 1988). 또한 멘티는 멘토가 그 영향을 미치는 대상이 되는 사람이며, 멘토링은 "앞선 지식과 경험을 가진 영향력 있는 사람이 후배의 경력발전을 위해 지원해 주는 과정"(Rogins & Collins, 1991)으로 정의된다(조형숙, 김현주, 2001 재인용).

유아교육분야에서도 마찬가지로 준비되지 않은 교사들, 높은 이직률, 힘들고 열악한 노동 여건, 낮은 임금 등과 관련된 문제들이 여전히 존재하고 있기 때문에 교사들의 전문성 신장과 교직적응을 높이는 수단으로 멘토링 프로그램이 광범위하게 논의되고 실행되기 시작하였다. 이처럼 유아교육에서의 멘토링의 목적은 초임교사의 지원모델을 발달시키고, 초임교사의 고립감을 해소하여 교사의 이직률을 감소시키며, 초임교사에게 기술을 습득하게 하고, 협동관계를 형성하는 데 있다. 이는 초임교사에게 전문적이며, 동시에 정서적인 지원을 제공하는 데 그 목적이 있다고 볼 수 있다. 따라서 유아교사의 전문성 향상을 위한 지속적인 학습 공동체 형성 및 문화 정착의 필요성이 대두되면서 최근에 강조하고 있는 교육의 한 형태가 앞선 지식과 경험을 가진 영향력이 있는 사람(mentor)이 후배(mentee)의 경력 발전을 지원해 주는 멘토링이다(Rogins & Collins, 1991).

멘토링(mentoring)이란 지식과 경험이 앞선 사람(mentor)이 지식과 경험이 부족한 사람(mentee)과 일정한 관계를 맺음으로써 장・단기적으로 또는 공식적・비공식적으로 주어진 시간을 통해 격려와 돌봄, 교육과 지도, 아이디어를 공유함으로써 개인적인 영향을 끼치는 상호작용적이며 역동적으로 지원하는 과정을 의미한다. Kram(1983)은 멘티의 전문성발달을 촉진시켜 조직 내에서 자신의 역할을 효율적으로 수행하도록 돕고, 전문적 성장의 밑거름이 되는 자신감과 심리적 안정감 획득을 돕는다고 주장한다(조형숙, 김현주, 2001). 따라서 멘토링은 학습과 전문적 발달을 가져올 수 있는 리더십의 한 전력이며, 유아교육 교직원의 전문화를 위해 실행 가능한 전략으로 보고 있다.

이러한 멘토링을 유형별로 구분하면 조직에서 경영목표달성을 위해 체계적으로 관리하는 '공식적 멘토링'과 멘토와 멘티 간의 개인적 친분이나 서로의 요구에 따라 자발적으로 형성된 '비공식적 멘토링'이 있는데, 이는 기능과 성과에서 뚜렷한 차이를 보인다(김화영, 2009). 또한 한 명의 멘티가 만나는 1 : 1 형태와 다수의 멘토와 멘티가 존재하는 집단 멘토링의 형태가 있다. 멘토링은 유아교사의 개인적인 성향과 특성, 발달단계를 고려한 교육과 지원이 가능하며, 단지 경력, 전문성의 발전만을 따로 떼어 지지하는 것이 아니라 이면의 심리적・정서적 측면의 지원을 포함하여 삶 전체에 영향을 미치는 중요한 기능을 한다.

멘토링의 방법은 다양한데, 보다 효과적인 멘토링이 되기 위해서는 멘토링의 과정을 '강의 - 시범 - 연습 - 피드백 - 실제적용', '문제 진단 또는 멘티의 문제보고 - 수업관찰 - 협의 - 실제적용' 등의 순환적 시스템을 활용하여 체계적으로 진행하는 것이 필요하다. 또한 멘토와 멘티의 협의회 운영 시 기본적인 신뢰감을 형성하고 교육적인 대화공동체 문화를 형성하도록 한다. 반성적 사고를 촉진할 수 있는 다양한 방법과 기술을 활용하는데, 이는 멘티의 독립을 추구하며 자율성과 전문적인 지식을 발달시키는 촉매역할을 하기 때문이다. 이를 위해 저널쓰기, 그룹토의, 수업사례 분석 등을 활용한다. 멘토와 멘티 간의 관계형성과 유지를 위해서는 상호 간에 이야기를 경청하기, 반영적 듣기, 반성적인 질문 사용하기 등의 의사소통기술을 활용하는 것이 중요하다(염지숙 외, 2008).

2) 멘토링의 기능

멘토링에 관한 연구는 먼저 멘토의 기능이 무엇인가에서 출발되었다. 멘토링 기능은 멘토가 멘티에게 제공하는 기능을 말하는 것으로서 여러 가지로 분류할 수 있다. 멘토링의 기능을 경력개발기능, 심리사회적 기능 그리고 역할모델기능으로 구분하여 살펴보면 다음과 같다(문미성, 2010).

(1) 경력개발기능

경력개발기능이란 멘티가 자신의 역할을 수행하는 데 필요한 요령을 습득하고 조직 내 승진 및 경력개발을 위해 필요한 능력을 개발시켜 주는 것이다(Kram, 1983). 이러한 경력개발기능은 교육학습지도, 교육에 대한 이해, 학급경영능력과 관련되는 것으로 멘티가 자신의 경력과 관련된 역할을 적절히 그리고 훌륭하게 수행하는 데 필요한 요령을 습득하게 해 주고, 교직 내에서의 승진 또는 경력발전을 위해 미리 준비하도록 도와준다(홍은경, 2003). 멘토링의 경력개발기능을 후원기능, 노출 및 소개

기능, 지도기능, 보호기능, 도전적 업무부여기능으로 분류할 수 있으며 그 자세한 내용은 <표 11-10>과 같다(김한얼, 이진규, 1993).

〈표 11-10〉 멘토링의 경력개발 기능

구분	특징
후원기능	경력개발기능 중에서 가장 쉽게 찾아볼 수 있는 것으로 멘티로 하여금 여러 직무에 접할 수 있는 기회를 제공하거나 멘티가 승진할 수 있도록 추천 등을 통해 영향력을 행사하는 것이다. 이는 멘토가 회의와 같은 공식적인 모임이나 또는 비공식적인 자리에서 사적인 대화를 통하여 멘티가 다른 후보자들보다 좀 더 돋보일 수 있도록 해주거나 다른 사람들과의 관계를 넓혀줌으로써 가능하다.
노출 및 소개기능	조직에서 멘티의 경력발전에 영향을 미칠 가능성이 있는 다른 관리자들과 문서상 또는 직접적인 접촉을 필요로 하는 업무를 부여함으로써 그러한 사람들과의 관계를 갖도록 해주는 것이다. 이로 인하여 멘티는 더 높은 학습의 기회와 경력개발의 기회를 갖게 된다.
지도기능	멘티가 임무를 성공적으로 수행할 수 있도록 지식, 기술 등을 전해주고 피드백을 실시하는 것이다. 멘티는 조직의 규범, 지식뿐만 아니라 조직 내에서 쉽게 얻을 수 없는 비공식적이고 정치적인 정보를 얻기도 한다.
보호기능	노출 및 소개가 오히려 멘티의 경력개발에 좋지 않은 영향을 줄 것으로 판단이 되는 경우, 노출 및 소개를 유보하여 멘티를 보호해 주는 것이다. 즉, 멘티가 만족할 만한 성과를 올릴 수 있을 만큼 충분히 준비가 되었다고 판단될 때까지 노출 및 소개를 유보시켜 줌으로써 멘티에 대한 부정적인 평판이 나는 등의 불필요한 위험을 줄여 주고 또한 좋지 않은 상황에 대한 책임소재를 가리는 등의 경우에 멘티를 보호해 줌으로써 경력발전에 저해요인이 될 가능성을 줄여 주는 역할이다.
도전적 업무 부여기능	멘토가 멘티에게 새로운 기술을 습득할 수 있는 도전적 업무를 부여하고, 이에 필요한 기술지원과 성과에 대한 피드백을 제공함으로써 멘티의 업무수행능력을 개발시키고, 성취감과 자신감을 갖게 해주어 경력개발을 할 수 있도록 도와주는 기능이다. 다른 경력개발기능이 업무와 승진에 대한 가능성을 열어주는 기능이라면, 도전적 업무부여기능은 직접적으로 업무처리능력을 신장시켜 준다는 점에서 차이가 있다.

(2) 심리사회적 기능

심리사회적 기능이란 멘티로 하여금 심리적으로 안정감을 갖게 하며 동시에 자신감을 가지고 자신의 역할을 충실히 수행하도록 하는 기능이다(Kram, 1983). 이러한 심리사회적 기능은 주로 경력교사들이 초임교사들의 갈등이나 고민을 경청해 주고 상담해 주며 심리적으로 안정감을 갖게 하고 동시에 자신감을 가지고 자신의 역할을 수행할 수 있도록 도움을 준다(홍은경, 2003). 멘토링의 심리사회적 기능을 수용 및 지원 기능, 상담기능, 우정기능으로 분류하여 설명하면 <표 11-11>과 같다(김한얼, 이진규, 1993).

〈표 11-11〉 멘토링의 심리사회적 기능

구분	특징
수용 및 지원 기능	멘토가 멘티를 하나의 인격체로 대하고, 존중해 주며, 업무상의 실수에 있어서 해결방안을 제시해 주는 등 멘티가 조직생활을 할 때 안정감을 느낄 수 있도록 지원해 줌으로써 멘티가 자신감을 가지고 업무를 수행할 수 있게 해준다. 멘토도 이를 통하여 심리적인 만족을 얻게 되는데, 멘토가 후기 경력단계에서 승진이나 자기 발전의 기회가 제한됨으로써 불안감을 갖게 될 때 멘티로부터 받은 존경과 인정을 통해 멘토 자신의 가치를 재확인하도록 해준다.
상담기능	멘티가 고민, 두려움, 불안 등으로 멘토에게 상담을 하고 멘토는 이를 통해 멘티에게 해결책을 제시해 주거나 관심을 가져주는 기능을 제공한다.
우정기능	멘토와 멘티가 업무 또는 업무 외적으로 비공식적인 관계를 통해서 서로를 이해하고 호의적인 관계를 유지하는 것이다. 즉, 식사, 취미 등을 함께 함으로써 업무로부터의 압박을 해소하고 또 이를 통해서 업무성과가 향상되기도 한다. 또한 멘티는 멘토가 속해 있는 세계에 대해서 잘 알게 되며 멘토는 자기보다 젊은 멘티와 함께 함으로써 새로운 활력을 찾을 수 있다.

(3) 역할모델기능

역할모델기능이란 멘토가 멘티의 역할모형이 되어 자신이 가지고 있는 기술, 태도 등을 가르쳐 주는 역할전수자가 되고 멘티는 멘토를 자신이 바라는 바람직한 모델로 선정하고 닮아가는 상호작용적인 기능이다(Kram, 1983). 이러한 역할모델기능은 교직의 전문가인 경력교사가 가르치는 방법을 코치하거나 직접적인 역할모델이 되어 자신의 기술, 태도 등을 가르쳐 준다(홍은경, 2003). Shapiro(1978)에 의하면 어떤 경우에는 멘티는 멘토의 역할 전체를 본받는 것이 아니라 멘토의 여러 가지 행동형태 중에서 자신이 본받고 싶어 하는 부분과 거부하는 부분을 구분하여 선택한다는 것이다. 즉, 멘티는 멘토의 가치체계나 교육 실제를 그대로 모방하거나 답습하지 않고, 교육현상을 능동적이고 비판적으로 분석하여 그들의 가치체계나 교육방법, 학생지도방법을 수용하고 적용한다는 것이다. 반면, 멘토를 전적으로 받아들이고 모든 면을 닮고자 하는 경우도 있다. 이 경우는 자신의 시간경과에 따라 진행되는데, 이처럼 시간이 경과할수록 멘토를 선택적으로 닮아가는 과정을 통해 멘티는 더욱 명확한 자신에 대한 자아상을 발전시키고 역할모델이었던 멘토로부터 일치된 면들을 개발할 수 있다. 즉, 멘티는 멘토의 가치체계, 교육방법, 유아지도방법을 수용하고 적용하게 된다(홍은경, 2003).

당신이 보육교사로서 역할을 수행하고 있거나 보육교사가 되려고 하는데, 멘토 역할을 한 사람을 생각해 보고, 그 이유에 대해 적어보자.

CHAPTER

12

전문성개발

□ 배울 내용 □

1. 보육교사의 선택 동기
2. 교사의 발달단계
3. 보육교사의 전문성

□ 학습목표 □

1. 보육교사의 선택 동기를 파악한다.
2. 교사의 발달단계를 이해하고 단계에 따른 문제점과 해결방안을 모색해본다.
3. 보육교사의 전문성을 이해하고 전문성 함양을 위한 과제를 모색해본다.

1. 보육교사의 선택 동기

인간은 직업을 통해 꿈을 실현하고 성취동기를 충족시키면서 만족과 보람을 느끼며, 직업을 통해 개인의 사회적 지위가 결정되고 타인으로부터 능력을 인정받게 된다(강양희, 2006). 그러므로 직업 선택이란 현대인들이 자신의 삶을 살아가면서 꼭 해야 하는 필수사항이며, 어떤 직업을 선택했느냐에 따라 그 사람의 삶의 행복과 질이 달라질 수 있다. 즉, 자신의 적성과 맞지 않는 또는 자신의 기대치와 다른 직업을 선택한 사람은 자신의 일을 즐기면서 할 수 없을 것이다. 그러나 자신의 적성에 맞고 자신이 원했던 직업을 선택한 사람이라면 자신의 직업 자체를 즐기면서 하게 될 것이고, 이는 곧 삶의 질을 윤택하게 해 주는 한 요인이 된다. 따라서 사람들이 직업을 선택할 때 가지는 직업 선택 동기는 매우 중요하지만 인생의 성공 여부를 결정지을 수 있는 직업 선택기준은 개인마다 다르다. 왜냐하면 직업 선택 동기에 영향을 미치는 직업에 대한 판단기준이 개인마다 다르기 때문이다.

보육교사 역시 하나의 직업인으로써 보육교사직을 선택하게 되는데, 보육교사 선택 동기를 살펴보면 "영유아들을 좋아하기 때문에"가 높게 나타나고 있으며(고동섭, 2001), 호기심과 흥미, 적성이 높게 나타났고, 다음으로 취업전망, 주위 추천의 순서로 나타났다(조경자, 이현숙, 2005). 이런 결과는 보육교사를 선택하고자 하는 사람들의 대부분은 영유아 자체에 대한 생각과 태도가 보육교사를 선택하는 데 주요 동기가 된다고 할 수 있다.

<표 12-1>은 보육교사가 되기 위해 혹은 보육교사직을 선택한 이유에 관한 내용이다. 당신의 생각과 가장 일치하는 항목에 체크해 보자.

〈표 12-1〉 보육교사 선택 동기

번호	내용	전혀 그렇지 않다	거의 그렇지 않다	보통이다	대체로 그렇다	매우 그렇다
1	보육교사직이 내 적성에 맞다고 판단했기 때문에	①	②	③	④	⑤
2	나 자신의 성격이 보육교사직에 맞다고 생각해서	①	②	③	④	⑤
3	영유아를 가르치는 일 자체에서 즐거움을 얻을 수 있다고 생각해서	①	②	③	④	⑤
4	사회적으로 권위가 있고 나의 교육관을 펼 수 있다고 생각해서	①	②	③	④	⑤
5	보육교사에 대한 사회적인 존경도가 높다고 생각해서	①	②	③	④	⑤
6	보육교사직에 종사함으로써 사회적 발전에 기여할 수 있다고 생각해서	①	②	③	④	⑤
7	다른 방향으로 진학이나 취직을 하고 싶었으나 뜻대로 안 되어서	①	②	③	④	⑤
8	다른 직종보다는 취업이 용이하다고 생각했기 때문에	①	②	③	④	⑤
9	나의 의사보다는 주위(부모, 선생님 등)의 권유를 받아들여서	①	②	③	④	⑤
10	안정된 신분 보장과 장기간 근무가 가능한 직업이라고 생각되어서	①	②	③	④	⑤
11	경제적으로 보육교사직이 안정된 직업이라고 생각되어서	①	②	③	④	⑤
12	자기 발전을 기할 수 있는 시간적 여유가 많을 것 같아서	①	②	③	④	⑤
13	영유아들을 훌륭하게 가르침과 더불어 나 자신에게는 자아실현의 계기가 될 수 있을 것 같아서	①	②	③	④	⑤
14	평생을 보육교사직에 헌신하겠다는 각오가 일찍부터 있었기 때문에	①	②	③	④	⑤
15	정신세계를 추구하는 좋은 직업인이 될 수 있다는 생각에서	①	②	③	④	⑤

출처: 이수정(2008). 보육교사의 직업선택동기, 전문성 인식 및 역할수행에 대한 연구. 남서울대학교 대학원 석사학위논문.

〈표 12-2〉 채점방법

문항	수준	개수	구성요소	소계(점수)
1~3번	전혀 그렇지 않다	( )개	적성	
	거의 그렇지 않다	( )개		
	보통이다	( )개		
	대체로 그렇다	( )개		
	매우 그렇다	( )개		
4~6번	전혀 그렇지 않다	( )개	사회적 존경	
	거의 그렇지 않다	( )개		
	보통이다	( )개		
	대체로 그렇다	( )개		
	매우 그렇다	( )개		
7~9번	전혀 그렇지 않다	( )개	우발적 동기	
	거의 그렇지 않다	( )개		
	보통이다	( )개		
	대체로 그렇다	( )개		
	매우 그렇다	( )개		
10~12번	전혀 그렇지 않다	( )개	안정성	
	거의 그렇지 않다	( )개		
	보통이다	( )개		
	대체로 그렇다	( )개		
	매우 그렇다	( )개		
13~15번	전혀 그렇지 않다	( )개	자아실현	
	거의 그렇지 않다	( )개		
	보통이다	( )개		
	대체로 그렇다	( )개		
	매우 그렇다	( )개		

보육교사를 선택한 가장 높은 점수의 동기는 무엇인지 파악하고, 앞으로 어떤 보육교사가 되고 싶은지 그리고 원하는 교사상을 위해 어떤 노력을 해야 할지에 대해 작성해 보자.

2. 교사의 발달단계

발달의 사전적인 의미는 “신체나 지능 등이 성장하여 제 모양을 갖추거나 성숙함, 규모나 수준이 점차로 커지거나 나아지다”(네이버 국어사전, 2012). 혹은 “사물, 현상이 이전보다 더 낫게 변하는 것”(연세한국어사전, 2012)으로 정의하고 있다. 다시 말해 발달에 대한 사전적인 의미는 변화에 대한 긍정적인 의미를 포함하고 있는 개념이라고 할 수 있다.

교사는 발달적 특징과 의미를 가지고 있는 전문직이다. 따라서 교사는 현재 자신의 위치에서 영유아의 발달특징에 대한 전문지식을 갖는 것도 필요하지만 교사 자신의 발달특징에 대해서도 아는 것이 매우 중요하다. 왜냐하면 교사로서 자신의 발달특성을 파악함으로써 부족한 부분이 무엇인지, 영유아를 보육할 때 발생할 수 있는 문제점에 대해 어떻게 대처하고 있는지를 파악할 수 있기 때문이다. 그리고 이런 특성 파악을 통해 교사 자신이 혼자 습득하거나, 외부 교육 등을 통해 스스로 전문성 향상을 위해 노력할 수 있는 계기가 될 수 있다. 보육교사는 낮은 처우로 인한 심리적 갈등 및 직업적 변화가 다양하므로 교사발달단계를 통해 자신의 이해를 도모하는 것이 반드시 필요하다.

교사발달의 개념은 포괄성이나 다양성이 포함된 개념이기 때문에 학자들의 관점에 따라 다르게 정의를 내리고 있다. 또한 시대적 변화에 따라 다르게 정의가 내려지고 있는데, 먼저 시대적 변화에 따른 정의를 살펴보면 <표 12-3>과 같다.

〈표 12-3〉 시대적 변화에 따른 교사발달의 개념

1990년대		2000년대	
변화에 초점		발전의 개념이 포함	
이난숙 (1991)	교사발달이라 함은 교직 경험이 쌓여감에 따라 교수-학습과 관련된 지식, 기능 및 태도 등이 변화 및 발달하는 것을 의미한다.	권건일과 신재흡 (2006)	유아교사는 교직생활을 하게 된다. 여기에서 교직관, 교직에 대한 신념, 가치관, 관심과 같은 영역에서의 태도 및 관점과 교과 지식, 학습지도 및 생활지도, 학급경영, 업무수행, 교수방법, 수업 전략, 교육과정의 구성, 계획, 절차 및 실행 등과 같은 영역의 기술, 지식 및 행동 등이 시간적 변화에 따라 교직 전 영역에 걸쳐 성장·발전·퇴보하는 현상이다.
이윤식 (1999)	교사발달은 교직생활과 관련된 제반 영역에서의 가치관, 신념, 태도, 지식, 기능, 행동에 있어 보이는 양적·질적인 변화를 의미한다.	이경선과 윤정진 (2012)	교사가 초임교사로서 교직생활을 시작하여 교직 경력을 쌓아가면서 퇴직에 이르는 과정이다. 전체 교직 기간 중에 교사로서 필요한 여러 영역과 관련하여 가치관, 신념, 태도, 지식, 기능, 행동 등에 있어서 양적, 질적인 면에서 계속적인 변화와 발전을 의미하는 것이다.

1990년대에서는 변화에 초점을 두어 교사발달에 대한 논의가 이루어졌다. 그러다가 2000년대에 와서는 발전의 개념이 포함된 교사발달에 대한 논의가 있어 왔다. 이와 같이 1990년대와 2000년대 연구자들의 의견을 종합해 보면, 교사발달은 초임 교사가 경험을 통해 전문적인 지식을 쌓고, 이를 통해 교사가 지닌 자신의 지식, 가치, 기술, 태도와 환경 전반과 관련한 양적, 질적인 면의 성장, 변화, 발달 또는 퇴보하는 과정이라고 정의할 수 있다. 이는 교사가 어느 한 영역에서만 발달을 이루는 것이 아니라 다양한 영역의 기술과 지식 등이 점차 성장하며, 변화를 통해 변모·퇴보하는 것으로 생각할 수 있다. 이와 같이 다양한 속성을 지닌 한 인간이 교직을 선택하게 된 동기, 이전 교육 및 교육 실습 기간, 실제 교육 현장에 입문해서 오랜 경험을 쌓아가는 동안 어떤 과정과 단계를 밟으며 발달·변화하는지를 탐구하는 것이 교사발달에 대한 연구이다. 이러한 연구는 교사들의 교직활동을 이론적인 원리에 따라 평가하는 것이 아니라 교사들의 일상적인 경험의 세계를 그들의 시각에서 이해하고자 하는 것이다(김희수 외, 2011).

교사의 발달단계는 어떤 관점에서 보느냐에 따라 다르게 규정할 수 있다. 즉, 교사의 발달을 한 가지 방향을 따라 순서적으로 이동하는 것으로 보느냐 아니면 한 가지 이상의 복합적이고 역동적인 발달을 거친다고 보느냐에 따라 직선적·순차적 교사발달이론과 순환적·역동적 교사발달이론으로 구분할 수 있다.

1) 직선적·순차적 교사발달

Burden(1981)은 교사들의 경력에 따라 다른 기술, 지식, 행동, 태도 및 관심사를 가지며, 이러한 특징들의 변화는 일정한 발달유형을 따른다고 주장하고 있다. 그는 전문적 발달에 가장 큰 영향을 미치는 것은 동료교사 및 영유아와의 접촉 경험이라고 하였으며, 교사발달단계를 <표 12-4>와 같이 3단계로 구분하여 제시하고 있다.

〈표 12-4〉 Burden(1981)의 교사발달의 3단계

구분	단계	특징
1단계	생존단계	교직 첫 해 동안의 시기로 자신이 교사로서의 적합성과 전문적인 책임을 다하는 것, 유아교육기관의 환경에 적응하는 것에 대해 가장 근본적인 관심을 가지는 시기이다. 이 시기의 교사들은 교수활동과 환경에 대한 지식과 기술이 제한적이고 전문적인 통찰력이 거의 없기 때문에 이전에 형성된 교사의 이미지와 교수활동을 고수하며, 교과 중심적이고, 새로운 교수방법을 시도하는 것을 좋아하지 않는다. 따라서 교사들은 교실을 통제하는 것, 가르칠 주제, 수업계획, 단원과 교재를 조직하는 것, 가르칠 것과 교육과정을 아는 것과 같은 교수 기술의 향상을 위해 자신이 타당한지에 대해 관심을 갖고, 많은 교사들이 매일 매일 생존하는 것과 한 해를 어떻게 마무리할 것인지에 관심을 가진다.
2단계	적응단계	교직경력 2~4년까지의 시기로, 이 단계의 교사들은 교실에서 일어나는 모든 일을 조절할 수 있을 것이라고는 생각하지 않으며, 계획, 조직, 아동, 교과과정과 방법 등에 대해 많은 것을 발견하는 시기이다. 즉, 교수환경과 교수활동에 대해서 안정감과 자신감을 얻게 됨에 따라 자신보다는 문제 영역과 상황에 더 큰 관심을 갖게 되고, 개별아동의 다양한 욕구를 충족시켜주기 위해 노력하며, 영유아들에게 자신을 보다 개방적이고 진실하게 드러냄으로써 교실에서 자신의 특성을 보다 잘 표현한다. 그들의 경험은 지식과 능력을 증가시키고, 교사들은 자신들의 기술이 발달하고 영유아의 요구를 보다 유능하게 충족시킨다고 느낀다.
3단계	성숙단계	교직 경력 5년 혹은 그 이상의 시기로 대부분의 교사가 자신을 성숙한 교사라고 느끼고, 그들의 교수활동에서 일어나는 모든 것을 조절할 수 있다고 느끼는 시기이다. 교사들은 교직에 대해 전문가적인 통찰력과 만족감을 갖게 되며, 영유아의 복합적인 요구를 인식하고 교육과정과 교수에 있어서 보다 더 영유아 중심적인 접근을 선택한다. 또한 이전 단계의 교사들의 새로운 교수방법의 시도를 꺼려하거나 또는 영유아들의 요구를 더 잘 충족시키기 위해서 새로운 교수방법을 시도하는 것과는 달리 성숙기의 교사는 그들의 능력 향상을 위한 과정으로서의 변화를 받아들여 계속적으로 새로운 기술들을 시도하게 된다.

출처: 김은주(1999). 유아교사의 발달단계에 따른 의사결정 유형. 덕성여자대학교 교육대학원 석사학위논문.

Katz(1985)는 교사 관심사 발달에 대한 개념화를 확장하여 영유아교사의 발달단계를 생존단계, 강화단계, 갱신단계, 성숙단계로 구분하고, 각 단계별로 나타나는 특성과 훈련요구 및 적절한 훈련시간과 장소를 <표 12-5>와 같이 제시하였다.

〈표 12-5〉 Katz(1985)의 유아교사 발달단계

구분	단계	특징
1단계	생존단계	교직생활 첫 해의 1년 간의 시기로서, 이 단계의 교사들은 생존할 수 있느냐의 여부, 즉 교육현장에서 부딪히는 여러 가지 문제를 원활히 처리해 나갈 수 있을지에 대하여 많은 관심과 우려를 보인다. 따라서 이 시기의 교사들은 지원, 이해, 격려, 확신, 위로 등의 심리적 안정과 교실현장에서 활용할 수 있는 수업방법과 영유아행동의 원인 진단을 할 수 있는 통찰력이 필요하다. 그러므로 초임교사의 교수상황을 잘 파악하고 있는 현장의 원장과 경력 있는 동료교사 혹은 프로그램 보조자 등의 즉각적이고 지속적인 도움이 중요하다.
2단계	강화단계	교직경력이 1년 말쯤 되는 때부터 3년 정도의 시기로서, 이 단계의 교사들은 자신이 교사로서 생존할 수 있다는 확신과 함께 어느 정도 안정감과 자신감을 갖게 되므로, 생존단계에서 얻은 경험과 지식 등을 보완하고 자신이 통달해야 할 업무나 기술을 세분화할 수 있게 되며, 문제점을 가지고 있거나 문제상황에 처한 개별 영유아에 대한 대처에 관심을 갖기 시작한다. 따라서 이 시기의 교사에게도 현장에서의 즉각적인 지원과 함께, 특정 영유아 혹은 문제 영유아에 관한 정보를 얻을 수 있는 경험이 풍부한 동료교사 및 전문가와의 정보교환과 감정교환이 많은 도움이 된다.
3단계	갱신단계	교직경력이 약 3년째 혹은 4년째 되었을 때 나타나며, 이 단계의 교사들은 기존과 같은 일의 반복수행에 싫증을 느끼기 시작하여 무언가 새로운 아이디어, 자료, 기술, 접근법 등을 시도해 보고자 한다. 따라서 교사들은 다른 다양한 프로그램에 관한 정보와 도움을 얻고자 하므로, 형식적 또는 비형식적 방식으로 다른 프로그램을 운영하고 있는 동료교사들과의 만남이 특별한 도움이 된다. 이와 더불어 전문적 협회나 모임의 참석, 전문 서적이나 잡지 보기, 비디오 촬영을 통한 자신의 교수상황 분석, 타 학급의 수업참관이나 타 기관의 방문견학 등이 많은 도움이 된다. 또한 이 시기의 교사들은 새로운 기술과 방법을 배우고, 의견을 교환하며, 자신의 교수 관심사에 관련된 연구에 참가하는 것에 흥미를 갖게 되어, 특별한 연구 모임을 주도하는 교원센터나 여러 분야와의 상담이 많은 도움이 된다.
4단계	성숙단계	이 단계는 빠르면 교직경력 3년 내에 도달하기도 하나 보통은 5년에서 그 이상이 되었을 때 도달되는 것으로, 교사로서의 완전한 자신감과 경험을 갖추는 시기이다. 이 단계의 교사들은 교사로서 자신을 인정하고, 자아갱신을 위한 전략과 관습을 개발하며, 철학, 성장과 학습의 본질, 학교와 사회의 관계, 교직 등에 관한 문제에 대해 보다 심층적이고 추상적인 질문을 제기할 수 있는 나름대로의 안목과 관심을 갖게 된다. 그러므로 이 시기 교사들에게는 세미나, 단체, 학위 프로그램이나 과정, 협의회, 학술지, 폭넓은 독서, 여러 분야 전문가와의 만남 등이 필요하다.

출처: 김은주(1999). 유아교사의 발달단계에 따른 의사결정 유형. 덕성여자대학교 교육대학원 석사학위논문.

이창숙(2007)은 유아교사 발달단계를 <표 12-6>과 같이 입문·수용단계, 능력구축단계, 열중성장단계, 안일·안주단계로 구분하여 제시하고 있다.

〈표 12-6〉 교사 발달단계의 특징

구분	단계	특징
1단계	입문·수용단계	영유아와 동료교사들에게 인정받기 위해 노력하고, 능력은 부족하지만 항상 배운다는 자세로 적극적으로 교직생활을 하는 특성을 가지고 있다.
2단계	능력구축단계	보육교사가 자신의 학습지도 기술과 능력을 향상시키고자 노력한다. 새로운 교수자료, 교수방법, 수업전략을 구축하고 전문성 향상에 노력한다.
3단계	열중성장단계	보육교사로 높은 수준의 단계로 도달하지만 여전히 발전을 위해 노력한다. 교사로 열정과 애정이 많고 협조적이다.
4단계	안일·안주단계	보육교사의 기대되는 직무는 수행하나 자발적이지 못하고 수동적이며, 직무 회의감을 가지고 있다.

<표 12-7>은 교사발달단계에 관한 문항들이다. 현재 당신의 느낌이나 생각, 실천하고 있는 내용을 생각한 후 해당되는 곳에 체크해 보자.

〈표 12-7〉 교사발달단계 척도

번호	내용	전혀 그렇지 않다	거의 그렇지 않다	보통 이다	대체로 그렇다	매우 그렇다
1	나는 영유아, 동료교사, 관리자들에게 인정받기 위하여 열심히 노력한다.	①	②	③	④	⑤
2	나는 어린이집 생활에서 일어나는 문제에 대해 원만하게 해결하고자 노력한다.	①	②	③	④	⑤
3	나는 학습지도와 영유아지도에 대한 경험부족으로 당황하는 경우가 많이 있다.	①	②	③	④	⑤
4	나는 선배교사들에게 어린이집 생활과 학습방법에 대해 도움을 구하고 적용해 본다.	①	②	③	④	⑤
5	나는 능력은 부족하지만 항상 배운다는 자세를 가지고 적극적으로 교사생활을 한다.	①	②	③	④	⑤
6	나는 학습지도방법과 기술을 개선시키고자 노력한다.	①	②	③	④	⑤
7	나는 꾸준히 새로운 교수자료, 교수방법 그리고 수업전략을 추구한다.	①	②	③	④	⑤
8	나는 새로운 아이디어를 받아들이고 각종 연수나 회의에 참석한다.	①	②	③	④	⑤
9	나는 전문성을 신장시키기 위해 대학원에 진학했거나 진학하려고 한다.	①	②	③	④	⑤
10	나는 교사가 해 볼만한 직업이라고 생각한다.	①	②	③	④	⑤
11	나는 수업기술을 개선하고자 다각적으로 노력한다.	①	②	③	④	⑤
12	나는 담당 업무와 수업에 대해 자신감이 있다.	①	②	③	④	⑤
13	나는 전문가로서 발전하기 위해 꾸준히 노력한다.	①	②	③	④	⑤
14	나는 담당업무를 충실히 하며 교사생활에 만족을 느낀다.	①	②	③	④	⑤
15	나는 영유아를 효과적으로 지도하기 위해 새로운 교수방법을 찾고자 꾸준히 노력한다.	①	②	③	④	⑤
16	나는 영유아들과 어울리기를 좋아하고 출근하는 것이 즐겁다.	①	②	③	④	⑤
17	나는 어린이집의 교육·보육활동에 적극적으로 참여하여 도움을 준다.	①	②	③	④	⑤
18	나는 교사생활에 회의를 느끼며 계속해야 하는가에 대하여 많은 고민을 한다.	①	②	③	④	⑤
19	나는 맡은 직무는 열심히 수행하지만 자발적으로 찾아서 하지는 않는다.	①	②	③	④	⑤
20	나는 맡은 직무를 수행하지만 만족감을 느끼지는 못한다.	①	②	③	④	⑤
21	나는 앞으로 승진하거나 전문직으로의 전직에 대한 욕구는 없다.	①	②	③	④	⑤
22	나는 퇴직 후에 어떻게 인생을 보낼 것인가에 대하여 깊이 고민한다.	①	②	③	④	⑤
23	나는 내 자신이 원로 교사의 위치에 있다고 생각한다.	①	②	③	④	⑤

출처: 김미정(2012). 보육교사의 발달단계에 따른 역할 인식 연구: 교육 설계자 역할을 중심으로. 동국대학교 행정대학원 석사학위논문.

〈표 12-8〉 채점방법

문항	수준	개수	구성요소	소계(점수)
1~5번	전혀 그렇지 않다	( )개	입문 · 수용	
	거의 그렇지 않다	( )개		
	보통이다	( )개		
	대체로 그렇다	( )개		
	매우 그렇다	( )개		
6~11번	전혀 그렇지 않다	( )개	능력구축	
	거의 그렇지 않다	( )개		
	보통이다	( )개		
	대체로 그렇다	( )개		
	매우 그렇다	( )개		
12~17번	전혀 그렇지 않다	( )개	열중 · 성장	
	거의 그렇지 않다	( )개		
	보통이다	( )개		
	대체로 그렇다	( )개		
	매우 그렇다	( )개		
18~23번	전혀 그렇지 않다	( )개	안일 · 안주	
	거의 그렇지 않다	( )개		
	보통이다	( )개		
	대체로 그렇다	( )개		
	매우 그렇다	( )개		

현재 당신은 어떤 교사발달단계에 있는지 파악해 보고, 현재 단계에서 영유아의 건강한 발달을 위해 어떤 노력을 해야 하는지에 대해 작성해 보자.

2) 순환적 · 역동적 교사발달

순환적 · 역동적 교사발달이론은 교사의 발달을 한 가지 이상의 복합적이고 역동적인 관점으로 보는 것으로, Burke와 그의 동료들(1984)과 Huberman(1989)의 주장이 대표적이다.

Burke와 그의 동료들(1984)은 교사발달을 순환적 · 역동적 관점으로 보고 선행 연구에서 제시한 교사발달에 성인발달이론을 종합하여 교사발달 순환 모델(Teacher Career Cycle Model: TCCM)을 제시하였다. 이때의 교사발달단계는 반드시 교직 이전의 단계에서 시작하여 다음의 단계로 순서적으로 옮겨가는 것이 아니며, 또한 상위단계가 하위단계보다 반드시 바람직하거나 가치롭다고 가정하지 않는다. 그리고 이 모델에서 제시하는 각 단계는 순환적이며, 교사가 경험하는 개인적 환경(가정, 긍정적 사건, 위기적 사건, 이전의 경험, 흥미와 취미, 개인적인 성향 등)과 학교의 조직적 환경(규정, 경영 스타일, 대중으로부터의 신뢰, 사회적 기대 등)에 의해 영향을 받는다고 주장한다. 이러한 교사발달 순환 모델에서는 교사발달단계를 8단계로 구분하고 있는데, 구체적인 내용은 <표 12-9>와 같다.

〈표 12-9〉 교사발달 순환 모델의 단계

구분	단계	특징
1단계	교직 이전단계	교사교육을 받는 기간을 의미한다.
2단계	교직 입문단계	교사가 학교 현장에서의 일상적인 활동에 익숙해져 가는 기간으로 임용 후 최소 수년간을 의미한다.
3단계	능력 설정단계	교수 기술과 능력을 향상시키기 위해 새로운 교수자료, 교수방법 및 수업전략을 추구하는 시기이다.
4단계	열심 · 성장단계	교사들이 높은 능력수준에 도달한 후에도 계속적으로 전문성을 향상시키기 위해 노력하는 시기이다.
5단계	교직 좌절단계	교직에 대해 좌절감과 회의감를 느끼는 시기이다.
6단계	안정 · 침체단계	교사들이 수월성이나 성장 · 발전을 추구하기보다는 그저 현실 안주나 현상 유지에 머무르려고 하는 시기이다.

구분	단계	특징
7단계	교직 쇠퇴단계	교사들이 교직을 떠나려고 준비하는 시기이다.
8단계	교직 퇴직단계	교직을 떠나는 시기이다.

출처: 김은주(1999). 유아교사의 발달단계에 따른 의사결정 유형. 덕성여자대학교 교육대학원 석사학위논문.

Huberman(1989)은 평교사들을 대상으로 교사의 발달단계에 따른 특성을 분석하였는데, 복합주기를 사용함으로써 교사발달의 다양한 측면을 제시하였다. 그는 교사의 발달을 교직경력 1~3년은 교직입문으로 인한 생존・발견단계, 교직경력 4~6년은 안정화 단계, 교직경력 7~18년은 실험주의・행동주의 또는 재평가・자기의심 단계, 교직경력 19~30년은 평정・상대적 거리감 또는 보수주의 단계, 교직경력 31~40년은 이탈단계의 복선형 발달단계로 제시하였는데, 구체적인 내용은 <표 12-10>과 같다.

〈표 12-10〉 Huberman(1989)의 교사발달 단계

단계	특징
생존・발견단계	교직경력 1~3년의 시기에 해당되며, 교직 입문으로 생존과 발견의 문제를 동시에 경험하게 된다. 생존은 현실충격과 관계가 있는데, 교수경험이 없는 교사들에게 있어 수업지도관리의 복잡성과 우연성에 직면하게 됨에 따라 자아에 사로잡힘, 직업적 이상과 일상적인 학급생활의 고역, 과업의 단편성, 학생들과의 거리감, 다양한 학생들의 특성으로 인한 수업자료의 부적절성에 어려움을 경험하며, 이러한 문제를 극복하고자 하는 데 관심을 둔다. 또한 발견개념은 교사가 되어 자기 자신의 학급, 교재, 연간 프로그램을 갖게 됨에 따라 나타나는 초기 단계의 열정을 의미하는 것으로 교직입문 기간에는 생존과 발견이라는 두 가지 문제를 동시에 경험하게 된다.
안정화 단계	교직경력 4~6년의 시기에 해당되며, 생의 주기에 있어 몰입, 안정화, 성인으로서의 책임감 이행의 특징을 갖는다. 이 시기 교사들은 교직 초기 3~4년 동안에 주변상황에 적합한 기본적인 수업 내용을 연마하고 세련화, 자기 스타일화, 편리함을 추구한다.
실험주의・행동주의 또는 재평가・자기의심 단계	실험주의 정신은 교육에 있어 여러 가지 좌절요인과 장애물을 초현실적으로 변화하고자 하는 것이며 행동주의는 새로운 책임이 수반되는 것을 말한다. 이 시기의 교사들은 새로운 도전과 자극을 찾으며 나이 많은 동료교사들에게 볼 수 있는 병폐와 직업 내에서 일어나는 문제에 관심을 갖는다. 교직경력 7~18년에서는 실험주의・행동주의에 대한 시도에서 실패를 경험함으로써 이에 대한 환멸을 느끼고 자기자신에 대한 재평가와 자기의심이 일어나기도 한다.

단계	특징
평정 · 상대적 거리감 또는 보수주의 단계	이 단계에서는 자기수용적인 특성과 힘과 정열의 감소로 인해 평정감이 증대하지만 교사의 연령이 학생과의 차이가 커짐에 따라 학생과의 거리감이 생긴다. 또한 교직경력 19~30년의 시기에는 보수주의 단계를 경험하기도 하는데, 이 시기 교사들은 이전에 비해 보다 더 신중해지고 혁신에 대해 저항하며 과거에 대한 향수를 느낀다. 그리고 희망하는 것을 얻으려 하기보다는 현재 가지고 있는 것을 고집하는 데 더 많은 관심을 가진다.
이탈단계	교직경력 31~40년의 이탈단계에서는 직업생활에서의 은퇴에 대한 내재화가 증가하는 경향이 있고 자신의 직업에 대한 투자보다는 지금까지의 교직생활을 돌아보는 데 더 많은 관심을 보인다.

출처: 김은주(1999). 유아교사의 발달단계에 따른 의사결정 유형. 덕성여자대학교 교육대학원 석사학위논문.

3. 보육교사의 전문성

유아교육은 철학, 심리학, 사회학, 역사학, 정치학, 경제학, 교육학 등 여러 학문에 기초한 응용학문으로 생후 8세까지의 유아를 대상으로 교육목표, 교육내용, 교수 · 학습방법, 교육평가, 부모교육 등을 종합적으로 보육과 교육을 연구하는 분야이다(이기숙, 2001). 따라서 유치원교사와 보육교사는 유아를 대상으로 연구된 사항을 기초로 유아의 보육와 교육을 위하여 현장에서 실천하는 사람이므로 전문성을 가진 전문가이어야 한다(이영자, 1995).

유아교사직이 전문직이며 유치원교사와 보육교사가 전문가로서 전문성을 갖추었는지에 대해 전문직이나 전문가로서 갖추어야 할 준거를 살펴보면, Ritzer(1977)는 전문직이 요구하는 일반적인 특성을 전문성(professionalism)과 전문화(professionalization)의 두 가지 영역으로 설명하고 있다. 전문성이란 개인적인 차원에 해당하는 것으로 그 직업에 종사하는 사람들이 보여 주는 태도와 행동을 의미한다. 즉, 자신의 일에 대한 신념, 오랫동안 자신의 직업에 헌신하는 태도, 전문가로서 지니고 있는 지식에 의해 결정할 자유가 있다고 믿는 태도라고 할 수 있다. 한편, 전문화란 전체적인 직업에 대한 개념으로 그 직업이 사회로부터 전문직으로 가치 있는 대우를 받고 있는가? 하는 문제와 전문직으로서 기초가 되는 이론적인 확장을 할 수 있는 기회를 제공받는가? 그리고 그 직업이 직무의 수행에서 자율성을 인정받는가? 등의 문제에 의해 설명할 수 있다. 직업의 전문화 정도는 구성원들의 전문성 정도에 영향을 준다. 즉, 고도로 전문화된 직업의 종사자들이 모두 전문성을 지닌 것은 아니지만 일반적으로 전문화는 전문성을 강화시킨다. 하지만 전문성이 항상 전문화를 이끌지는 못한다. 직업의 구성원들이 그 직업의 중요성을 믿지만 사회가 그것을 가치롭게 인정하는지 확신할 수 없고 그들이 특별한 지식에 기초하여 기여할 수 있지만 사회는 규율 없이 그렇게 하는 것을 신뢰하지 않을 수도 있기 때문이다. 전문화는 이루어지지 않고 전문성만 있다면 그 직업의 종사자들의 활동은 매우 제한받게 된다(Lindsay & Lindsay, 1987). 이와 같이 전문성과 전문화의 관계는 전문성이 있다고 반드시 전문화된 것은 아니고, 반대로 전문화되어 있다고 반드시 전문성이 있는 것은 아니지만 전문성과 전문화는 서로 독립적이면서 밀접한 연관이 있는 것으로 한 직업을 전문직으로 발전시키는 조건을 이루는 요소이다.

Katz(1988)는 전문직의 기준으로 사회적 필요성, 이타주의, 자율성, 윤리강령, 대상자들과의 거리 유지, 실천기준, 계속적인 훈련 그리고 전문화된 지식 등의 8가지 범주를 <표 12-11>과 같이 제안하고 있다.

〈표 12-11〉 Katz(1988)의 전문직의 기준

구분	특징
사회적 필요성	전문직 활동이 사회에 필수적인 것으로 이러한 지식과 기술이 없으면 사회에 악영향을 미치게 된다.
이타주의	전문적 활동의 동기가 이타적이어야 한다는 것으로 진정한 전문가는 사회의 이익을 위하여 개인적 이익을 포기할 수 있고 정상근무시간을 초과하더라도 헌신적으로 일을 할 수 있어야 한다.
자율성	전문직은 대상자(client)와 고용주로부터 자율권을 인정받고 자율적으로 판단하고 행동할 수 있어야 한다.
윤리강령	전문직에서는 대상자의 최상의 이익을 보호하고 실천하는 것에 관한 윤리강령이 있으며, 윤리강령을 위반할 경우 구성원 징계를 위한 전문적 사회제도가 있어야 한다.
대상자들과의 거리유지	전문직의 실천을 위해서 객관성을 유지하고 객관적인 판단을 하며 개인적인 충동을 억제하기 위해서 대상자와 최적의 거리를 유지하는 것을 필요로 한다.

구분	특징
실천기준	전문적 판단을 행사하는 과정에서 표준적 절차를 사용하고, 개발되고 채택된 절차는 모든 구성원들이 실천과정에서 대부분 기대되는 공통적 체제를 제시하며 이러한 절차가 전문적 지식에 기초하여야 한다. 그리고 전문가가 소유한 모든 지식, 기술, 통찰력 등은 모든 대상자에게 적용되며, 이는 대상자의 사회적·인종적 배경 등과 같은 개인적 특성과는 무관하다.
계속적인 훈련	전문직에서는 계속적인 훈련이 요구되는데, 그 훈련과정은 세분화되어야 하고, 인지적인 노력이 요구되며, 보다 많은 지식을 습득할 수 있어야 한다. 그리고 인가받은 기관에서 훈련받고 자격증이 부여되어야 하고, 핵심적인 지식과 기술이 제시되어야 하며, 체계적이고 정규적인 교육이 이루어져야 한다.
전문화된 지식	전문직은 전문적인 지식을 기초로 한다는 것이다. 전문적 지식이란 구체적이기보다는 추상적이고, 실천과정에서 일반화될 수 있는 원리로 구성되어 있으며 체계적인 원리로 조직된다. 지식과 원리는 실천적이고 전문가들이 함께 모여 토론을 거쳐 실제에 관련된 새로운 지식이 전파된다는 것으로 전문직의 기준을 제시한다.

그리고 이은화 등(2001)은 현대사회에서 요구하는 유아교사의 전문성을 확립하기 위해 노력해야 할 조건을 고도의 지적 능력, 사회적 기여도, 장기간의 사전교육과 현장교육, 자율성, 전문직 단체의 여부, 윤리강령의 제정 그리고 사회·경제적 지위 등으로 구분하여 <표 12-12>와 같이 제시하였다.

〈표 12-12〉 이은화 등(2001)의 전문성

구분	특성
고도의 지적 능력	유아교육의 목적은 전인아동이므로 이러한 목적을 달성하기 위해 유아의 발달상황에 적절하게 교육내용을 선정하고 조직하여 교육을 수행하고 평가하기 위한 지식을 가지고 있어야 한다. 특히, 교사는 유아에 대한 지식에 기초하여 교육현장에서 일어나는 상황에 적절한 판단과 결정을 내려야 하는 실천적 전문가이다. 따라서 유아교육과 관련된 이론적 탐구 없이 확립되기 어려우며, 교육대상인 유아의 발달적 현상에 대한 깊은 통찰력과 이해를 갖게 하는 것은 유아에 대한 깊은 이해가 바탕이 되므로 고도의 지식이 요구된다.
사회적 기여도	유아교육의 사회적 기여도이다. 유아교육은 유아를 위한 교육뿐 아니라 지역의 부모교육과 지역사회의 복지를 위한 종합적 서비스를 시도하고자 노력하고, 특히 모든 유아에게 혜택을 주고자 교육기회의 확대를 추진해야 한다.
장기간의 사전교육과 현장교육	장기간의 사전교육과 계속적인 현장교육이 필요하다. 사전 전문교육이 강화되고 계속적인 현장교육으로 전문직의 위치를 확보해 나가야 한다.
자율성	유아교사가 자신의 교육관에 따라 유아를 이해하고, 가르치며, 평가할 수 있도록 전문성이 주어져야 한다. 이 자율성은 교사의 임의로 실천되기보다는 전문적인 결단에 부과되는 책임을 수반한다.

구분	특성
전문직 단체의 여부	전문직 단체 결성은 유아교사의 교권의 확보와 신장 및 교원 복지의 증진 그리고 교사의 전문성을 고양하기 위한 전문교직단체가 필요하다.
윤리강령의 제정	유아교사가 준수해야 할 윤리강령의 제정은 아직 구체화되지 못했지만 모든 유아교사는 유아교육의 목적과 이에 부합되는 교육자의 실천사항을 스스로 규정하고 그 역할에 충실히 노력을 기울여야 한다.
사회 · 경제적 지위	유아교사의 사회 · 경제적 위치가 향상되어 전문직의 자리를 확보해야 한다.

따라서 보육교사는 급격한 사회변화와 정보화 시대를 맞이한 현대사회에 있어서 전문직에 종사하는 전문가로서 전문성을 확립함으로써 좀 더 적극적이고 전문적인 역할을 수행할 수 있어야 한다.

보육교사의 역할은 과거의 탁아개념에서 찾아볼 수 있다. 과거의 탁아는 '아동을 위탁한다'는 의미로 가정에서 정상적으로 양육받기 어려운 개별적인 사유가 있는 아동을 위해 하루 중의 일정한 시간 동안 타인에게 보호를 위임시키는 것이었다. 이는 주로 보호(care) 중심으로 낮시간 동안 이루어지며 구빈이나 모성보호 차원에게 이루어졌기 때문에 제한된 수의 요보호아동을 위한 복지사업의 의미가 강하였다. 하지만 영유아교육의 중요성에 대한 사회적 인식이 향상되면서 탁아시설의 교육 프로그램 부재, 열악한 탁아환경 등 많은 질적인 문제가 지적되기 시작하였으며 탁아에 대한 새로운 개념을 정립할 것도 요구되었다. 이러한 요구의 반영으로 1991년에 제정된 우리나라 「영유아보육법」에서는 "보호자가 근무 또는 질병 기타 사정으로 인하여 보호하기 어려운 영아 및 유아를 심신의 보호와 건전한 교육을 통하여 건강한 사회성원으로 육성함과 아울러 보호자의 경제적 · 사회적 활동을 원활하게 하여 가족복지증진에 기여함을 목적으로 한다"고 규정하게 되었다. 이는 과거의 보육교사의 역할이 보호에 중점을 두었지만 「영유아보육법」에 의한 오늘날의 보육교사의 역할은 보호와 교육 모두에 중점을 두고 있음을 알 수 있다. 또한 보육에 대한 인식은 저소득층을 대상으로 제공되는 사회적 서비스로 그 책임소재가 공공기관 또는 국가에만 있는 것으로 여겼으나 현재에는 보육에 대한 관점이 바뀌어 저소득층뿐만 아니라 이를 필요로 하는 모든 사회계층을 그 대상으로 하며, 공공기관 또는 국가뿐만 아니라 부모에게도 책임이 뒤따르는 것으로 변화되었다.

영유아보육 프로그램에서 규정한 보육교사의 역할은 크게 영유아에 대한 역할, 프로그램에 대한 역할, 부모 및 지역사회와의 교류에 대한 역할로 나누어진다<표 12-13>.

〈표 12-13〉 영유아보육 프로그램에서 규정한 보육교사의 역할

구분	특징
영유아에 대한 역할	보육교사는 영유아의 기본적인 물리적·정서적·생리적인 기본욕구를 충족시켜주어야 하며, 영유아의 건강을 돌보고 안전을 지켜주어야 한다.
프로그램에 대한 역할	보육교사는 교수자의 역할을 담당해야 하는데, 교사의 역할은 영유아의 행동특성을 파악하기 위한 관찰자 및 기록자로서의 역할과 보육서비스의 질적 개선을 위한 영유아와 프로그램에 대한 평가자로서의 역할, 프로그램을 계획하는 조직자로서의 역할, 융통성 있는 일과를 진행하는 운영자로서의 역할, 영유아의 학습을 격려하는 촉진자로서의 역할을 수행해야 한다.
부모 및 지역사회와의 교류에 대한 역할	부모와의 원만한 의사소통이 가능하도록 하며, 부모와 보육시설과의 신뢰감을 형성하기 위해 노력해야 하고, 지역사회에 보육시설의 프로그램을 소개하며 자원봉사자의 선정을 돕고 지역사회로부터 지원을 얻는 역할도 해야 한다.

출처: 이경(2001). 유치원교사와 보육교사의 전문성과 역할수행 인식과의 관계. 이화여자대학교 교육대학원 석사학위 논문.

보육교사는 어린이집의 영유아를 대상으로 서비스를 제공한다고 할지라도 양육과 보호에만 국한되는 것이 아니라 교육과 보호를 동시에 제공해야 하기 때문에 보육교사는 부모를 대신하여 영유아를 보살피고 감싸주는 자녀양육 대행자로서의 역할뿐만 아니라 훌륭한 시설과 교구를 잘 활용하고, 우수한 프로그램을 계획하여 효과적으로 운영하는 등 전문적인 기능이나 능력을 갖추어 영유아를 교육하는 역할도 수행해야 한다. 따라서 보육교사는 인격, 애정, 경험, 열의, 사명감 등의 인성적 자질과 더불어 전문적인 자질도 갖추어야 한다.

<표 12-14>는 보육교사직에 대한 당신의 생각을 알아보기 위한 것이다. 각 문항을 잘 읽어보고 당신의 생각과 가장 일치하는 문항에 체크를 해보자.

〈표 12-14〉 보육교사 역할수행 척도

번호	내용	전혀 그렇지 않다	거의 그렇지 않다	보통이다	대체로 그렇다	매우 그렇다
1	보육교사는 높은 수준의 교수능력이 요구된다.	①	②	③	④	⑤
2	영유아들의 발달을 위해 항상 새롭고 독특한 지도방법을 연구해야 한다.	①	②	③	④	⑤
3	영유아의 발달에 맞는 고도의 지식이나 기술을 얻기 위해 각종 연수회나 강습회 등의 기회를 적극적으로 활용하여야 한다.	①	②	③	④	⑤
4	보육교사직은 장기간의 전문교육이 요구되는 직업이라고 생각된다.	①	②	③	④	⑤
5	주변 사람들이 나의 직업에 대한 중요성을 인정해 준다.	①	②	③	④	⑤
6	"나는 보모이다"라고 느끼는 경우가 있다.	①	②	③	④	⑤
7	영유아를 보호하고 교육하는 일은 매우 중요하다고 생각한다.	①	②	③	④	⑤
8	보육교사직은 존경받는 직업이다.	①	②	③	④	⑤
9	보육교사직은 같은 학력으로 가질 수 있는 타 직업에 비해 보수가 좋은 편이다.	①	②	③	④	⑤
10	보육교사의 근무조건은 좋은 편이다.	①	②	③	④	⑤
11	보육교사직은 안정성이 있다(예: 정년문제, 해직문제 등).	①	②	③	④	⑤
12	직업특성상 많은 사람들을 만날 기회가 많다.	①	②	③	④	⑤
13	보육교사직은 미래의 사회를 위해서 매우 중요하다.	①	②	③	④	⑤
14	보육교사는 경제적 이익에 우선하는 봉사정신을 필요로 한다.	①	②	③	④	⑤
15	어린이집은 부모교육 등을 실시하여 지역사회에 혜택을 주고자 노력해야 한다.	①	②	③	④	⑤
16	어린이집 운영에 대한 중요한 결정에 참여해야 한다.	①	②	③	④	⑤
17	교실에서의 수업진행은 교사의 자율에 맡겨져 운영되어야 한다.	①	②	③	④	⑤
18	내가 맡은 반에서 생긴 사건에 대한 해결의 책임은 나에게 있다.	①	②	③	④	⑤
19	보육교사의 권리 확보와 복지의 증진, 전문성을 향상시키기 위한 전문직 단체가 필요하다	①	②	③	④	⑤
20	전문성 향상을 위해 교사 자격증 부여기준이 강화되어야 한다.	①	②	③	④	⑤

출처: 이수정(2008). 보육교사의 직업선택동기, 전문성 인식 및 역할수행에 대한 연구. 남서울대학교 대학원 석사학위논문.

〈표 12-15〉 채점방법

문항	수준	개수	구성요소	소계(점수)
1~4번	전혀 그렇지 않다	(　　)개	전문적 지식과 기술요구 인식	
	거의 그렇지 않다	(　　)개		
	보통이다	(　　)개		
	대체로 그렇다	(　　)개		
	매우 그렇다	(　　)개		
5~7번	전혀 그렇지 않다	(　　)개	보육에 대한 중요성 인식	
	거의 그렇지 않다	(　　)개		
	보통이다	(　　)개		
	대체로 그렇다	(　　)개		
	매우 그렇다	(　　)개		
8~12번	전혀 그렇지 않다	(　　)개	사회·경제적 지위에 대한 인식	
	거의 그렇지 않다	(　　)개		
	보통이다	(　　)개		
	대체로 그렇다	(　　)개		
	매우 그렇다	(　　)개		
13~15번	전혀 그렇지 않다	(　　)개	사회 봉사성에 대한 인식	
	거의 그렇지 않다	(　　)개		
	보통이다	(　　)개		
	대체로 그렇다	(　　)개		
	매우 그렇다	(　　)개		
16~18번	전혀 그렇지 않다	(　　)개	자율성에 대한 인식	
	거의 그렇지 않다	(　　)개		
	보통이다	(　　)개		
	대체로 그렇다	(　　)개		
	매우 그렇다	(　　)개		
19~20번	전혀 그렇지 않다	(　　)개	전문직 단체에 대한 인식	
	거의 그렇지 않다	(　　)개		
	보통이다	(　　)개		
	대체로 그렇다	(　　)개		
	매우 그렇다	(　　)개		

당신이 생각하는 가장 중요한 보육교사의 역할은 무엇인지 알아보고, 그 역할을 원활하게 수행하기 위해 어떤 노력이 필요한지에 대해 작성해 보자.

CHAPTER

13

스트레스 관리

□ 배울 내용 □

1. 스트레스의 측정과 개념
2. 보육교사 직무스트레스의 개념과 유형
3. 스트레스 대처방안

□ 학습목표 □

1. 자신의 스트레스 정도 및 반응 양상을 측정해보고 개념을 이해한다.
2. 보육교사 직무스트레스에 개념을 이해하고 유형을 설명할 수 있다.
3. 스트레스 대처방안을 살펴보고, 자신에게 적합한 대처방안을 모색해 본다.

1. 스트레스의 측정과 개념

1) 자신의 스트레스 정도와 반응 알아보기

(1) 자신의 스트레스 측정

<표 13-1>의 스트레스 측정 척도를 통해 자신의 스트레스 정도를 측정해 보자. 오늘을 포함하여 최근 1주일(7일) 동안 당신이 느낀 정도에 대해 체크를 하면 된다.

〈표 13-1〉 스트레스 측정 척도

번호	내용	항상 느낌	자주 느낌	가끔 느낌	전혀 없음
1	매우 긴장하거나 불안한 상태가 되었다.	3	2	1	0
2	기분이 매우 동요되었다.	3	2	1	0
3	사소한 일에 매우 신경질적이 되었다.	3	2	1	0
4	소모감, 무기력감을 느꼈다.	3	2	1	0
5	침착하지 못하다.	3	2	1	0
6	아침까지 피로가 남고, 일에 기력이 솟지 않았다.	3	2	1	0
7	화가 나서 자신의 감정을 억제할 수 없었다.	3	2	1	0
8	생각지도 못한 일 때문에 곤욕을 치렀다.	3	2	1	0
9	심각한 고민이 머리에서 떠나지 않았다.	3	2	1	0
10	모든 일이 생각대로 되지 않아 욕구불만에 빠졌다.	3	2	1	0
11	모든 일에 집중할 수가 없다.	3	2	1	0
12	남 앞에 얼굴을 내미는 것이 두려웠다.	3	2	1	0
13	남의 시선을 똑바로 볼 수 없다.	3	2	1	0
14	똑같은 실수를 반복했다.	3	2	1	0
15	가족이나 친한 사람과 함께 있는 시간도 편안하지 않았다.	3	2	1	0
16	불면	3	2	1	0
17	심장이 두근거림	3	2	1	0

번호	내용	항상 느낌	자주 느낌	가끔 느낌	전혀 없음
18	얼굴이나 신체 일부의 경련	3	2	1	0
19	현기증	3	2	1	0
20	땀이 많이 남	3	2	1	0
21	감각이 예민(몸이 근질거리거나 따끔따끔한 통증을 느낀다)	3	2	1	0
22	요통	3	2	1	0
23	눈의 피로	3	2	1	0
24	목이나 어깨 결림	3	2	1	0
25	두통	3	2	1	0
26	감염증(감기, 후두염 등)	3	2	1	0
27	변비	3	2	1	0
28	발열	3	2	1	0
29	소화불량	3	2	1	0
30	설사	3	2	1	0
전체 점수[1]					

1) 스트레스 척도의 점수의 해석은 0~12점은 평균, 13~19점 주의 요함, 20점 이상은 경고수준으로 위험수위가 높다는 것을 의미함

(2) 스트레스 반응척도

<표 13-2>는 당신이 일상생활에서 스트레스를 받았을 때 경험할 수 있는 반응들이다. 각 문항을 주의 깊게 읽고 오늘을 포함하여 지난 일주일(7일) 동안 스트레스를 경험하였을 때 다음 문항들에 대해 어느 정도로 반응했는지를 체크해 보자.

〈표 13-2〉 스트레스 반응척도

번호	문항	전혀 그렇지 않다	약간 그렇다	웬만큼 그렇다	상당히 그렇다	매우 그렇다
1	일에 실수가 많다.	0	1	2	3	4
2	말하기 싫다.	0	1	2	3	4
3	가슴이 답답하다.	0	1	2	3	4
4	화가 난다.	0	1	2	3	4
5	안절부절 못한다.	0	1	2	3	4
6	소화가 안된다.	0	1	2	3	4
7	배가 아프다.	0	1	2	3	4
8	소리를 지르고 싶다.	0	1	2	3	4
9	한숨이 나온다.	0	1	2	3	4
10	어지럽다.	0	1	2	3	4
11	만사가 귀찮다.	0	1	2	3	4
12	잡념이 생긴다.	0	1	2	3	4
13	쉽게 피로를 느낀다.	0	1	2	3	4
14	온몸에 힘이 빠진다.	0	1	2	3	4
15	자신감을 잃었다.	0	1	2	3	4
16	긴장된다.	0	1	2	3	4
17	몸이 떨린다.	0	1	2	3	4
18	누군가를 때리고 싶다.	0	1	2	3	4
19	의욕이 떨어졌다.	0	1	2	3	4
20	울고 싶다.	0	1	2	3	4

번호	문항	전혀 그렇지 않다	약간 그렇다	웬만큼 그렇다	상당히 그렇다	매우 그렇다
21	신경이 날카로워졌다.	0	1	2	3	4
22	내가 하는 일에 전망이 없다.	0	1	2	3	4
23	멍하게 있다.	0	1	2	3	4
24	누군가를 미워한다.	0	1	2	3	4
25	한 가지 생각에서 헤어나지 못한다.	0	1	2	3	4
26	목소리가 커졌다.	0	1	2	3	4
27	마음이 급해지거나 일에 쫓기는 느낌이다.	0	1	2	3	4
28	행동이 거칠어졌다(난폭운전, 욕설, 몸싸움 등).	0	1	2	3	4
30	무엇인가를 부수고 싶다.	0	1	2	3	4
31	말이 없어졌다.	0	1	2	3	4
32	머리가 무겁거나 아프다.	0	1	2	3	4
33	가슴이 두근거린다.	0	1	2	3	4
34	누군가를 죽이고 싶다.	0	1	2	3	4
35	지루하다.	0	1	2	3	4
36	참을성이 없다.	0	1	2	3	4
37	얼굴 표정이 굳어졌다.	0	1	2	3	4
38	나는 아무 쓸모가 없는 인간이다.	0	1	2	3	4
39	움직이기 싫다.	0	1	2	3	4

<표 13-2>의 스트레스 반응척도의 각 문항에 표시된 점수를 <표 13-3>의 하위척도 문항에 따라 점수의 소계를 작성한 후 자신의 스트레스 반응 정도를 알아본다.

〈표 13-3〉 스트레스 반응 점수 및 해석

하위척도	소계	normal	mild	moderate	severe
① 긴장(2, 16, 17, 30, 31, 37번)		10점 이하	11~15	16~18	19점 이상
② 공격성(18, 28, 29, 33번)		6점 이하	7~8	9~10	11점 이상
③ 신체화(6, 7, 10번)		5점 이하	6~7	8~9	10점 이상
④ 분노(4, 24, 25, 26, 27, 34번)		11점 이하	12~14	15~19	20점 이상
⑤ 우울(5, 15, 19, 22, 23, 35, 38, 39번)		14점 이하	15~19	20~24	25점 이상
⑥ 피로(1, 12, 13, 14, 36번)		10점 이하	11~13	14~16	17점 이상
⑦ 좌절(3, 8, 9, 11, 20, 21, 32번)		13점 이하	14~19	20~24	25점 이상
총점		69점 이하	70~92점	93~115	116점 이상

① 긴장: 마음을 졸이거나 심신이 평온하지 않은 상태
② 공격성: 개체나 사람을 위협하거나 고통을 주는 물리적·언어적 행동을 포함한 모든 형태의 행동이나 그 경향
③ 신체화: 자율신경계의 영향을 받고 있는 순환기, 소화기, 호흡기 및 기타 기관의 장애와 두통, 동통 등 신체적 기능 이상에 대해 주관적으로 호소하는 증상
④ 분노: 몹시 성을 내거나 또는 그렇게 내는 화
⑤ 우울: 삶에 대한 관심의 철수, 동기의 결여, 활력의 상실, 절망감 및 자살에 대한 생각 등으로 나타나는 기분이나 감정의 저조 등 임상적으로 우울증의 증상과 일치되는 증상
⑥ 피로: 과로로 정신이나 몸이 지친 상태
⑦ 좌절: 어떠한 계획이나 일 따위가 도중에 실패로 돌아가 마음이나 기운이 꺾임

2) 스트레스의 정의

현대를 살아가는 우리는 일상생활 속에서 스트레스라는 용어를 자주 사용한다. 하지만 스트레스라는 용어의 사용이 개인과 상황마다 다 다르고, 스트레스에 대한 개념도 시대에 따라 변화되어 왔기 때문에 하나의 개념으로 정의를 내리기는 쉽지 않다.

스트레스라는 용어는 라틴어 stringere(바짝 잡아당기다)에서 유래되었으며, 그 이후 string, street 등의 용어로 사용되다가 14세기에 이르러 stress라는 용어로 쓰이기 시작하였다. 그리고 스트레스의 개념은 17세기 초에는 고난, 곤경(곤란), 역경, 고뇌, 번민, 불쾌함과 같은 용어들로 사용되었으며, 18~19세기에는 물리학 용어인 '어떤 구조에

가해지는 물리적 압박(strain), 강한 효과(effect), 압력(pressure), 힘(force)과 같은 것'을 의미하는 용어로 정의되었다. 그리고 19세기 말에 스트레스가 건강상태를 해치거나 정신질환을 일으키는 요인이라고 주장하는 사람들이 있었지만 구체적인 증거를 제시하지 못해 비과학적인 의미로 사용되었다.

스트레스라는 용어가 의학 용어로 사용되기 시작한 것은 1910년 William Olser에 의해서이다. 그는 항상 고된 업무와 걱정 속에서 생활하는 유대인들에게서 협심증의 증상이 많이 나타난다는 사실을 발견하고, 이와 관련된 요인을 stress와 strain으로 정의하면서 의학적인 용어로 사용되기 시작하였지만 과학적인 의미로는 받아들여지지 않았다. 그러다가 스트레스라는 개념이 과학적인 의미를 포함한 단어로 의학과 생물학에 도입된 것은 1925년 Cannon이 스트레스를 '투쟁 또는 도피(fight or flight) 반응'에 관련하여 사용하기 시작하면서이다(김장주, 1994). 그리고 1940년대와 1950년대에 이르러 Wolff 등은 '생활 스트레스(life stress)', 즉 생활사건이 스트레스를 일으킬 수 있는 위협요인으로 받아들였고, 특히 Holmes와 Rahe는 생활사건을 정리하여 사회재적응척도(Social Readjustment Rating Scale: SRRS)를 개발하여 스트레스 정도를 측정하는 척도를 개발하였다. 이 척도는 1년 동안의 생활사건들에 대한 경험에 따라 개인이 경험한 스트레스 정도를 정량화시킬 수 있도록 하는 척도이며, 심한 스트레스는 질병을 유발할 수 있다고 주장하였다. 그리고 1950년 Lazarus에 이르러 스트레스에 대한 학문적인 연구가 활발하게 진행되기 시작하면서, 스트레스는 개인의 지각과 대처할 수 있는 자신의 능력에 대한 평가 등에 의해 결정된다는 사실을 주장하였다. Lazarus(1966)는 스트레스란 "외적 또는 내적인 요구가 이 요구를 다루는 개인의 적응 차원보다 지나치다는 판단이 내려질 때 경험하게 되는 위협이나 위험, 불안의 정서 상태"라고 정의하였으며(권기태, 1990), 스트레스의 아버지로 불리는 Selye(1963)는 "스트레스란 어떤 종류의 외부위협에 대하여 생체가 나타내는 반응이다"라고 정의하면서 이러한 반응을 일반적응증후군이라고 명명하였다.

일반적응증후군은 <표 13-4>와 같이 세 가지 단계를 거치게 된다고 주장하고 있다.

구체적으로 경고기(alarm reaction)는 신체적 위협에 대항할 수 있도록 생리적인 변화를 나타내는 시기로 정서적 흥분, 긴장과 같은 변화를 가져오고, 저항기(stage of resistance)는 지속되는 스트레스로 인해 정상수준 이상의 반응을 나타내는 시기이며, 소모기(stage of exhaustion)는 신체적 방어능력이 떨어져 그 결과로 퇴화하거나 병들게 되는 단계를 말한다. 이와 같이 지속적인 스트레스는 생리적으로 각종 질병, 특히 심인성 신체질환을 일으키며, 이는 스트레스와 질병과의 밀접한 관계가 있음을 의미한다.

〈표 13-4〉 일반적응증후군의 단계

단계	내용
경고기	경고기에는 적응 호르몬이 자극을 받아서 생화학적 작용이 일어나며, 이러한 생화학적 작용은 부신피질과 임파절을 증대시키고 호르몬 수준을 증가시킨다. 그러므로 이 단계에 처한 사람들은 수면장애, 심계항진, 복통, 설사 등을 나타낼 수 있고 작은 자극에도 예민해지고 신체적·심리적 통합을 유지하지 못하는 반응을 나타나게 된다.
저항기	경고기에서 가해진 스트레스가 계속 가해지면 '경고반응'에 이어 '저항기'가 온다. 항상성에 의해 스트레스에 적응함에 따라 '경고반응'의 증상은 감소된다. 그러나 이 '저항'은 생명유지에 필요한 에너지도 써버리게 된다. 저항기에는 호르몬 수준, 부신피질과 임파절의 생물학적 변화가 역전되어 부신피질의 크기와 활동이 줄어든다.
소모기	스트레스가 사라지지 않고 계속 작용을 하면 제3단계인 소모기가 오게 되는데, 여기서 다시 '경고반응'의 증상이 나타날 수 있다. 그러나 스트레스에 대항하던 힘을 모두 써버린 후에도 스트레스가 계속되면 죽음에 이르게 된다. 이때 학습된 무기력(learned helplessness)이 나타날 수 있고, 또한 자포자기를 하게 된다.

2. 보육교사 직무스트레스의 개념과 유형

1) 직무스트레스의 개념

직무스트레스라는 용어는 제2차 세계대전 이후 급속한 산업의 발전으로 등장한 개념이다. 즉, 산업현장에서 '소외(alienation)'라는 문제의 부정적인 현상이 나타났으며, 이러한 현상이 생산성 하락 등으로 연결되면서 이를 해결하기 위해 직무스트레스가 직무행동에 미치는 영향에 대한 연구가 시작되었다. 따라서 '조직스트레스(organizational stress)', '직무스트레스(job stress)'라는 용어가 등장하게 되었다(김점순, 2008).

미국 국립산업안전보건연구원(National Institute for Occupational Safety and Health: NIOSH, 1999)에서는 "직무스트레스란 업무상 요구사항이나 근로자의 능력이나 자원, 요구와 일치하지 않을 때 생기는 유해한 신체, 정서적 반응"이라고 하였으며, 유럽위원회가 작성한 업무 관련 스트레스 안내서에서는 "직무스트레스란 업무내용, 업무조직 및 작업환경에서 이롭지 못한 불건전한 측면에 대한 정서적, 인지적, 행동적 및 생리적 반응패턴"으로, 그것은 고도의 각성 및 걱정 그리고 때로는 극복이 되지 않는 느낌으로 특정 지을 수 있는 상태로 정의하고 있다. 그리고 Parker와 Decotiis(1983)는 "심리적, 신체적인 면에서 역기능적 결과를 유발하는 자극에 대한 감정적 반응"으로, Marshall(1976)은 "직무와 관련 있는 부정적인 환경요소"로 정의하고 있다. 이러한 개념은 직무스트레스라는 용어에 직무과부화(job overload), 역할모호성(role ambiguity), 역할갈등(role conflict) 및 작업조건(job condition) 등의 요소를 포함하고 있는 개념이라고 할 수 있다.

조직 혹은 직장에서 직속 상사 및 부하 직원으로부터의 배려적인 행동은 상사와 부하 간에 동료애, 상호신뢰, 존경 및 친밀성을 느끼게 되지만 부하 혹은 상사로부터 자신이 존중받고 있다는 느낌을 받지 못한다면 직무압력을 보다 크게 느낄 뿐 아니라 상사가 자신에게 호의적인 방법으로 도와주거나 평가하지 않는다고 느낀다. 이때 부하는 자신에게 보이는 관심이 부족하다고 느끼게 되면서 직무스트레스를 경험하게 된다(탁계관, 2009). 따라서 직무스트레스(job stress)란 직무 자체 혹은 직무와 관련된 환경에서 경험하게 되는 불쾌함과 자아존중감(self-esteem)이나 안녕(well-being)에 대한 위협으로 느끼게 되는 긴장, 욕구좌절, 불안, 분노 및 우울 등과 같은 불쾌한 정서를 감소시키기 위한 심리적 방어기제에 개인이 지각하는 심리적 혹은 신체적 긴장상태를 의미한다(도명애, 2009).

이러한 직무스트레스는 직장에서 업무를 수행하는 구성원들의 일관성 없는 업무수행 등으로 인한 역할갈등, 불명확한 책임에 대한 한계나 정보의 불명확성 등을 의미하는 역할 모호성, 직무상 필요한 기술, 직무특성, 차별의식, 승진, 보상 등의 여러 원인으로 일어나는 심리적인 갈등 등이 그 원인이 된다(김혜영, 2007). 직무스트레스는 주로 환경적 요인에 의해 발생하지만 스트레스를 받는 개인이 욕구를 해결할 수 있는 요구, 자원, 지원 등이 불충분하고 직무 담당자와 직무 환경의 관계가 부적합할수록 발생할 가능성이 크며 개인차와 과업의 불확실성, 지속성, 중요성 등에 따라 느끼는 스트레스의 정도는 다를 수 있다.

Beehr와 Newman(1978)는 직무스트레스에 대한 연구는 세 가지 관점으로 구분될 수 있다고 주장한다. 즉, 개인에 중점을 두는 개인 특성적 관점(personal characteristic perspective), 환경에 중점을 두는 환경요소적 관점(environmental perspective) 그리고 개인 - 환경 상호작용적 관점(person-environment perspective)으로 연구되어 왔다는 것이다. 또한 Newell(1995)은 기존의 직무스트레스에 관한 연구 경향을 세 가지 범주로 나누고 있다. 첫째, 직무스트레스 원인에 관한 연구, 둘째, 직무스트레스로 인해 나타나는 결과(반응)에 관한 연구, 셋째, 직무스트레스를 줄이고 이에 대처하는 방법으로 구분하고 있다(탁진국, 윤혜진, 2002). 이것은 직무스트레스를 무엇으로 보느냐에 따라 다르게 개념화할 수 있다는 것을 의미한다. 즉, 직무스트레스는 환경의 자극으로 볼 수 있고, 환경에 대한 개인의 반응으로도 볼 수 있으며, 환경의 자극과 개인의 반응 사이의 상호작용으로도 파악할 수 있다는 것이다<표 13-5>.

〈표 13-5〉 관점에 따른 직무스트레스

관점	내용
자극으로서 직무스트레스	직무스트레스를 개인으로 하여금 긴장(strain)에 빠지게 하는 힘으로 정의하여 물리학에서 압력 - 변형(deformation)을 초래하는 것과 같은 이치로 설명한다. 그러나 이 개념은 개인의 심리적 중간 과정을 무시하고 상황특성으로만 직무스트레스를 규정하고 있다는 단점을 지닌다. 그리고 전혀 스트레스가 없는 상태를 이상적으로 보아 긍정적 스트레스(good stress)를 간과하고 있다는 비판과 스트레스의 개인적 차이를 고려하지 않는다는 한계를 가지고 있다.
반응으로서의 직무스트레스	외부적 자극이나 요구, 즉 환경적 요인에 의해 나타나는 개인의 생리적 · 심리적 반응으로 보는 것이다. 즉, 개인이 스트레스 상황에 놓여 있다고 하는 것은 그 개인의 환경이 불편하여 환경으로부터 부정적인 영향을 받는다는 것이다. 환경자극에 대한 반응에만 초점을 두고 있어 조직현상을 이해하기는 어렵다는 지적이 있다.

관점	내용
자극 - 반응개념으로서의 직무스트레스	직무스트레스는 자극개념, 반응개념의 정의를 절충한 역동적 상호작용의 개념으로 보는 것이다. 이 개념은 직무스트레스를 환경적 자극요인과 개인의 특이한 반응 간의 상호작용의 결과라고 보는 입장이다.

이러한 관점에서 미국의 국립산업안전보건연구원(National Institute for Occupational Safety and Health: NIOSH)의 Murphy와 Schoenborn(1987)는 <그림 13-1>과 같은 직무스트레스 모델을 개발하였다.

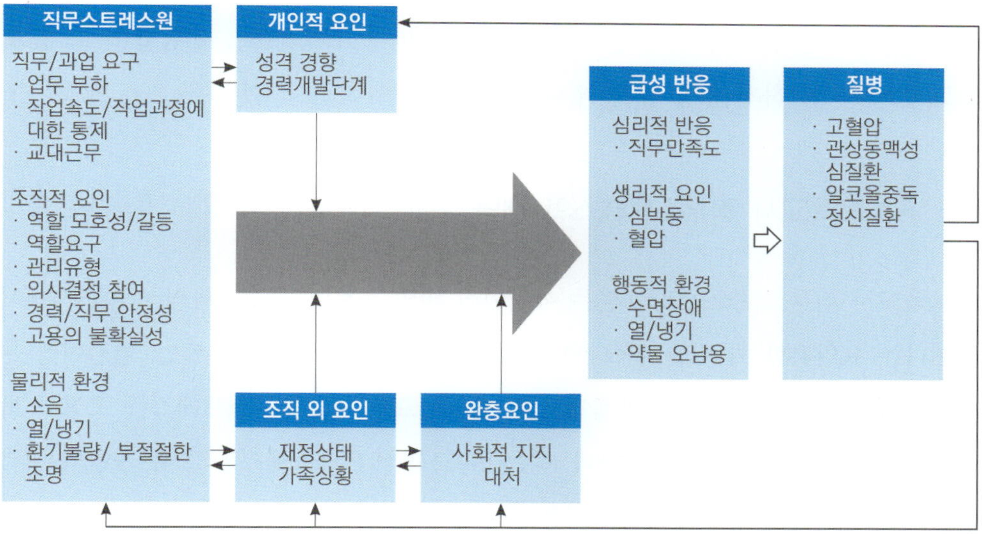

〈그림 13-1〉 직무스트레스 모델

<그림 13-1>에서 보는 것과 같이 직무스트레스란 스트레스를 유발하는 외적 작업 조건, 즉 직무스트레스 요인과 근로자 개인의 상호작용으로 심리적 · 생리적 · 행동적 반응이 나타나게 된다는 것이다. 그 결과 급성 심리적 파괴 혹은 행동적 반응이 일어나게 되는데, 이런 급성반응이 지속되고 장기화될 경우 결국 다양한 질병이 나타나게 된다. 이 모델의 중요한 개념은 직무스트레스 요인과 급성반응 사이에는 개인적 요인(성격 경향, 경력 개발단계 등)과 조직 외 요인(가족문제, 재정상태 등), 그리고 완충요인(사회적 지지, 대처 등) 등이 중재요인으로 작용하게 되어 직무스트레스로 인한 부정적 효과를 감소시키거나 증가시킬 수 있다는 것이다. 즉, 직무스트레스를 경험할 때, 개인적 요인과 조직 외 요인 및 완충요인에 따라 스트레스를 경험할 수도 있고, 스트레스로 지각하지 않을 수도 있다는 것이다.

2) 보육교사 직무스트레스의 개념

보육교사 직무스트레스의 개념은 어린이집 내의 동료 보육교사와의 사회관계에서 일어나는 요인뿐만 아니라 아동과의 관계, 직무 프로그램, 경제적 요인, 어린이집 운영에 관한 요인, 학부모와의 관계에서 일어나는 요인 등 기타 스트레스를 포함한 보육교사의 직무스트레스를 의미한다. 즉, 보육교사 직무스트레스는 교사 개인의 내적 환경과 교사의 직무환경과의 상호작용 과정에서 발생하는 부조화로 인하여 보육교사 자신이 겪는 심리적 역기능 현상으로 정의할 수 있다.

보육교사는 영유아의 보육, 건강관리 및 보호자와의 상담 그 밖에 보육시설의 관리 운영 등의 업무를 담당한다. 특히, 영유아에 대한 성장 · 발달의 자연스러운 과정에 있어 보호와 교육적 측면의 전문가라고 할 수 있다. 따라서 보육교사는 영유아의 신체적 · 사회적 · 정서적 · 지적 발달이 균형 있게 이루어질 수 있도록 교육방법을 연구하고 적용하며, 교실환경을 구성하는 등 영유아를 가르치는 교육자로서 연령과 발달수준을 고려하여 적절한 자극을 제공해 주게 된다. 또한 부모들이 자녀에 대한 걱정 없이 안심하고 사회경제활동을 할 수 있도록 부모와의 정보교환 교류자로서 원활한 의사소통을 통해 교사나 보육시설에 대한 신뢰감을 형성하도록 하는 역할을 담당한다.

이와 같이 보육교사는 발달적 측면에서 교육을 시작하는 영유아들의 교육을 계획하고 다양한 방법으로 교육을 실행하며 또한 교육적 상황 내에서 영유아와의 상호작용을 기반으로 다양한 역할을 수행하는 존재이기 때문에 타 분야에 비해 영유아를 담당하고 있는 보육교사의 영향력이 상대적으로 크다고 할 수 있다. 즉, 보육교사는 영유아의 학습과 발달에 중요한 영향을 미치며, 교육 프로그램의 질을 결정하는 주요인으로 간주되고 있다.

보육의 질에 교사가 매우 중요함에도 불구하고 보육교사를 위한 환경은 아직도 열악한 환경에 머물러 있다고 할 수 있다. 구체적으로 보육교사의 과도한 근무시간과 업무량, 그에 비해 낮은 보수, 기관에서 유발되는 인간관계에서의 갈등, 기관 밖에서의 보육교사에 대한 낮은 사회적 인식과 관심으로 인해 이중적인 어려움을 겪고 있다. 이러한 어려움은 보육교사들이 자신의 직업에 만족하지 못하고, 직무스트레스를 경험하게 되며 결국 교육현장을 떠나는 원인이 되고 있다. 이는 보육교사라는 직업의 안정성을 저하시킴으로써 교육의 질적 저하를 초래하는 심각한 문제를 야기하고 있다.

3) 보육교사 직무스트레스의 유형

보육교사는 어린이집, 영아원, 아동입양위탁시설, 정서장애아시설 등 아동복지시설이나 사회복지관 부설 보육시설 등에서 수용 또는 위탁 영유아들을 돌보는 업무를 수행하는 자를 말한다. 다시 말해 보육교사는 어떤 형태든 조직의 일원으로 살아가고 있으며, 그 속에서 대부분의 시간을 보내고 있고, 조직의 목표를 달성하기 위해 많은 시간을 직무와 관련된 활동을 하게 된다. 이런 활동에는 스트레스가 작용하게 되고 알맞게 작용하는 순기능적 스트레스는 좋은 성과를 유도하지만, 스트레스 정도가 조직원의 한계를 느끼게 하는 역기능적인 스트레스는 자신의 건강뿐만 아니라 조직의 목표달성에도 부정적인 영향을 미치게 된다.

보육교사들이 받는 직무스트레스는 일반교사들이 받는 스트레스와는 다르기 때문에 보육교사의 스트레스가 적절히 해소되지 않을 때, 개인 지각체계의 반응을 무감각하게 만들고 동기나 의욕을 약화시키며 결국 사기 저하로 이어지게 된다(박정자, 2013). 그 결과 업무에 질적·양적인 수행력 저하, 직무에 대한 책임감 상실, 지각, 결근, 이직 등을 나타나게 된다.

보육교사 직무스트레스를 7개의 하위요인, 즉 직장 내 사회관계, 아동과의 관계, 직무 프로그램 및 운영, 경제 및 처우조건, 어린이집 운영 및 학부모와의 관계에 관한 요인으로 살펴보면 다음과 같다(양안숙, 2008; 이진미, 2014).

(1) 직장 내 사회관계

직장 내 사회관계 직무스트레스는 어린이집에서 보육교사의 상사, 즉 원장 또는 주임교사 등이 자신이 하는 일에 지나치게 관여하는 것으로 생각하는 것 등이 대표적인 현상이다. 또한 자신이 동료교사들에게 신뢰감을 못 느끼게 될 때 경험하는 직무스트레스이다. 예를 들어, 원장 혹은 동료와 관계의 어려움으로 보육교사직을 그만 두고 싶을 때가 있다. 또한 동료교사들은 자신이 충실히 직무를 수행하지 않는다고 생각하고, 동료교사들 간에 서로 경쟁이 심하여 동료교사들이 자신을 따돌리는 것 같아 화가 날 때가 있으며, 동료교사와의 의견 불일치는 자신에게 문제가 있어 발생하는 것 같다고 느끼게 되는 것이다. 직장 내 사회관계에서 직무스트레스를 경험하게 되는 구체적인 상황을 살펴보면 <표 13-6>과 같다.

〈표 13-6〉 직장 내 사회관계에서 직무스트레스를 경험하게 되는 상황

- 교사들이 단합되지 않을 때
- 원장이 함부로 교사들을 구박할 때
- 연령별로 상의해서 수업할 것을 정하지 않는 몇몇 교사들 때문에
- 서로에 대한 배려가 부족할 때
- 다른 교사들과 회식자리에서 문제가 생겼을 때
- 선배 교사들의 횡포 때문에
- 교사와 교사 간의 마음이 맞지 않아 문제가 생길 때
- 선배 교사가 무시할 때
- 자기에게 부여된 업무를 적절히 수행하지 않는 교사들이 있을 때
- 마음에 들지 않는 동료와 근무할 때
- 원장이 교사들을 존중하지 않을 때
- 교사들 간에 서로 협조하는 정신보다는 경쟁이 심할 때
- 교사들 간의 관계가 좋지 않다고 느낄 때
- 교사들 간의 파벌이 존재한다고 생각할 때
- 교사들 간에 의사소통이 잘 이루어지지 않을 때

(2) 아동과의 관계

아동과의 관계에 관한 스트레스는 학습활동에 참여하지 않으려는 영유아들에게 동기를 부여하는 데 너무 힘이 든다고 느끼고, 영유아들을 통제함에 있어 힘이 든다고 인지할 때 경험하게 된다. 특히, 부적응 영유아를 어떻게 지도해야 할지 모르고, 영유아들의 행동에 대해 참을 수 없이 화가 나고, 지속적으로 문제를 일으키는 영유아가 있다고 인지할 때 스트레스를 경험하게 된다. 아동과의 관계에서 직무스트레스를 경험하게 되는 구체적인 상황을 살펴보면 <표 13-7>과 같다.

〈표 13-7〉 아동과의 관계에서 직무스트레스를 경험하게 되는 상황

- 수업시간에 영유아들이 제대로 집중하지 않을 때
- 영유아들이 마음대로 수업시간에 뛰어다니거나 돌아다니려고 할 때
- 영유아들끼리 서로 다툴 때
- 다른 영유아들과 어울리는 데 어려워하는 아이에게 격려해 주는데도 계속 의기소침해 있을 때
- 내가 맡은 반에 항상 말썽을 일으키는 영유아들이 있을 때
- 영유아들이 교사의 말을 이해하지 못하고 다른 일에 집중하려고 할 때
- 선생님에게 말대꾸를 하거나 교사가 먼저 인사했는데도 모르는 척 할 때
- 선생님이 먼저 영유아들에게 상냥하게 대했는데도 이상한 반응을 보일 때
- 교사를 이상한 눈으로 쳐다보고 아무 이유 없이 피하며 웃을 때
- 말을 잘 듣지 않는 영유아들이 있을 때
- 분리불안에 우는 영유아가 있을 때
- 영유아들을 적절히 통제하지 못할 때
- 영유아들이 어린이집에서 잘 적응하지 못할 때
- 영유아들이 엄마와 떨어져서 어린이집에 오기 싫다고 할 때
- 교사가 차량을 나갈 경우 갔다 와서 영유아들을 통제하기 힘들 때
- 영유아들의 대소변 훈련이나 식사습관 지도로 힘이 들 때
- 영유아들이 아플 경우 적절한 대처방법을 모를 때
- 부적응 영유아를 어떻게 지도해야 할지 모를 때
- 영유아들의 특성 파악이 힘들 때

(3) 직무 프로그램 및 운영

직무 프로그램 및 운영에 관한 스트레스는 교육활동에 필요한 수업자료들이 많이 부족하고, 학습활동을 계획하고 조작하는 데 너무 광범위한 능력이 요구된다고 느낄 때 경험하게 된다. 그리고 수업준비 이외의 잡무가 많아서 수업 및 학급 운영을 위하여 준비할 시간이 충분하지 않으며, 업무를 완성하기 위해 일거리를 집에 가져갈 때 나타난다. 그리고 교수 - 학습활동을 도와줄 보조 인력이 부족하며, 필요 이상으로 행사가 너무 많고, 자신이 주변 사람들에게 불만을 내색하지 않으려고 스스로 애쓰고, 정해진 근무시간에 맞추어서 퇴근하는 것이 눈치가 보인다고 인지할 때 스트레스를 경험하게 된다. 직무 관련 스트레스를 경험하게 되는 구체적인 상황을 살펴보면 <표 13-8>과 같다.

〈표 13-8〉 직무 관련 스트레스를 경험하게 되는 상황

- 보육 및 학급 운영을 위하여 준비하는 것 이외의 기타 잡무를 처리하기 위해 근무시간이 끝난 이후에도 어린이집에 관한 일을 볼 때
- 일일 근무시간이 길 때(12시간 이상 근무)
- 출근 시간은 정확한 데 퇴근시간이 불규칙할 때
- 보육시간 이외의 부수적인 일들(예: 각종 서류작성, 교구제작, 청소 등)을 처리해야 할 때
- 과다한 업무량(예: 상담일지, 관찰일지, 전화일지, 일일계획안 등)으로 심신이 피곤할 때
- 현재의 내 업무를 감당하기 어려울 때
- 보육 및 학급 운영을 위하여 준비할 시간이 충분하지 않을 때
- 필요 이상으로 행사가 많아 개별적으로 영유아들에게 신경 쓸 시간이 부족할 때
- 근무시간 중에 화장실에 갈 여유조차 없을 때
- 사소한 사고에도 모두 교사의 책임으로 돌릴 때
- 보조교사 없이 혼자서 모든 것을 해야 할 때
- 시간연장형 대체 교사가 따로 없을 때
- 교사를 위한 연수 및 교육의 기회가 부족할 때
- 교구의 지원이 적을 때
- 지원 부족으로 맛없는 식단이 제공될 때
- 교사들을 위한 연수회나 체계적인 재교육 프로그램이 마련되지 않아 힘들 때

(4) 경제 및 처우조건

경제 및 처우조건에 관한 스트레스는 시간외 수당이 주어지지 않거나 경력에 비해 보수가 낮고, 월급 급여일의 변동이 잦을 때 경험하게 된다. 처우조건으로는 보육교사에 대한 사회적 인식이 낮아 편견을 경험하거나 혹은 일반교사들과의 차별을 인지할 때 경험하게 되는 스트레스이다. 경제 및 처우조건 스트레스를 경험하게 되는 구체적인 상황을 살펴보면 <표 13-9>와 같다.

〈표 13-9〉 경제 및 처우조건에서 스트레스를 경험하게 되는 상황

- 같은 학력 소지자로서 타 직종에 종사하는 사람의 보수보다 적다고 생각할 때
- 원장이 지급할 의무가 있는데도 주지 않는 수당이나 처우개선비 등이 있다는 것을 인지할 때
- 개인적인 용무를 볼 수 없을 때
- 급한 용무가 있어도 시간을 내기 어려울 때
- 초등학교 이상의 교사와 동일한 경제적 대우를 받지 못할 때
- 자기개발을 위한 시간이 부족할 때
- 낮은 사회적 인식 때문에
- 같은 교사로서 초등학교 이상의 교사와 차별을 받을 때

(5) 어린이집 운영

어린이집 운영에 관한 스트레스는 자신이 담당하고 있는 반의 원아수가 너무 많고, 원의 운영방식 자체가 일관성이 없다고 생각할 때 경험하게 된다. 또한 자신이 근무하는 어린이집이 좋은 보육에 대한 인식이 부족하고, 운영자가 너무 독단적인 운영을 한다고 믿거나 자신의 의견이 상사에게 무가치하게 받아들여질 때 나타날 수 있다. 그리고 교사회의가 너무 일방적인 지시나 명령으로 진행되거나 영유아의 전인교육을 위한 교육보다는 특별활동이나 학부모를 위한 교육이 주로 이루어진다고 느낄 때 경험하게 된다. 어린이집 운영에서 스트레스를 경험하게 되는 구체적인 상황을 살펴보면 <표 13-10>과 같다.

〈표 13-10〉 어린이집 운영에서 스트레스를 경험하게 되는 상황

- 원에 관련된 문제점들을 서로 이야기할 수 없을 때
- 권위적인 어린이집 분위기 때문에
- 내가 맡은 학급의 일에 대해 원장의 간섭이 심할 때
- 가족끼리 하는 어린이집에 근무할 때
- 원장이 교사의 양해 없이 교실환경을 수정해 놓았을 때
- 원장이 원내에서 있었던 일을 여기저기 소문내서 듣게 될 때
- 공휴일에 원장의 개인적인 업무로 교사들에게 출근을 강요할 때

(6) 학부모와의 관계

학부모와의 관계에 관한 스트레스는 학부모들이 자신이 다니는 어린이집의 문제에 대하여 지나친 관여나 지나친 무관심을 보일 때 경험하게 된다. 특히, 학부모와의 상호작용이 부담스럽고, 영유아들 간의 싸움과 안전사고 등으로 어린이집에 항의하는 학부모가 많을 때 나타나게 된다. 또한 부모들이 교사가 그들의 자녀를 가르치는 일을 훌륭히 수행하지 못한다고 여기고, 자신 스스로 영유아들의 가정환경 전반에 대해서도 신경이 쓰이고 있다고 느낄 때 경험하게 된다. 학부모와의 관계에서 스트레스를 경험하게 되는 구체적인 상황을 살펴보면 <표 13-11>과 같다.

〈표 13-11〉 학부모와의 관계에서 스트레스를 경험하게 되는 상황

- 학부모들이 영유아들을 과잉보호할 때
- 말없이 원을 바꾸는 학부모를 만났을 때
- 별일이 아닌데도 큰 일인 듯 생각하는 소심한 학부모를 만났을 때
- 학부모들이 교사가 자신의 아이에 대해 말하는 것에 지나치게 관심을 보일 때
- 교사를 무시하는 학부모를 만났을 때
- 차량시간 및 장소를 학부모 편의대로 하려고 할 때
- 예민하거나 예의 없는 학부모를 만났을 때
- 다양한 유형의 학부모들을 상대할 때
- 학부모들이 자신의 아이한테만 지나친 관심을 요구할 때
- 학부모들이 보육시설의 문제에 지나치게 관여를 할 때

3. 스트레스 대처방안

1) 대처의 개념

일반적으로 대처(coping)는 해로운 위협이나 도전을 극복하기 위한 노력으로 정의되고 있으며, Boss(1988)는 대처를 "비교적 어려운 조건하에서의 적응을 의미한다"고 정의하고 있다. 이처럼 대처행동은 문제나 갈등에 직면해서 그것을 극복하는 효과적

인 수단을 찾는 것으로, 고통의 점차적인 감소, 문제해결, 현실검증, 복귀의 과정이라 정의하면서 심리적 안정성에 대한 주요한 위협을 처리하기 위하여 사용하는 모든 방법을 의미한다. 즉, 대처행동이란 사람과 환경 사이에서 끊임없이 변화하는 역동적 과정이며, 이 관계는 양방향성을 가지고 있다고 주장한다. Lazarus와 Folkman(1984)은 대처를 "개인의 자원을 초과하는 것으로 평가되는 특수한 외적 및 내적 요구를 다스리기 위하여 부단히 변화하는 인지적 및 행동적 노력"이라고 정의하고 개인의 자원을 요청하는 사람과 환경 간의 특정한 관계가 있는 것으로 보았다.

2) 스트레스 대처방안의 유형

Lazarus와 Folkman(1984)은 스트레스 대처를 문제 중심 대처와 정서 중심 대처로 나누어 설명하고 있다.[2)]

(1) 문제 중심 대처방안

문제 중심 대처방안은 문제에 초점을 두고 문제를 보다 잘 변경시키기 위해 책략을 사용하고, 수정하고 극복하려는 노력이다. 다시 말해 체계적으로 문제해결을 위한 계획을 세워 자신이 처한 문제를 해결하고자 노력하고 친구, 가족, 동료 등으로부터 적

2) 본 장에서 제시된 문제 중심과 정서 중심 대처방안 외에도 적응적 대처와 부적응적 대처, 인지적 대처와 행동적 대처로 구분할 수 있다.

적응적 대처와 부적응적 대처	적응적 대처란 스트레스에 효과적으로 대응하는 것으로 스트레스로 나타날 수 있는 부작용을 최소화할 수 있는 것을 의미한다. 예를 들어, 스트레스를 운동으로 해소하는 것이다. 반대로 부적응 대처란 스트레스에 대해 비효과적이고 부적절하게 대응해서 부작용을 야기하는 것을 의미한다. 예를 들어, 직장상사로부터 질책을 받을 때마다 술로 스트레스에 대응하여 결국 지나치게 술에 의존하게 되었다면 그것은 부적응적 대처라고 할 수 있다.
인지적 대처와 행동적 대처	인지적 대처란 스트레스와 관련된 부정적 효과를 강화시키거나 제거하고 스트레스 유발사건 자체를 자신에게 유리하게 만들기 위해 사고방식을 사용하는 것이다. 예를 들어, 사고를 피하거나, 멈추고, 사고를 바꾸는 것이 여기에 해당된다. 행동적 대처는 스트레스의 부정적 효과를 제거하기 위해 행동을 사용하는 과정을 말한다. 예를 들어, 스트레스를 산책이나 운동을 통해서 해소하는 것이다.

절한 도움을 구하거나 대안적으로 보상을 줄 수 있는 것을 개발하는 등 행동적 자기 통제를 발전시켜 스트레스에 대처하는 방법이다.

문제해결능력은 업무수행에서 문제가 발생하는 경우에 문제를 논리적・비판적・창조적 사고과정을 통하여 분석하고 최적의 해결책을 찾고 실행, 평가하는 능력을 말한다. 다시 말해 문제해결능력은 문제해결 프로세스에 따라 적절한 해결책을 적용하여 문제를 해결하는 것으로, 일반적인 문제해결 프로세스는 <그림 13-2>와 같이 문제인식, 문제도출, 원인분석, 해결안 개발, 실행 및 평가의 5단계를 따른다.

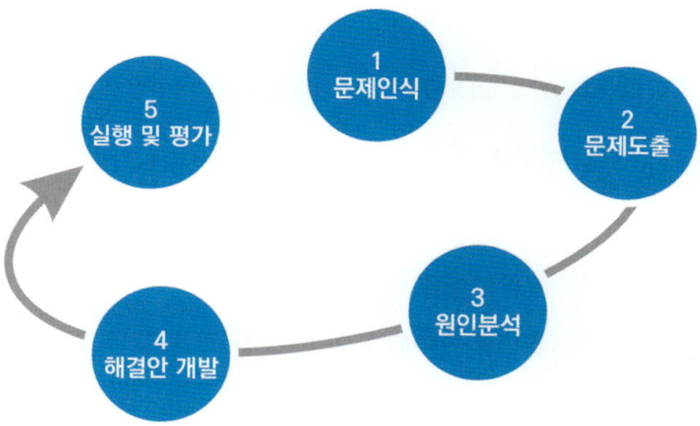

〈그림 13-2〉 문제해결 프로세스

출처: 한국산업인력공단(2016). 문제해결능력 교수자용 워크북. p.132.

문제해결 과정을 5단계로 나누어 살펴보면, 해결해야 할 전체 문제를 파악하여 우선순위를 정하고 선정된 문제에 대한 목표를 명확하게 하는 문제인식단계, 선정된 문제를 분석하여 해결해야 할 것이 무엇인지를 명확하게 하는 문제도출단계, 파악된 핵심문제에 대한 분석을 통하여 근본원인을 도출하는 원인분석단계, 문제로부터 도출된 근본원인을 효과적으로 해결할 수 있는 최적의 해결방안을 수립하는 해결안 개발단계, 마지막으로 해결안 개발을 통하여 구축된 실행계획을 실제 상황에 적용하는 활동으로 처음부터 장애가 되는 문제의 원인을 해결안을 사용하여 제거하는 실행 및 평가단계로 나누어 볼 수 있다.

(2) 정서 중심 대처방안

정서 중심 대처방안은 스트레스를 유발하는 문제를 직접 다루기보다는 스트레스에 의해 유발된 정서적 반응인 불안이나 초조 등의 정서적 고통을 감소시키려는 노력을 말한다. 다시 말해 스트레스를 유발하는 상황 자체를 변화시키기보다 그 상황에서 경험하게 되는 정서적 고통을 감소시키기 위해 스트레스 원인을 회피하거나 스트레스 상황을 인지적으로 재구성하는 대처방식이다.

3) 보육교사의 스트레스 대처방안

교사의 스트레스 대처방안에 관한 연구를 살펴보면, 반영란(1999)은 증상관리방법, 회피관리, 통제관리로 구분하여 제시하고 있다<표 13-12>. 구체적으로 증상관리방법은 휴식이나 운동과 같은 증상관리 전략을 사용하는 방법을 의미하며, 통제방법은 직무스트레스 요인을 제거하거나 변형하기 위한 적극적인 문제해결 중심의 대처방법이고, 회피방법은 직무스트레스 요인에 대해 생각하지 않으려고 하는 소극적인 대처방법이다.

〈표 13-12〉 스트레스 대처방법

구분	특징
증상관리	• 신경안정제와 두통약 등을 복용한다. • 다른 사람에게 불평을 늘어놓는다. • 운동을 한다. • 여행을 한다. • TV를 본다. • 스포츠, 연극, 영화 등을 관람한다. • 쇼핑을 한다. • 전문가와 상담을 한다. • 일에서 손을 떼고 휴식을 취한다.

구분	특징
통제관리	• 그 상황을 긍정적으로 받아들인다. • 선배교사나 동료교사와 의논을 한다. • 더욱 잘 하려고 노력한다. • 세심한 계획을 세운다. • 그 상황을 나의 발전을 위한 계기라고 생각하고 긍정적으로 받아들인다.
회피관리	• 그 상황을 잊으려고 한다. • 시간이 문제를 해결할 것이라고 생각한다. • 그 상황에 무관심해진다. • 그 상황을 피한다.

적절한 대처행동이란 모든 상황에 일괄적으로 작용하는 것은 아니며 한 개인이 자극정보를 해석하고 그 결과에 대한 평가를 통해 상황의 적합성 여부를 결정함에 따라 좌우된다고 할 수 있다. 김영선(2000)은 스트레스와 대처는 동전의 앞뒷면과 같아서 스트레스 평가와 대처 간에는 서로 지속적으로 영향을 주어 평가 - 대처 - 재평가 - 대처의 순으로 전개되고, 적응은 문제해결의 과정으로서 효과적으로 대처한 결과를 뜻한다고 하며 대처방법이 많은 경우와 감정을 잘 조절하여 대처할수록 현실에 적절히 반응하고 적응도 순조롭다고 주장한다. 그러나 스트레스에 적절히 대처하지 못하고 방어기제가 깨어져 잘 적응하지 못하면 더 심한 불안과 절망감을 가지게 되고, 신체적 · 정신적 문제를 유발할 수 있다고 주장한다.

스트레스 대처유형에 관한 연구로 김종범(1995)은 스트레스를 많이 느끼는 교사들은 정서 지향적 대처를 많이 사용하며 소극적으로 대처한다고 하였다. 정지현(2004)은 보육교사의 직무스트레스 대처방안 연구에서 증상관리 대처는 교사의 연령이 26~30세 교사와 근무경력이 1년 미만인 교사, 근무시간이 10시간 이상인 교사가 많이 사용하였고, 통제방법 대처는 미혼교사와 근무경력이 많은 교사, 국 · 공립어린이집 교사, 만 5세반을 담당하는 교사가 다른 교사보다 많이 사용한다고 주장한다. 회피방법 대처는 근무경력이 5년 이상~7년 미만인 교사가 일반교사보다 많이 사용하는 것으로 나타났다.

참고문헌

강선, 박의수, 김귀성, 송순재, 정윤경, 김영래, 고미숙(2008). 인성교육. 양서원.

강양희(2006). 중등 여교사의 교직 선택 동기와 조직몰입과의 관계. 고려대학교 교육대학원 석사학위논문.

강은주(2017). 보육교사의 인성과 행복감 및 직무만족도의 관계. 동국대학교 교육대학원 석사학위논문.

강혜경, 김광자, 김승옥, 김이영, 김익균, 김정신, 문성숙, 신세니, 임경옥, 장정옥, 조준오, 조진형, 최경환, 최명희, 최현정, 한혜경(2017). 원장일반직무교육(심화). 양성원.

고동섭(2001). 유아교육과 신입생의 특성. 이화여자대학교 대학원 석사학위논문.

고영미(2008). 우리나라 유아교육·보육정책의 기본 방향 및 과제. 유아교육·보육행정연구, 12(4), 71-79.

고정곤, 고선영, 이영희, 최철용(2016). 보육교사론. 양성원.

교육과학기술부(2009). 유아 선진화 추진 계획. 교육과학기술부.

교육과학기술부(2010). 유아교육선진화 방안. 교육과학기술부.

교육과학기술부(2010). 창의와 배려의 조화를 통한 인재육성. 창의인성교육 기본 방안. 교육과학기술부.

교육과학기술부(2012). 5세 누리과정 해설서.

교육과학기술부, 보건복지부(2013). 3-5세 연령별 누리과정 교사용 지침서. 교육과학기술부·보건복지부.

교육과학기술부·보건복지부 보도자료(2012. 2. 6). 학교폭력근절 종합대책.

교육부(2017). 교육통계.

구수연(2015). 영아반 교사의 합반 운영 경험의 의미 탐색. 어린이문학교육연구, 16(4), 387-411.

국가직무능력표준(NCS)(2018). 보육.

권건일, 김재환, 최순자(2007). 유아교육법과 영유아보육법의 통합을 위한 비교 분석. 한국유아교육학회, 27(6), 67-101.

권건일, 신재흡(2006). 유아교육론. 문음사.

권기태(1990). 교사의 직무스트레스와 대처방법에 관한 조사연구. 경북대학교 대학원 석사학위논문.

권석만(2008). 긍정심리학, 행복의 과학적 탐구. 학지사.

권은희, 성영혜(2012). 누리과정 담당교사의 직무능력 향상을 위한 유아교사 양성체계의 문제점과 개선방안. 벤처창업연구, 7(4), 187-200.

김경철, 김광자, 김의향, 김진아, 노희연, 문성숙, 손원경, 신지현, 윤란호, 이영애, 임경옥, 임현숙, 정정옥, 조진형, 최순자, 최현정, 한혜경(2016). 보육교사일반직무교육. 양성원.

김광병, 김기화(2015). 유치원교사와 보육교사의 법적 지위 비교 분석. 교육문화연구, 21(5), 203-227.

김광병, 박소영(2009). 사회복지사의 법적 지위에 관한 탐색적 연구. 한국사회복지행정학, 11(2), 103-127.

김광자, 김익균, 김정신, 노성향, 문성숙, 이숙자, 임경옥, 장혜순, 정영희, 최경환, 최명희, 최민수, 최진원, 최현정, 황종귀, 황해익(2016). 원장일반직무교육. 양성원.

김기정(1996). 유아 및 아동의 자아개념 고양을 위한 이론적 고찰. 교육발전, 15(1), 1-25.

김동춘, 송미선(2005). 유치원 교사의 갈등관리 유형과 직무스트레스와의 관계. 미래유아교육학회지, 12(4), 261-280.

김명순, 김수정, 강형옥, 정아람(2018). 보육교사가 인식한 직무만족도, 전문성과 어린이집 조직분위기 및 이직의도 간 구조적 관계. 유아교육연구, 38(1), 391-415.

김명순, 황혜정, 박영림, 김지연(2013). 국가직업능력표준(NCS): 보육분야 개발과정. 한국아동학회 추계학술대회 발표자료, 152-156.

김명옥, 오숙헌, 임영숙, 정경자(2010). 유아교육기관의 환경구성. 공동체.

김미정(2012). 보육교사의 발달단계에 따른 역할 인식 연구: 교육 설계자 역할을 중심으로. 동국대학교 행정대학원 석사학위논문.

김민정(2007). 유아교사 및 예비유아교사의 자아개념과 교사효능감의 관계. 대구대학교 대학원 석사학위논문.

김보영(2011). 보육교사의 권리와 의무에 관한 인식조사 연구. 유아교육 · 보육행정연구, 15(2), 7-24.

김선희(2017). 유아교사의 인성이 교사 - 유아 관계 및 상호작용에 미치는 영향. 서울교육대학교 교육전문대학원 석사학위논문.

김애란, 유경숙, 유혜자, 이병래(2015). 부모교육. 정민사.

김연, 유재두(2012). 보육교사 인권상황 실태조사. 국가인권위원회.

김영선(2000). 보육시설 보육교사의 직무스트레스와 대처방법. 숙명여자대학교 교육대학원 석사학위논문.

김영옥, 장명림, 유희정(2009). 유아인성교육프로그램 개발 및 효과. 열린유아교육연구, 14(5), 297-324.

김용조(2001). 초등학부모가 본 초등교사의 인성적 자질. 대구교육대학교 논문집, 36, 267-295.

김용휘(2017). 방정환의 교육철학과 동학사상. 한국사상사학, 57, 61-89.

김유진(2003). 영아보육교사의 전문성 인식과 직무스트레스에 관한 연구. 덕성여자대학교 대학원 석사학위논문.

김은설, 김길숙, 이민경(2015). 보육교사 인성 평가 도구 개발 및 교육 강화 방안(연구보고 2015-27). 육아정책연구소.

김은실(2015). 보육교사의 인성자기평가와 유아 인성교육 인식 간의 관계. 홀리스틱교육연구, 19(3), 1-15.

김은주(1999). 유아교사의 발달단계에 따른 의사결정 유형. 덕성여자대학교 교육대학원 석사학위논문.

김이영, 오성숙, 이시진, 이우언, 이은미, 채혜선(2017). 영유아발달. 양성원.

김일옥, 염계정(2015). 보육교사의 근골격계 증상에 영향을 미치는 요인. **한국직업건강간호학회**, 24(3), 162-172.

김장주(1994). 국민학교 교사의 스트레스와 그 대처방법에 관한 연구. 건국대학교 교육대학원 석사학위논문.

김점순(2008). 기혼남성의 직무스트레스와 대처방안이 결혼만족도에 미치는 영향. 영남대학교 대학원 석사학위논문.

김정규, 이광자, 조정숙(2002). **교과교재 연구 및 지도법**. 정민사.

김정신, 박성미, 최진원, 이만수(2017). **보육교사(인성)론**. 양서원.

김정원, 김유정, 박현미(2005). **영유아를 위한 교재 교구 연구 및 지도법**. 양서원.

김정한(2002). **장학론**. 학지사.

김종범(1995). 교사의 인생목적과 스트레스 대처방식이 스트레스에 미치는 영향. 한양대학교 교육대학원 석사학위논문.

김지현(2007). 교사, 학부모가 선호하는 유아교사의 자질에 관한 연구. 아주대학교 교육대학원 석사학위논문.

김한얼, 이진규(1993). 조직사회화과정에서 멘토의 역할. **경영학 연구**, 2(2), 269-293.

김현주, 손은경, 신혜영(2013). **부모교육**. 공동체.

김혜경, 고미애(2014). **보육교사론**. 창지사.

김혜영(2007). 경기・강원지역 유아교사의 직무스트레스와 대처방안에 관한 연구. 경기대학교 교육대학원 석사학위논문.

김화영(2009). 유치원교사의 발달단계에 따른 멘토링 실태와 요구. 부경대학교 교육대학원 석사학위논문.

김희수, 조은정, 최정선(2011). 유치원 교사의 교사발달단계, 직무수행 능력 및 교사효능감의 관계. **열린유아교육연구**, 16(5), 495-517.

김희정, 박유영, 조은정(2009). 유아교사의 대인관계 교수효능감에 관한 연구. **유아교육학논집**, 13(1), 121-138.

김희태(2002). 유아의 사회적 갈등과 교사의 관리전략에 대한 질적 연구. **유아교육연구**, 22(1), 49-72.

김희태(2004). 유아교사의 갈등에 대한 질적 연구. **유아교육학논집**, 8(2), 5-34.

김희태, 이슬기, 김경희(2014). 보육교사의 이직에 관한 연구. **아동교육**, 23(1), 137-157.

나석희, 이현진(2012). 어린이집 교사들이 보육경험과정에서 겪는 인간관계의 어려움과 해결방안. **유아교육학논집**, 16(1), 69-94.

남궁달화(1999). **인성교육론**. 문음사.

네이버 국어사전(2012).

노길영(1999). 경력 유치원 교사를 통해 본 교사발달의 제요인 및 유형. 이화여자대학교 대학원 석사학위논문.

노은호, 최희양(2009). 보육교사의 장학을 위한 교육정보센터의 기능 강화 방안. 한국보육학회지, 9(1), 49-59.

단현국(2011). 교사가 지각한 교사-유아 관계와 유아의 또래 유능성. 한국유아교육연구, 13(2), 5-33.

도명애(2009). 유아교육교사의 직무스트레스 및 대처방식. 대구대학교 대학원 박사학위논문.

도승이(2012). 한국사회의 정신건강. 한국교육포럼21-한국행동과학연구소. 한국 아동과 청소년 정신건강의 현주소와 나아갈 방향. 교육과학사.

문미성(2010). 보육시설에서 경험한 멘토링 기능과 초임교사의 교직적응과의 관계. 신라대학교 교육대학원 석사학위논문.

문혁준, 안효진, 김경회, 김영심, 김정희, 김혜연, 배지희, 서소정, 이미정, 이희경, 정다운, 조혜정(2016). 보육교사론. 창지사.

박선해, 김미정(2013). 보육교사론. 공동체.

박순길, 이윤아, 정경희(2011). 보육교사들의 이직 결정 요인 분석. 인지발달중재학회지, 2(1), 61-77.

박영태(2002). 창의성의 별. 학지사.

박영태, 이경님, 하수연(2008). 유아교사의 교사효능감과 직무만족도 및 창의적 인성의 관계. 미래유아교육학회지, 16(1), 275-298.

박용헌(1971). 교사자질 평정척도. 코리아테스팅센터.

박은주(2009). 돌봄의 관점에서 살펴본 보육교사의 윤리적 딜레마. 유아교육학논집, 13(5), 45-74.

박은혜(2005). 유아교사론. 창지사.

박은혜(2017). 유아교사론. 창지사.

박정자(2012). 가정어린이집 영아보육교사의 직무스트레스 유형과 대처방안 분석. 신라대학교 대학원 석사학위논문.

박찬옥, 정남미, 임경애(2004). 유아놀이지도. 학문사.

박해미, 이순영(2009). 보육교사의 근무유형. 자격. 경력. 연령에 따른 장학 요구 유형 연구. 한국유아교육·보육행정학회, 13(3), 139-153.

박희숙, 유주희, 이관희(2014). 아동복지론. 공동체.

반영란(1999). 초등학교 병설 유치원 교사의 직무스트레스와 대처방안. 영남대학교 교육대학원 석사학위논문.

백숙희(2008). 창의성 증진을 위한 교사역할 인식과 유아의 창의성. 한국영유아보육학연구, 55, 151-170.

백은주(2002). 발달적 장학을 통한 유치원 교사의 발달 과정. 한국교원대학교 대학원 박사학위논문.

법제처(2016). http://www.moleg.go.kr

법제처(2018). 교육공무원법. 법률 제15523호(일부개정 2018.03.20, 시행 2018.04.17).

법제처(2018). 교육기본법. 법률 제14150호(일부개정 2016.05.29, 시행 2017.03.21).

법제처(2018). 근로기준법. 법률 제15108호(일부개정 2017.11.28, 시행 2018.07.01).

법제처(2018). 대한민국헌법. 헌법 제10호(전부개정 1987.10.20, 시행 1988.02.25).

법제처(2018). 사립학교법. 법률 제15040(일부개정 2017.11.28, 시행 2018.10.18).

법제처(2018). 사회복지사업법. 법률 제14923호(일부개정 2017.10.31, 시행 2018.11.01).

법제처(2018). 영유아보육법. http://www.moleg.go.kr

법제처(2018). 영유아보육법. 법률 제14597호(일부개정 2017.12.19, 시행 2019.07.01).

법제처(2018). 유아교육법. 법률 제14602호(일부개정 2017.12.19, 시행 2017.12.19).

변경애(2008). 유아교사의 바람직한 자질에 대한 유치원 교사와 학부모의 인식비교. 경희대학교 교육대학원 석사학위논문.

보건복지부(2013). 0~2세 어린이집 표준보육과정에 기초한 영아보육프로그램. 보건복지부.

보건복지부(2013). 4세 누리과정에 기초한 어린이집 프로그램. 보건복지부.

보건복지부(2013). 영유아 교사 복지 실태와 인식 조사.

보건복지부(2015). 2015년도 보육사업 안내. 보건복지부.

보건복지부(2015). 전국 보육실태조사.

보건복지부(2016). 어린이집 및 이용자 통계.

보건복지부(2017). 보육통계.

보건복지부(2017). 어린이집 및 이용자통계.

보건복지부(2017). 어린이집 원장·보육교사 자격검정 업무편람.

보건복지부(2017). 제3차 어린이집 평가인증 안내(통합지표).

보건복지부(2018). 2018년도 보육사업 안내. 보건복지부.

보건복지부(2018). 보육지침서. 보건복지부.

보건복지부(2018). 보육통계(2017년. 12. 31. 기준).

보건복지부, 교육부(2012). 3~5세 연령별 누리과정 해설서.

보건복지부, 육아정책연구소(2014). 제3차 어린이집 표준보육과정 교사용 지침서. 보건복지부·육아정책연구소.

서미옥(2007). 유아교사와 예비교사의 공감적 이해 및 도덕 판단력. **교육연구논총**, 10(4), 5-28.

서영숙, 박진옥, 서혜전(2014). 보육교직원. **한국보육지원학회지**, 28(2), 79-98.

서현, 임지윤, 박미자(2013). 유아교사의 바람직한 인성에 대한 예비유아 교사와 현직유아교사의 인식비교. **한국영유아보육학**, 77, 41-71.

성미영, 김진경, 서주현, 민미희, 김유미(2015). **보육교사론**. 학지사.

손진희(2008). 인성교육 참여가 청소년의 심리·사회성숙에 미치는 영향. 중앙대학교 대학원 석사학위논문.

송미선, 김동춘(2005). 유치원 교사의 갈등관리 유형과 조직효과성과의 관계. **유아교육연구**, 25(5), 55-74.

송영미(2016). 영유아교사의 권리와 의무에 관한 유치원교사와 보육교사의 인식 연구. 숙명여자대학교 교육대학원 석사학위논문.

송은민(2016). 유아 또래갈등 상황에서의 교사역할과 어려움. 성신여자대학교 교육대학원 석사학위논문.

송인섭(2001). 학습자의 자아개념 형성에 관련된 교사 변인 재음미. 교육심리학회지, 15(4), 253-267.

수성대학교(2012). 유아교육과 교육과정개발 결과보고서.

신영일, 정신섭(2017). 보육교사의 직무스트레스가 이직의도에 미치는 영향: 교사소진의 매개효과. 사회복지경영연구, 4(1), 155-181.

신유정, 문가영, 김남연, 김명정, 이은형(2018). 예비유아교사를 위한 의사소통능력. 파워북.

신은수, 유흥옥, 안부금, 안경숙, 김은정, 유영의, 김소향(2013). 유아교사론. 학지사.

신혜원, 민성혜(2016). 보육교사론. 양서원.

신혜원, 민성혜, 김의향, 신윤승(2017). 보육교사론. 양서원.

심성경, 백영애, 송화진, 변길희(2017). 영유아교사론. 정민사.

심정선(2012). 보육교사의 전문성 증진을 위한 실천적 보육장학모형 개발과 적용. 중앙대학교 대학원 박사학위논문.

안정모(1994). 교직특성에 따른 유치원 교사의 권리와 의무에 관한 인식연구. 이화여자대학교 교육대학원 석사학위논문.

양다경(2011). 교권에 대한 유치원과 초등학교 교사의 인식비교. 경성대학교 교육대학원 석사학위논문.

양안숙(2008). 보육교사의 직무스트레스 척도개발. 조선대학교 대학원 박사학위논문.

양옥승, 김미경, 김숙령, 김영연, 김진영, 박선희, 서현아, 오문자, 장혜순, 조성연 조은진, 최양미, 현은자(2001). 유아교육학개론. 학지사.

양정미, 황해익(2004). 보육교사의 교사관심사 발달단계에 따른 장학실태 및 요구도 조사연구. 유아교육논총, 9(2), 57-76.

어린이집 안전공제회(2017). 2017년 어린이집 보육교직원 안전교육 '어린이집 내 사고와 안전관리'. 어린이집 안전공제회.

엄덕수(2010). 교사의 신뢰가 학업성과에 미치는 영향. 경원대학교 경영대학원 석사학위논문.

엄은나(2016). 예비유아교사의 인성과 자아탄력성, 행복감, 교사효능감의 관계. 유아교육 · 보육복지연구, 20(1), 53-78.

연세한국어사전(2012).

염지숙(2005). 유아교육현장에서 돌봄의 실천과 한계. 유아교육연구, 25(5), 147-171.

염지숙, 이명순, 조형숙, 김현주(2008). 유아교사론. 정민사.

염지숙, 이명순, 조형숙, 김현주(2015). 유아교사론. 정민사.

영유아보육법령 자료보기: 국가법령정보센터(http://www.law.go.kr).

우정순, 김영옥, 차승환, 배진희, 김란옥, 김정실(2016). 보육교사론. 태영출판사.

우종옥(2001). 창의적 교육과 인성교육. 교육과학사.

우종옥(2010). 21세기 교육의 큰 두 개의 축. 교육과학사.

위미숙 (2005). 교원의 권리와 의무에 관한 분석적 연구. 교육행정학연구, 23(1), 209-237.

유영애, 김일민(2013). 교직윤리교육이 예비유아교사의 교직윤리 의식에 미치는 영향. 윤리교육연구, 31, 283-303.

윤기영, 손영빈(2010). 유아교육사상사. 양서원.

윤용주(2012). 어린이집 자율장학에 대한 원장과 교사의 이해. 대진대학교 대학원 석사학위논문.

윤희경(2016). 초임 유아교사가 교직생활에서 경험하는 인간관계. 어린이문학교육연구, 17(4), 777-798.

이강례, 남궁선혜(2004). 유아교육기관의 운영관리. 현문사.

이경(2001). 유치원교사와 보육교사의 전문성과 역할수행 인식과의 관계. 이화여자대학교 교육대학원 석사학위논문.

이경민(2010). 유아교사 인성교육 세미나.

이경선, 윤정진(2012). 보육교사 관심사 발달단계에 따른 직무만족도 분석. 미래유아교육학회지, 19(1), 53-77.

이경숙, 신의진, 전연진, 박진아(2004) 한국 유아 행동문제의 경향과 특성: 서울지역을 중심으로. 한국심리학회지: 발달, 17(4), 53-73.

이경희(2012). 고등학생 사회성 향상을 위한 집단상담 프로그램 개발. 상담학연구, 13(3), 1537-1561.

이기숙(2001). 유아교육과정. 교문사.

이난숙(1991). 교사의 직능발달에 관한 연구. 한국교원대학교 대학원 박사학위논문.

이대균, 송정원(2002). 최근 유아 교재교구 연구 및 지도. 양서원.

이명순, 염지숙, 조형숙, 김현주(2017). 인성에 기초한 보육교사론. 정민사.

이미선, 최명선, 박희현(2007). 부적응 행동 유아에 대한 어린이집 교사의 대처방식과 딜레마. 한국놀이치료학회지, 8(10), 17-30.

이미화, 강은진, 박진아, 윤재석, 조아라, 신혜원, 신나리(2015). 보육교직원 자격체계 개편 연구. 보건복지부, 육아정책연구소.

이사라, 이주연, 박선영, 송승민, 문연경, 김민정(2017). 보육교사론. 파워북.

이새별, 황의숙(2016). 어린이집의 조직문화와 보육교사의 창의적 인성이 보육교사의 행복에 미치는 영향. 미래유아교육학회지, 23(2), 137-156.

이석순, 박은미(2014). 영아보육교사의 전문성 인식과 전문성 발달 수준에 관한 연구. 한국유아교육·보육복지학회, 18(4), 437-460.

이수정(2008). 보욕교사의 직업선택동기, 전문성 인식 및 역할수행에 대한 연구. 남서울대학교 대학원 석사학위논문.

이순복(2009). 창의적 교사역할 및 교사-유아관계가 상호작용적 또래놀이에 미치는 영향. 아동교육, 18(2), 151-163.

이순형, 권기남, 김진욱, 민미희, 김정민, 김은영, 이성옥, 정현심, 심도현, 안혜령(2013). 보육교사론. 양성원.

이승희(2012). 어린이집교사를 위한 장학의 현황 및 요구. 중앙대학교 대학원 석사학위논문.

이영자(1995). 유아교육의 전문화, 무엇을 준비해야 하는가?. 한국 유아교육의 과제와 전망. 한국유아교육학회.

이윤식(1999). 장학론 유치원 · 초등 · 중등 자율장학론. 교육과학사.

이윤식(2000). 유치원 자율장학의 이론과 실제. 인천: 북부교육청.

이은미(2002). 유아교육 교사의 교직전문성 인식, 정보자원활용, 교사역할수행의 관계 연구. 가톨릭대학교 교육대학원 석사학위논문.

이은상, 김명희, 김보현, 민광미, 배정호, 성소영, 이소정, 이완희, 홍자영(2013). 보육교사론. 공동체.

이은영(2016). 어린이집 딜레마상황에 대한 교사 간 짝토론 활동이 보육교사의 비판적 사고 성향에 미치는 효과. 총신대학교 교육대학원 석사학위논문.

이은화, 김진영, 서정숙, 조경자, 김지영, 정계영, 백혜리, 엄정애, 이문정(2001). 한국유아교육의 쟁점과 과제. 양서원.

이은화, 배소연, 조부경(1995). 유아교사론. 양서원.

이인원, 김호년, 전정희, 김의석, 김영애(2016). 유아교육기관 운영관리. 양성원.

이재희(2017). 의사소통능력. 양성원.

이재희, 임영수, 금진호, 김미선, 박연희, 김경진(2018). UP 의사소통능력. 양성원.

이정화(2007). 유치원 교사의 직무수행에 대한 어려움 인식. 한국교원대학교 교육대학원 석사학위논문.

이주원(2014). 어린이집교사의 인성 및 감성지능과 교수효능감이 지구스트레스에 미치는 영향. 수원대학교 교육대학원 석사학위논문.

이진미(2014). 보육교사의 직무스트레스 실태와 대처방법에 관한 연구. 가야대학교 행정대학원 석사학위논문.

이창숙(2007). 유치원 교사의 발달단계별 직무능력과 직무만족도 간의 관계 연구. 공주대학교 교육대학원 석사학위논문.

이향(1996). 보육시설의 보육교사 전문성 인식과 영아반 프로그램 질에 관한 연구. 건국대학교 교육대학원 석사학위논문.

이혜영(2010). 유아교사의 창의적 인성과 사고양식 및 유아의 창의성 증진을 위한 역할 수행의 관계. 계명대학교 교육대학원 석사학위논문.

이효정(2004). 유아 인성교육 프로그램 모형 개발 연구. 경남대학교 교육대학원 석사학위논문.

임승렬(2002). A Study on the teaching ethics of early childhood teachers. 한국교원교육연구, 19(1), 157-173.

임승렬(2007). 교원의 권리와 의무에 관한 유치원 교원의 인식 수준에 관한 연구. 열린유아교육연구, 12(3), 1-18.

임재택(1996). 유아교육기관 운영관리. 양서원.

임종률(2013). 노동법. 박영사.

장애인 등에 대한 특수교육법(2007).

장영숙(2004). 예비 유아교사들의 자아개념과 교사역할에 대한 인식과의 관계. 열린유아교육연구, 9(4), 137-153.

장영희(2004). 영아교육과정. 양서원.

장현철, 권경희, 권성민, 김영희, 노미라, 양승경, 유진영, 이대현, 정재용, 김이영(2017). NCS 기반 직업 기초능력 효율적인 의사소통. 수양재.

전은주(2015). 유아교사의 직무스트레스와 교사효능감이 직무만족도에 미치는 영향. 가톨릭 관동대학교 박사학위논문.

전재선(2011). 유아교사 인성자기평가도구 개발 및 타당화 연구. 성균관대학교 대학원 박사학위논문.

전재선, 최종욱(2010). 예비유아교사의 인성교육 프로그램 개발을 위한 기관요구조사. 한국유아교육학회 2010 정기학술대회 포스터논문, 415.

정갑순(2006). 개정 부모교육론. 창지사.

정경람(2004). 공립유치원 교사의 자기장학에 대한 실행정도가 학급경영에 미치는 영향. 계명대학교 교육대학원 석사학위논문.

정계숙, 손환희, 하은실(2012). 전문성 강화를 위한 보육교사 양성과정 개선 방안 탐색. 생애학회지, 2(1), 21-37.

정범모(1971). 인성 검사 요강. 코리안 테스팅 센터.

정선영, 김진영(2009). 보육교사의 교사기질과 갈등관리 특성과의 관계 연구. 생태유아교육연구, 8(4), 57-84.

정소미(2009). 영아보육교사의 전문가적 역할 수행에 관한 연구. 경기대학교 행정대학원 석사학위논문.

정옥분, 김경은, 김미진, 노성향, 박연정, 엄세진, 임정하, 정순화(2015). 보육교사론. 학지사.

정지현(2004). 보육교사의 직무스트레스와 대처방안. 청주대학교 행정대학원 석사학위논문.

조경자, 이현숙, 이수정(2008). 보육교사의 직업선택동기, 전문성 인식 및 역할수행에 대한 연구. 남서울대학교 대학원 석사학위논문.

조기제(2011). 조선에서의 유교적 아동관과 아동도덕. 한국초등도덕교육학회, 초등도덕교육, 35, 359-388.

조병호(1991). 현대장학론. 교육과학사.

조부경, 백은주, 고영미(2016). 영유아교사론. 양서원.

조부경, 백은주, 서소영(2001). 유아교사의 발달을 돕는 장학. 양서원.

조성연(2007). 보육시설 내 교사 장학 프로그램. 보육행정학회, 62-80.

조연순, 김아영, 임현식, 신동주, 조아미, 김인정(1998). 정의교육과 인성교육 구현을 위한 기초연구 1. 교육과학연구, 28(1), 131-152.

조운주, 최일선(2004). 사립 유아교육기관 초임교사들의 갈등 및 안정에 대한 이해. 아동교육연구, 24(1), 71-93.

조은주, 최일선(2004). 사립 유아교육기관 초임교사들의 갈등 및 안정에 대한 이해. 한국 유아교육학회, 24(1), 71-94.

조현옥(2015). 함께 배워요1, 2권: 영유아를 존중하는 훈육 실천하기. 서울특별시 여성가족정책.

조형숙(2009). 유아교사의 교직윤리관련 딜레마에 나타난 갈등요인. 유아교육학논집, 13(2), 243-276.

조형숙, 김현주(2001). 유아교사를 위한 집단 멘토링의 의미 탐색. 미래유아교육학회지, 12(1), 227-263.

조형숙, 김혜원, 김태인, 양수영(2017). 영유아발달. 파워북.

조형숙, 박은주, 류혜숙(2008). 예비유아교사의 교직윤리 인식에 관한 연구. 미래유아교육학회지, 15(1), 301-325.

조혜경(2006). 어린이집 보육교사를 위한 장학에 대한 연구. 보육정책연구, 2(2), 83-100.

조혜선(2008). 유치원 교직 문화 분석: 경력교사 10인의 인식을 중심으로. 이화여자대학교 대학원 박사학위논문.

주삼환(2003). 교육의 질 향상을 위한 장학의 이론과 기법. 학지사.

지은림, 도승이, 이윤선, 박소연, 주언희, 김해경(2013). 인성지수 개발 연구. 교육부.

차성현(2012). 인성교육 개념의 재구조화. 제53차 KEDI 교육정책포럼 연구자료, 3-24.

최미곤, 황인옥(2016). 보육교사의 인성과 직무만족도가 교사 - 영유아 상호작용에 미치는 영향. 사회과학 담론과 정책, 9(2), 169-197.

최서영, 이대균(2011). 사립유치원 교사들이 경험하는 인간관계의 어려움. 유아교육학논집, 15(5), 77-102.

최선미, 부성숙(2017). 유아교사의 인성과 사회적 관계의 관련성 연구. 육아지원연구, 12(1), 5-27.

최애경(2005). 보육교사의 직업적 갈등에 관한 연구. 현상학 · 해석학적 교육연구, 3(1), 73-101.

최윤정(2009). 유아교사의 행복 증진 프로그램 개발 연구. 성균관대학교 대학원 박사학위논문.

최준환 외(2009). 인성교육의 문제점 및 창의 · 인성교육의 이론적 고찰. 창의력교육연구, 9(2), 89-112.

탁계관(2009). 대인관계 스트레스가 직무만족에 미치는 영향에 관한 연구. 한양대학교 산업경영디자인대학원 석사학위논문.

탁진국, 윤혜진(2002). 지방공무원의 직무스트레스원 척도 개발. 한국심리학회지: 건강, 7(2), 197-210.

하수연, 신현경, 이해정, 정재은, 김보경, 서영민(2015). 유아사회교육. 공동체.

한국보육교사교육원대학협의회(2014). 유보통합, 보육교사 자격 취득제도 및 보육교사 직무능력 향상에 대한 어린이집 교사와 학부모 인식의 조사연구.

한국보육시설연합회(2011). 전국보육인대회.

한국보육진흥원(2016). 안심(인성)보육 교직원연수 교육과정.

한국보육진흥원(2017). 제3차 어린이집 평가인증 안내. 한국보육진흥원.

한국산업인력공단(2016). 문제해결능력 교수자용 워크북.

한국산업인력공단(2016). 의사소통능력 학습자용 워크북.

한정연(2008). 유치원 교사의 직무 및 수업이외의 스트레스와 교육활동 간의 관계 연구. 아주대학교 유아교육대학원 석사학위논문.

허미경(2014). 유아교사의 윤리적 딜레마 해결력 증진 프로그램 개발 및 적용. 덕성여자대학교 대학원 박사학위논문.

허영주(2009). 교사유머의 교육적 효과와 성공적 활용의 조건 및 전략 탐색. **교육방법연구**, 21(1), 115-139.

홍대식(2011). **성공적 인간관계**. 박영사.

홍미정(2009). 유치원 교사의 유머감각과 사회적 지지 및 정서노동이 소진에 미치는 영향. 인하대학교 대학원 석사학위논문.

홍은경(2003). 유치원 초임교사를 위한 멘토링 과정. 중앙대학교 대학원 박사학위논문.

황보영란(2014). 영유아보육법에 관한 연혁적 고찰 : 법의 성격과 법체계의 관점에서. **육아지원연구**, 9(2), 125-146.

황소영(2017). 유아기 자녀를 둔 어머니의 아동기 경험, 아동관과 아동권리 존중 양육 간의 구조적 관계 분석. 성균관대학교 대학원 박사학위논문.

황해익, 송연숙, 최혜진, 정혜영, 손원경(2009). **유아포트폴리오 평가**. 창지사.

Beehr, T. A., & Newman, J. E.(1978). Job stress, employee health and organizational effectiveness: A facetanalysis, model and literaturere view. *Personnel Psychology, 31*, 665-699.

Berk, L.(2006). *Child development, 7th ed*. Boston, MA: Pearson Education Inc.

Boss, P. G.(1988). Family Stress in M. B. Stressman & S. K. Steinments, *Handbook of Marrage and Family*. N. Y Plenum Press, 695-724.

Bronson, M. B.(2000). *Self-regulation in early childhood. Nature and Nuture*. NY: The Guilford Press.

Bucholz, J. L., Keller, C. L., & Brady, M. P.(2007). Teachers' Ethical Dilemmas. *Teaching Exceptional Children, 40*(2), 60-64.

Burden, P. R.(1981). *Teachers' perceptions of their personal and professtional development*. (ERIC Document Repoducintión Service No. ED 210 258).

Burke, P. J., Christensen, J. C., Fessler, R., McDonnel, J. H., & Price, J. R.(1984). *The teacher career cycle: Moral Development and research report*. Association, Washington DC.

Cho, B. K., & Saracho, O. N.(1997). The development of the early childhood teachers' role rating scale in Korea. *International Journal of Early Childhood Education, 2*, 19-36.

Clyde, M., & Rodd, J.(1991). *A code of ethics for the early childhood field in Australia.* Melbourne University(Australia) School of Early Childhood Studies. ED 330468.

Csikszentmihalyi, M.(1996). *Creativity: Flow and the Psychology ofdiscovery andintention*. New York: Harper Collins.

Decker, C. A., & Decker, J. R.(1976). Planning and administering early childhood education. Columbus: Charles E. Merrill Publishing.

Glickman, C. D., & Gordon, S. P., Ross-Gordon, J. M.(2004). *Supervision and instructional leadership: a developmental aroach*. Boston.

Goldstein, L.(1997). *Teaching with love: feminist approach to early childhood education.* 염지숙 역(2001). 사랑으로 가르치기:유아교육에 대한 페미니스트 접근. 창지사.

Hamachek, D.(1992). *Encounters with the self.*(4th ed.). New York: Harcourt Brace.

Honing Alice S. 김남성 역(1995). 아기는 이런 것을 원해요. 교육과학사.

http://www.doopedia.co.kr

Katz, L. G.(1985). Research currents: Teachers as learners. *Language Arts, 62*(7), 778-782.

Katz, L. G.(1988). Where is early childhood education as a profession? In B. Spodek, O. N. Saracho & D. L. Peters(eds.), *Professionalism and the early childhood practitioner*. New York: Teachers College Press, Columbia University.

Katz, L. G., & Goffins, S. G.(1990). Issues in the preparation of teacher of young children. In Spodek B., & Saracho, O. N. (Eds), *Early Childhood preparation* (pp. 192-208). NY: Teachers Colleges.

Kenneth, R. H.(1986). A conceptual Basis for Ethics in Teacher Education. J*ournal of Teacher Education, 37*, 5-12.

Kopp, C. B.(1989). Regulation of destress and negative emotions: A developmental view. *Developmental Psychology, 25*, 343-354.

Kram, K. E.(1983). Phases of Mentor Relationship. *Academy of Management Journal, 26*, 608-625.

Lay-Dopyera, M., & Dopyera, J. E.(1987). Strategies for teaching. In C. Seefeldt(Ed.), *The early childhood curriculum: A review ofcurrent research*(pp. 13-34). NY: Teachers College Press.

Lazarus, R. S. Folkman, S.(1984). *Stress, appraisal, and coping*. New York, NY: Springer.

Lazarus, R. S.(1966). *Psychological stress and coping process*. NY: McGraw-Hill.

Leary, M. R., & Baumeister, R. F.(2000). The nature and function of self-esteem: sociometer theory. In M. P, Zanna(Ed.), *Advances in experimental social psychology*(Vol.32, pp.1-62). SanDiego, CA: Academic Press.

Lindsay, P., & Lindsay, C. H.(1987). Teachers in preschools and child care centers: overlooked and undervalued. *Child and Youth Care Quarterly, 16*(16), 91-100.

Marsh, H. W., & Shavelson, R. J.(1985). Self-concept; its multifaceted, hierarchical structure. *Educational Psychologist, 20*, 107-125.

Mashburn(2008). Measures ofclassroom quality in prekindergarten and children`s development of academic, language, and social skill. *Child Development, 79*(3), 732-749.

Noddings, N.(2006). *Crieical lessons: What our school should teach*. NY: Cambridge University Press.

OECD Family Database(2013). Retrieved September, 2016, from OECD stats. web Site; http://www.oecd.org/els/family/database. htm#public_policy.

OECD(2004). OECD Country Note: Early Childhood Education and card Policy in the Republic of Korea, June 2004.

OECD(2013). Starting Strong Ⅲ: A Quality Toolbox for Early Childhood Education and Care, 유아교육과 보육의 질 제고를 위한 정책 방안(덕성여자대학교 옮김). 아이프리넷(원판 2012).

OECD(2015). *Starting strong Ⅳ: Monitoring quality in early childhood education and care.* Paris: OECD.

Parker, D. F., & DeCotiis, T. A.(1983). Organization determinants of job stress. *Organizational Behavior and Human Performance, 32*, 165

Ritzer, G.(1977). *Working: Conflicts and change.* Englewood Cliffs, Nj: Prentice-Hall.

Rodd, J.(2006). Leadeship in Early Childhood. 영유아교사의 리더십(김은희, 안혜준, 박혜정, 송승민, 황연욱 역). 창지사.

Seefeldt, C.(1980). Acurriculum for preschools(2nded.). Columbus: Charles E Merrill.

Strike, K.(1990). Teaching ethics to teachers: What the curriculum should be about. *Teaching & Teacher Education, 6*(1), 47-53.

Tirri, K.(1999). Ethical Conflicts in Early Childhood Education. Early Childhood Education Research Association. A paper presented at the EECERA conference in Helsinki, Finland, September 1999.

Tirri, K.(1999). Teachers' perceptions of moral dilemmas at school. *Journal of Moral Education, 28*(1), 31-47.

찾아보기

(ㅅ)

(ㅇ)

(ㅈ)

(ㅌ)

(ㅍ)

(ㅎ)

(기타)

저자약력

최윤희

영남대학교 대학원 교육학과 박사 수료
현, 수성대학교 유아교육과 교수
〈저서〉 아동권리와 복지, 학교폭력 예방의 이론과 실제 외 다수

고은희

경북대학교 과학기술대학원 석사
현, 파랑새어린이집(공공형) 원장
가톨릭상지대학교 사회복지과 겸임교수

김성경

동덕대학교 대학원 문학박사
현, 유한대학교 아동보육학과 교수

김혜영

한남대학교 사회문화행정복지대학원 아동복지학과 석사
일본 다마미술대학교 대학원 미술연구과 석 · 박사
현, 대전과학기술대학교 아동보육과 교수

남궁선혜

이화여자대학교 대학원 유아교육학과 문학박사
현, 대전보건대학교 유아교육과 교수
〈저서〉 유아음악교육, 영유아발달 외 다수

류하나

성신여자대학교 유아교육과 박사 수료
현, 우송정보대학교 언어재활과 겸임교수

시옥진

대구가톨릭대학교 대학원 철학박사
현, 구미대학교 사회복지과 교수
〈저서〉 보육학개론, 보육과정 외 다수

오새니

덕성여자대학교 대학원 유아교육과 박사
현, 유한대학교 아동보육학과 교수

보육교사인성론

1판 1쇄 발행 — 2018년 8월 15일
1판 2쇄 발행 — 2020년 1월 20일

저　　자 - 최윤희 고은희 김성경 김혜영
남궁선혜 류하나 시옥진 오새니
발 행 인 - 강철원
발 행 처 - 양성원
주　　소 - 경기도 파주시 검산로 173번길 29-20
전　　화 - 031-946-3861(代)
팩　　스 - 031-946-3864
이 메 일 - tnwpub@naver.com
출판등록 - 2015년 8월 31일 제 2015-000211 호

ISBN 979-11-6126-126-3

정가 19,000원